bkj
Berufsverband der Kinder- und Jugendlichenpsychotherapeutinnen
und Kinder- und Jugendlichenpsychotherapeuten

Viele Seelen wohnen doch in meiner Brust
Identitätsarbeit in der Psychotherapie mit Jugendlichen

Wissenschaftliche Schriftenreihe des bkj - Band 1

Redaktion: Bruno Metzmacher

Band 1
Wissenschaftliche Schriftenreihe des bkj

© 2002 bkj

Alle Rechte vorbehalten.
Dieses Werk einschließlich seiner Teile ist urheberrechtlich geschützt. Jede Verwendung außerhalb der engen Grenzen des Urheberrechts ist ohne Zustimmung des Herausgebers unzulässig und strafbar. Dies gilt insbesondere für Vervielfältigung, Übersetzungen, Mikroverfilmungen und für die Einspeicherung und Verarbeitung in elektronischen Systemen.
© Copyright 2002 by bkj Berufsverband der Kinder- und Jugendlichenpsychotherapeutinnen und Kinder- und Jugendlichenpsychotherapeuten e.V., Am Markt 8, 36251 Bad Hersfeld.
Layout & Print by Verlag für Psychotherapie, Hoyastr. 1a, 48147 Münster.
ISBN 3-931521-33-8

Danksagung

Einen ganz herzlichen Dank gilt es an Frau Ingrid Daniel zu richten, die mit ihrer Präsenz, Detailgenauigkeit und Kreativität ganz wesentlich zum Gelingen dieser Tagung beigetragen hat, in der Vorbereitung ebenso wie in der Durchführung.

Inhaltsverzeichnis

Einleitung   1
Bruno Metzmacher

I. Entwicklungsrisiken und ihre Bewältigung

1. Von der (Un-)Möglichkeit, erwachsen zu werden –   7
   risikoreiche Identitätsentwicklung Heranwachsender
   Heiner Keupp

2. Was Therapeuten von jugendlichen Patienten lernen können –   25
   Über das Gelingen und Scheitern von Psychotherapie
   Reinmar du Bois

3. Warum Huckleberry Finn nicht süchtig wurde –   42
   Spiel und Dialog als salutogenetische Ressourcen und präventive
   Momente gegen die Sucht. Theorie und Praxis
   Eckhard Schiffer

4. Geschlechtsidentitäten – finden, darstellen, damit spielen. 11 Thesen   55
   Helga Bilden

5. Sinngebung in der Migration: Jugendliche Winner und Looser   67
   aus der türkeistämmigen Minorität
   Renate Schepker

6. Computerspiele machen Kinder froh und Erwachsene...?   76
   Faszination Computerspiel
   Jürgen Sleegers

II. Klinische Aspekte der Psychotherapie mit Jugendlichen

1. Verhaltenstherapie mit aggressiven Jugendlichen. 107
   Ableitungen aus der Entwicklungspsychopathologie
   Michael Borg-Laufs

2. Zum Beitrag psychoanalytischer Beziehungstheorien 132
   für das Verstehen von Konflikten und Symptomen bei Jugendlichen.
   Eine kasuistische Veranschaulichung
   Eva-Maria Topel

3. Psychotherapeutische Strategien bei Zwangserkrankungen 147
   im Kindes- und Jugendalter
   C. Michael Hockel

4. EMDR in der Therapie mit psychisch traumatisierten Jugendlichen 181
   Oliver Schubbe

5. Funktionalisierung und Ablehnung – Stilisierung und Verbesserungswut 195
   Wie Jugendliche ihren Körper erleben.
   Lydia Reichhart

6. Warum es gut sein kann, böse Menschen schlecht zu behandeln! 204
   Coolness-Training (CT) für gewaltbereite Kinder und Jugendliche –
   Ein Konzept zur konfrontativen Pädagogik
   Reiner Gall

III. Ressourcenorientierte Identitätsarbeit in der Psychotherapie mit Jugendlichen

1. Was brauchen Jugendliche im Zeichen des 225
   postmodernen sozialen Wandels?
   Franz Resch

2. Zum Doppelgesicht der Ressourcenorientierung. Ein sinnvolles Konzept 237
   im Spannungsfeld zwischen Anspruch, Anregung und Überforderung
   Bruno Metzmacher & Helmut Zaepfel

Ausblick: 263
Was bedeutet „gesellschaftliche Zukunftsfähigkeit" für die Therapie mit Jugendlichen?
Bruno Metzmacher

Hinweise zu den Autorinnen und Autoren

Herausgeber:
bkj Berufsverband der Kinder- und Jugendlichenpsychotherapeutinnen und Kinder- und Jugendlichenpsychotherapeuten e.V.

Redaktion:
Metzmacher, Bruno, Dipl.-Pädagoge, Kinder- und Jugendlichenpsychotherapeut, Fachbereichsleiter für Integrative Kinder- und Jugendlichenpsychotherapie (FPI), TP, Düsseldorf

Autoren:

Bilden, Helga, Dip.-Psychologin, Apl-Prof. am Institut f. Psychologie der Universität München, München

Borg-Laufs, Michael, Dr. phil. Psychologischer Psychotherapeut, DGVT, Essen

du Bois, Reinmar, Dr. med., Prof. Dr. med., Chefarzt der Kinder- und Jugendpsychiatrie (Olga-Hospital Stuttgart)

Gall, Reiner, Soz.-Päd. Jugendpfleger der Stadt Oberhausen. 1. Vorsitzender im Deutschen Kinderschutzbund, Oberhausen e.V., Essen

Hockel, Curt, Michael, Dipl.-Psychologe, Dr. phil., Kinder- und Jugendlichenpsychotherapeut, München

Keupp, Heiner, Dipl.-Psychologe, Dr. phil. habil. Prof. für Sozialpsychologie, Universität München

Reichhart, Lydia, Dipl.-Päd., Dipl.-Psych., Psychologische Psychotherapeutin, KJP, Integrative Therapie, TP, Coesfeld

Resch, Franz, Prof. Dr. med., Ärztlicher Direktor der Abteilung Kinder- und Jugendpsychiatrie, Universitätsklinikum Heidelberg

Schepker, Renate, Priv. Doz. Dr. med., Ärztin für Kinder- und Jugendpsychiatrie und Psychotherapie, Psychoanalytikerin, DGPT, Ltd. Ärztin, Hamm

Schiffer, Eckardt, Dr. med., Ärztl. Psychotherapeut, Quakenbrück

Schubbe, Oliver, Dipl.-Psychologe, Traumatherapeut, Berlin

Sleegers, Jürgen, Dipl.-Soz.-Päd., FH, Medienpädagogik Köln

Topel, Eva-Maria, M.A. Analytische Kinder- und Jugendpsychotherapeutin, Neureichenau

Zaepfel, Helmut, Dipl.-Päd., Dipl.-Psych. Pychologischer Psychotherapeut, Kinder- und Jugendlichenpsychotherapeut, Stuttgart

Einleitung

„Identität rückt nicht nur als Thema, sondern als Bedürfnis auf den Plan."

Mit diesem Satz beginnt die Präambel der 1. Wissenschaftlichen Fachtagung des bkj, dem Berufsverband der Kinder- und Jugendlichenpsychotherapeuten, die vom 12.-14.01.2001 in Köln stattfand. Sie stand unter dem Motto: *Viele Seelen wohnen doch in meiner Brust* – Identitätsarbeit in der Psychotherapie mit Jugendlichen.

In einer Zeit der Verherrlichung von Flexibilität und Wandel ist die Beschäftigung mit der Identität des Menschen, mit der eigenen Identität aber nicht nur ein Bedürfnis, sondern zeugt zugleich vom Ausmaß des Veränderungsdrucks, der auf Kinder, Jugendliche und Erwachsene zu lasten beginnt.

Ein Ergebnis des 10-jährigen Forschungsprojekts, dass *Keupp, u.a.* (1999) zum Thema: *Identität* durchgeführt haben, mündet in dem Begriff der *Identitätsarbeit*. Damit ist die ständige Verknüpfung von Teilaspekten der Identität gemeint, die unter den Zeichen des fortschreitenden sozialen Wandels nur mehr als grundsätzlich offenes Projekt zu verstehen und konzeptionell zu beschreiben ist. Ihr Ziel ist es, das Selbst und sein Leben als „zusammenhängendes Ganzes" zu gestalten, zu verbinden und mit Ungewissheiten und Unverträglichkeiten umgehen zu können.

Wurde die Entwicklung von Identität in der Vergangenheit als spezifische Entwicklungsaufgabe der Adoleszenz angesehen, so ist sie im Zeichen des postmodernen sozialen Wandels, angesichts sich ständig ändernder Koordinaten in der Lebensführung, zu einer lebenslangen Aufgabe geworden.

Ein junger Amerikaner mit mindestens zweijährigem Studium muss damit rechnen, so der Soziologe *Sennett* „in vierzig Arbeitsjahren wenigstens elfmal die Stelle zu wechseln und dabei seine Kenntnisbasis wenigstens dreimal auszutauschen" (1999, S. 25).

Solche Flexibilitätsanforderungen, wie sie eine globalisierte Marktwirtschaft dem Einzelnen abverlangen, setzen Bewältigungsleistungen im Inneren der Person voraus. Mit anderen Worten, geht es um eine immer wieder auf's Neue herzustellende *Passung* zwischen (sich ständig ändernden) Umweltanforderungen und der psychosozialen Bewältigungskompetenz des Einzelnen. Ob Heranwachsende ihre Gegenwart und Zukunft eher als Herausforderung oder als Überforderung erleben werden, hängt in hohem Maße von der Verfügbarkeit von äußeren wie inneren Ressourcen ab.

Diese sind jedoch nicht statisch zu verstehen, sondern es geht um die Fähigkeit, diese flexibel, also pass- und situationsgenau verwenden zu können. Eine Person mit einem starken Kohärenzgefühl zeichne sich vor allem dadurch aus, „dass sie angesichts eines vorhandenen Stressors aktuell das mobilisieren kann, was als Ressource oder Ressourcenkombination am geeignetsten zu sein scheint", so *Antonovski* (1997, S. 131) in seinem Konzept der *Salutogenese*.

Als Kinder- und Jugendlichenpsychotherapeuten fragen wir natürlich zurecht danach, wie die geforderte Identitätsarbeit Heranwachsenden gelingt, die über solche Fertigkeiten der Ressourcenaktivierung nur kaum verfügen, bzw. deren Ressourcenrepertoire verarmt ist. Mitunter erscheint das Konzept der Identitätsarbeit für einige unserer jugendlichen Patienten und auch für die sie behandelnden Therapeuten ein überforderungsträchtiges Leitbild zu werden. Wilhelm Schmid schlägt in seiner „Philosophie der Lebenskunst" (1998) in einer sozialphilosophischen Diskussion des Identitätsbegriffs vor, diesen aufzugeben und durch das Konzept der Kohärenz zu ersetzen.

Denn, so *Schmid*, die Kohärenz sorge dafür,
„dass Subjekte, obwohl sie nicht dieselben bleiben, sich doch als >sich selbst< erfahren, indem sie (die Kohärenz, B.M.) nämlich Sorge trägt, dass auch die Gebrochenheit und Unsicherheit noch ein Bezugsfeld haben kann, und weder ins Leere gehen noch zur Selbstauslöschung führen muss. Das Subjekt besteht nun auch aus den Ruinen des abgelebten Lebens, den abgebrochenen Linien und zerbrochenen Beziehungen, den Fragmenten, die nicht mehr um der Herrschaft eines glanzvollen, identischen Ichs willen aus ihm hinausgeworfen werden müssen." (252 f.)

Auf die klinischen Praxis „heruntergesetzt" erlaubt uns ein solches Verständnis, dem „Gelingen" auch ein „Misslingen" an die Seite stellen zu können. Bei den z.T. schon ohnehin überforderten Bewältigungskompetenzen vieler jugendlicher Patienten, die wir beraten und behandeln, „darf" eine ressourcenorientierte Identitätsarbeit auch nur „hinreichend gut" gelingen, indem neben den Ressourcen auch die Defizite im Zielkatalog berücksichtigt werden. Dies mündet in der diagnostischen Frage, was unter den gegebenen Umständen an Stärkung der Bewältigungskompetenz möglich erscheint und mit welchen Beeinträchtigungen es sich – vorläufig – abzufinden gilt. In diesem Sinne ist Psychotherapie mit Jugendlichen eine Art „Weggeleit" (*Petzold*, 1996), der sie befähigen soll, selbst (wieder) eine *hinreichend gute Vorstellung von Zukunft* entwickeln zu können, und zwar auf der Grundlage realistischer Selbst- und Lebensentwürfen. Manchmal ist sie auch „nur" Schadensbegrenzung.

Die methodischen Mittel mit denen wir dies in der alltäglichen klinischen Praxis versuchen, sind vielfältig und das waren sie gerade in der Kinder- und Jugendlichenpsychotherapie traditionsgemäß immer schon.
In der klinischen Entwicklungspsychologie (vgl. *Oerter et al.*, 1999), die die Forschungsergebnisse der Entwicklungspsychopathologie für die therapeutische, wie auch präventive psychosoziale Arbeit nutzbar zu machen versucht, wird explizit die Forderung nach einer *differentiellen Therapie* formuliert (*Noam & Röper*, 1999). Damit ist ein technisch-methodisches Vorgehen in der Therapie gemeint, dass sich an den jeweiligen Besonderheiten des individuellen Einzelfalls orientiert und die Orientierung an schulengebundenen Konzepten faktisch aufgibt. Dieser inhaltlich-konzeptionellen Entwicklung stehen jedoch nach wie vor eher macht- und bestandssichernde Tendenzen in der psychotherapeutischen Diskurslandschaft gegenüber.
Die *Praxis* der Kinder- und Jugendlichenpsychotherapie ist – wie angedeutet – traditionsgemäß methodenplural und schulenübergreifend. *Schmidtchen* hat mit seiner *Allgemeinen Psychotherapie mit Kindern, Jugendlichen und Familien* (2001) ein solches schulenübergreifendes Modell vorgestellt und *Metzmacher, Petzold und Zaepfel* (1996) haben *Integrative Konzepte der Kinder- und Jugendlichenpsychotherapie* beschrieben.

Mit dieser **1. Wissenschaftlichen Fachtagung des bkj** ist ein praktischer Versuch unternommen worden, Kolleginnen und Kollegen unterschiedlicher „Schulenzugehörigkeit" in einen inhaltsbezogenen Diskurs treten zu lassen. Als **Fazit** dieser ersten Tagung lässt sich feststellen, dass dieser Versuch auf ein großes Interesse gestoßen ist. Es stellten sich sowohl Gemeinsamkeiten wie auch Unterschiede heraus. Letztere wurden beispielhaft in den Podiumsdiskussionen deutlich, als es um die Frage ging, wie sehr eine schulenübergreifende Therapie für Kinder und Jugendliche auch die Identität der einzelnen Schulen, die lange Zeit vornehmlich im Abgrenzungsstreit gelegen haben, und es z. T. noch sind, infrage stellt. Dies macht es sinnvoll, diesen Diskurs fortzusetzen.

Die **Gliederung** des vorliegenden Buches orientiert sich im wesentlichen an der inhaltlichen Struktur der Tagung. Leider war es nicht allen Referenten möglich, ein Manuskript ihres Beitrages (Vortrag oder Arbeitsgruppe) vorzulegen. Da dies jedoch nur wenige waren, spiegelt dieser Band weitestgehend den Ablauf wider.

Einige der Aufsätze enthalten keine Zitatangaben. Sie wurden als schriftliche Fassung der gehaltenen Vorträge übernommen.

Das Thema: *Identitätsarbeit in der Psychotherapie mit Jugendlichen* wurde in drei Aspekte untergliedert: Unter *I. Entwicklungsrisiken und ihre Bewältigung* wurden am ersten Tag soziologische, sozialpsychologische und klinisch entwicklungspsychologische Aspekte diskutiert. *Heiner Keupp* stellte in seinem Eröffnungsvortrag Ergebnisse seiner 10-jährigen wissenschaftlichen Arbeit zur Identitätsforschung vor. Identitätsarbeit wird dabei als „offenes Projekt" beschrieben, die eine alltägliche Arbeit an der Aufrechterhaltung eines „Kohärenzgefühls" beinhaltet. *Reinmar du Bois* ließ sich – von den Tagungsorganisatoren – die Frage stellen: *Was können Therapeuten von ihren jugendlichen Patienten lernen?* Er ging hierauf als Praktiker ein und legte kasuistisch dar, wie nahe Gelingen und Scheitern in der Therapie mit Jugendlichen liegen können.

Die folgenden Beiträge beinhalten die Themen der Arbeitsgruppen: *Eckhard Schiffer* hebt unter klinisch entwicklungspsychologischer Perspektive die Bedeutung des Spiels und Dialogs als salutogenetische Ressourcen hervor. *Helga Bilden* beschäftigt sich mit Fragen der Geschlechtsidentität, *Renate Schepker* mit solchen der Identitätsarbeit mit türkischen Jugendlichen und *Jürgen Sleegers* beschreibt anschaulich die vielfältige Beschaffenheit und Wirkung von Computerspielen.

Unter *II. Klinische Aspekte der Psychotherapie mit Jugendlichen* wurden allgemeine und spezifische Fragen der Psychotherapie mit Jugendlichen diskutiert.

Michael C. Hockel legt eine störungsbildspezifische und schulenvergleichende Übersicht über Psychotherapeutische Strategien bei Zwangserkrankungen im Kindes- und Jugendalter dar. In ihrem Aufsatz über das Körpererleben von jugendlichen Patienten beschreibt *Lydia Reichhardt* Konzepte der Integrativen Therapie, die an Fallvignetten veranschaulicht werden. Mit den Beiträgen: Verhaltenstherapie bei aggressiven Jugendlichen (*Michael Borg-Laufs*), sowie: Zum Beitrag psychoanalytischer Beziehungstheorien für das Verstehen von Konflikten und Symptomen bei Jugendlichen (*Eva-Maria Topel*) werden schulenspezifische Aspekte, einmal unter Bezugnahme auf Konzepte der Entwicklungspsychopathologie (*Borg-Laufs*) und zum anderen auf solche der Säuglings- und Bindungsforschung (*Topel*) dargelegt. Schließlich beschreiben die Aufsätze: EMDR in der Therapie mit psychisch traumatisierten Jugendlichen (*Oliver Schubbe*) und: Warum es gut sein kann, böse Menschen schlecht zu behandeln – Coolness-Training für gewaltbereite Kinder und Jugendlichen (*Reiner Gall*) zum einen aus traumatherapeutischer und zum anderen aus pädagogischer Sicht einen handlungsbezogenen und fokussierten Umgang mit extrem eingeengten und belasteten Jugendlichen.

Wie o.a. liegen aus diesem Themenbereich nicht alle Beiträge vor.

Unter *III.* **Ressourcenorientierte Identitätsarbeit in der Psychotherapie mit Jugendlichen** hebt *Franz Resch* in einer Art leidenschaftlichem Plädoyer für die Psychodynamik die Notwendigkeit der Passung von inneren und äußeren Bedingungskonstellationen in der Entwicklung von Jugendlichen im Zeichen des postmodernen sozialen Wandels hervor. Dabei geht es ihm vor allem um die Balance zwischen einer biologistisch verkürzten Sicht medizinisch-psychiatrischer Modelle auf der einen Seite und eines radikalen Konstruktivismus auf sozialwissenschaftlicher Seite. Der abschließende Beitrag von *Bruno Metzmacher* und *Helmut Zaepfel* beschäftigt sich (ideologie- und verfahrens-)kritisch mit dem Doppelgesicht der Ressourcenorientierung. Sie schlagen unter Bezugnahme auf tiefenpsychologische Konzepte dynamische Modelle vor, die sowohl intrapsychische wie interaktionelle Gesichtspunkte bei der Ressourcenaktivierung berücksichtigen.

In einem abschließenden **Ausblick** wird – einem Fazit gleich kommend – nach der „gesellschaftlichen Zukunftsfähigkeit" für die Psychotherapie mit Jugendlichen gefragt.

Bruno Metzmacher, September 2001

<u>Literatur:</u>
Antonovsky, A. (1997). *Salutogenese*. Tübingen: DGVT-Verlag.
Keupp, H. et al. (1999). *Identitätskonstruktionen*. Hamburg: Rowohlt.
Metzmacher, B., Petzold, H. & Zaepfel, H. (Hrsg.) (1996a). *Therapeutische Zugänge zu den Erfahrungswelten des Kindes von heute* (Band 1). Paderborn: Junfermann.
Metzmacher, B., Petzold, H. & Zaepfel, H. (Hrsg.) (1996b). *Praxis der Integrativen Kindertherapie* (Band 2). Paderborn: Junfermann.
Noam & Röper (1999). Auf dem Weg zur entwicklungspsychologisch differenziellen Intervention. In: Oerter, von Hagen, Röper & Noam (Hrsg.), *Klinische Entwicklungspsychologie* (S. 478 - 510). Weinheim: Beltz.
Oerter, v. Hagen, Röper & Noam (1999) (Hrsg.). *Klinische Entwicklungspsychologie*. Weinheim: Beltz.
Petzold, H. (1996). Weggeleit, Schutzschild und ko-kreative Gestaltung von Lebenswelt. In: B. Metzmacher, H. Petzold & H. Zaepfel (Hrsg.), *Therapeutische Zugänge zu den Erfahrungswelten des Kindes von heute* (Band 1, S. 169-280). Paderborn: Junfermann.
Schmid, W. (1998). *Philosophie der Lebenskunst*. Frankfurt/Main: Suhrkamp.
Schmidtchen, S. (2001). *Allgemeine Psychotherapie mit Kindern, Jugendlichen und Familien*. Stuttgart: Kohlhammer.
Sennett, R. (1998). *Der flexible Mensch. Die Kultur des neuen Kapitalismus*. Berlin: Berlin-Verlag.
Zaepfel, H. (1999). Die Konstruktion innerseelischer und sozialer Wirklichkeit im therapeutischen Prozess. In: B. Metzmacher, H. Petzold & H. Zaepfel (Hrsg.). *Therapeutische Zugänge zu den Erfahrungswelten des Kindes von heute* (Band 1, S. 57-107). Paderborn: Junfermann.

I. Entwicklungsrisiken und ihre Bewältigung

Von der (Un-)möglichkeit, erwachsen zu werden – risikoreiche Identitätsentwicklung Heranwachsender

Heiner Keupp

Die letzte ergiebige Fundgrube an Informationen zur Lebenssituation Heranwachsender in Deutschland hat die 13. Shell Jugendstudie geliefert. Dem besorgten kinder- und jugendschützerischen Blick haben sie weniger Bestätigung geliefert, als jener Sicht auf Jugend, die in dem Buchtitel „Kinder der Freiheit" zum Ausdruck kommt. Von einigen Problemgruppen abgesehen, scheint hier in der Generation der 15- bis 24-Jährigen eine Generation heranzuwachsen, die in der Welt des „flexiblen Kapitalismus" angekommen ist, ihn als Bedingung ihrer eigenen Lebensexistenz ansieht und sich in ihm mit einer realistischen Grundhaltung einrichtet.

Es ist eine Generation, für die die „Bastelexistenz" oder die „Patchworkidentität" keine Schreckgespenster oder idealisierte Luftfiguren darstellen, sondern ihre Normalität. Dazu nur ein zusammenfassender Kommentar der 13. Shell Jugendstudie. Er unterstellt die Grunderfahrung von Heranwachsenden, dass ihre Verortung notwendigerweise vorläufig sei: „Jenseits des Kanons unteilbarer und für funktionierende Zusammenleben auch unabdingbarer menschlicher Grundrechte und Grundpflichten gibt es nichts Statisches. (...) Wenn Autoritäten schwinden und biografisch auf vieles kein Verlass mehr ist, wird man sich zunehmend in Reaktion auf die aktuellen Gegebenheiten orientieren, situationsgemäß und reagibel den eigenen Wertecocktail zusammenbasteln, ebenso wie man sich in Eigenregie seine Biografie zusammenbastelt" (2000, S. 155). „Festlegungen auf Zeit, das kompetente Managen der eigenen Biografie, das Aufspringen bei attraktiven biografischen Mitfahrgelegenheiten – dies rückt an die Stelle von Langstrecken-Zugfahrten auf fremdvorgegebenen Lebenslauf-Gleisen, weil die Reiseziele andere geworden sind, weil sie sich plötzlich unterwegs verändern können und weil sie mit anderen Mitteln erreicht werden müssen. Jugendliche wachsen hinein in eine Erwachsenenwelt, in der biografisch improvisiert werden muss (und kann) wie nie zuvor. Sie wachsen hinein in eine Lebensweise, in welcher der Umgang mit den eigenen Lebenszielen, Partnerschaftsmodellen und Wohnvorstellungen zunehmend flexibel gehandhabt werden kann und muss. Sie können sich Starrheit nicht leisten" (ebd., S. 156).

Und dieses biografische Selbstmanagement hat einen qualitativ anderen Charakter als z.B. in der unmittelbaren Nachkriegssituation. Da hätte man – metaphorisch gesprochen – „handfeste Näharbeiten an den Mänteln" geleistet und hat sich damit arrangiert, weil die Gewissheit da gewesen wäre, dass es aufwärts gehen werde. Heute hätte die „Flickarbeit" eine „viel kompliziertere und abstraktere Form" angenommen, es sei eben „Patchwork an der eigenen Identität und am eigenen Lebenslauf" (S. 156). Diese Feststellungen werden nicht mit einem sorgenvollen Unterton vorgetragen. Es wird eher Diagnose transportiert, dass hier eine Generation die historische Bühne betritt, die den gesellschaftskritischen Bedenkenträgern zeigt, dass man sich in diesen neuen Flexibilität fordernden Lebensverhältnissen eingerichtet hat und damit – überwiegend – souverän umzugehen weiß. Also doch „Kinder der Freiheit". Für einen größeren Teil der in der Shellstudie befragten Jugendlichen gilt wohl diese Zuordnung. Sie blicken auf der Basis einer guten Schulausbildung eher optimistisch in die Zukunft. Immerhin aber 35 % der westdeutschen und 42 % der ostdeutschen Jugendlichen blickt eher düster in die erwartbare Zukunft. Und bemerkenswert finde ich, dass sich nur 21 % gut auf zukünftige Entwicklungen vorbereitet fühlen.

> Diese Jugendgeneration nennt die englische Jugendforscherin Wilkinson „Kinder der Freiheit" und Ulrich Beck (1997) gefiel dieser Titel so gut, dass er ihn gleich für ein Buch nutzte. Und Beck sieht sich vor allem durch die Schrift von zwei „Lebensästheten" aus Berlin ein Buch bestätigt, die er als „die erste authentische Stimme jener 'neuen Wilden'" bezeichnet (SZ vom 09.09.1997), die die Orientierungslosigkeit als Tugend ansehen und vor allem an ihrem „Gesamtkunstwerk Ich" basteln. Johannes Goebel und Christoph Clermont haben dieses in den Medien hochgejubelte Buch „Die Tugend der Orientierungslosigkeit" verfasst, fast so gekonnt wie ihr Mäzen Ulrich Beck. Für sie ist „der Lebensästhet ein Bastler. Er bastelt an der eigenen Biographie, der eigenen Moral und auch der eigenen Religion. (...) In einer auf diese Weise individualisierten Gesellschaft lassen sich nicht mehr Ziele, sondern nur noch Prozesse eindeutig beschreiben" (1997, S. 191). „Der Lebensästhet (thront) als kleiner Herrscher in einem Königreich bestimmender Patchworkmoral und determinierender Wertzusammenhänge. (...) Gerade weil der Lebensästhet selbst Urheber seiner Normen und Werte ist, fühlt er sich auch nur ihnen gegenüber verpflichtet, läßt dieses geschlossene Wertgebäude jenseits der klassischen Doppelmoral die Einbindung in gemeinschaftliche Gefüge ... unmöglich werden" (ebd.). „Der Lebensästhet widmet sich full-time dem Aufbau seiner persönlichen Moral. Verpflichtet fühlt er sich nur dieser privaten Baustelle und schon lange nicht mehr dem umfassenden Regelwerk einer allgemeinverbindlichen Moral" (S. 87). „Vor dem Hintergrund einer eigenen, unumstößlichen Moral erlaubt er die spielerische Navigation im Chaos der postmaterialistischen Informations- und Individualgesellschaft. Die Fähigkeit zu einem solchen 'Moral-Surfen' ist die Basis einer neuen Ethik" (S. 193). „Wo viele Beobachter noch jammernd am Wegesrand stehen und den Abschied von der Sicherheitsgesellschaft beklagen, bleibt dem Lebensästheten nichts übrig, als es sich in den Freiheiten der zweiten Moderne bequem zu machen" (S. 129). Formuliert sich hier die Generation der Zukunft, die „Kinder der Freiheit", für die es die Notwendigkeit, aber vor allem die Freiheiten der Selbstgestaltung gibt?

Aber diese Freiheiten sind auch riskant – davon steht nichts in diesem Buch. Das Leben in und mit diesen Freiheiten bedeutet harte Arbeit und ist weit davon entfernt ein Reich der Freiheit zu sein, das einem in den Schoß fällt. Die Vorstellung, die neuen „Tugenden", die für das risikoreiche Leben in diesen Freiheiten erforderlich sind, würde das Biotop der postmodernen Gesellschaft naturwüchsig entstehen lassen, halte ich für naiv.

Also: Alle Jugendlichen sind „Kinder der Freiheit", aber in diese Freiheiten gehen sie mit deutlich unterschiedlichen Ressourcen. Und Freiheiten ohne Ressourcen können Biografien zerstören. Und natürlich ist zu fragen, wie durch Schule und Jugendhilfe eine bessere und gerechtere Vermittlung jener psychosozialen Schlüsselqualifikationen erfolgen könnte, die den Heranwachsenden ein Gefühl geben, sie könnten ihre Zukunft bewältigen.

Vor einiger Zeit hat eine Serie von Selbstmorden Jugendlicher in Passau große Aufmerksamkeit auf sich gezogen. Das war eine schwere Herausforderung für das „postkartenschöne" Passau, das mit seinem Image 1,5 Millionen Touristen pro Jahr anzieht. Die Infrastrukturen für die Fremden, die kommen und wieder gehen und Geld in der Stadt lassen, ist vorbildlich, die für Jugendliche weniger, vor allem für jene nicht, die eine Passauer „Normalbiografie" nicht auf die Reihe bringen oder sich ihr verweigern. Wer sich nicht in Sport- und Trachtenvereinen oder in der kirchlichen Jugend integrieren kann und will, für den bleiben nur Parks, Passagen oder die Treppe der berühmten Nibelungenhalle. Damit sind wir also bei den

"Straßenkindern von Passau", Punks, für die es in dieser Stadt schwer ist, erwachsen zu werden. Einer von diesen Jugendlichen stirbt im letzten Jahr an einer Überdosis Heroin. Bei seiner Beerdigung treffen sich die Passauer Straßenkinder. Sie werfen leere Schnapsflaschen, Spritzen und Tablettenröhrchen ins offene Grab. Einer von ihnen, Daniel, genannt *Hölli*, kommt aufgewühlt nach Hause und sagt zu seiner Mutter˙: „Genau so will ich beerdigt werden." Die Mutter entgegnet: „Aber du stirbst doch nicht!". Hölli antwortet ganz ruhig: „Doch ich werde bald sterben, ich werde keine 18. Das Leben ist zum Kotzen, schau dich doch um in der Welt." Wenig später ist der 16-Jährige vom obersten Stockwerk der innerstädtischen Nibelungen-Einkaufspassage gesprungen. Seine 15-jährige Freundin ist wenig später von einem Auto überfahren worden. Alles spricht dafür, dass sie das wollte. Und das blieben nicht die einzigen Toten. Erwachsenwerden wollten und konnten sie nicht.

Ich komme auf Hölli am Ende noch einmal zurück. Er repräsentiert für mich die „verlorene Generation". Und dann gibt es die andere Perspektive auf Jugend: Helmut Fend charakterisiert diese neu entstehende Generationsgestalt unter anderem durch zunehmende „Freiheitsgrade des Handelns" und ebenso die „Erweiterung von Möglichkeitsräumen" (ebd.). „Erweiterte Möglichkeiten bedeuten aber auch geringere Notwendigkeiten der Einordnung in gegebene Verhältnisse. (...) Damit werden aber Tugenden, mit (unveränderlichen) Umständen leben zu können, weniger funktional und weniger eintrainiert als Tugenden, sich klug entscheiden zu können und Beziehungsverhältnisse aktiv befriedigend zu gestalten" (1988, S. 296).

Erwachsenwerden ist ein Projekt, das in eine Welt hineinführt, die zunehmend *unlesbar* geworden ist, für die unsere Erfahrungen und unsere Begriffe nicht ausreichen, um eine stimmige Interpretation oder eine verlässliche Prognose zu erreichen. Für diese Welt existiert kein Atlas, auf den Erwachsenen zurückgreifen könnten, um Heranwachsenden ihren möglichen Ort und den Weg dorthin erklären zu können. Insofern sind sie zunehmend auch selbst überfordert, Jugendlichen überzeugend zu vermitteln, worauf es bei einem gelingenden Leben ankommt. Jugend ist deshalb nicht nur eine Altersphase, deren Bewältigung schwieriger geworden ist. Sie ist auch deshalb komplizierter geworden, weil sie für die Erwachsenenwelt zu einer riesengroßen Projektionsfläche geworden ist, ein Experimentierfeld für zukunftsfähige Problemlösungen, aber auch eine Projektionsfläche für die eigenen Ängste und Verunsicherungen. So werden Heranwachsende ungeheuer überlastet mit projektiven Erwartungen von Erwachsenen und andererseits werden an ihnen die Wünsche nach einer geordneten Welt exekutiert, nach einer Welt, in der Grenzverletzungen, Chaotik und Ambivalenzen unter Kontrolle sind. Alles Beunruhigende soll weggesperrt oder ausgewiesen werden. Der Ruf nach polizeilichen Lösungen und die Reanimation alter heimpädagogischer Verschlusslösungen beziehen sich auf die „verlorene Generation". Die „Kinder der Freiheit" sollen sich hingegen mit Zukunftsoptimismus und dem „Laptop in der Lederhose" (frei abgewandelter Slogan des CSU-Wahlkampfes 1998) auf die ungeahnten Möglichkeiten des neuen Kapitalismus einlassen.

In der klassischen Entwicklungspsychologie ist das Heranwachsen als ein stufenförmig aufgebauter Prozess konstruiert, der – im positiven Fall – zu dem führt, was die Soziologie „Normalbiografie" nennt. Mindestens seit klassische normalbiografische Verlaufsgestalten von der gesell-

---

˙ Quelle für die wörtlichen Äußerungen und für die ganze Geschichte ist eine SPIEGEL-Reportage von jürgen Neffe im Heft 26/1995.

schaftlichen Wirklichkeit dekonstruiert werden, wird die Jugendphase weniger als ein gesellschaftlich klar formatierter Lebensabschnitt, sondern unter der Perspektive gelingender Lebensbewältigung thematisiert (vgl. Böhnisch & Schefold, 1985). Im Zentrum der Anforderungen für eine gelingende Lebensbewältigung stehen die Fähigkeiten zur Selbstorganisation, zur Verknüpfung von Ansprüchen auf ein gutes und authentisches Leben mit den gegebenen Ressourcen und letztlich die innere Selbstschöpfung von Lebenssinn. Das alles findet natürlich in einem mehr oder weniger förderlichen soziokulturellem Rahmen statt, der aber die individuelle Konstruktion dieser inneren Gestalt nie ganz abnehmen kann. Es gibt gesellschaftliche Phasen, in denen der individuellen Lebensführung die bis dato stabilen kulturellen Rahmungen abhanden kommen und sich keine neuen verlässlichen Bezugspunkte der individuellen Lebensbewältigung herausbilden. Gegenwärtig befinden wir uns in einer solchen Phase. Und die Auswirkungen gesellschaftlicher Veränderung auf die individuelle Lebensführung gilt es zunächst einmal zu inspizieren.

Umbruchserfahrungen in spätmodernen Gesellschaften

Um die gesellschaftlichen Bedingungen für den aktuellen tiefgreifenden Umbruch zu benennen, werden wir gegenwärtig mit Schlagworten bombardiert: Von der Individualisierung, der Pluralisierung, der Globalisierung, der Virtualisierung oder der Flexibilisierung ist die Rede. Das Spezifikum aktueller Befindlichkeiten wird uns von Philosophen gerne mit so großen Formulierungen wie „Das Ende der Eindeutigkeiten" – „Das Ende der Gewissheiten" – „Das Ende der 'Meta-Erzählungen'" erklärt. Aus der Perspektive der Sozialwissenschaften sollen Befindlichkeiten näher an der Alltagserfahrung beschrieben werden. Vor allem soll aufgezeigt werden, dass nicht nur etwas beendet, uns etwas genommen wird, sondern dass in diesen neuen Erfahrungen auch das Potenzial neuer und produktiver Formen der Lebensgestaltung und -bewältigung enthalten ist. Wie hat sich der Alltag der Menschen in den letzten Jahrzehnten verändert? Es werden zehn Erfahrungskomplexe thematisiert werden:

1. Subjekte fühlen sich „entbettet"
2. Entgrenzung individueller und kollektiver Lebensmuster
3. Erwerbsarbeit wird als Basis von Identität brüchig
4. „Multiphrene Situation" als Normalerfahrung
5. „virtuelle Welten" als neue Realitäten
6. Zeitgefühl erfährt „Gegenwartsschrumpfung"
7. Pluralisierung von Lebensformen
8. dramatische Veränderung der Geschlechterrollen
9. Individualisierung verändert das Verhältnis vom einzelnen zur Gemeinschaft
10. individualisierte Form der Sinnsuche

1. Die Erfahrung der „Entbettung" oder eine „ontologische Bodenlosigkeit". Es gibt gesellschaftliche Phasen, in denen die individuelle Lebensführung in einen stabilen kulturellen Rahmen von verlässlichen Traditionen „eingebettet" wird, der Sicherheit, Klarheit, aber auch hohe soziale Kontrolle vermittelt und es gibt Perioden der „Entbettung" (Giddens, 1997, S. 123), in denen die individuelle Lebensführung wenige kulturelle Korsettstangen nutzen kann bzw. von ihnen eingezwängt wird und eigene Optionen und Lösungswege gesucht werden müssen. Viele Menschen erleben das als „ontologische Bodenlosigkeit".

Gerade in einer Phase gesellschaftlicher Modernisierung, wie wir sie gegenwärtig erleben, ist eine selbstbestimmte „Politik der Lebensführung" unabdingbar.

2. Entgrenzung der individuellen und kollektiven Lebensmuster. Bezogen auf die Grundkompetenzen, die Heranwachsende in einer posttraditionalen Gesellschaft benötigen, stellt Helmut Fend (1988, S. 296) heraus, dass „Tugenden, mit (unveränderlichen) Umständen leben zu können, weniger funktional und weniger eintrainiert (seien) als Tugenden, sich klug entscheiden zu können und Beziehungsverhältnisse aktiv befriedigend zu gestalten". Die Schnittmuster, nach denen Menschen sich biografisch entwerfen und ihr Leben verwirklichen sollten, haben ihre Prägekraft verloren. Die Tugend des klugen Arrangements mit den vorgegebenen Normen verlieren in einer „multioptionalen Gesellschaft" an Normalitätswert. Die noch eine Generation früher geteilten Vorstellungen von Erziehung, Sexualität, Gesundheit, Geschlechter- oder Generationenbeziehung verlieren den Charakter des Selbstverständlichen.

3. Erwerbsarbeit als Basis der Identitätsbildung wird brüchig. Die industriell-kapitalistische Gesellschaft hat vor allem durch die Arbeit eine verlässliche „Einbettung" ermöglicht. Aber die vorhandene Erwerbsarbeit wird weniger und damit wird es auch immer mehr zu einer Illusion, alle Menschen in die Erwerbsarbeit zu integrieren. Die psychologischen Folgen dieses Prozesses sind enorm, gerade in einer Gesellschaft, in der die Teilhabe an der Erwerbsarbeit über Ansehen, Zukunftssicherung und persönliche Identität entscheidet.

4. Fragmentierung von Erfahrungen. Die wachsende Komplexität von Lebensverhältnissen führen zu einer Fülle von Erlebnis- und Erfahrungsbezügen, die sich aber in kein Gesamtbild mehr fügen. Diese Erfahrungssplitter sind wie Teile eines zerbrochenen Hohlspiegels. Wir haben meist keine andere Chance, als sie unverbunden nebeneinander stehen zu lassen. Es sind hohe psychische Spaltungskompetenzen gefordert, um nicht verrückt zu werden. Es entsteht eine „multiphrene Situation" als Normalphänomen (Gergen, 1991). Aber wir sind nicht nur vielfältig zerspalten, zerrissen und unfähig, aus den Erfahrungen wieder einen in sich stimmigen Erlebniskosmos zu konstruieren. In gewisser Weise machen wir jeden Tag multikulturelle Erfahrungen, die auch einen Reichtum ausmachen, die eindimensionale Bewusstseinshorizonte überschreiten, die ein Gefühl für den Wert von Heterogenität vermitteln.

5. Hinzu kommen Entwicklungen, deren allgemeine Konsequenzen für alltägliche Lebenswelten und die Subjektkonstitution noch schwer prognostizierbar sind. Hier meine ich vor allem die Entstehung von *„virtuellen Welten"* und *„virtuellen Gemeinschaften",* die die weltweite Vernetzung computergebundener Kommunikationswege eröffnen (Rheingold, 1994). Sie fördern den Zweifel an dem einen „Realitätsprinzip".

6. Unser *Zeitempfinden,* die subjektiven Bezüge zu Vergangenheit, Gegenwart und Zukunft verändert sich in charakteristischer Weise. Lübbe spricht von der Erfahrung der „Gegenwartsschrumpfung". Der Grund dafür liegt in einer Innovationsverdichtung, die die „Halbwertszeiten" des aktuell geltenden Wissens ständig verringert. „Der hier gemeinte Effekt ist, daß komplementär zur Neuerungsrate zugleich die Veraltensrate wächst. Die kulturellen Folgen dieser fortschrittsabhängig zunehmenden Veraltensgeschwindigkeit sind erheblich. In einer dynamischen Zivilisation nimmt die Menge der Zivilisationselemente zu, die noch gegenwärtig sind, aber über die sich schon die Anmutungsqualität der Gestrigkeit oder Vorgestrigkeit gelegt hat. Anders ausgedrückt: In einer dynamischen Zivilisation nimmt die Ungleichzeitigkeit des Gleichzeitigen zu" (Lübbe, 1994, S. 56).

7. *Pluralisierung von Lebensformen und Milieus* führen zu einer schier unendlichen Fülle von Alternativen. Peter Berger (1994, S. 83) spricht von einem „explosiven Pluralismus", ja von einem „Quantensprung". Seine Konsequenzen benennt er so: *„Die Moderne bedeutet für das Leben des Menschen einen riesigen Schritt weg vom Schicksal hin zur freien Entscheidung.* (...) Aufs Ganze gesehen gilt ..., daß das Individuum unter den Bedingungen des modernen Pluralismus nicht nur auswählen kann, sondern das es auswählen *muß.* Da es immer weniger Selbstverständlichkeiten gibt, kann der Einzelne nicht mehr auf fest etablierte Verhaltens- und Denkmuster zurückgreifen, sondern muß sich nolens volens für die eine oder andere Möglichkeit entscheiden. (...) Sein Leben wird ebenso zu *einem Projekt* – genauer, zu einer Serie von Projekten – wie seine Weltanschauung und seine Identität" (1994, S. 95).

8. Eine besondere Veränderungsdynamik folgt aus der *Veränderung der Geschlechterrollen.* Die Frauenbewegung hat einen Bereich gesellschaftlicher Selbstverständlichkeiten aufgebrochen, der die alltägliche Ordnung der Dinge in besonderer Weise steuerte. In Frage stehen die klassische Trennung zwischen Privatheit und Öffentlichkeit, von Innen und Außen. Die häuslichen Arrangements von Arbeitsteilung, Kindererziehung oder Sexualität werden Themen in politischen Arenen. Bei der Suche nach Identitäten als Männer und Frauen werden einerseits schmerzlich die tief eingeschliffenen traditionellen Muster spürbar und sie sind oft genug nicht zu überwinden; andererseits eröffnen sich offene Horizonte der Konstruktion neuer und weniger starrer Identitäten.

9. *Individualisierung im Widerspruch von Egozentrierung und selbstbestimmten Gemeinschaftserfahrungen.* In den westlichen Gesellschaften zerbrechen sich BürgerInnen und WissenschaflterInnen den Kopf über den sozialen „Kitt", der jene sich allmählich neu herausbildenden gesellschaftliche Systeme zusammenhalten könnte (Keupp, 2000). Bisher waren das Strukturen der Tradition, des Zwangs, der Ab- und Ausgrenzung; gemeinsame religiöse Bindungen; also die Regulative der Moderne. All' diese Mechanismen verlieren an Bindekraft, Verbindlichkeit und Überzeugungskraft. In der politischen Arena wird die Solidargemeinschaft bereits als gefährdetes Gut diskutiert, gefährdet durch eine sich immer stärker durchsetzende „Ego-Gesellschaft". Diese Analysen fallen oft sehr einäugig aus und gehen von dem rückwärtsgewandten Modell der amerikanischen Geschichte aus, das wir bei Tocqueville beschrieben finden. Dass eine Gesellschaft, die sich im Sinne des liberalistischen Modells vollständig auf die gesellschaftliche Regulationskraft der auf den Markt getragenen individuellen Einzelinteressen verlässt, eine Ego-Gesellschaft ohne Gemeinschaftsverantwortung und -engagement werden kann, ist natürlich kaum zu bestreiten. Wir haben gesellschaftliche Segmente, in denen sie sich bereits etabliert hat, aber Individualisierung ist nicht per se mit der Entwicklung einer Ego-Kultur identisch. Im Gegenteil! Es gibt genug empirische Hinweise auf hohe Solidaritätspotenziale.

10. *Der Verlust des Glaubens an die „Meta-Erzählungen" und die individualisierten Sinn-Bastler.* Die traditionelle Instanzen der Sinnvermittlung verlieren an Bedeutung. Sie können die Erfahrungsvielfalt und den Plura-

lismus von Deutungen nicht mehr ohne weiteres aus dem Feld schlagen. Die großen Deutungssysteme, deren Anspruch ja auf nichts geringeres zielte als auf eine Erklärung dessen, was die Welt im Innersten zusammenhält, haben sich entweder im Alltag auf teilweise entsetzliche Weise selbst diskreditiert (z. B. die völkische oder die marxistisch-leninistische „Weltanschauungen") bzw. ziehen sich bescheidener werdend zurück.

Vielleicht ist es sinnvoller, das „Ende der Meta-Erzählungen" weniger als den Zusammenbruch des Glaubens an innere Zusammenhänge unserer Welt zu begreifen, sondern eher als das Ende der etablierten Deutungsinstanzen. Der einzelne ist der Konstrukteur seines eigenen Sinnsystems und das enthält durchaus Materialien der traditionellen Sinninstitutionen.

Diese zehn Erfahrungskomplexe verdichten sich zu einer verallgemeinerbaren Grunderfahrung der Subjekte in den fortgeschrittenen Industrieländern: In einer „ontologischen Bodenlosigkeit", einer radikalen Enttraditionalisierung, dem Verlust von unstrittig akzeptierten Lebenskonzepten, übernehmbaren Identitätsmustern und normativen Koordinaten. Subjekte erleben sich als Darsteller auf einer gesellschaftlichen Bühne, ohne dass ihnen fertige Drehbücher geliefert würden. Genau in dieser Grunderfahrung wird die Ambivalenz der aktuellen Lebensverhältnisse spürbar. Es klingt natürlich für Subjekte verheißungsvoll, wenn ihnen vermittelt wird, dass sie ihre Drehbücher selbst schreiben dürften, ein Stück eigenes Leben entwerfen, inszenieren und realisieren könnten. Die Voraussetzungen dafür, dass diese Chance auch realisiert werden können, sind allerdings bedeutend. Die erforderlichen materiellen, sozialen und psychischen Ressourcen sind oft nicht vorhanden und dann wird die gesellschaftliche Notwendigkeit und Norm der Selbstgestaltung zu einer schwer erträglichen Aufgabe, der man sich gerne entziehen möchte. Die Aufforderung, sich selbstbewusst zu inszenieren, hat ohne Zugang zu der erforderlichen Ressourcen, etwas zynisches.

Wie könnte man die Aufgabenstellung für unsere alltägliche Identitätsarbeit formulieren? Hier meine thesenartige Antwort: Im Zentrum der Anforderungen für eine gelingende Lebensbewältigung stehen die Fähigkeiten zur Selbstorganisation, zur Verknüpfung von Ansprüchen auf ein gutes und authentisches Leben mit den gegebenen Ressourcen und letztlich die innere Selbstschöpfung von Lebenssinn. Das alles findet natürlich in einem mehr oder weniger förderlichen soziokulturellem Rahmen statt, der aber die individuelle Konstruktion dieser inneren Gestalt nie ganz abnehmen kann. Es gibt gesellschaftliche Phasen, in denen der individuellen Lebensführung die bis dato stabilen kulturellen Rahmungen abhanden kommen und sich keine neuen verlässlichen Bezugspunkte der individuellen Lebensbewältigung herausbilden. Gegenwärtig befinden wir uns in einer solchen Phase.

> Meine These bezieht sich genau darauf:
> Identitätsarbeit hat als Bedingung und als Ziel die Schaffung von Lebenskohärenz. In früheren gesellschaftlichen Epochen war die Bereitschaft zur Übernahme vorgefertigter Identitätspakete das zentrale Kriterium für Lebensbewältigung. Heute kommt es auf die individuelle Passungs- und Identitätsarbeit an, also auf die Fähigkeit zur Selbstorganisation, zum „Selbsttätigwerden" oder zur „Selbsteinbettung". Das Gelingen dieser Identitätsarbeit bemisst sich für das Subjekt von Innen an dem Kriterium der Authentizität und von Außen am Kriterium der Anerkennung.

Bei seinem Versuch, das Wesen der Psychose zu erfassen, hat Manfred Bleuler eine passende Formulierung für die Passungsaufgaben von Identitätsarbeit gefunden: „Es geht im Leben darum, dass wir die verschiedenen, oft sich widersprechenden inneren Strebungen harmonisieren, so dass wir ihrer Widersprüchlichkeit zum Trotz ein Ich, eine ganze Persönlichkeit werden und bleiben. Gleichzeitig haben wir uns damit auseinanderzusetzen, dass unsere äußeren Lebensverhältnisse nie den inneren Bedürfnissen voll entsprechen, dass wir uns an Umwelt und Realität anzupassen haben" (1987, S. 18). Die Psychose ist für Bleuler ein Zeichen dafür, dass ein Subjekt vor der Anforderung kapituliert hat „die Harmonisierung seiner inneren Welt und um seine Anpassung an die äußere Welt zu schaffen" (S. 18 f.). Dieses Modell des Scheiterns zeigt im Umkehrschluss, was Identitätsarbeit im Sinne dieser kontinuierlichen Passungsarbeit zu leisten hat.

Identitätsarbeit hat eine innere und äußere Dimension. Eher nach außen gerichtet ist die Dimension der *Passungsarbeit*. Unumgänglich ist hier die Aufrechterhaltung von *Handlungsfähigkeit* und von *Anerkennung* und Integration. Eher nach ‚innen', auf das Subjekt, bezogen ist *Synthesearbeit* zu leisten, hier geht es um die subjektive Verknüpfung der verschiedenen Bezüge, um die Konstruktion und Aufrechterhaltung von *Kohärenz* und Selbstanerkennung, um das Gefühl von *Authentizität* und *Sinnhaftigkeit*.

Kohärenz und Authentizität, Anerkennung und Handlungsfähigkeit sind nach unserer Einsicht unhintergehbare Modi alltäglicher Identitätsarbeit, sie sind existenziell. Sie können außerdem als wichtige Indizien für eine ‚gelungene Identität' bezeichnet werden.

Zum Verständnis alltäglicher Identitätsarbeit sind weiterhin noch zwei Perspektiven relevant. Zum einen: Die konkrete Ausgestaltung von Identität hängt von den individuellen, den materiellen und sozialen *Ressourcen* der Person ab. Zum anderen: Identität ist nicht nur Handlung, sondern auch Text – also die

Erzählung seiner selbst, eine *Selbstnarration*. Selbstnarration ist der erzählerische Prozess, in dem Subjekte sich selbst verstehen, anderen mitteilen und so ihren narrativen Faden in das Gesamtgewebe einer Kultur, die auch eine Erzählung ist, einweben.

Die Bedeutung des „Kohärenzsinns" für Lebenssouveränität

Lebenserfahrungen, in denen Subjekte sich als ihr Leben Gestaltende konstruieren können, in denen sie sich in ihren Identitätsentwürfen als aktive Produzenten ihrer Biografie begreifen können, sind offensichtlich wichtige Bedingungen der Gesunderhaltung. Der israelische Gesundheitsforscher Aaron Antonovsky hat diesen Gedanken in das Zentrum seines „salutogenetischen Modells" gestellt. Es stellt die Ressourcen in den Mittelpunkt der Analyse, die ein Subjekt mobilisieren kann, um mit belastenden, widrigen und widersprüchlichen Alltagserfahrungen produktiv umgehen zu können und nicht krank zu werden.

Was ist Salutogenese?
- Das Konzept stammt von dem israelischen Gesundheitsforscher A. Antonovsky.
- Das „salutogenetische" Denkmodell formuliert eine Alternative zu Pathogenese, also zur Entstehung von Krankheiten.
- Gefragt ist nicht, was macht krank, sondern wie es Menschen schaffen, gesund zu bleiben, trotz unterschiedlicher gesundheitlicher Belastungen.
- Von besonderer gesundheitsförderlicher Bedeutung sind die Widerstandsressourcen einer Person. Dazu zählen:
  - Körperliche Resistenzbedingungen
  - Psychische Ressourcen
  - Materielle Ressourcen
  - Psychosoziale Ressourcen
- Von besonderer Relevanz ist der „Kohärenzsinn"

Dieses Modell geht von der Prämisse aus, dass Menschen ständig mit belastenden Lebenssituationen konfrontiert werden. Der Organismus reagiert auf Stressoren mit einem erhöhten Spannungszustand, der pathologische, neutrale oder gesunde Folgen haben kann, je nachdem, wie mit dieser Spannung umgegangen wird. Es gibt eine Reihe von allgemeinen Widerstandsfaktoren, die innerhalb einer spezifischen soziokulturellen Welt als Potenzial gegeben sind. Sie hängen von dem kulturellen, materiellen und sozialen Entwicklungsniveau einer konkreten Gesellschaft ab. Mit organismisch-konstitutionellen Widerstandsquellen ist das körpereigene Immunsystem einer Person gemeint. Unter materiellen Widerstandsquellen ist der Zugang zu materiellen Ressourcen gemeint (Verfügbarkeit über Geld, Arbeit, Wohnung etc.). Kognitive Widerstandsquellen sind „symbolisches Kapital", also Intelligenz, Wissen und Bildung. Eine zentrale Widerstandsquelle bezeichnet die Ich-Identität, also eine emotionale Sicherheit in bezug auf die eigene Person. Die Ressourcen einer Person schließen als zentralen Bereich seine zwischenmenschlichen Beziehungen ein, also die Möglichkeit, sich von anderen Menschen soziale Unterstützung zu holen, sich sozial zugehörig und verortet zu fühlen.

Antonovsky zeigt auf, dass alle mobilisierbaren Ressourcen in ihrer Wirksamkeit letztlich von einer zentralen subjektiven Kompetenz abhängt: Dem „Gefühl von Kohärenz".

Kohärenzsinn: Das Herzstück der Salutogenese
Kohärenz ist das Gefühl, dass es Zusammenhang und Sinn im Leben gibt, dass das Leben nicht einem unbeeinflussbaren Schicksal unterworfen ist.
Der *Kohärenzsinn* beschreibt eine geistige Haltung:
- Meine Welt ist verständlich, stimmig, geordnet; auch Probleme und Belastungen, die ich erlebe, kann ich in einem größeren Zusammenhang sehen (Verstehensebene).
- Das Leben stellt mir Aufgaben, die ich lösen kann. Ich verfüge über Ressourcen, die ich zur Meisterung meines Lebens, meiner aktuellen Probleme mobilisieren kann (Bewältigungsebene).
- Für meine Lebensführung ist jede Anstrengung sinnvoll. Es gibt Ziele und Projekte, für die es sich zu engagieren lohnt (Sinnebene).
- Der Zustand der Demoralisierung bildet den Gegenpol zum Kohärenzsinn.

Antonovsky transformiert eine zentrale Überlegung aus dem Bereich der Sozialwissenschaften zu einer grundlegenden Bedingung für Gesundheit: Als Kohärenzsinn wird ein positives Bild der eigenen Handlungsfähigkeit verstanden, die von dem Gefühl der Bewältigbarkeit von externen und internen Lebensbedingungen, der Gewissheit der Selbststeuerungsfähigkeit und der Gestaltbarkeit der Lebensbedingungen getragen ist. Der Kohärenzsinn ist durch das Bestreben charakterisiert, den Lebensbedingungen einen subjektiven Sinn zu geben und sie mit den eigenen Wünschen und Bedürfnissen in Einklang bringen zu können.

Gerade für Heranwachsende scheint der Kohärenzsinn von zentraler Bedeutung zu sein. Eine zentrale Entwicklungsaufgabe des Jugendalters ist die Entwicklung einer eigenständigen Identität. Identität stellt die Antwort auf die Frage dar: „Wer bin ich?" In einer solchen Antwort wird die eigene Person in einem soziokulturellen Rahmen verortet, in dem sie persönlichen Lebenssinn gewinnen kann. Umso weniger es gelingt, für sich Lebenssinn zu konstruieren, desto weniger besteht die Möglichkeit sich für oder gegen etwas zu engagieren und Ressourcen zur Realisierung spezifischer Ziele zu mobilisieren.

In unserer eigenen Untersuchung haben wir eindrucksvolle Befunde für die Bedeutung des Kohärenzsinns gefunden. Wir haben Antonovskys Messinstrument zur Messung des Kohärenzsinns eingesetzt und klar belegen können, dass Heranwachsende umso mehr psychosomatische Beschwerden berichten, je geringer ihre Werte für den Kohärenzsinn sind.

Wenn Menschen keine sinnhafte Ordnung in ihrem Leben finden oder entwickeln können, dann wirkt sich das in dem Phänomen der „Demoralisierung" aus. Dieses Muster beinhaltet Einstellungen und Grundhaltungen, die durch ein geringes Selbstwertgefühl, Hilflosigkeit, Hoffnungslosigkeit, unbestimmte Zukunftsängste und allgemein gedrückter Grundstimmung geprägt sind. Für die USA liegen folgende Ergebnisse vor: Demoralisiert in dem beschriebenen Sinne wurde etwa ein Drittel der Bevölkerung eingeschätzt. Die Demoralisierungsrate von Frauen liegt um 10 % höher als bei Männern. Etwa die Hälfte der

Angehörigen der untersten sozialen Schicht erwies sich als demoralisiert. Etwa die Hälfte des Bevölkerungsanteils, der als demoralisiert eingeschätzt wurde, wies klinisch auffällige Symptome auf. Bei dieser Gruppe hatten die verfügbaren Ressourcen offensichtlich nicht ausgereicht, um mit Lebensproblemen und Krisen produktiv umgehen zu können. Das Demoralisierungssyndrom bringt zum Ausdruck, dass ein erheblicher Anteil der Bevölkerung für sich keinen Sinn mehr darin sieht, sich für oder gegen etwas einzusetzen. Diese Personen lassen Ereignisse fatalistisch auf sich zukommen und über sich hereinstürzen, weil sie nicht mehr daran glauben, dass sie wirksam etwas gegen diese unternehmen könnten.

Bei unserer Untersuchung zeigt sich deutlich die umgekehrte Relation zwischen Kohärenzgefühl und Demoralisierung: Je ausgeprägter das Demoralisierungsgefühl vorhanden ist, desto geringer ist das Kohärenzgefühl entwickelt.

Unsere quantitativen Befunde haben wir als Hinweisspuren genommen, denen wir in dem qualitativen Teil unseres Projektes weiter nachgegangen sind. Uns hat vor allem folgende Frage interessiert: Was kennzeichnet nun Jugendliche mit einem hohen bzw. niedrigen Kohärenzsinn genauer. Betrachtet man Gesundheit als aktiven Herstellungsprozess, dann interessiert vor allem ob und wie der Kohärenzsinn diesen Prozess beeinflusst. Dies soll im folgenden anhand von Material aus unseren qualitativen Interviews aufgezeigt werden.

Die drei Jugendlichen, die ich exemplarisch vorstellen werde, sind zwischen siebzehn und achtzehn Jahre alt. Allen gemeinsam ist, dass ihre Biographien einige Brüche aufweisen. Sie waren zur Zeit des Interviews stark mit den identitätsbezogenen Fragen „wer bin ich" und „wer möchte ich sein" beschäftigt, die auch starke Gefühle der Unsicherheit und Angst auslösten.

Kati lebt nach der Scheidung der Eltern im letzten Jahr bei der Mutter. Die Beziehung zu den Eltern ist eher gespannt, zur kühlen rationalen Mutter wie auch zum Vater, der als psychisch krank etikettiert wurde. Ihre beste Freundin hat sie durch den Umzug verloren, der mit der Scheidung verbunden war. Neue wirkliche Freunde hat sie keine gefunden.

Kati hat diffuse Ängste vor Situationen, die Enttäuschungen bzw. für sie negative Gefühle bedeuten könnten. Sie sagt, man kann sich nie sicher sein, dass man verletzt wird. Damit sie nicht krank wird, muss sie sich aber ihrer Vorstellung nach vor allen Belastungen schützen. Sie versucht dies zu tun, indem sie alle Situationen vermeidet, in denen sie verletzt werden könnte und sie wappnet sich gegen Enttäuschungen: Sie schraubt ihr Erwartung herunter und sie versteckt sich in sozialen Situationen: Sie sagt selten etwas, zeigt anderen wenig Gefühle, zieht sich ganz zurück. Gleichzeitig wächst ihre Selbstkritik, denn sie möchte nicht so sein, wie sie ist. Wenn sie schwierige Situationen nicht verhindern kann, wie die Scheidung ihrer Eltern, dann „hadert" sie, wie sie sagt, „mit dem Schicksal". Sie selbst sieht, dass ihre „Sicherheitsstrategie" dazu führt, dass sie dadurch auch weniger positive Erfahrungen macht, aber sie schafft es nicht, dieses Muster zu durchbrechen. Auch ihre jetzige Lebenssituation bietet dazu im Moment keine Möglichkeitsräume.

Alex lebt bei seiner Mutter. Die Beziehung zu ihr beschreibt er als eher schlecht. Sie ist sehr verschlossen, es gibt kein Lob und keine Streicheleinheiten. Der Vater, alkoholabhängig und gewalttätig, hat die Familie vor dreizehn Jahren verlassen. Er hat etliche Freunde aus zwei Szenen: Raver und die „Bronxgang", wie sie sich bezeichnen. Alex fühlt sich durch neue Situationen schnell verunsichert. Er kann sich, wie er sagt, nur schwer auf neue Situationen einstellen, die Erwartungen an ihn, die damit verbunden sind, zu antizipieren und auch danach zu handeln. Um sich sicher fühlen zu können sagt er, braucht er Situationen, die klar strukturiert sind, die Schule oder die Bundeswehr. Der Verlust seines Jobs hat ihn tief getroffen und seine Lebenslust, die wie er meint von Erfolgen abhängt, sehr reduziert. Er empfindet seinen Alltag als ziemlich sinnlos und langweilig. Er hat neue berufliche Perspektiven entwickelt, er will die Mittlere Reife bei der Bundeswehr nachmachen, zweifelt aber immer wieder daran, dass er es schafft. Auch seine Clique ändert wenig an seinen Selbstzweifeln. Hier versucht er durch die Anpassung an äußere Gruppennormen, die nicht seine eigenen sind, dazuzugehören. Er trägt die „geforderten" teuren Raverklamotten, er macht mit bei Schlägereien gegen andere Gangs, die ihm aber nichts bedeuten und er geht öfters als es ihm Spaß macht auf Raveparties, tanzt 72 Stunden durch und nimmt Drogen, damit er „in" ist und es auch bleibt. Metaphorisch drückt sich diese Sicherungsstrategie in seinem Körperbezug aus: Er macht Kampfsport, damit seine Muskeln alle Schläge (wohl auch die des Lebens) abwehren können, ihn unverwundbar machen.

Kevin war, wie er sagt, ein richtiges Muttersöhnchen. Er hatte kaum Freunde, er hatte Schulschwierigkeiten und litt unter Angst und psychosomatischen Beschwerden. Die Beziehung zu seiner Mutter ist eher negativ, er hofft, dass sie, wie angekündigt, bald auszieht. Die Beziehung zu seinem Vater ist von Vertrauen geprägt, auch wenn sie teilweise durch den zu hohen Alkoholkonsum des Vaters getrübt ist. Kevin hat auch heute noch Angst vor „unklaren Situationen bzw. Anforderungen". Eine solche stellt zur Zeit seine Rolle als Mann für ihn dar. Einerseits sieht er sich als die Starke, als Beschützer der Frau, andererseits spürt er auch seine eigenen Gefühle und Verletzlichkeiten. Im Unterschied zu Kati und teilweise auch zu Alex versucht Kevin aktive Lösungswege. Einer ist beispielsweise, dass er in einem Fantasyspiel, das er mit seinen Freunden seit einigen Monaten spielt, bewusst die Rolle einer Frau übernommen hat. Die Beziehung zwischen den Freunden ist durch diese Spielregeln festgelegt und erlaubt ihm im Sinne eines „Probehandelns" ohne „Risiko" neue Erfahrungen zuzulassen und auszuprobieren.

Auch die Beziehung zu seiner ersten Freundin hat ihn verunsichert, da es für das Zusammenleben keine allgemein geteilten Regeln mehr gibt. Seine Zwischenlösung war, dass sie nach dem keltischen Ritus „geheiratet" haben und sich damit Regeln für die Gestaltung ihrer Beziehung gestaltet haben. Typisch für Kevin ist auch, dass er den schulischen Abstieg vom Gymnasium in die Realschule eher positiv sieht. Er hat eine berufliche Perspektive entwickelt, zu der seine jetzige Schulform genau geeignet ist. Außerdem hat er dort in relativ kurzer Zeit auch Freunde und seine Freundin gefunden.

Die drei Beispiele zeigen Heranwachsende mit einem unterschiedlich hohen Kohärenzsinn.
Analysiert man nun die Alltagsstrategien dieser drei Adoleszenten unter den analytischen Kategorien, die Antonovsky für den Kohärenzsinn angenommen hat, so finden sich diese in den Fallgeschichten relativ genau wieder.

Auf die Fallgeschichten bezogen zeigen sich
1) auf der Sinnebene:
Kati und Alex finden in ihrer gegenwärtigen Lebenssituation eher wenig Sinn. Kati ist von dem, was sie tut, oft gelangweilt, ist damit unzufrieden und hat keine Wünsche, Träume in bezug auf ihre Zukunft, außer der Hoffnung, dass nach dem Schulabschluss eine geeignete Lösung kommt.

Alex hat sich zwar eine neue Perspektive erarbeitet, die er allerdings nicht alleine und bald verwirklichen kann. Er ist abhängig davon, ob die gewählte Perspektive auch von außen (von der Bundeswehr) ermöglicht wird. Seinen gegenwärtigen Alltag findet er stinklangweilig und sinnlos.

Kevin dagegen ist überzeugt, dass sein gegenwärtiges Leben äußerst lebenswert ist und auch seine Zukunftsperspektiven seinem Leben einen Sinn geben. Es ist genau das, was zu ihm passt und was er tun, bzw. wie er sein möchte.

2) Auf der Ebene der Bewältigung:
Alex befürchtet, dass er seine Ziele nicht verwirklichen kann, dass er nicht durchhalten kann, bzw. alles anders kommt, als er sich das vorstellt. Er sagt von sich selbst, dass er intelligent genug sei (also hier Ressourcen habe), aber zu dumm sei, dies für seine Ziele zu nutzen.

Kati sieht nur ihre Defizite (zu schüchtern, zu wenig eindeutig begabt), nicht ihr Stärken (sie ist intelligent, pflichtbewusst, musisch, künstlerisch begabt. Durch ihre Strategie kann sie kaum Erfahrungen des Gelingens ihrer Projekte machen, da sie sich keine richtigen Ziele steckt, bzw. von vornherein die Erwartungen minimiert.

Kevin dagegen ist überzeugt, dass er die Ziele, die er sich gesteckt hat, auch erreichen kann und die Energie hat, sich dafür einzusetzen. Er vertraut dabei, und dies unterscheidet ihn von Alex und Kati, auch auf die Hilfe seiner Freunde und seiner Freundin. Hier macht er Erfahrungen, die seine „inneren" Ressourcen stärken.

3) Auf der Verstehensebene
Kati und Kevin versuchen beide den Umgang mit Gefühlen, die ihnen Angst machen und die verletzen könnten, zu vermeiden. Kati zieht sich in sich selbst zurück und versucht solche Situationen zu vermeiden. Sie kann Situationen schwer einschätzen und wie sie sagt, kann man sich nie sicher sein, was passieren wird.

Auch Alex ist oft von Situationen und deren Bedeutung überrascht. Alex wünscht und arbeitet an einem „Panzer", der ihn unverwundbar macht, bzw. versteckt sich hinter Äußerlichkeiten, und hat so wenig Chancen, sich selbst in Situationen zu testen und daraus zu lernen. Kevin hat sich „Bereiche" geschaffen, in denen er sich wohlfühlt und in denen er Erfahrungen macht, die ihm helfen werden, auch andere, neue Situationen besser einschätzen zu können.

Aus der Gesundheitsforschung bin ich damit unversehens in die Identitätsforschung übergegangen und das nicht ohne guten Grund. Kohärenz ist nicht nur eine zentrale Basis für Gesundheit, sondern auch ein klassisches Kriterium für gelingende Identitätsarbeit. Und es mehreren sich Versuche, Identitätsarbeit selbst mit salutogenetischen Fragen zu verknüpfen. Alex, Kati und Kevin zeigen den hochindividualisierten Prozess der Identitätsbildung, dem Heranwachsende zunehmend zu bewältigen haben.

Leben mit „riskanten Chancen":
Welche Kompetenzen zur Lebensbewältigung brauchen Heranwachsende?

Im Weiteren soll nun der Versuch unternommen werden, soziale und psychische Bedingungen zu formulieren, die mir für eine produktive Nutzung der riskanten Chancen der gegenwärtigen Lebenssituation wichtig erscheinen. Zugleich verstehe ich diese Bedingungen als Orientierungs- und Ansatzpunkte für psychosoziales Handeln. Bezugspunkt für die Frage nach den Kompetenzen zur Gewinnung von Lebenssouveränität bilden für mich die zentralen Grundbedürfnisse, die Heranwachsende wie alle Subjekte in dieser Gesellschaft haben.

Im Zentrum der Anforderungen für eine gelingende Lebensbewältigung stehen die Fähigkeiten zur Selbstorganisation, zur Verknüpfung von Ansprüchen auf ein gutes und authentisches Leben mit den gegebenen Ressourcen und letztlich die innere Selbstschöpfung von Lebenssinn. Das alles findet natürlich in einem mehr oder weniger förderlichen soziokulturellem Rahmen statt, der aber die individuelle Konstruktion dieser inneren Gestalt nie ganz abnehmen kann. Es gibt gesellschaftliche Phasen, in denen die individuelle Lebensführung in einen stabilen kulturellen Rahmen „eingebettet" wird, der Sicherheit, Klarheit, aber auch hohe soziale Kontrolle vermittelt und es gibt Perioden der „Entbettung" (Giddens, 1997, S. 123), in denen die individuelle Lebensführung wenige kulturelle Korsettstangen nutzen kann bzw. von ihnen eingezwängt wird und eigene Optionen und Lösungswege gesucht werden müssen. Gerade in einer Phase gesellschaftlicher Modernisierung, wie wir sie gegenwärtig erleben, ist eine selbstbestimmte „Politik der Lebensführung" unabdingbar.

Meine eingangs formulierte These bezieht sich genau darauf: Ein zentrales Kriterium für Lebensbewältigung und Gesundheit bildet die Chance, für sich ein innere Lebenskohärenz zu schaffen. In früheren gesellschaftlichen Epochen war die Bereitschaft zur Übernahme vorgefertigter Identitätspakete das zentrale Kriterium für Lebensbewältigung. Heute kommt es auf die individuelle Passungs- und Identitätsarbeit an, also auf die Fähigkeit zur Selbstorganisation und „Selbsteinbettung".

Bedingungen für ein Leben mit „riskanten Chancen":
1. Basale ökologische Ressourcen bilden die Voraussetzung für eine souveräne Lebensbewältigung. Sie ermöglichen ein Gefühl des Vertrauens in die Kontinuität des Lebens: *Ein Urvertrauen zum Leben*.
2. Ein offenes Identitätsprojekt bedarf *materieller Ressourcen*: Die klassische soziale Frage steht immer noch auf der Tagesordnung.
3. Als soziale Baumeister/Innen unserer eigenen Lebenswelten und Netze brauchen wir *soziale Ressourcen*.
4. Die „demokratische Frage" stellt sich im Alltag: Benötigt werden *Fähigkeiten zum Aushandeln*, um die gemeinsame Lebensplattform immer wieder zu schaffen.
5. Die objektive Vergrößerung der *individuellen Gestaltungskompetenz* erfordert eine erhöhte Fähigkeit zur „positiven Verunsicherung" und „Ambiguitätstoleranz".

(1) Für die Gewinnung von Lebenssouveränität ist ein Gefühl des Vertrauens in die Kontinuität des Lebens eine Voraussetzung, ein *Urvertrauen zum Leben* und seinen natürlichen Voraussetzungen. Das Gegenbild

dazu ist die Demoralisierung, der Verlust der Hoffnung, in der eigenen Lebenswelt etwas sinnvoll gestalten zu können. Die Welt wird als nicht mehr lenkbar erlebt, als ein sich hochtourig bewegendes Rennauto, in dem die Insassen nicht wissen, ob es eine Lenkung besitzt und wie diese zu betätigen wäre. Die gewaltigen ökologischen Bedrohungen tragen sicherlich erheblich zu dem wachsenden Demoralisierungspegel bei, sie setzen fatale Bedingungen für „gelernte Hilf-" und „Hoffnungslosigkeit". Eine psychosoziale Perspektive, die für sich einen „ganzheitlichen" oder „lebensweltlichen Ansatz" in Anspruch nimmt, muss die basalen ökologischen Lebensbedingungen als zentralen Rahmen für die Entwicklung psychosozialer Ressourcen sehen lernen.

Werte, die aus dieser Perspektive folgen, lassen sich als *„ökologische Moral"* bezeichnen. Die Standortdebatte überlagert gegenwärtig in gefährlicher Weise das Bewusstsein für die ökologischen Gefahren und Notwendigkeiten. Die Umwelt müsste auch für den Standort Deutschland Opfer bringen, kann man im öffentlichen Diskurs vernehmen. Dagegen stehen Projekte wie Agenda 21 und die Formulierung „ökologischer Kinderrechte" zu formulieren.

(2) Ein offenes Identitätsprojekt, in dem neue Lebensformen erprobt und eigener Lebenssinn entwickelt werden, bedarf *materieller Ressourcen*. Hier liegt das zentrale und höchst aktuelle sozial- und gesellschaftspolitische Problem. Eine Gesellschaft die sich ideologisch, politisch und ökonomisch fast ausschließlich auf die Regulationskraft des Marktes verlässt, vertieft die gesellschaftliche Spaltung und führt auch zu einer wachsenden Ungleichheit der Chancen an Lebensgestaltung. Hier holt uns immer wieder die klassische soziale Frage ein. Die Fähigkeit zu und die Erprobung von Projekten der Selbstorganisation sind ohne ausreichende materielle Absicherung nicht möglich. Ohne Teilhabe am gesellschaftlichen Lebensprozess in Form von sinnvoller Tätigkeit und angemessener Bezahlung wird Identitätsbildung zu einem zynischen Schwebezustand, den auch ein „postmodernes Credo" nicht zu einem Reich der Freiheit aufwerten kann.

Im Oktober 2000 sind die Ergebnisse einer von der Arbeiterwohlfahrt beim Frankfurter Institut für Sozialarbeit und Sozialpädagogik (ISS) in Auftrag gegebenen Studie durch die Medien gegangen (http://www.Arbeiterwohlfahrt.de/presse/pd-2000-10-25). Sie zeigt die Aktualität der materiellen Basissicherheit. 15% der Kinder in der BRD wachsen nach dieser Studie in Armut auf. Die unter 18-Jährigen seien die größte von Armut betroffene Gruppe. Laut dieser Studie sind etwa 38% der armen Kinder in ihrem Spiel- und Sprachverhalten gestört, von Armut geprägte Kinder suchen seltener Kontakt zu anderen Kindern, nehmen eher passiv an Gruppenangeboten in Kindertagesstätten teil, an Klassenfahrten können sie aus materiellen Gründen häufig nicht teilnehmen, sie zeigen sich weniger wissbegierig und haben wegen häufiger Fehl- oder Mangelernährung mehr gesundheitliche Probleme und sind in ihrer körperlichen Entwicklung deutlich verzögert. Hier werden negative Zukunftschancen verteilt.

Die intensive Suche nach zukunftsfähigen Modellen *„materieller Grundsicherung"* sind von höchster Wertepriorität. Die Koppelung sozialstaatlicher Leistungen an die Erwerbsarbeit erfüllt dieses Kriterium immer weniger.

(3) Wenn wir die sozialen BaumeisterInnen unserer eigenen sozialen Lebenswelten und Netze sind, dann ist eine spezifische Beziehungs- und Verknüpfungsfähigkeit erforderlich, nennen wir sie *soziale Ressourcen*. Der Bestand immer schon vorhandener sozialer Bezüge wird geringer und der Teil unseres sozialen

Beziehungsnetzes, den wir uns selbst schaffen und den wir durch Eigenaktivität aufrechterhalten (müssen), wird größer. Nun zeigen die entsprechenden Studien, dass das moderne Subjekt keineswegs ein „Einsiedlerkrebs" geworden ist, sondern im Durchschnitt ein größeres Netz eigeninitiierter sozialer Beziehungen aufweist, als es seine Vorläufergenerationen hatten: Freundeskreise, Nachbarschaftsaktivitäten, Interessengemeinschaften, Vereine, Selbsthilfegruppen, Initiativen. Es zeigt sich nur zunehmend auch, dass sozioökonomisch unterprivilegierte und gesellschaftlich marginalisierte Gruppen offensichtlich besondere Defizite aufweisen bei dieser gesellschaftlich zunehmend geforderten eigeninitiierten Beziehungsarbeit. Die sozialen Netzwerke von ArbeiterInnen z.B. sind in den Nachkriegsjahrzehnten immer kleiner geworden. Von den engmaschigen und solidarischen Netzwerken der Arbeiterfamilien, wie sie noch in den 50er Jahren in einer Reihe klassischer Studien aufgezeigt wurden und in der Studentenbewegung teilweise romantisch überhöht wurden, ist nicht mehr viel übrig geblieben. Das „Eremitenklima" ist am ehesten hier zur Realität geworden. Unser „soziales Kapital", die sozialen Ressourcen, sind ganz offensichtlich wesentlich mitbestimmt von unserem Zugang zu „ökonomischem Kapital".

Als Konsequenz für die Formulierung zukunftsfähiger Werte folgt die hohe Priorität für die Förderung von *„Kontexten sozialer Anerkennung"*. Für offene, experimentelle, auf Autonomie zielende Identitätsentwürfe ist die Frage nach sozialen Beziehungsnetzen von allergrößter Bedeutung, in denen Menschen dazu ermutigt werden. Da gerade Menschen aus sozial benachteiligten Schichten nicht nur besonders viele Belastungen zu verarbeiten haben und die dafür erforderlichen Unterstützungsressourcen in ihren Lebenswelten eher unterentwickelt sind, halte ich die gezielte professionelle und sozialstaatliche Förderung der Netzwerkbildung bei diesen Bevölkerungsgruppen für besonders relevant.

(4) Nicht mehr die Bereitschaft zur Übernahme von fertigen Paketen des „richtigen Lebens", sondern die *Fähigkeit zum Aushandeln* ist notwendig: Wenn es in unserer Alltagswelt keine unverrückbaren allgemein akzeptierten Normen mehr gibt, außer einigen Grundwerten, wenn wir keinen Knigge mehr haben, der uns für alle wichtigen Lebenslagen das angemessene Verhalten vorgeben kann, dann müssen wir die Regeln, Normen, Ziele und Wege beständig neu aushandeln. Das kann nicht in Gestalt von Kommandosystemen erfolgen, sondern erfordert demokratische Willensbildung im Alltag, in den Familien, in der Schule, Universität, in der Arbeitswelt und in Initiativ- und Selbsthilfegruppen. Dazu gehört natürlich auch eine gehörige Portion von Konfliktfähigkeit. Die „demokratische Frage" ist durch die Etablierung des Parlamentarismus noch längst nicht abgehakt, sondern muss im Alltag verankert werden.

Wie die Analyse von Taylor gezeigt hat, lebt die demokratische Zivilgesellschaft von *„Partizipationsrechten"*. Gegenwärtig gibt es eine widersprüchliche Entwicklung: Die Wünsche von immer mehr Menschen gehen in Richtung einer Mitbeteiligung bei Angelegenheiten, die sie selbst betreffen. Das ist ein hohes demokratisches Potenzial. In der Wirtschaft wird es teilweise als produktionsfördernder Faktor genutzt. Volks- und Bürgerbegehren gehen in die gleiche Richtung. In anderen gesellschaftlichen Bereich setzt man eher auf napoleonische Lösungen: Die Stärkung der Führungsebene auf Kosten der Mitbestimmungschancen. Hier gilt es klar zugunsten von Partizipationsrechten zu votieren. Und gerade Heranwachsende müssen bei allen Entscheidungen, die sie betreffen einbezogen werden. Kinderkonferenzen und Jugendforen sind hier ein wichtiger Ansatz. Die AWO fordert in ihrer Stellungnahme zu der angesprochen Untersuchung: „Kinder und Jugendliche müssen an der Jugendhilfeplanung, beim Bau von Spielplätzen und bei der Entwicklung von Kinderstadtplänen beteiligt werden".

(5) Gesellschaftliche Freisetzungsprozesse bedeuten einen objektiven *Zugewinn individueller Gestaltungskompetenz*, aber auch deren Notwendigkeit. Sie erfordern vom Subjekt vermehrt die eigenwillige Verknüpfung und Kombination multipler Realitäten. Hier eröffnet sich ein subjektiver und gesellschaftlicher Raum für die Entwicklung jenes „Möglichkeitssinns", den Robert Musil im „Mann ohne Eigenschaften" entworfen hat. Er ermöglicht den Auszug aus dem „Gehäuse der Hörigkeit" (Max Weber) und führt uns an den Punkt, den Christa Wolf (1983) in ihrer Frankfurter Vorlesung zur Poetik so treffend formuliert hat: „Freude aus Verunsicherung ziehen". Aber sie verknüpft dieses positive Ziel gleich mit der skeptischen Frage: „wer hat uns das je beigebracht?" (1983). Als hätte sie hellseherisch die Situation in der DDR im Frühjahr 1990 beschrieben! Aber so verschieden sind vermutlich auch wir Bürger in der BRD nicht, als dass diese Frage nicht auch für uns gelten würde. Die *psychische Voraussetzung für eine positive Verunsicherung ist „Ambiguitätstoleranz"*. Sie meint die Fähigkeit, sich auf Menschen und Situationen offen einzulassen, sie zu erkunden, sie nicht nach einem „Alles-oder-nichts"-Prinzip als nur gut oder nur böse zu beurteilen. Es geht also um die Überwindung des „Eindeutigkeitszwanges" und die Ermöglichung von neugieriger Exploration von Realitätsschichten, die einer verkürzenden instrumentellen Logik unzugänglich sind.

Ich hatte anfangs angekündigt, dass ich noch einmal auf Hölli zurückkommen würde. Er hat in erstaunlicher Weise seinen Möglichkeitssinn entwickelt, aber er hatte oder sah keine Chance, einen davon bestimmten Lebensentwurf offen und experimentell umzusetzen. In einem Brief Höllis an seinen Bruder, vier Monate vor seinem Tod, kommt das zum Ausdruck:

> „Irgendwann traf mich der Blitz, der schon viele getroffen. Aber ich machte mir keine ernsthaften Gedanken. Ich nahm alles sehr locker und ich ging durch die Welt und dachte und dachte. Aber aus meiner Gedankenlosigkeit wurden Träume und Schmetterlinge. Solche, die viel Verwirrung schaffen. Und dumm wie ich bin, ging ich durch die Welt und ich dachte und dachte. Träume, Schmetterlinge – alles wurde schlimmer! Aber meine Verspieltheit zog mich an sich. Und ohne eine Ahnung ging ich durch die Welt, und ich dachte und dachte. Bücher, Musik, gute Literatur – alles half nichts mehr. Es war, als würde mein Herz nicht mehr für mich schlagen. Plötzlich war es aus mit der Gedankenlosigkeit und ich musste handeln. Zu spät; meine Chance war vertan. – So zog ich durch die Welt und ich dachte und dachte."

Ich schließe an dieses Dokument ein provokante Frage an: Haben Hölli und seine Freunde möglicherweise schon mehr begriffen von dem, was unsere Gesellschaft generell lernen und entwickeln muss, wenn sie zukunftsfähig sein will?

In den Zukunftslabors der Wirtschaft wird über Basiskompetenzen erfolgreicher Menschen im nächsten Jahrhundert oder -tausend nachgedacht. Einer der originellsten und einflussreichsten Managementwissenschaftler ist Peter Senge (1996). Für ihn müssen lernfähige Organisationen vor allem die Fantasie, Kreativität, persönliche Reflexionsfähigkeit im Sinne eines kontinuierlichen Hinterfragens und Überprüfens unserer inneren Bilder, Gemeinschaftsfähigkeit und vor allem die Fähigkeit zu gemeinsamen Visionen fördern.

Eine auf individuelle Durchsetzungsfähigkeit und Konkurrenz setzende Gesellschaft hinterlässt genau in diesem Bereich verheerende Defizite. Vielleicht hätte Hölli bei Peter Senge einen Beratervertrag erhalten, in seiner museal versteinerten Stadt hatte er keine Chance!

Literatur:

Beck, U. (Hrsg.) (1997). *Kinder der Freiheit*. Frankfurt: Suhrkamp.

Beck, U. (1999). *Schöne neue Arbeitswelt. Vision: Weltbürgergesellschaft*. Frankfurt: Campus.

Berger, P.L. (1994). *Sehnsucht nach Sinn. Glauben in einer Zeit der Leichtgläubigkeit*. Frankfurt: Campus.

Bauman, Z. (1993). Wir sind wie Landstreicher. Die Moral im Zeitalter der Beliebigkeit. Süddeutsche Zeitung vom 16./17. Nov. 1993.

Böhnisch, L. & Schefold, W. (1985). *Lebensbewältigung. Soziale und pädagogische Verständigung an den Grenzen des Wohlfahrtsstaates*. Weinheim: Juventa.

Deutsche Shell (Hrsg.) (2000). *Jugend 2000. 13. Shell Jugendstudie*. Opladen: Leske + Budrich.

Fend, H. (1988). *Sozialgeschichte des Aufwachsens. Bedingungen des Aufwachsens und Jugendgestalten im zwanzigsten Jahrhundert*. Frankfurt: Suhrkamp.

Freud, S. (1930). *Das Unbehagen in der Kultur*. Berlin/Wien: Internationaler Psychoanalytischer Verlag.

Gelatt H.B. (1989). Positive uncertainty: A new decision-making framework for counseling. *Journal of Counseling Psychology, 36,* 252-256.

Gergen, K.J. (1994). „Sinn ist nur als Ergebnis von Beziehungen denkbar". Interview mit K.Gergen. *Psychologie heute,* Oktober 1994, 34 -38.

Gernert, W. (1993). Zur Lebenssituation von Kindern und Jugendlichen in der Risikogesellschaft. *Kindheit, Jugend und Gesellschaft, 4,* 127 - 133.

Giddens, A. (1997). *Jenseits von Links und Rechts*. Frankfurt: Suhrkamp.

Jugendwerk der Deutschen Shell (Hrsg.) (1997). *Jugend '97. Zukunftsperspektiven – gesellschaftliches Engagement – Politische Orientierungen*. Opladen: Leske + Budrich.

Keupp, H. (1997). *Ermutigung zum aufrechten Gang*. Tübingen: DGVT-Verlag.

Keupp, H. (2000). *Eine Gesellschaft der Ichlinge? Zum bürgerschaftlichen Engagement Heranwachsender*. München: SOS Kinderdorf.

Keupp, H. & Höfer, R. (Hrsg.) (1997). *Identitätsarbeit heute*. Frankfurt: Suhrkamp.

Lübbe, H. (1995). Erfahrungen von Orientierungskrisen in modernen Gesellschaften. In: W. Weidelfeld & D. Rumberg (Hrsg.), *Orientierungsverlust – Zur Bindungskrise der modernen Gesellschaft*. Gütersloh: Verlag Bertelsmann Stiftung.

Musil, R. (1967). *Der Mann ohne Eigenschaften*. Reinbek: Rowohlt.

Rheingold, H. (1994). *Virtuelle Gemeinschaft. Soziale Beziehungen im Zeitalter des Computers*. Reading, Mass.: Addison-Wesley.

Sennett, R. (1996). Etwas ist faul in der Stadt. Wenn die Arbeitswelt bröckelt, wird die Lebenswelt kostbar: Perspektiven einer zukünftigen Urbanität. *DIE ZEIT Nr. 5* vom 26.01.1996, 47/48.

Taylor, C. (1995). *Das Unbehagen an der Moderne*. Frankfurt: Suhrkamp.

Wolf, C. (1983). *Voraussetzungen einer Erzählung: Kassandra*. Darmstadt: Luchterhand.

Was Therapeuten von jugendlichen Patienten lernen können – über das Gelingen und Scheitern von Psychotherapie

Reinmar du Bois

Einleitung

Was ich Ihnen heute erzählen kann, erscheint mir, nachdem ich es geschrieben und geprüft habe, kaum der Rede wert. Andere, die wie ich einen großen Teil ihres Berufslebens der psychotherapeutischen Arbeit mit Jugendlichen gewidmet haben, haben auch darüber geschrieben und sind zu ähnlichen Erkenntnissen gelangt. Die immer längere Erfahrung zwingt zu immer größerer Bescheidenheit.

Ich möchte mit Ihnen über die allgemeine Herangehensweise, über Grundhaltungen und Grunderfahrungen im therapeutischen Umgang mit Jugendlichen nachdenken. Welche Konstellationen ergeben sich in der Therapie? Welche therapeutischen Wirkungen können wir bestenfalls erzielen? Welche Konstellationen führen schlimmstenfalls zum Stillstand oder Abbruch der Therapie.

Das Wort vom „Lernen", das ich im Titel vorgefunden habe, ist ein gutes Wort für die Arbeit mit Jugendlichen. Es ist ein gutes Wort in jeglicher Therapie, auch jener mit Erwachsenen, weil es uns erinnert, dass wir unseren Patienten das therapeutische Wissen und die therapeutische Technik nicht überstülpen können, sondern stets neu erkunden müssen, wie die innere Wirklichkeit des Patienten aussieht, und weil wir fragen müssen, ob wir unsere präparierten Rezepte nicht besser in der Schublade liegen lassen. Wir müssen auf jeden Einzelfall neugierig bleiben. Wir müssen die Notlage eines Menschen an uns heran lassen und wahrhaftig erleben, was auf uns zukommt. Wir müssen prüfen, ob sich unsere Erklärungsmuster eignen, ob unser erlerntes Handeln zur Hilfe taugt oder ob wir irgend etwas anderes tun müssen, vielleicht etwas, das uns spontan einfällt und das wir eigentlich nie zuvor gelernt haben, und jetzt *am* Patienten und in gewisser Weise auch *von* ihm neu lernen müssen.

Diese Bescheidenheit in der Grundhaltung des Lernens haben wir als Kinder- und Jugendpsychotherapeuten also nicht erfunden, sie ist wohl eine universelle Tugend in allen empirischen Humanwissenschaften.

Vielleicht betonen Kinder- und Jugendtherapeuten das Lernen besonders, weil ihre Arbeit die spontane Wandlungs- und Anpassungsfähigkeit und ständige Bereitschaft zur Weiterentwicklung besonders nachdrücklich fordert. Wo sonst, wenn nicht bei jugendlichen Patienten sind sich Therapeuten schon zu Anfang unsicher, ob sie überhaupt zu behandeln anfangen sollen, ob etwas dabei heraus kommen könnte, wie es um die psychische Gesundheit oder Krankheit des Patienten bestellt sein könnte, ob es dem Patienten subjektiv wohl gut oder schlecht geht, ob er die Behandlung überhaupt will oder ob sie ihm nur von den Eltern aufgezwungen wird.

Wo sonst außer in dieser Altersstufe erreichen Therapeuten so kümmerlich wenig Kontrolle über den Verlauf einer Therapie? Wo sonst können sich Therapeuten in ihrer eigenen Identität so verwirrt und verletzt fühlen und nicht wissen, ob sie als Polizisten, als Kindermädchen, als Lehrer, Duzfreunde, Verräter, Familienhelfer, verlängerte Arme der elterlichen Erziehung, als Mentoren oder Wegbegleiter engagiert sind? Wo sonst, wenn nicht in der Therapie von Jugendlichen, stehen Therapeuten immer wieder unerwartet vor dem Ende und dem Abbruch einer Therapie und fragen sich, ob das Unterfangen je einen Sinn gehabt hat?

Der Anfang der Therapie

Was steht am Anfang einer Therapie von Jugendlichen? In den meisten Fällen ist es der Hilferuf der Eltern, dass sie mit ihrem halbwüchsigen Kind nicht mehr weiter wissen, und der Auftrag an den Experten, dem Kind zu helfen. Manchmal ahnen wir, dass auch der Jugendliche Hilfe herbeisehnt und dass er weiß, dass er nicht mehr weiter weiß. Oft vermissen wir ein solches Signal. Wann können und wann wollen wir dem Jugendlichen wirklich klipp und klar seinen Wunsch nach Hilfe auf den Kopf zusagen?

Was ist am Beginn einer Therapie vorgefallen: Ein Jugendlicher oder eine „sie" hat es nicht mehr geschafft, die Schule zu besuchen oder unter seinen oder ihren Altersgenossen sozial zu bestehen, hat es nicht geschafft, sich durchzusetzen, in der Entwicklung mit den anderen Schritt zu halten. Eine Jugendliche oder ein „er" hat entweder in der Schule oder aber zu Hause offen oder verdeckt rebelliert. Er oder sie haben sich an den Menschen, denen sie sich nahe fühlen, wund gerieben. Sie haben sich von den Eltern oder von den Kameraden oder von beidem zurückgezogen. Sie finden nicht mehr zu ihren Eltern hin. Sie ertragen diese nicht mehr, aber können sich auch nicht von ihnen lösen. Sie haben sich in Konflikten verhakt und verlieren die Kontrolle über ihre Gefühle. Sie haben sich auf diese und ähnliche Weise in einen Stillstand der Entwicklung hineinmanövriert.

Diese Beschreibung ist ausweichend und unverbindlich. Wir haben es im Jugendalter oft nicht mit umschriebenen Syndromen oder Einzelsymptomen zu tun. Am ehesten erkennen wir Hindernisse in der psychischen Entwicklung und Selbstverwirklichung. Diese Hindernisse soll die Psychotherapie beiseite schaffen helfen. So ähnlich könnte auch unser Behandlungsauftrag lauten, den wir uns selbst geben. Wir stehen am Anfang vor einer weit offenen und miserabel definierten Situation. Wenn schon der Punkt A so schwer zu bestimmen ist, wie sollen wir Punkt B bestimmen und wie die Fortschritte zwischen A und B messen? Wir könnten sagen, die Therapie sei gelungen, weil die persönliche Entwicklung wieder in Gang gekommen sei. Aber wie beschreiben wir das In-Gang-Kommen einer Entwicklung und wie definieren wir den Stillstand?

Manche erkennen eine positive innere Entwicklung, obwohl sich äußerlich noch nichts bewegt. Umgekehrt, wenn sich äußerlich viel bewegt, kann der Patient innerlich auf der Stelle treten. Manchmal geht die Beseitigung von Entwicklungshindernissen parallel mit der Wiederaufnahme des Schulbesuchs, mit der Wiederbelebung von Freundschaften, mit der Besserung von Ängsten und Zwängen, mit dem

Seltener-Werden von Wutausbrüchen oder der Verringerung der Häufigkeit und Schwere von Selbstverletzungen. Aber wie viel psychische Entwicklung hat ein Patient durch das Verschwinden seiner Symptome wirklich in Gang gesetzt? Es wäre bedeutsamer, wenn man die Dynamik der Entwicklung messen könnte, so wie sich die kinetische Energie eines Schwungrades messen lässt, das in Bewegung gesetzt wurde.

Der Anfang der Therapie wird durch die Angst der Jugendlichen bestimmt, dass sie im Verlaufe der therapeutischen Arbeit mit unerträglichen inneren Widersprüchen konfrontiert werden könnten. Dies ist eine ordentliche Drohkulisse.

Rudolf Ekstein berichtet von einem drogengefährdeten Jugendlichen, der in der ersten Sitzung einer Therapie, zu der ihn die Eltern zwingen wollten, ankündigte, er werde definitiv nicht kommen, sondern er werde nach Afghanistan auswandern. Ekstein fragte ihn daraufhin, ob er denn vor der Psychotherapie mehr Angst habe, als vor den afghanischen Gefängnissen. Auf diese Weise entlarvte er das aberwitzige Agieren dieses Jugendlichen und erinnerte ihn an die eigentlichen Probleme. Der Jugendliche stutzte und war bereit, zu weiteren Terminen zu erscheinen. Meine Faszination über diesen therapeutischen Schachzug hält sich in Grenzen. Der nächste Jugendliche, bei dem wir diesen Trick probieren, wird uns grimmig anschauen, und nie wieder bei uns auftauchen. Und nach Afghanistan gehen würde er auch nicht.

An dem Beispiel erkennen wir gut, dass die Angst vor der Therapie aufgewogen wird durch die Wut darüber, dass die Eltern die Therapie verlangen und notfalls erzwingen wollen. Primär gegen diese Bedrohung rennen die Jugendlichen an: Manche Jugendliche gehen so weit, den Eltern die Gefolgschaft zu verweigern – „eigentlich" ein ziemlich normales Jugendverhalten, das mit Opposition und Selbstbehauptung zu tun hat. Ein Therapeut, der das normale Verhalten seiner Patienten verstärken möchte, müsste dieses Verhalten „eigentlich" respektieren und dürfte es nicht mit dem Generalverdacht beiseite wischen, dass der Widerstand mit Ängsten vor der Therapie zu tun habe. Jugendliche sollten am Beginn einer geplanten Therapie weitgehende Vetorechte eingeräumt bekommen – auf die Gefahr hin, dass die Therapie, die sich die Eltern so dringend wünschen, überhaupt nicht zustande kommt.

Wir können getrost von einem Glücksfall reden, wenn – wie bei Rudolf Ekstein – trotz dieser Drohkulisse eine Psychotherapie in Gang kommt, und der Jugendliche nicht unter dem Eindruck stehen bleibt, er habe sich dem Willen seiner Eltern ohne eigenes Wollen unterworfen. Solche Unterwerfungen, wenn sie passieren, bedeuten eine massive Anfangshypothek für die Therapie, die oft so lange nicht überwunden wird, wie die Therapie andauert.

Wie kommt es, dass sich Therapeuten und Jugendliche irgendwie doch noch einig werden? Es fällt schwer, diese Frage zu beantworten. Es sind jedenfalls keine bestimmten Techniken oder Kniffe, eher kuriose Begebenheiten und Zufälle, beiläufige Verständigungen, ein Händedruck oder ein Blickwechsel oder eine verblüffende Bemerkung des Patienten, die uns hinterher wieder einfällt, oder eine Behauptung von uns, welcher der Patient – oh Wunder – nicht widerspricht.

Die Entstehung des psychotherapeutischen Prozesses aus der Aktualität

Die Psychotherapie von Jugendlichen kann lange Zeit durch aktuelle Zwischenfälle dominiert und durch diese geradezu erdrückt werden. Eigentlich möchten viele Therapeuten, nicht nur jene mit analytischer Ausbildung, einen Blick zurück und in die Zukunft werfen, sie möchten die Geschichte des Jugendlichen und zumindest die näheren Umstände der Entstehung seiner Symptomatik erfahren.

Dieser Plan wird ihnen verwehrt, wenn sie nur mit dem Jugendlichen arbeiten. Dieser sabotiert diesen Plan, wo er kann und führt uns stattdessen auf Nebenschauplätze, einen nach dem anderen. Wenn wir mit unserem Plan eines umfassenden Krankheitsverständnisses rasch weiter kommen wollen, müssen wir uns entschließen, uns den Eltern zuzuwenden. Die Eltern sind meist hoch erfreut über diese Zuwendung. Das Kind, der Jugendliche, ist weniger erfreut! Wir gefährden das empfindliche und mühsam errungene Therapiebündnis.

Daher nimmt mancher Therapeut vorlieb mit dem, was er vom Patienten erhalten kann. Was er erhält, stammt überwiegend aus dem Hier und Jetzt, aus wortkargen oder nörgelnden Äußerungen, aus ermüdenden Darlegungen kleiner Alltagssorgen. Der Therapeut muss sich bei besonders manipulativen Patienten zusätzlich blenden lassen durch Blitzgewitter, in das irgendwelche Nebenschauplätze getaucht werden. Die Termine werden mit aktuellen Begebenheiten und Tagesereignissen randvoll gemacht. Es bleibt kein Platz zur Reflexion, Rückschau oder Vorschau. Der Therapeut wird mit Ereignissen förmlich bombardiert. Er verfolgt eine atemlose Folge von gelebten Augenblicken und Erregungen. Er vernimmt desgleichen Klagen über tödliche Langeweile, Verdruss und Leerlauf, ohne die gefährlichen Erregungen, die er dahinter vermutet, ansprechen zu können. Sternstunden und erhebende Momente erlebt er am ehesten in der Supervision, nicht mit seinen Patienten. Die Zeit der bewilligten Therapie verstreicht und nichts geschieht. Alles, was geschieht, ist äußerlich, nichts ist innerlich bestimmt.

Wenn der Therapeut den Verhandlungsverlauf mit Hausaufgaben und Erledigungen zu strukturieren versucht, weichen die Patienten aus, oder sie tun nicht das, was erwünscht oder besprochen ist, es sei denn sie leiden unter Anorexie und wollen dem Therapeuten alles recht machen, was ja dem Therapeuten dann auch nicht recht ist. Die Jugendlichen sträuben sich, mit dem Therapeuten die Vergangenheit aufzuarbeiten. Die Versuche des Therapeuten, das Leben der Jugendlichen aus größerer Distanz in den Blick zu nehmen, bleiben künstlich oder pathetisch. Es schleichen sich falsche Töne ein, Besserwisserei, Vorwürfe. Am Schluss zuckt der Patient vor der Größe der Aufgabe zurück. Der Therapeut übrigens auch.

Es gehört zu den spannenden Begebenheiten in der Psychotherapie von Jugendlichen, wenn diese trotz ihres Verharrens in der Aktualität irgendwann beginnen, sich als geschichtliche Personen zu erleben, die einer Entwicklung unterliegen. Sie tun dies meist mithilfe des Abtastens kleiner Erinnerungen und mit Gegenüberstellungen von Früher und Heute. Die verglichenen Dinge sind erst klein und banal. Vor allem ältere Jugendliche fangen an, sich zurück zu besinnen, zumindest auf das, was sie in den letzten Jahren erlebt haben, sie greifen nicht gleich Dinge aus der frühen Kindheit auf. Aber sie fangen an, ihr Leben als Prozess zu begreifen. Auf diese Weise beginnt sich allmählich die Lücke der Selbsterkenntnis zu schließen, eine Lücke, die vor allem analytisch orientierten Psychotherapeuten zu schaffen macht, weil ihnen eine erfolgreiche Therapie ohne biografische Reflexion schwer vorstellbar erscheint.

Der therapeutische Prozess im pädagogischen Alltag

Die therapeutische Situation ist deutlich herausgehoben aus dem Alltag durch ihre besondere Inszenierung, ihre Örtlichkeit und ihren zeitlichen Rahmen. Dennoch sind Jugendtherapeuten darauf eingestellt, daß das alltägliche Leben in die Therapie hinein schwappt. Jugendliche wollen, dass ihre Therapeuten zu Erlebnissen, die sie soeben im Alltag gehabt haben, Stellung beziehen. Die Therapeuten kommen nicht umhin, sich zu fragen, ob sie Ratschläge geben sollen, ob sie sich in irgendeiner Form erzieherisch engagieren sollen. Sollen sie sich verführen und zum Mitmachen bei irgend etwas außerhalb der Therapie drängen lassen, sollen sie etwa einer Theateraufführung beiwohnen, wo die Patienten mitspielen, oder bei einem Sportwettkampf? Oder sollen sie den Verführungskünsten, wenn sie dies so sehen, standhalten und sich aus allem heraushalten?

Es ist müßig, die Axiome zu bemühen, die in den jeweiligen Therapieschulen, die der einzelne durchlaufen hat, vertreten werden. Es ist besser, bei der Beantwortung dieser Fragen möglichst geringen theoretischen Ballast mitzubringen.

Manchmal haben wir überhaupt keine Wahl. Alles läuft darauf hinaus, dass wir in einer bestimmten Weise reagieren müssen, wenn wir nicht von vornherein für weltfremd und daneben liegend betrachtet werden wollen. Was nützt es uns, die höheren Weihen und das überlegene Wissen zu vertreten, wenn es darauf ankommt, dass wir als Personen greifbar bleiben, und ein klar erkennbares Gegenüber sind. Wir werden von den Jugendlichen scharf taxiert. Auch unsere Praxiseinrichtung, unsere gesamte Arbeitsumgebung, unsere privaten Lebensumstände, soweit sie der Jugendliche mitbekommt. Der Therapeut muss notfalls jetzt und sofort Einspruch erheben, wenn ihm die Neugier seiner Patienten zu weit geht, aber er kann nicht von vornherein seine gesamte private Persona für tabu erklären. Er muss sich immer wieder mit konkreten Meinungen und Neigungen zu erkennen geben. Umgekehrt wäre es ein großes Missverständnis, wenn der Therapeut im Ringen um Glaubhaftigkeit dem Jugendlichen alles Private offenbaren würde. Es gibt gute, auch darlegbare Gründe, warum den Jugendlichen so manches, im Grunde sogar das Allermeiste davon nichts angeht.

Es ist aber nicht durchzuhalten und würde auch wichtige Übertragungen verhindern, wenn die Grenze zwischen dem, was den Jugendlichen angeht und dem, was ihn nichts angeht, bereits dort gezogen würde, wo die Fantasie überhaupt erst an bestimmten erkennbaren konkreten Details der Person des Therapeuten andocken möchte. Dies muss erlaubt sein. Warum nicht darüber reden, wann und wie man Hunger gehabt hat, warum man sich über etwas Alltägliches geärgert oder gefreut hat. Warum nicht einräumen, dass man Gefühle von Liebe und Trauer kennt. Alles dies ist möglich, ohne die eigene Biografie abzuliefern. Man kann persönlich sein, ohne mit vielen persönlichen Fakten umzugehen.

Bei jedem Patienten wird die Grenze etwas anders verlaufen, bei zudringlichen Patienten wird sie strenger gehandhabt werden müssen als bei anderen. Jedenfalls schulden wir den Patienten konkrete Antworten auf konkrete Fragen und dürfen uns nicht, egal welcher Schulrichtung wir angehören, in ausweichenden Gegenfragen erschöpfen.

Jugendtherapeuten müssen übrigens auf mancherlei Provokationen gefasst sein. Sie müssen bereit sein, Grenzen neu an Stellen zu ziehen, wo diese zunächst nicht vorgesehen waren. Diese Grenzen ergeben sich innerhalb der Therapie, nicht um die Therapie herum. Die Jugendtherapie funktioniert nicht wie ein zollfreier Hafen, wo der Zoll erst beglichen wird, wenn man den Hafen verlässt. Der Zoll wird fällig, sobald die Grenze erreicht wird. Vielleicht ist diese schon 5 Minuten nach Beginn der Therapiestunde erreicht, dann nämlich, wenn der Patient eine Zurechtweisung benötigt. Die Therapie bei Jugendlichen kann eben nie von vornherein zu einer heiligen unantastbaren Veranstaltung erhoben werden.

Wenn Jugendliche, wie es ihre Art ist, von ihrem tatsächlichen Leben berichten, das sie außerhalb der Therapie führen, dann schleppen sie gern etwas von diesem Leben in die Therapie ein. Der Umgang mit den mitgebrachten Dingen hat spielerische und symbolische Aspekte, obwohl die Realität dieser Dinge nicht negiert oder übergangen werden darf. Letztlich gehen Jugendliche mit ihren Besitztümern so willkürlich um, wie es Kinder eigentlich nur im Spiel tun dürfen und wie es Erwachsene nur tun würden, wenn sie sich ganz sicher sind, dass sie von ihren Träumen und Fantasien reden und nicht von wirklichen Dingen, die ihr wirkliches Leben betreffen. Spiel oder Ernst? Jugendliche stehen genau dazwischen, ein Problem, das uns gleich noch beschäftigen wird.

Diese Aspekte lehren uns, dass wir in der Psychotherapie mit Jugendlichen nicht klar zwischen Pädagogik und Psychotherapie unterscheiden können. Behandeln kann eben nur derjenige, der sich auch als konkretes Gegenüber anbietet, der als Vorbild taugt, als jemand, der seine eigene Art hat, mit Fragen und Herausforderungen umzugehen, der als Person für eine bestimmte Vorgehensweise und Sichtweise einsteht.

Machen wir uns klar, was Pädagogik bedeutet. Pädagogik befindet sich auf der direkten Ebene des Ich und Du, zwischen zwei sich ihrer unterschiedlichen Position bewußten einsichtsfähigen Menschen. Damit muß der erziehende jugendliche Mensch bereit sein und in der Lage sein, einem Beispiel, einem Wink seines Erziehers zu folgen. Erziehung appelliert an Bewußtseins- und Gewissensinstanzen, z.B. an die Verpflichtung gegenüber der Gemeinschaft. Auf der pädagogischen Ebene werden diese Instanzen im Vertrauen auf deren Wirkung vorgelebt. Es werden dabei Regeln und Verbote ausgehandelt, befolgt oder übertreten.

Das, was ich hier über Pädagogik noch einmal zusammengefasst habe, gilt mehr oder weniger auch für die Therapie von jugendlichen Patienten. Auch in ihr muss ein Element pädagogischen Handelns enthalten sein, wie immer sparsam oder großzügig wir dieses Element zum Zuge kommen lassen. Ein Verfahren, das sich in Enthaltsamkeit und gelegentlichen Deutungen übt, reicht nicht aus. Persönliche Erklärungen und Meinungen müssen hinzu. Reflexionen müssen immer wieder durch konkrete Verfahrensvorschläge bestärkt und veranschaulicht werden.

Wagnis, Ernst und Spiel im therapeutischen Prozess

Wir werden bei der Therapie von Jugendlichen bisweilen an Einzelheiten der kindlichen Spieltherapie erinnert. Auf das Ganze gesehen, überwiegen die Unterschiede. Der Umgang mit Jugendlichen muss Gestaltungsspielräume aufweisen, wie wir sie aus der Spieltherapie kennen. Das Spiel hat aber als umfassender Parameter ausgedient.

Eine besondere Herausforderung bedeutet es, wenn uns das Verhalten der Jugendlichen an ein „Spiel mit dem Feuer" erinnert. Wir erleben etwa, dass wir von unseren Patienten offen bedroht werden oder dass sie eine sehr bedrohliche Realität halb spielerisch halb ernst vor uns aufbauen. Wir tun gut daran, ein vermeintlich grausames Spiel nicht mehr als Spiel sondern als bedrohlichen Ernst zu behandeln. Wenn wir allzu lange darauf beharren, dass alles ja nur ein Spiel sei, begeben wir uns in eine aberwitzige Gefahrensituation.

Ich erinnere mich an eine Situation, die ich selbst erlebt habe, als ein jugendlicher Patient mit einer Tasche in die Therapie kam, die er vieldeutig auf seinem Schoß festhielt und nicht absetzen wollte. Er deutete an, er könnte eine scharfe Waffe darin haben. Wir erkennen, wie dieser Jugendliche eine therapeutische Situation, die man normalerweise für geschützt halten würde, sprengen und jeglichen Schutz außer Kraft setzen wollte. In dem Raum, in dem ich mich mit diesem Patienten befand, konnte ich nicht mehr gefahrlos therapeutisch agieren. Er tat so, als wolle er mit mir nur spielen. Es war eine augenblickliche Entscheidung, dass ich dieses Spiel als Spiel nicht zu akzeptieren bereit war. Der Jugendliche drohte mir, und er drohte mir real. Er wartete förmlich auf eine Reaktion. Diese enthielt ich ihm auch nicht vor.

In solchen Grenzsituationen befinden wir uns zwar immer noch im Geltungsbereich einer Psychotherapie, aber wir sind zugleich in einer Wirklichkeit angekommen, wie sie wirklicher und gefährlicher nicht sein könnte. Jugendliche, die eine solche Situation provozieren, warten auf ein unmissverständliches Verbot. Zugleich hoffen sie, dass der Therapeut nicht, wie sie selbst, vor Angst zugrunde geht, sondern handlungsfähig bleibt und dies auch zeigt.

Abseits von solchen Gefahren kann die Kenntnis der Spieltherapie dem Therapeuten gelegentlich dabei helfen zu improvisieren, wenn er mit bestimmten Patienten in Sprachlosigkeit verfällt oder wenn alle Versuche mit dem Patienten ein Ziel zu verfolgen oder über etwas Bestimmtes zu reden versanden oder wenn alles, was der Therapeut vorschlägt, durch die Aktionen und Bemerkungen des Jugendlichen eine fantastische Wendung nimmt.

Kaum ein Jugendlicher kommt bekanntlich mit klaren Ideen in die Therapie, was ihm fehlt oder worüber er gerne sprechen möchte. Hier helfen also intuitive Figuren des Einstiegs in ein Gespräch. Wenn die typischen Nebenschauplätze eröffnet werden, ist der Spieltherapeut in seinem Element. Was braucht der Spieltherapeut mehr als einen kleinen Nebenschauplatz! Und schon kann das Spiel beginnen. Der Therapeut muss sich natürlich rasch entscheiden, ob er sich auf einen Vorschlag des Patienten einlassen will oder was er sonst unternehmen will.

Eigentlich ist nichts tabu, und alles darf sein. Der Therapeut muss sich an eine geeignete Vorgehensweise herantasten, er muss sich, wenn alles scheitert, zumindest mit dem Jugendlichen über die dumme Situation, in der sie miteinander stecken, verständigen. Manchmal bieten sich die mitgebrachten Objekte als Vermittler, ja gleichsam als Übergangsobjekte an. Spaziergänge sind eine gute Sache. Manche Therapeuten bevorzugen Wettspiele, Brettspiele oder malen mit ihren Patienten.

Aus solchen Eröffnungen ergeben sich, ähnlich wie in der Spieltherapie, auch ähnlich wie beim Winnicott'schen Squiggle irgendwann Rituale und Regeln für weitere Therapiestunden. Es entwickeln sich Rhythmen. Gleiche Abläufe beginnen sich zu wiederholen. Schließlich ergeben sich kritische Rückfragen oder sogar Streitpunkte. Man hat gemeinsam etwas Schwieriges erlebt und kann darüber reden. Nach typischer Manier fangen die Begegnungen an und hören wieder auf oder werden von einer Phase in die andere übergeleitet.

Verändertes Zeit- und Körpererleben bei Jugendlichen im therapeutischen Prozess

Jugendliche sind mit ihren psychischen Zuständen schwer zu greifen und zu definieren. Dies liegt an der Kurzlebigkeit der psychischen Erscheinungen und am veränderten Zeiterleben. Jedes Glück oder Unglück wird mit hoher Intensität aus dem Augenblick heraus erfahren. Der erlebte Augenblick wird nicht mit früher erlebten Augenblicken verglichen, sondern in der Gegenwart gebannt. Dieses Zeiterleben ermöglicht es den Jugendlichen, auch jenen die sich psychisch stark belastet fühlen, sich in kurzen Augenblicken frei zu fühlen. Erwachsene gehen davon aus, dass ein Unglück länger verharrt und nicht plötzlich aufhört. Aus dieser Sicht erscheinen die Jugendlichen flatterhaft. Haben sie nun ernste Probleme oder haben sie keine und warum sind sie überhaupt in Therapie?

Auch depressive Krisen und die sich in ihrem Umfeld ergebenden Verzweiflungstaten scheinen ihre Dramatik aus kurzen schlimmen Momenten zu beziehen. Natürlich sind stets ernste biografische Belastungen vorausgegangen. Dennoch kann ein verzweifelter Impuls im nächsten Augenblick vergessen sein. Eine hohe momentane Spannung kann urplötzlich wieder in sich zusammenbrechen. So scheint es jedenfalls.

Als Psychotherapeuten sind wir geneigt, diese Vorfälle in ihrer Ernsthaftigkeit zu hinterfragen. Müssen wir sie als hysterisches Theater abqualifizieren? In der Tat wird hier Theater gespielt. Das Theaterspielen erscheint uns als eine Form der Abwehr, eine Möglichkeit, sich von den Belastungen des eigenen Leben zu befreien und zu distanzieren: ich bin nicht ich, ich bin jemand anders, der dies erlebt, dieser jemand steht dort auf der Bühne und bringt zum Ausdruck, was ich eigentlich empfinde. Diese dissoziative Erlebnisweise muss als jugendtypisch gelten. Sie dient bekanntlich auch noch im späteren Leben als Möglichkeit der Verarbeitung traumatischer Erinnerung. Dissoziation ist aber nicht nur ein psychiatrisches Symptom, sondern ist in ihren Verdünnungen auch eine normale Form der Erlebnisbewältigung. Sie muss als kreative Leistung gewürdigt werden.

Wenn wir also bei Jugendlichen von hysterischen Inszenierungen sprechen, dann schließen wir nicht aus, dass eine solche Inszenierung der rettende Einfall zur passenden Zeit war und nicht der Vorbote einer hysterischen Charakterstruktur. Jugendliche, die ihre Therapeuten heftig beschimpfen oder mit den Terminen ein Verwirrspiel treiben, die sich über Ungerechtigkeiten beklagen, können damit ihre Verärgerung zum Ausdruck bringen, oder sie können sich aus einer Zwangslage befreien, in die sie durch die Eltern gebracht wurden. Dieselben Jugendlichen können ihre Therapeuten im einen Augenblick idealisieren, im nächsten Augenblick gegen die Eltern ins Feld führen, im nächsten Augenblick ihnen etwas Wichtiges oder Intimes anvertrauen. Jugendtherapeuten sollten sich hüten, diese Verhaltensweisen in ihrer Gegensätzlichkeit sofort diagnostisch zu bewerten.

Ein anderer Grund, der Jugendliche zum theatralischen und übertriebenen Erleben ihrer Krisen führt, ist ihr Mangel an Lebenserfahrung. Es ist kurios, dass sogar erfahrene Therapeuten sich diese Selbstverständlichkeit immer wieder in Erinnerung rufen müssen. Unsere jugendlichen Patienten haben nicht das Sediment von Erfahrungen, das ihnen eine sichere Einschätzung ihrer wirklichen Chancen im Leben ermöglicht. Sie wissen schlichtweg nicht genug über das Leben, über die vielen zukünftig denkbaren Dinge und Eventualitäten. Aus der Rückerinnerung an diese Dinge setzt sich Stück für Stück der Sinn des Lebens zusammen. Tatsächlich müssen also der Sinn und die Beständigkeit des Lebens über Krisen hinweg erst in einem längeren Leben erfahren werden.

Damit werden Jugendliche leichter als ältere Menschen vom Verlust dieses Sinnes bedroht. Sie stehen öfter als ältere Menschen in ihren Krisen vor einer Situation, die ihnen vollkommen unbekannt ist und sie daher als um so bedrohlicher erfahren.

Die Heftigkeit und die Absolutheit der Verzweiflungen bei Jugendlichen müssen also auch auf diesen Hintergrund bezogen werden. Wenn es im hohen Alter so etwas wie einen Bilanzsuizid geben sollte, dann stehen wir hier bei Jugendlichen vor dem krassen Gegenteil einer solchen Bilanzierung. Worüber sollen Jugendliche denn Bilanz ziehen. Ihr Leben hat gerade erst begonnen.

Die mangelnde Basis, vielleicht gar die Zweifel an der eigenen Verzweiflung werden von den Jugendlichen durch flippiges, wegwerfendes und selbstverächtliches Verhalten zum Ausdruck gebracht. Es bleibt uns als Therapeuten überlassen, die Gründe für die Verzweiflung zu würdigen und ihnen ernsthaft nachzuspüren. Der Jugendliche hat sich vielleicht längst wieder auf die Zeitreise begeben. Wir stehen immer wieder staunend vor dieser Fähigkeit: sich auf die Reise zu machen, etwas hinter sich zu lassen, Dinge anders zu machen als bisher, sich nicht festlegen zu lassen, etwas vermeintlich Eigenes und schon Angeeignetes doch wieder als fremd zu entlarven und doch wieder abzustreifen.

Wenn in der Kindertherapie das Spiel als der Königsweg zum Unbewussten und zum Selbsterleben der Kinder gilt, dann können wir bei Jugendlichen zweifellos noch nicht die sprachliche Kommunikation an die Stelle des Spiels setzen. Wir müssen zum einen das Spiel noch einsetzen, zum anderen schon auf den sprachlichen Diskurs setzen, zugleich aber dessen Mängel beklagen und schließlich einen dritten Weg suchen, vielleicht nicht einen neuen Königsweg aber immerhin eine Zugangsmöglichkeit, die ich für unschätzbar und unverzichtbar halte. Gemeint ist das körperliche Erleben und die Betrachtung der Körperlichkeit und der Eigenschaften des Körpers einschließlich der daran geknüpften Befürchtung, dass es mit dem Körper ein böses Ende nehmen könnte.

Der Körper nimmt im Jugendalter alle Ängste vor der Zukunft, alle sexuellen Fantasien, die gesamte unfertige Identität in sich auf. Der Körper nimmt auch nicht überwundene tiefe Bindungen an die primäre Bezugsperson in sich auf, er integriert Reste eines kindlichen Erlebens. Er repräsentiert tiefe Selbstunsicherheit und Zweifel an der Fähigkeit, die eigenen Gefühle zu kontrollieren und destruktive emotionale Kräfte im Zaum zu halten. Techniken, die uns dazu verhelfen, den Körper in den Mittelpunkt einer Verständigung zwischen uns und den Jugendlichen stellen, verbal wie non-verbal, sind von unschätzbarem Wert.

Therapie als emanzipatorischer Prozess – Ablösung, Trennung, Individuation

In welcher Richtung soll der therapeutische Prozess nun verlaufen. Welcher Gedanke könnte uns leiten, damit wir in dem oft nur oberflächlichen, temporeichen und wechselvollen Therapiegeschehen nicht gänzlich die Orientierung verlieren. Eingangs haben wir den therapeutischen Prozess als Versuch bezeichnet, eine stockende psychische Entwicklung wieder in Gang zu setzen und neue Bewegungsspielräume zu schaffen. Hierbei denken wir einmal an die Aneignung des Körpers, von dem eben die Rede war. Wir denken zum anderen an die Beschreibungen der Individuation bei Blos und Erikson. Blos nennt die Adoleszenz die „zweiten Phase der Individuation". Erikson spricht von der zu lösenden Aufgabe, echte Intimität zu erreichen, dies aber innerhalb des Schonraums der Adoleszenz, in dem keine volle Verantwortung zu übernehmen ist.

Auf der Wunschliste der Therapieziele mag noch stehen, dass die Verständigung mit den Eltern verbessert und auf eine neue Reifestufe gestellt werden sollte. Wir wünschen uns, dass frühkindliche Beziehungsmuster überwunden werden, bei denen noch keine wirkliche Trennung der Kinder von den Eltern vorstellbar ist.

Selten taucht in der Sammlung der Therapieziele der Begriff „Emanzipation" auf, da dieser eher pädagogische und sogar politische Assoziationen weckt und darauf hindeutet, dass der Jugendliche nicht nur mit sich selbst, sondern mit widrigen Umständen zu kämpfen hat und sich darüber hinwegsetzen und behaupten muss. In Wirklichkeit handelt aber jede Psychotherapie mit Jugendlichen ständig von deren Emanzipation. In vielen Therapiestunden ist von nichts anderem die Rede. Was hilft es den Therapeuten, dass sie, nach ihrer Ausbildung zu urteilen, für dieses Thema nicht zuständig sind?

Zur Emanzipation zählt auch der Wunsch und die Fähigkeit, sich einer Jugendkultur anzuschließen und gemeinsam mit anderen gleichen Alters programmatisch zu erklären, wie man leben will, was man für richtig oder falsch oder erstrebenswert erachtet, was man sich nicht bieten lassen will und wo man sich – als Gruppe – ästhetisch und gefühlsmäßig von den Eltern unterscheiden will.

Die Emanzipation nimmt in den Epochen unterschiedliche Formen an. Das Bemühen um Emanzipation ist aber, wenn man danach schaut, noch bis in die tiefste Verzweiflung und die tiefste psychische Not hinein zu verfolgen. Der Anspruch auf Emanzipation hört niemals auf. Und jede Psychotherapie von Jugendlichen stellt sich, ob sie will oder nicht, auch in den Dienst der Emanzipation und tut gut daran.

Damit ergibt sich aber ein Dilemma. Der Therapeut übt seine Tätigkeit im Umfeld der Eltern aus. Gerade gegen diese wünscht sich der Jugendliche abzugrenzen. Die meisten Therapeuten haben ihren Behandlungsauftrag ursprünglich von den Eltern erhalten. Auch die Therapeuten werden als gute oder böse Eltern erlebt. Dies mag im Sinne der Übertragung nützlich sein. Nützlich ist es nicht, wenn es darum geht, die Jugendlichen bei ihrer Emanzipation zu unterstützen.

In der Phase der Emanzipation, in welcher sich die Jugendlichen befinden, ist es ihr gutes Recht, die Eltern auch einmal hinter sich zu lassen und nicht im Nahkampf die Konflikte auszutragen, oder sie in ihrer Ambivalenz auszuloten, wie dies in der Psychotherapie verlangt wird. Es ist sogar ihr gutes Recht, die Psychotherapie hinter sich zu lassen, wenn sich diese nicht irgendwann aus der Elternübertragung lösen kann.

Ein origineller Einfall, wie die Rolle des Psychotherapeuten jenseits der Elternübertragung und jenseits des Emanzipationskampfes aussehen könnte, stammt von Rudi Ekstein. Er schlug vor, den Therapeuten mit einem Übergangobjekt zu vergleichen und einem lebensgroßen Teddybär, der dem Jugendlichen die Loslösung von den primären Bezugspersonen erleichtern könnte.

Zu dieser Vision würde gehören, dass der Jugendliche gelegentlich den Teddybären wie ein Kleinkind die Ecke schleudert, vergisst und gleich anschließend wieder verzweifelt begehrt. So faszinierend dieser Gedanke erscheinen mag, so ist der Therapeut als Person im Grunde viel zu real, um als Teddybär sein Dasein zu fristen. Nur besonders tief gestörte Patienten würden diesen Umstand übersehen und den Therapeuten als Übergangsobjekt missbrauchen. Für alle anderen gilt, dass der Therapeut Übertragungsrollen spielt: er spielt den Kampfgenossen gegen die Eltern, den Rivalen der Eltern, den idealisierten Ersatz für die Eltern. Dies alles sind keine Teddybären.

Emanzipation ist nicht auf einmal erreichbar. Man nähert sich ihr in Etappen. Ein Etappenziel ist erreicht, wenn der Jugendliche begreift, dass nicht entweder er oder die Eltern Probleme haben, sondern beide und nicht für sich allein, sondern miteinander. Eine Etappe ist erreicht, wenn Mutter oder Vater eine eigene psychotherapeutische Behandlung aufsuchen. Ein Etappensieg ist errungen, wenn der Jugendliche begreift, dass Psychotherapie nicht der verlängerte Arm der elterlichen Erziehung ist. Ein Etappensieg ist errungen, wenn er begreift, dass er vom Therapeuten nicht für krank gehalten wird, und wenn er dennoch einverstanden bleibt, dass ihm der Therapeut bei der Bewältigung seiner Schwierigkeiten hilft. Ein Etappensieg ist errungen, wenn der Patient erträgt, dass der Therapeut sich den Eltern zuwendet, und keine Angst mehr hat, er könnte verraten oder verlassen werden.

Die Voraussetzung zur Therapie mit emanzipatorischem Anspruch ist einfach: Der Patient muss seine Elternübertragung auf den Therapeuten überwinden. Jugendlicher und Therapeut müssen in einer gemeinsam für gut befundenen therapeutischen Arbeit jenseits von Parteinahme und Rechthaberei zusammenfinden. Diese Dinge sind wichtiger als die Frage, ob das Kind in der Therapie profunde Einsichten über seine Konflikte gewonnen hat. Für diese Art der Psychotherapie ist später im Leben immer noch Zeit, vorausgesetzt, die Entwicklung geht erst einmal weiter.

Eine Therapie mit emanzipatorischem Anspruch stachelt nicht zum Kampf zu Selbstbehauptung an. Es geht um leise und behutsame Fortschritte: Das Gefühl für die eigenen Entfaltungsmöglichkeiten, ein besseres Gefühl für den eigenen Körper, seine Möglichkeiten und Gefährdungen. Man kann aus kleinen Begebenheiten erahnen, dass der Patient sich besser entfalten kann. Er trifft vielleicht kleine eigene Entscheidungen, ohne dabei in Panik zu geraten und ohne die Eltern zu brüskieren. Manchmal wird eine Selbstbefreiung in Gedanken vorweggenommen und noch gar nicht tatkräftig ausgeführt.

Ich kannte eine autistische Patientin, die im Alter von 18 Jahren so weit war, dass sie ihren Wunsch nach Autonomie entdeckte. Sie schilderte das so, dass sie plötzlich nicht mehr an der Seite ihrer Mutter gehen konnte und dass sie immer einen Schritt voraus gehen musste oder einen Schritt zurückbleiben musste. Sie bemerkte dabei, dass sie die Füße beim Laufen schmerzten. Mutter und Tochter waren über viele Jahre in sehr innigen und vertrauensvollen Spaziergängen absolut im Gleichschritt unterwegs gewesen. Die Mutter spürte nun intuitiv, dass sich etwas veränderte und geriet darüber in Panik. Lange Zeit lösten diese Dinge, also die langsame Divergenz der Entwicklungslinien, enorme Schuldgefühle und Ängste aus. Diese waren therapeutisch zu bearbeiten.

Die soziale Isolation eines jugendlichen Patienten als blinder Fleck in der Therapie

In jeder Psychotherapie gibt es Bereiche für die wir blind sind. Wir bekommen in der Therapiestunde nur einen Ausschnitt aus den möglichen psychischen Funktionen dargeboten. Gerade im Jugendalter verlaufen die Entwicklungen einzelner Funktionen noch divergent.

Wir sehen z. B. ein sprachlich hoch entwickeltes über sich nachdenkendes Kind, das einen verbindlichen und reflektierten Diskurs mit uns führt, der uns fesselt und Stoff zur Interpretation bietet. Alles scheint bestens zu laufen. Wir übersehen aber, dass selbiges Kind in anderen Situationen hilflos strampelt, ausrastet, blindwütig reagiert, sich gegen die Eltern nicht behaupten kann und auch unter Altersgenossen abgeschrieben ist. Wir sehen in der Psychotherapie ein trauriges, verzweifeltes und angstvolles Kind, das sich an uns anlehnen möchte und scheinbar keine eigenen Entscheidungen zu treffen vermag. Wir fühlen uns angerührt. Zuwendung und Verständnis gelingen uns gut und werden angenommen. Alles scheint bestens zu laufen. Wir übersehen jedoch, dass eben dasselbe Kind unter gleichalten Kindern sich nichts aber auch gar nichts von seinen Schwächen anmerken lässt, gute Freundschaften unterhält, auf der Straße unterwegs ist und dabei einen großen Teil seiner Ängste abstreifen kann.

Den genannten Fällen gemeinsam ist der blinde Fleck, der das soziale Verhalten dieser Patienten überdeckt, die außerhalb der Sprechstunde bewiesenen Fähigkeiten zur Entfaltung in Beziehungen, zur Pflege von Kontakten und zur sozialen Orientierung. Diese Fähigkeiten werden teils über-, teils unterschätzt.

Warum? Der Einzelpsychotherapie fehlen Anhalts- und Anknüpfungspunkte zum Verhalten der Kinder außerhalb der Therapie. Wir haben nur blasse Vorstellungen darüber, wie es unseren Patienten ergeht, wenn sie in den rasch wechselnden sozialen Konventionen um ihren Platz kämpfen müssen oder sich in Jugendkulturen zu orientieren versuchen. Wir können nicht sicher sein, ob wir ein zutreffendes Bild von unseren Patienten entwerfen, das uns zeigt, wie souverän, oder wie verkrampft sie sich auf dieser Bühne bewegen.

Jugendliche gehen selbstverständlich davon aus, dass uns die Ausgestaltung ihres sozialen Lebens nichts angeht. Selbst Jugendliche, die sich aus dem sozialen Leben ihrer Generation weitgehend ausgeschlossen fühlen, halten gegenüber den Erwachsenen „dicht", sie bewahren Konformität mit ihrer Altersgruppe. Sie verschweigen ihre sozialen Niederlagen oder berichten darüber nur bruchstückhaft und abgeschwächt.

Dieses Informationsdefizit ist um so bedauerlicher, da wir anerkennen müssen, dass das soziale Leben unter Gleichaltrigen einen wichtigen Teil der Autonomie ausmacht. Wir müssen anerkennen, dass eine Kontaktstörung zum zentralen Problem bei der weiteren Reifung werden kann. Und ausgerechnet dieses Problem können wir in der Einzelpsychotherapie nicht wirksam bearbeiten, ja nicht einmal richtig einschätzen. Es ist, als wollte der jugendliche Patient uns sagen, „Sie verstehen sowieso nichts davon, ich bin in diesen Situationen sowieso auf mich gestellt. Auch wenn Sie dabei wären, könnten Sie mir nicht helfen, denn dieser Bereich ist das ureigene Terrain meiner Generation. Wenn ich es selbst nicht schaffe, dort Fuß zu fassen, dann ist jede Mühe von dritter Seite vergeblich".

Fazit: Die Kluft zwischen der Erwachsenenwelt, dazu gehört auch die Welt der Psychotherapie, und dem Leben in der Jugendgeneration wird durch den Vollzug der Psychotherapie nicht kleiner.

Manche Jugendliche täuschen uns mit großer Beredsamkeit und mitunter fast kindlich anmutender Mitteilungsfreude über diese Kluft hinweg. Aber auch bei diesen Patienten ist Vorsicht angezeigt. Wir können nicht sicher sein, ob diese mitteilsamen Patienten wirklich über ihr soziales Leben berichten oder ob sie nur über Trugbilder und Wunschvorstellungen eines solchen Lebens berichten und diese für die Wirklichkeit ausgeben.

Es gibt unter den mitteilsamen Jugendlichen auch solche, die sich in der Therapie beredt darüber beklagen, wie schlecht sie von ihresgleichen behandelt würden. Bei diesen Patienten ahnen wir zumindest, wie unangepasst und befremdlich ihr Verhalten auf andere gewirkt haben mag.

Es bleiben noch ein paar Jugendliche übrig, die wir nicht aus der Therapie, sondern aus der eigenen Familie oder aus dem Bekanntenkreis kennen. Auch diese sind mehr oder weniger mitteilsam. Bei allen fällt uns auf, dass sie ihre Mitteilungen auswählen und filtern. Wie glatt dies über die Bühne geht, ohne Anstoß zu erregen, merken wir erst, wenn wir zufällig Gespräche mit anhören, welche dieselben Jugendlichen untereinander führen. Der Ausschnitt des Erzählten ist sofort ungleich breiter und differenzierter. Diese Verhältnisse sollten uns stets vor Augen stehen. Sie sind auch bedenkenswert für Therapeuten, die viel mit Kindern arbeiten und es daher gewohnt sind, dass sie als Erwachsene gegenüber kindlichen Spielkameraden im Vorteil sind und bevorzugt ins Vertrauen gezogen werden. Dieser Vorteil ist im Jugendalter aufgebraucht.

Unsere kontaktärmeren jugendlichen Patienten verfügen leider oft nicht über Freunde, mit denen sie ihre privaten Erfahrungen wirklich austauschen könnten. Nochmals muss betont werden, dass dieser Mangel nicht automatisch dazu führt, dass diese Jugendlichen uns gegenüber mitteilsamer werden und zum Ausgleich uns einen tieferen Einblick gewähren. Diese Reserviertheit hat nichts mit Vertrauen oder Misstrauen in der Therapie, Zu- oder Abneigung zu tun, sondern liegt in der Natur der Beziehungen der Generationen begründet. Erwachsene empfinden das Trennende zwischen den Generationen längst nicht so intensiv wie die Jugendlichen.

Welche Schlüsse ziehen wir aus dieser Analyse? Therapeuten, die überwiegend einzeltherapeutisch arbeiten, sollten über die Möglichkeiten der Gruppenpsychotherapie nachdenken. Neben der Einzeltherapie könnten Settings definiert werden, in denen geeignete Patienten zu Gruppen zusammengeführt werden. In solchen Gruppen können wir das kommunikative Verhalten unserer Patienten anschaulich und erlebnisnah miterleben und verstehen. Wir können mit der gebotenen Anschaulichkeit und Erlebnisnähe miterleben. Wir können uns und anderen bewusst machen, wie unterschiedlich sich Jugendliche in sozialen Zusammenhängen verhalten, darstellen und mitteilen. Die verborgene Not der Isolation und Zurückweisung wird plötzlich sichtbar. Wir als Therapeuten werden erstmals Teilhaber dieser Not und können diese thematisieren. Wer seine Patienten, die er aus der Einzeltherapie bereits kennt, erstmals in einer solchen Gruppe erlebt, ist verblüfft darüber, wie sich das Bild wandelt und wie sich die Akzente verschieben. Therapeutische Gruppen lassen Ressourcen sichtbar werden.

Abbruch oder Ende der Therapie

Am Ende möchte ich über die Beendigung von Therapien sprechen, ein Ende, das oft die Form eines Abbruchs annimmt. Ohne Übertreibung ist es fast die Regel, dass ambulante Therapien mit adoleszenten Patienten nicht zum richtigen Ende kommen, sondern abgebrochen werden, oft ohne erkennbaren Grund. Am Ende der Therapie scheint sich etwas zu wiederholen, was schon in der Vergangenheit mehrmals passiert war. Bemühungen, oft pädagogischer Art waren gescheitert, Hilfsprojekte waren eingeleitet und wieder abgebrochen worden.

Tröstlich wäre, wenn der Abbruch nur ein Zwischenergebnis wäre, und wenn die Therapie zu einem späteren Ergebnis fortgesetzt werden könnte. Margret Mahler hat von „intermittierender" Therapie gesprochen. Dies ist wohl eine eher seltene Option. Ich wüsste nicht einmal, welcher Kostenträger ein solches Verfahren billigen und nachvollziehen würde.

Wenn wir bescheiden bleiben, könnten wir damit zufrieden sein, dass die Entwicklung in irgendeiner Form wieder Schwung bekommen hat. Dann müssten wir nicht so viele Therapien als nutzlos abhaken. Selbstverständlich ist eine Therapie nicht automatisch ein Fehlschlag, nur weil der Therapeut am Ende das Gesetz des Handels verloren hat oder weil am Ende der Patient das Gesetz des Handels an sich gerissen hat.
    Schon gar nicht werden Therapien zu Fehlschlägen, nur weil Eltern mit dem Verlauf der Therapie unzufrieden waren. Im Gegenteil. Warum sollten Therapien als Fehlschläge abqualifiziert werden, nur weil der

Patient am Ende nichts Besseres zu tun wusste, als die Therapie schlecht zu machen. So lange der Jugendliche, über diese Manöver hinweg und durch diese Manöver einen Weg gefunden hat, sich wieder Spielräume für seine weitere Entwicklung zu verschaffen, sind die Therapien gewiss keine Fehlschläge gewesen.

Mit Hinblick auf das erwähnte Ziel der Emanzipation, lässt sich mancher lärmend inszenierte Abbruch durchaus als Erfolg feiern. Immerhin durchbricht der Jugendliche hiermit die Dominanz des Therapeuten, die er als zu mächtig empfindet, und bewahrt sich davor, in eine neue Abhängigkeit zu geraten. Zunächst muss er freilich die Therapie opfern.

Abbrüche sind, so betrachtet, Nahtstellen der Therapie, wo die Patienten selbst anfangen, etwas aktiv zu tun, also ein Stück neu gewonnener Autonomie ins Spiel bringen oder wenigstens irgendetwas Neues ausprobieren. Sie wollen dabei die Reaktionen des Therapeuten erfahren. Sie wollen eine Antwort auf eine Frage bekommen, nur dass diese Frage nicht dialogisch sondern szenisch gestellt wird. Es ist schade, dass diese Antwort allzu oft aus technischen Gründen oder weil die Kassen nicht mitspielen, zum realen Abbruch der Therapie ausartet.

Der Wunsch nach dem gewaltsamen Ende einer therapeutischen Beziehung kann auch daher rühren, dass ein Jugendlicher sich in der Therapie zu sehr in Watte gepackt erlebt, sich unwirklich und verwirrt fühlt und das Verlangen nach einer harten Realität hat. Er kennt das Muster, durch harte Landungen mehr Realität zu spüren, von früher. Er strebt danach, diese Realität zurückzugewinnen, auch wenn sie wieder wehtun sollte.

Jugendtherapeuten kennen die Erfahrung, dass Jugendliche dann, wenn sie in der Therapie etwas Entscheidendes begriffen hatten, erst einmal damit in der Therapie nicht umgehen können und auf die Ebene des Agierens hinüberwechseln. Es kommt dann zu einem ständigen Hin und Her zwischen versuchtem Neubeginn und Abbruchdrohungen. Es gibt Phasen, in denen die Abläufe bedroht sind und lediglich agiert und nicht mehr nachgedacht wird. Es gibt andere Phasen, in denen das Nachdenken nachgeholt wird.

Natürlich gibt es auch den Fall, dass die Jugendlichen einfach unangenehmen inneren Einsichten ausweichen und nie wieder zur Therapie zurückfinden. Aber auch diese permanenten Abbrüche sollten nicht zu negativ konnotiert werden. Therapieabbrüche sind bei jugendlichen Patienten, deren Leben reich an Wandlungen und Veränderungen ist, gewiss nicht so einzuschätzen, wie Abbrüche bei schon erwachsenen Patienten. Alles in allem überraschen uns die Jugendlichen damit, wie viel Kreatives sie aus den Abbrüchen herauszuholen verstehen.

Noch vor 10 bis 15 Jahren ist der emanzipatorische Aspekt zumindest in der Pädagogik laut verkündet worden, Dieser Aspekt ist heute manchmal kaum noch wahrnehmbar. Jugendliche sind eher bereit, sich dem Wunsch der Eltern lautlos zu unterwerfen. So handhaben sie auch ihr Einverständnis mit der Psychotherapie. Sie lassen es nicht auf einen Bruch, sie lassen es nicht einmal auf eine Konfrontation ankommen. Auch in dieser bindungsängstlichen und konfrontationsscheuen Generation hat der Drang nach Emanzipation jedoch nicht aufgehört. Er hat sich nur anders getarnt. Die heutigen Jugendlichen emanzipieren sich oft durch stille Verweigerung und durch verschiedene Techniken der inneren Emigration oder umgeben sich mit den grellen Bildern und sinnlichen Reizen der Medien, hinter denen sie sich unangreifbar machen.

Die Jugendgeneration der späten 60iger und 70iger Jahre bediente sich noch der Provokation, um ihren emanzipatorischen Bedürfnissen Nachdruck zu verleihen. Rückblickend ist diese Generation in ihrer Autonomie und Selbstverfügbarkeit nicht zu besseren Ergebnissen gelangt als die späteren Generationen, etwa die der 80iger oder 90iger Jahre, obwohl es schon diese nicht mehr auf die große Distanz und den großen Bruch mit den Erwachsenen ankommen ließen.

Wie immer der Emanzipationswunsch also vorgetragen wird, still oder laut: Manche Jugendliche können den Prozess des persönlichen Wachstums innerhalb der Psychotherapie tatsächlich voranbringen. Andere Jugendliche bringen ihre Entwicklung eher dadurch voran, dass sie ablehnen oder die Therapie alsbald wieder abbrechen. Wer will bestreiten, dass ein Beharren auf Psychotherapie auch den Effekt haben könnte, dass die Entwicklung behindert wird.

Am Ende der Therapie kann es – neben den typischen Rückfällen – auch vorkommen, dass sich Jugendliche in eine Pseudogesundheit stürzen und vortäuschen, nun sei alles mit ihnen in Ordnung. Wir sind bei diesen Patienten in der Verlegenheit, sie daran erinnern zu müssen, wie schlecht es ihnen ging und immer noch geht. Aber entlarven wir damit nicht lediglich unsere Schwierigkeiten, sie gehen zu lassen? Bis zu welchen Graden von Gesundheit müssen wir unsere Patienten eigentlich führen?

Letztlich geraten wir als Therapeuten am Ende längerer mäßig erfolgreicher Psychotherapien in eine ähnliche Position, wie Eltern, die ihr Kind stets für zu jung und für zu unreif und zu unfertig für das Leben halten. Dabei hatten wir uns im Laufe der Therapie durchaus mit den Jugendlichen und nicht etwa mit den Eltern verbündet und ihnen alles Mögliche zugetraut, vor allem Widerspruch gegen die Eltern. Und nun geraten wir doch wieder in die Position der Eltern. Wir bewegen uns also zwischen verschiedenen Positionen hin und her.

Im Idealfall einer Jugendtherapie müsste der Therapeut ständig bereit sein, den Patienten gehen zu lassen und ständig auf sein Gehen gefasst sein. Mehr noch. Er müsste ständig bereit sein, ihn im Guten und nicht etwa im Bösen gehen zu lassen. Er müsste ihm alles mögliche an guter Zukunft zutrauen, auch wenn die Trennung die widrige Umstände noch einmal unübersehbar aufzeigt.

Wir befürchten also am Ende der Therapie das Schlimmste und hätten so gern das Beste. Wir hoffen, dass irgendetwas Rettendes durch unser Tun ins Spiel gekommen ist. Es fehlt die Idee, wie etwas Schlimmes und Schwieriges bei unseren Patienten über die Zeit hinweg zu etwas Gutem werden könnte. Unsere Vorstellungskraft versagt, denn das Leben ist einfach noch zu lang und die bevorstehenden Veränderungen sind viel zu groß. Wir haben nicht die geringste Gewissheit. Nebel legt sich über die Zukunft unserer ehemaligen Schützlinge und verdeckt die Sicht.

Diese Lage am Ende der Therapie fühlt sich nach dem an, was Thomas Mann im Zauberberg den besorgten Leser für seinen Held Hans Castorp empfinden lässt. Dieser Hans Castorp bleibt auch am Ende dieses so langen und langsamen Romans gänzlich unvorbereitet auf das Leben. Er bleibt schlicht und ahnungslos und dennoch, man glaubt es kaum, verlässt er am Ende das Sanatorium in Davos, um in den 1. Weltkrieg zu ziehen. Auf den letzten Seiten des Romans werden wir in eine grausige und sinnlose Schlachtszene des 1. Weltkrieges versetzt. Unser Held entschwindet im Nebel, zum Leben oder zum Sterben, wer weiß das schon. Thomas Mann lässt diese Frage offen.

Dies also ist die pessimistische Variante der Zukunft unserer Patienten. Auch die optimistische Variante möchte ich noch nennen. Ich habe bei verschiedenen Gelegenheiten, teilweise 10 bis 15 Jahre später, ehemalige Patienten wiedergetroffen und mit Erstaunen vernommen, wie gut ihr Leben sich weiterentwickelt hat. Mein Eindruck war, dass ihr späteres Leben, mit dem was ich getan oder mir vorgestellt hatte, nicht viel zu tun hatte. Weitere Personen sind auf den Plan getreten, die wichtigen Einfluss genommen haben. Dann aber erzählten sie mir, dass sie sich an entscheidenden Stellen ihres bisherigen Lebens an ihre Psychotherapie erinnert hatten. Sie konnten auch Dinge daraus erzählen, die ich längst nicht mehr wusste. Das hätte ich nun wiederum nicht für möglich gehalten.

Also doch ein gutes Ende? Bis zu diesem Ende vergeht aber sehr viel Zeit, viel mehr, als uns in der Therapie von den Kassen und von den Patienten zugestanden wird.

Warum Huckleberry Finn nicht süchtig wurde – Spiel und Dialog als salutogenetische Ressourcen und präventive Momente gegen die Sucht. Theorie und Praxis

Eckhard Schiffer

Eine lebendige Fantasie im Kontext einer affektu-sensomotorisch reichhaltigen Spielerfahrung hilft vor Sucht und Gewalt zu bewahren, indem die Spielerfahrungen symbolisch vermittelt, d.h. zur Sprache gebracht werden können. Das ist die Hauptthese dieses Aufsatzes.

Zur Einstimmung habe ich Ihnen gleich zwei Zitate mitgebracht: Das erste stammt aus dem Buch von Martin Dornes: „Der kompetente Säugling". In diesem Buch fasst Dornes die Ergebnisse der beobachtenden Säuglingsforschung der letzten drei Jahrzehnte zusammen. Und dort heißt es:

„Experimente lehren, daß nicht nur Trieb- und Körperlust, sondern auch Entdeckerlust und das Gefühl, in der Außenwelt sinnvolle Zusammenhänge bewirken und erkennen zu können, zentrale Motivatoren von Lebensbeginn an sind".

Das zweite Zitat sagt literarisch-pointiert das gleiche und stammt aus der Autobiografie von Astrid Lindgren:

„Als ich noch in die Vorschule ging, fragte die Lehrerin eines Tages, wozu Gott uns die Nase gegeben habe, und ein Knäblein antwortete treuherzig: 'um Rotz darin zu haben'. Ach, Albin, wie konntest du nur so etwas Dummes sagen, hast du denn wirklich nicht gewußt, daß die Nase dazu da ist, damit wir uns gleich jungen Hunden durch unser Kinderleben schnuppern und schnüffeln und Seligkeiten entdecken?"

Und diese Seligkeiten werden spielend entdeckt ... Spielen im Sinne von paidia (griechisch: kindliches Spielen) oder play (altsächsisch plegan: pflegen) bedeutet leibhaftige Welterfahrung mit allen Sinnen, einschließlich des Bewegungssinnes sowie der Gefühle (wir sprechen von Affektu-Sensomotorik). Diese Erfahrung schlägt sich dialogisch in den präsentativen und diskursiven Denksymbolen (inneren Bildern und Begriffen) nieder, auf deren Grundlage eine lebendige Fantasie entsteht.

Schließen wir also die Augen und schauen auf unsere „innere Leinwand", auf der z.B. ein Ball zu sehen ist. Denken wir – ach, ja ... – an die Zeit, in der das Wünschen noch möglich war, eine Zeit, in der man so einen schönen roten Gummiball mit großen weißen Punkten oder so eine richtige „Lederpille" erst zum Geburtstag oder zu Weihnachten geschenkt bekam. Und man sich daher lange noch darauf freuen, schon viel in der Fantasie damit anstellen konnte, bevor man den Ball tatsächlich in der Hand hatte. Dann mit diesem steilerte, bolzte, tobte, dem anderen zuwarf, zupfefferte, Tore schoss, über die Straße knapp vor dem Auto her, in den Graben, vielleicht auch mal in die Scheibe traf. Man litt, wenn der Ball die Luft nicht hielt oder von dem ausgiebigen Gebrauch allmählich mürbe geworden war... Bei solch einer Erfahrungsvorgeschichte ist dieses innere Bild vom Ball mit einer ganz anderen Affektu-Sensomotorik beladen, damit tatsächlich viel gegenwartsnäher und lebendiger und vielmehr spürbar als ein Ball, dessen Vorgeschichte hauptsächlich vor dem Videospielschirm begann und endete. Spielerisch reich aufgeladene Denksymbole lassen mich in meiner Fantasie frei bewegen, nichts scheint unmöglich, alles wird ausprobiert. Und vieles von dem, was in solch einer vitalen Fantasie probegehandelt worden ist oder erst als Handlungsentwurf auftaucht, nehmen wir in den Intermediärraum, den Raum zwischen Fantasie und äußerer Realität mit hinein, wo es sich noch weiter entfalten kann. Hier „wirkt" die Fantasie verändernd auf die äußeren Gegebenheiten. Und die affektu-sensomotorisch erfahrene Wirklichkeit verändert wiederum die Fantasie, lässt diese noch reichhaltiger und vitaler werden.

Es kommt zu einer Entfaltung von **Synästhesie**, im weiteren Sinne des Wortes. Hierfür ein Beispiel: Das Suchen und Pflücken von Brombeeren, der Duft eines sonnigen Spätsommertages, die Kratzer in der Haut, das Getröstetwerden, die Freude, ein halbes Eimerchen gepflückt zu haben, die andere Hälfte (einschließlich Wurm) „gefuttert" zu haben, der Duft beim Kochen, das Abschmecken, das bange Warten, ob die Marmelade nun auch fest wird, der Stolz beim Betrachten der gefüllten Gläser – das meint ein festliches, ein sättigendes Ereignis für den Sinnenhunger.

In den Symbolen der Phantasie wird diese freudige – wenn man so will, genussvolle – Erfahrung der Sättigung des Sinnenhungers aufgehoben und erhalten, um jedes Mal als Freude und Genuss bei dem Verzehr einer Schnitte mit Brombeermarmelade mitzuschwingen.

Leider ist dieses Beispiel heutzutage weitgehend Sozialromantik. Festzustellen ist vielmehr ein zunehmendes synästhetisches Defizit, das durch eine Intensivierung von Außenreizen ausgeglichen werden muss, damit wir noch etwas „erleben" („lila Pause", fast-food, Jahrmarkt, Videos). Die Innenwahrnehmung, die jeweils mit einer aktuellen Außenwahrnehmung einhergeht und entscheidend dazu beiträgt, dass aus der Wahrnehmung ein Erlebnis wird, wird immer schwächer. Um so mehr sind wir auf intensive und immer neue Außenreize angewiesen.

Eine lebendige Fantasie ermöglicht aber ein reiches Innenleben, das keiner ständig neuen äußeren Reize und Sensationen bedarf, „um etwas zu erleben".

Hierfür genügt dann ein einfaches Stück Holz, um daraus ein Auto, ein Schiff, ein Pferd, eine Puppe oder sonst etwas werden zu lassen. Gleichzeitig vermittelt ein solches Spielen das Erleben von Eigenständigkeit (Autonomie) und Unterscheidbarkeit (Identität). (Beispiel: Spielzeugfreier Kindergarten).

Vor dem Hintergrund dieser Erfahrung ist dann auch ein Spielen im Sinne von „fair play" möglich. „Fair play" meint, nicht nur sich selber, sondern auch den Mitspieler wahrzunehmen, diesem zu helfen, sich nach seinen Möglichkeiten zu entfalten: Ich bin nicht allein auf der Welt und spiele in der Regel auf Dauer nicht allein, ich bin auf Mitspielerinnen und Mitspieler angewiesen. Anders formuliert hieße das, dass in der Gruppe der Mitspieler der Schritt von der Autonomie zur **verantworteten** Autonomie vollzogen wird. In der Autobiografie von Astrid Lindgren heißt es dazu sehr konkret: „... in unserem Spielen waren wir herrlich frei und nie überwacht. Und wir spielten und spielten und spielten ... Wir kletterten wie die Affen auf Bäume und Dächer, sprangen von Bretterstapeln und Heuhaufen ... Ich kann mich auch nicht erinnern, daß unsere Mutter uns je Vorwürfe gemacht hätte, wenn wir mit zerrissenen oder beschmutzten Kleidern nach Hause kamen. Wahrscheinlich hielt sie solche Pannen, die im Eifer des Spiels passieren konnten, für das gute Recht eines Kindes. Diese Freiheit zu haben, hieß aber keineswegs ständig frei zu haben. Daß wir zur Arbeit angehalten wurden, war die natürlichste Sache der Welt. Schon mit sechs Jahren mußten wir beim Rübenverziehen und Rupfen der Brennesseln für die Hühner helfen".

Zugleich bedeutet ein solches Spielen in der Gruppe mit ihrer Haltefunktion weiterhin Freude am Spielen zu haben, auch wenn ich dabei desillusioniert werde, d.h. erlebe, dass die anderen schneller laufen oder schwimmen, besser klettern, gewandter mit dem Ball umgehen oder sich besser ausdrücken können. Die Lust auf Welt bleibt innerhalb solcher Spielerfahrungen („peer group") trotz Enttäuschungen erhalten. Es bildet sich ein Weltvertrauen trotz Desillusionierung. Das Fairplay in solch einer Gruppe lässt mich meine eigene Kompetenz erfahren, kann korrigierend wirken, wenn die Lösung aus der **harmonischen Verschränkung** (Balint) zu abrupt erfolgte. Das meint nun aber nicht, dass in solch einer Gruppe nur selige Harmonie vorherrscht. Im Gegenteil. Erinnert sei an das Spielen von Huckleberry Finn und seinen Freunden. Hier gab es Gemeinheiten, Raufereien und auch Prügel. Aber es wurde keiner „ausgeschaltet", das Zusammengehörigkeitsgefühl war grundsätzlich nicht in Frage gestellt. Piaget (zitiert nach Furth, H.G.) spricht in diesem Zusammenhang von dem „Raufen mit dem Objekt".

Nach dem Modell der „Salutogenese" des Medizin-Soziologen Aaron Antonovsky entfaltet sich ein „Kohärenzgefühl", das den Glauben an ein verständliches, beeinflussbares und sinnvolles Leben ausdrückt. Letzterer ist nach Antonovsky die entscheidende Komponente des Kohärenzgefühles, das für die Gesundheit grundlegend ist.

Sinn ist vom Zweck zu unterscheiden, ist mehr in der Nähe der Erfüllung als des Erfolges angesiedelt und lässt sich als Eigen-Sinn nicht verordnen, sondern kann nur vor dem Hintergrund der eben skizzierten Spielerfahrungen in immer neuen Entwürfen gesucht und vielleicht gefunden werden.

Schon vor Jahrzehnten beschrieb der Schweizer Psychologe und Pädagoge Hans Zulliger wie schwerkranke und gestörte Kinder gesund wurden, „bloß indem sie spielten".

Die bekannte Äußerung Schillers – „Der Mensch spielt nur, wo er in voller Bedeutung des Wortes Mensch ist, und er ist nur da ganz Mensch, wo er spielt" – ist aktueller denn je.

Aber Philosophie und Psychologie der Gegenwart sind vorwiegend damit beschäftigt, menschliches Denken und Fühlen im Sinne mathematisch-physikalisch erfassbarer Abläufe darzustellen. Unsere Welt, in der wir leben, wird verwüstet, indem auf Dauer nur noch das zählt, was zählbar ist: „Ich kenne einen Planeten, auf dem ein puterroter Herr haust. Er hat nie den Duft einer Blume geatmet und er hat nie einen Stern angeschaut. Er hat nie jemanden geliebt. Er hat nie etwas anderes als Additionen gemacht und den ganzen Tag wiederholt er wie Du: Ich bin ein ernsthafter Mann! Ich bin ein ernsthafter Mann!"

Diese puterroten Herren – in der Geschichte um Momo sind es die Grauen Herren mit ihrem ausschließlichen Interesse für Zahlen, Bilanzen, Zensuren und Leistungen – diese Herren beherrschen uns alle immer mehr. Hierzu habe ich Ihnen ein kleines – etwas boshaftes – Experiment mitgebracht.

Ich möchte jetzt gleich eine/einen von Ihnen auffordern, einzeln vorzutreten und ein Lied vorzusingen (z.B.: „Schneeflöckchen, Weißröcken..."), ein Selbstbildnis zu malen und uns allen zu zeigen, sowie zum krönenden Abschluss noch ein Rad zu schlagen. Vergegenwärtigen Sie sich bitte die Gefühle, die sich bei

Ihnen jetzt einstellen mögen. Ich vermute, es sind bei vielen von Ihnen recht unangenehme Gefühle verbunden mit dem Gedanken: „Was soll der Blödsinn, wäre ich doch heute lieber zuhause geblieben" und ähnliches. Aber ich kann Sie jetzt auch schon wieder beruhigen. Es geht gar nicht – April, April! – ums Vormachen, sondern um die Gefühle, die sie soeben verspürt haben. Eben diese Gefühle werden für den weiteren Gang unserer Überlegungen erkenntnisleitend sein.

Ängste, Verweigerung und Widerstand kennen wir auch aus der gestaltungstherapeutischen Arbeit mit unseren Patientinnen und Patienten. Vor einem hochgestellten Leistungsideal erscheint das jeweilige Tun – gleich ob Malen, Modellieren, oder Ausdrucksgebung durch Klänge – oft als Kinderkrams, Beschämung und Demütigung. Die gedanklich vorweggenommene Note für ein unzulängliches Produkt hindert unsere Patienten zunächst, sich auf das therapeutisch Wesentliche einzulassen, nämlich den Prozess, – der allemal ein spielerischer ist. Das hochgespannte Leistungsideal hat in vielerlei Hinsicht den Charakter einer bösen, ausschließlich produktorientierten, verfolgenden inneren Gestalt. Diese innere Gestalt, man kann sie Introjekt nennen, ruft ständig: „Lass das bloß, das wird doch nichts, siehste, habe ich doch gleich gesagt!" Und wir alle widersprechen dieser Gestalt selten, lassen uns durch sie widerspruchlos beschämen.

Beeindruckend und bedrückend zugleich ist bei unseren Patienten über die Beschämung hinaus die **Verachtung**, die sie in ihrem spielerisch-schöpferischem Handeln sich selbst, bzw. dem Therapeuten und den Mitpatienten gegenüber offenbaren. Und mit der Selbstverachtung als Steigerung der Beschämung beginnt das Leiden, die Pathologie, der unstillbare Hunger nach einem eigenen Wert und Sinn.

Solch eine Haltung hat ihre Vorgeschichte. Teilaspekte und Momente einer solchen Vorgeschichte habe ich als Hospitant am Kunstunterricht einer Grundschule verfolgen können. Gerade beim bildnerischen Gestalten können die Kinder durch Zensuren, Reglementierungen, Belehrungen und Selektion in ihrem Selbstwert und Eigen-Sinn beschämt und entmutigt werden. Die wenigsten haben am Ende ihrer Schulzeit noch spontane Lust am bildnerischen Gestalten.

Erlebt sich jedoch ein Kind in seinem Eigen-Sinn akzeptiert, wird es sich nicht nur die Freude am schöpferischen Gestalten bewahren, sondern auch den Eigen-Sinn anderer leichter akzeptieren können. So wie die Kinder im Kunstunterricht nicht nur ihre **eigenen Bilder** vorstellen, sondern ebenfalls interessiert die Bilder ihrer Klassenkameraden und Klassenkameradinnen anschauen und besprechen. Abwertend gemeinte Kommentare gibt es nur vereinzelt.

Wichtig ist dabei, dass **alle** Bilder zum Betrachten aufgehängt werden. Die Kinder sind mit ihren Bildern identifiziert. Zumindestens symbolisieren die Bilder einen Teil ihres Selbst. Wird ein Bild ausgeschlossen, wird auch das Kind ausgeschlossen.

Entscheidend ist, dass nicht zu reglementierend in die Produktionen der Schüler eingegriffen wird und diese die Vorgaben nicht nur re-produzieren.

Hintergrund dessen ist das Bedürfnis eines jeden Menschen nach Identität und Unterscheidbarkeit. Dieses Bedürfnis ist existenziell genauso bedeutsam wie das nach Liebe und Anerkennung. Über Bilder z.B., die sich inhaltlich von den Bildern meiner Klassenkameraden und Klassenkameradinnen unterscheiden, wird dieses Bedürfnis befriedigt. Ich kann mich in meiner Individualität darstellen. Und werde ich in meiner Individualität und Eigenheit gesehen und akzeptiert, dann kann ich auch die Individualität, die Eigenheit und den Standpunkt, die Kultur und die Hautfarbe des anderen akzeptieren. Bei Kant hieß diese Fähigkeit, den Standpunkt des jeweils anderen zu akzeptieren, Sensus communis, Gemeinsinn, als Voraussetzung eines jeglichen friedlichen Miteinanders.

Ich habe Ihnen nun zur Demonstration zwei unterschiedliche Ergebnisse zu dem selben Thema mitgebracht. In der einen Klasse durften die Kinder sich schöpferisch frei entfalten und ihren Eigensinn zeigen, in der anderen Klasse gab es dagegen genaue Vorgaben zur Umsetzung des Themas.

In der einen Klasse, in der die Kinder sich mit ihren Produktionen schöpferisch frei entfalten und Eigensinn zeigen konnten, wurde die Ergebnisse dann auch noch eine Stunde später alle vorne aufgehängt und es wurde das Spiel gespielt: „Ich seh mal was, was Du nicht siehst" – und zwar bezogen auf die Produktionen der Kinder aus der Vorstunde. Jede einzelne Arbeit wurde anhand der eigentümlichen Details von der Lehrerin vorgestellt und die Kinder sollten herausfinden, welche Arbeit jeweils gemeint war. In der sonst sehr lebhaften Klasse war es dabei mucksmäuschenstill und die Kinder wünschten, das Spiel möglichst bald wieder spielen zu können.

Und das war gar nicht verwunderlich, denn sowohl über die Darstellung des Eigenen wie über die öffentliche Betrachtung dieses jeweils Eigenen wurden Identität und Unterscheidbarkeit gefördert und damit auch die Fähigkeit, die Identität des anderen zu akzeptieren. Sensus communis in statu nascendi – Geburtsstunde des Gemeinsinnes. Wenn hingegen die Vorgaben so reglementierend sind, dass die Kinder nichts Eigenes mehr produzieren, sondern lediglich nach den Vorgaben reproduzieren, dann sind zwar die Bilder leichter zensierbar, aber Individualität, Eigensinn und Unterscheidbarkeit gehen verloren.

Da aber das Bedürfnis nach Unterscheidbarkeit bleibt, zeigen die Kinder für die jeweils anderen Produktionen kein wohlwollendes Interesse mehr, sondern sie befriedigen das Bedürfnis nach Unterscheidbarkeit, indem sie abwertend sagen: „Mein Bild ist aber besser als deins!" Der Sensus communis wird zerstört. Und das scheint eine Grundlage unserer gegenwärtigen Verfasstheit zu sein, dass das Sichunterscheiden-wollen nur über das Besser-sein, über den besseren Platz in der Rangfolge befriedigt wird. „Mein Auto ist besser...", „komm ich zeig's Dir gleich..." Der gesellschaftliche Umgang vollzieht sich jetzt nicht mehr nach den Regeln des Fairplay, in dem es darum geht, auch dem Schwächeren zu helfen, sich nach seinen Möglichkeiten zu entfalten, sondern nach dem *match*. Und im *match* geht es darum, den Gegner auszuschalten – so die Redewendungen in den Rundfunknachrichten zu den Begegnungen im Tennismatch.

Und vom *match* zum regellosen *catch as catch* can ist es nicht weit. In einer solchen Gesellschaft geraten Eltern unter Druck. Sie bekommen Angst, ob ihr Kind auch fit genug sein wird, sich den Anderen gegenüber behaupten zu können, um eine Lehrstelle, einen Arbeitsplatz oder Studienplatz. Früh schon werden Mitschüler und Freunde zu Konkurrenten um die Lehrstelle und den Studienplatz. Und die Sorge der Eltern kommt als Druck bei den Kindern an, noch besser, noch fitter zu werden.

Diese Sorge teilt sich auch wortlos mit... Ungewollt werden die Eltern zu Komplicen der grauen Herren. Wer hilft den Eltern in dieser schwierigen Situation einer immer gnadenloser werdenden Konkurrenzgesellschaft mit ihren immer noch 3,8 Millionen Arbeitslosen in der BRD? Dies wäre sicherlich ein anderes wichtiges Thema, das ich aber heute in dem gegebenen Zeitrahmen nicht abhandeln kann.

Auch da, wo schöpferische Freude und Spiel ursprünglich angesprochen waren, bricht in jüngster Zeit die Leistungsorientierung in Form der Wettbewerbe immer mehr ein.
   Zunächst war es in der Bundesrepublik Deutschland nur der Wettbewerb „Jugend forscht", der die Vorabiturienten ins wissenschaftliche Leistungsdenken lotste. Mittlerweile gibt es ähnliche Jugend-Wettbewerbe für das Singen, Malen, Turnen, Tanzen, Lesen, Musizieren usw. Selbst die Entwicklung der Kinder erfolgte im Wettlauf gegen Normaltabellen. Zeitgleich zu dieser zunehmenden Leistungs- und Wettbewerbsmentalität mussten Reservate für eben eine leistungsfreie schöpferische Aktivität eingerichtet werden: Die (meist stationäre) Psychotherapie mit Tanz-, Mal-, Turn-, Reit-, Musik-, Erlebnis-, Spiel-, Märchentherapie, nicht zuletzt: das beliebte Matschen mit Ton. Und gerade diese Therapien sind entscheidend bei suchtkranken und suchtgefährdeten Patienten.

Es geht mir nun nicht darum, das Leistungsprinzip in unserer Gesellschaft grundsätzlich aus den Angeln heben zu wollen. Das wäre eine andere Diskussion. Und es geht mir auch nicht darum, die antiautoritäre Erziehung wieder fröhlich auferstehen zu lassen (denn es geht ja um den Schritt von der Autonomie im play zur verantworteten Autonomie im Fairplay).

Worum es mir also geht, ist aufzuzeigen, welche verheerenden Folgen das **zu frühe** Eindringen des Leistungsdenkens in die kindliche Welt des Spielens mit sich bringt.
   Die kindliche Welt des Spielens wird kolonialisiert von den Grauen Herren, so wie diese von Michael Ende so eindringlich in seiner Geschichte um Momo beschrieben werden. Homo ludens – um an den berühmten Buchtitel von Johannes Huizinga (1956) zu erinnern – hat in solch einer Welt ausgespielt.
   Den Homo ludens verstehe ich als menschliche Teilidentität, gewissermaßen als das Kind im Manne (oder der Frau). Aber es ist noch viel mehr damit gemeint, nämlich die lebenslange Fähigkeit zum schöpferischen Handeln.
   Der Homo ludens als menschliche Teilidentität hat nun einen Gegen- und auch Mitspieler. Das ist – um einen weiteren berühmten Buchtitel zu zitieren – der Homo faber (1957) oder der Homo technicus, der technische Mensch. Der Homo faber ist an jeder schöpferischen Handlung mehr oder minder beteiligt. Denken sie an das Budenbauen im Kindesalter – ohne Homo faber wäre die Bude zusammengebrochen.
   Wesentlich ist nun für das Schicksal von Homo ludens und Homo faber, dass diese ihre Beziehung zueinander nicht verlieren, der Homo faber ohne den Homo ludens nicht vereinsamt.

Ich habe Ihnen nun zwei konkrete unterschiedliche Spielsituationen mitgebracht, in der einen funktioniert das Zusammenspiel zwischen Homo faber und Homo ludens, in der anderen wird es erheblich gestört.

Beispiel Nummer 1: Der zweieinhalbjährige Jan hat zum ersten Mal alle Klötze aus seiner Bauklotzkiste mit fröhlichem Gepolter ausgeräumt und mit Vergnügen einen großen Turm daraus gebaut. Nur den letzten Klotz hält er noch in seiner Hand. Der Turm, der über seinen Kopf hinausragt, schwankt schon. Wird es dem Jan gelingen, den letzten Klotz noch obenauf zu legen ...? Ja – es gelingt. Ein Seufzer der Erleichterung, gleichzeitig ein freudig strahlendes Gesichtchen, voller Stolz ...

In dieser Spielsituation interessieren uns nun außer der anfangs schon zitierten Erkundungs- und Funktionslust noch zwei weitere Momente. Das erste bezieht sich auf den Augenblick, wo Jan unter großer Anspannung und mit zitternden Händchen den letzten Klotz auf den schon schwankenden Turm legt – wird der Turm halten oder zusammenstürzen...? Diese Anspannung bei der Erprobung neuer Fertigkeiten und Techniken nennt Michael Balint „thrill" (1994). Aus eigener Kompetenz heraus etwas Neues wagen, etwas Neues gestalten, etwas Neues erfahren, bedeutet ängstliche Anspannung – wird es gelingen? – und erregenden Triumph zugleich. Darauf folgt ein glücklich-entspannendes Gefühl, das Mihaly Csikszentmihalyi „flow" nennt (1993), und bei Freud das ozeanische Gefühl heißt.

Erst die Anspannung, der „thrill", dann der „flow". Beide zusammen sind sehr positive Gefühlsmomente, die sich in unterschiedlichen Intensitäten beim Spielen und dem spielerischen Erwerb neuer Fertigkeiten und Techniken einstellen.

Nun gibt es aber ein ganz wesentliches Kriterium für „thrill" und „flow", nämlich, daß die äußeren Anforderungen annähernd mit den jeweils aktuellen Entfaltungsmöglichkeiten von Kompetenz übereinstimmen. Wenn Kinder ihre Kompetenz ohne Leistungsvorgaben der Erwachsenen im Spiel entfalten, gelingt es ihnen meistens, nach mehreren Versuchen das selbstgestellte Ziel zu erreichen. Unser Jan spürte recht gut, wann er es versuchen konnte, den letzten Klotz aus seiner Klotzsammlung auf den hohen Turm zu stellen.

Im nächsten Beispiel verlief es nun ganz anders...

Beispiel Nummer 2: Zu seinem 8. Geburtstag hat Jan einen Stabilbaukasten geschenkt bekommen. Eigentlich ist dieser Kasten eher für Neun- bis Zehnjährige als für einen Achtjährigen gedacht. Aber das stört Jan nicht. Unverdrossen macht er sich ans Werk und baut aus den Teilen einen Greifbagger. Da, wo er die Vorlage nicht versteht, hilft er sich, indem er die Teile mit Bindfäden oder Gummiband zusammenfügt. Er erlebt jede Menge thrill und flow und zum Schluss hat er auch einen ganz fabelhaften Greifbagger fertig. So weit so gut – wenn da am Abend nicht noch die Verwandtschaft zu Besuch gekommen wäre. Ein älterer grauhaariger Herr sieht das Werk, das auf dem Geburtstagstisch steht. Der ältere Herr stutzt, stirnrunzelnd greift er nach dem Bagger und hat ihn ruckzuck auseinandergepflückt. „Junge, so geht das aber nicht. Komm her, ich zeig Dir mal, wie man so etwas ordentlich macht!" Und dann hat sich Jan auch brav daneben gesetzt und zugeschaut, wie man so einen Greifbagger ordentlich nach Vorgabe baut. Dreimal können Sie raten, wie oft er sich noch mit dem Stabilbaukasten beschäftigt hat – nie wieder! Schade um den Spaß an dem Stabilbaukasten. Aber dieses Erlebnis war zu beschämend, zu entwertend, als dass die anfänglichen positiven Erfahrungen mit dem Stabilbaukasten hierüber hätten hinweghelfen können.

Für das Zusammenspiel von Homo ludens und Homo faber gilt es nun in erster Annäherung, dass der Homo ludens die Ideen liefert und der Homo faber vermöge seiner jeweiligen technischen Kompetenz diese Ideen umzusetzen sucht.

Jedoch stehen wir offensichtlich immer mehr unter der Herrschaft der Introjekte, die uns wie die *Grauen Herren* in der Geschichte um *Momo* ständig zurufen: „Noch besser, noch schneller, noch effektiver".

Gleichzeitig haben diese inneren Gestalten eine ausgesprochen entmutigende Eigenschaft. Sie verhindern, dass der Homo faber das geduldig ausprobiert, was der Homo ludens ihm vorschlägt. Diese inneren Stimmen, die Introjekte wirken gegen die positiven Motivationen wie Erkundungs- und Funktionslust sowie „thrill" und „flow". Insbesondere gilt, dass die Introjekte nie so etwas wie eine beglückende Entspannung entstehen lassen, weil sie Anforderungen stellen, die zu hoch sind und mit den augenblicklich einsetzbaren Techniken gar nicht verwirklicht werden können. Oder, wenn es doch gelingen sollte, hören wir sofort wieder eine innere Stimme: „na ja, ganz schön, aber besser wäre noch, wenn Du jetzt statt 1,50 m gleich 1,60 m hochspringen könntest!" Hier gilt es insbesondere den Sportvereinen zu helfen, das sie das auch verwirklichen können, was sie behaupten: nämlich, dass sie mithelfen die Kinder vor Sucht zu bewahren. Im Augenblick scheint der Trend aber – und da braucht man nicht nur an die Dopingskandale zu denken – in die entgegengesetzte Richtung zu gehen.

Die *Grauen Herren* sind ohne Gnade. Sie versprechen Zeit, stehlen aber das Er-Leben. Die Spielgefährten von *Momo*, die in die Gewalt der *Grauen Herren* gerieten, wurden körperlich krank oder es zeigten sich bei Ihnen Frühsymptome von Sucht- und Gewaltkrankheiten.

Das klingt alles ziemlich düster. Ich möchte Ihnen daher eine Geschichte erzählen, die widergibt, wie solch ein Prozess auch umkehrbar ist: Agnes erscheint vom ersten Eindruck her wie versteinert. Sie hat seit langer Zeit einen Diabetes mellitus. Über die Krankheit weiß sie fast alles. Sie misst und beobachtet ihren Körper, kontrolliert und traktiert ihn als Homo faber exakt entlang medizinischer Anweisungen. Trotzdem gerät ihre Stoffwechsellage immer wieder durcheinander. Besonders dann, wenn sie in verzweifelten Ausbrüchen dem Alkohol reichlich zuspricht.

Obgleich sie zu ihrer eigenen Leiblichkeit ein Verhältnis hat wie ein Experimentalphysiker zu einer nicht funktionierenden Versuchsanordnung, äußert sie sich dahingehend, dass wohl die Seele bei ihr „mit im Spiel sei". Aber die Seele erscheint in dem Zusammenhang ihrer Rede wie eine defekte Kabelverbindung. Agnes suchte verzweifelt Hilfe, ging dabei jedoch gleichzeitig immer wieder auf Distanz. Aus ihr sprach nur noch der Homo faber, der die Beziehung zum Homo ludens verloren hatte.

Was mir in der Therapie zu schaffen machte, war die ungeheure Selbstverachtung, die einen tragenden Kontakt über lange Zeit erschwerte, uns auf Distanz hielt und auch aggressive Impulse in mir aktivierte. Was mich hingegen ermutigte, waren sehr engagierte und auch lebendige Kontakte, die Agnes – selbst ledig und kinderlos – zu sozial benachteiligten Kindern unterhielt.

Vor diesem Hintergrund tasteten wir uns an ihre eigene „Spiel-Vorgeschichte" heran. Und die war erschütternd.

So ist Agnes z.B. mit ungefähr fünf Jahren bei einem herrlichen Spielen mit Matsch und Laub – „wir kochten Mittagessen" – beauftragt worden, auf eine ältere Dame im Hause aufzupassen. Diese war offensichtlich verwirrt, lief während des Spielens der Kinder weg und brachte sich um. Und Agnes bekam die Schuld: „Wenn Du nicht so viel gespielt hättest, wäre das nicht passiert!"

Mit zehn Jahren musste Agnes ihre Geburtstagsfeier – die erste, zu der sie Gäste hatte einladen dürfen – ausfallen lassen, da ein Nachbarsjunge erkrankt war.

Für Agnes gab es kein Lob, nur wohlgemeinte Ermahnungen und moralische Vorschriften. Diese Beziehungserlebnisse führten zu einem inneren Wächter, eher noch Sklavenhalter. Dieser flüsterte ihr ständig ein, dass das, was sie täte, doch nichts tauge, sie sei die geborene Versagerin. Sie solle nur aufpassen, dass sie nicht zu übermütig werde. Ständig aufpassen, alles gut kontrollieren, vor allen Dingen nie so etwas geschehen lassen, wie „sich selber im Spiel zu verlieren", d.h. die Kontrolle über sich selbst aufzugeben, waren die Anweisungen des Wächters. Dieser wurde mit der Zeit innerlich so angenommen, dass Agnes ihn für einen Teil ihres Selbst hielt, ohne sich daran zu erinnern, dass dieser Wächter eben von außen in sie eingedrungen war. Nach längerer Zeit der Therapie traute sich Agnes, sich selbst aus Ton als Zehnjährige mit Ball darzustellen.

Und dann geschah etwas Aufregendes. Sie erschien zur nächsten Sitzung mit einem alten Klassenfoto. Und auf dem hatte sie genau den gleichen traurigen Gesichtsausdruck, den ihre Tonfigur wiedergab. „ Ich habe gesucht, aber kein Foto gefunden, auf dem ich lache. Da haben mich nur traurige Gesichter angesehen. Das ist mir früher gar nicht so aufgefallen". Dann blätterte sie in einem Heft und über ihr Gesicht ging ein Strahlen, das ich bei ihr noch nie gesehen hatte. „Sehen Sie" – und sie verwies auf ein anderes Foto – „hier haben wir gespielt. Und mir ist auf einmal durch den Kopf gegangen, was ich alles gerne gemocht habe, was ich gespürt und gefühlt hatte". Und Agnes ließ strahlend entlang ihrer Stichworte, die sie auf einem Zettel mitgebracht hatte, ganz viel lebendig werden: den Kuhstall und Melkgeruch, frisch gebackenes Brot, im Juli morgens in der Erde jäten, Tannenzapfen suchen, Bratäpfel, Kartoffelfeuer, Holzhacken, barfuß draußen nach dem Gewitterregen laufen, Spielen im Sand, Sandberge, Duft der Pfifferlinge im Herbst, getrocknetes Holz im Backofen, Abendhimmel im Dezember, der erste Schnee und vieles mehr... Situationen wie bei der Brombeermarmelade...

Agnes war aus ihrer Todesstarre erwacht. Aber dies war nur möglich aufgrund der frühen Spielerfahrungen, an die sie über das Spielerisch-Gestalterische in der Therapie wieder Anschluss fand. Im Spielerisch-Schöpferischen der Therapie konnte sie – nach langer Zeit – die *grauen Herren* als Wächter vor dem Paradies ihrer Spielerfahrungen überlisten und ihren *Homo ludens* aus der Gefangenschaft befreien – diesen eine neue Beziehung zu ihrem *Homo faber* aufnehmen lassen. Alkohol musste sie nicht mehr trinken, um sich selber auszuhalten und ihre Zuckerkrankheit stabilisierte sich. Sie brauchte nur noch die Hälfte des Insulins, das sie vordem gebraucht hatte.

Agnes hat ihre lebendige Fantasie wiederbekommen, die sie dann im schöpferischen Handeln ihres Alltages auch umsetzen konnte. Vermöge ihrer Fantasie war sie innerlich wieder reich. Sie konnte etwas erleben und das was sie erlebte, ihre Gefühle, Bilder und Gedanken auch in einer lebendigen Form anderen Menschen mitteilen.

Der Ausflug in die Welt des Spielerischen ist entscheidend für eine lebendige Fantasie als Voraussetzung für eine gelingende primäre und sekundäre Suchtvorbeugung. Die Fantasie hieß zur Zeit der Aufklärung und Frühromantik noch produktive – nicht re-produktive – Einbildungskraft und genoß zu dieser Zeit auch noch eine sehr hohe Wertschätzung. Erst unter der Vorherrschaft des naturwissenschaftlich-technischen Denkens kam es zur Entwertung im Sinne eines: „Das bildest Du Dir nur ein!" Aber die Entwertung und Verbannung der Fantasie macht blind!

So sah es Michael Balint (1984) bekanntlich als dringend notwendig an, die Fantasie der Ärzte zu fördern, damit diese sich besser in die Lebenswelt ihrer Patienten hineinbegeben können.

Aber nicht nur für die Mediziner allein gilt, dass sie sich im Wesentlichen in der Gestalt des vereinsamten Homo faber zeigen, wie Max Frisch (1957) diesen sich artikulieren lässt: „Ich habe mich schon oft gefragt, was die Leute eigentlich meinen, wenn sie vom Erlebnis reden. Ich bin Techniker und gewohnt, die Dinge zu sehen wie sie sind". Ein solcher *Homo faber* hat die Beziehung zum *Homo ludens* verloren. So stellt für diesen *Homo faber* z.B. eine Wiese auch nur einige Quadratmeter unbewirtschafteter

Landfläche dar, die unproblematisch in ein Straßenstück umgewandelt werden kann. Bei der Wiese fällt ihm nicht der Duft der Erde nach einem Frühlingsregen ein, er riecht nicht die Blumen, das Heu, er hört nicht das Summen der Käfer und er spürt nicht die Sonne auf der Haut. Und wenn der *Homo faber* die Augen schließt, sieht er nur noch ein Flimmern wie auf der leeren Mattscheibe. Er kann getrost abschlafen. Seine innere Blindheit, d.h. reduzierte Innenwahrnehmung, stört ihn nicht. Und reicht ihm nicht das, was ihm sonst an äußeren Bildern vorgesetzt wird, wechselt er die Kulissen. Er reist viel und weit mit dem Auto, dem Flugzeug, verschafft sich Sensationen und sei es mit dem Sturz in die Tiefe an dem Gummiband. Und reicht dies immer noch nicht, dann kann er konsumieren, was sich ihm auch in den Weg stellen sollte: Kalorien, Kleidung, Krimskrams, Kokain... *Homo faber* wird nicht satt, weil seine Seele ohne lebendige Fantasie hungrig bleibt. Oder wissenschaftlicher: Seine Denksymbole sind affektu-sensomotorisch nicht ausreichend beladen, es zeigt sich ein deutliches synästhetisches Defizit. Die Seele wird aufgrund der fehlenden Innenwahrnehmung nicht satt. Das Er-Leben des Homo faber steht im Schatten seiner geheimen Suchtstruktur.

Nun hatte Agnes aber, die ich Ihnen eben vorgestellt habe, anfangs durchaus ihre Spielerfahrungen, waren *Homo ludens* und *Homo faber* bei ihr anfänglich noch nicht getrennt. Diese Trennung erfolgte erst später.

Anders sah es hingegen gleich von Anfang an bei Wiebke aus. Wiebke war an Magersucht erkrankt (Körpergewicht 32 kg, Körpergröße 168 cm). Was denn ihre Fantasien und Tagträume seien und worauf sie sich denn freuen könne, war eine Frage von mir. Wiebke zögerte mit der Antwort, bis sie dann schließlich sagte: „In meinem Beruf erfolgreich sein".

Bereits als Kind hatte Wiebke Leistungsanforderungen und Konkurrenz kennengelernt: Unterricht im Spielen mehrerer Musikinstrumente, Ballett, Wettbewerbe. Ihre Spieltechnik als *Homo faber* ist dabei immer perfekter geworden. Gespielt als *Homo ludens* hat sie jedoch nie. Sie macht Karriere, vereinsamt aber immer mehr. Als Wiebke eines Tages an entscheidender Stelle der Erfolg versagt bleibt, bricht ihre Welt zusammen. Sie wirft ihre Instrumente in die Ecke, steigt aus ihrer Musikerin-Laufbahn aus – und erkrankt an einer Anorexie.

Die Therapie gerät immer wieder ins Stocken. Dies nicht zuletzt deswegen, weil Wiebke kaum etwas spontan sagen kann. Unser Gespräch hat eher den Charakter eines Frage- und Antwortspieles. Das Ganze ändert sich erst, als wir anfangen, gemeinsam richtig zu spielen: Wiebke schwärzt einen großen, grobfaserigen Papierbogen mit weicher Holzkohle, wobei sie sich ihre Hände schön schmuddelig macht. Dann geht es darum, dass wir – anfangs gemeinsam, später Wiebke allein – mit einem Radierstift die uns jeweils erkennbaren Strukturen auf dem Papier nachzeichnen. Dabei kommen lustige Sachen heraus, über die wir gemeinsam lachen können.

Zwei Produktionen werden dann für Wiebke, bzw. den weiteren Verlauf der Therapie, sehr wichtig. Nämlich der „Teddybär" und „Der abgestorbene Teil des Baumes im Feuersturm". Diese Titel hatte Wiebke ihren Produktionen gegeben. Wiebke konnte sich immer mehr auf ihr Fantasien zu diesen Bildern einlassen. Rückblickend lässt sich zu diesen Bildern sagen, dass diese eine erste Spur zu einem von Wiebkes Zentralproblemen darstellten: Ihre Angst, nur geliebt zu werden, wenn sie Leistung zeigt und die eigenen Interessen, Sehnsüchte und Bedürfnisse zurückstellt.

Wiebke geht es heute gut. Sie führt zwar immer noch ein anstrengendes berufliches Leben, aber sie kann heute auch spielen – allerdings nicht mit ihren Musikinstrumenten.

In einer breit angelegten Untersuchung zum Therapieverlauf von weiblichen und männlichen Magersuchtpatienten aus dem Jahre 1989 von Deter et al.[1] heißt es: „Testpsychologisch konnten ... folgende Beziehungen festgestellt werden: Je kränker die Patienten ... einzustufen sind, ... um so leistungsorientierter sind sie und um so mehr haben sie eine Abneigung gegen Spielereien. (...) Jetzt gesundete frühere Anorexie-Patienten zeigen eine intensive Vorliebe für Spiel und Technik im Vergleich zu den noch stärker Kranken".

Das Spielen mit Wiebke stellte zugleich die erste Brücke dar zwischen der äußeren Wirklichkeit und den Resten ihrer Fantasie einschließlich ihrer schöpferischen Möglichkeiten. So entfaltete sie ihr poietisches, d. h. schöpferisches Selbst, das nicht mehr durch allzufrüh verinnerlichte Leistungsansprüche verformt und fremdbestimmt war. Eben diese Verformung des schöpferischen Selbst hatte auch zur Kontrolle, Entwertung und zum Vertrocknen ihrer Fantasie geführt. Wiebke war im Leistungsdenken ohne die Möglichkeiten einer aufsässigen Fantasie gefangen. Die einzige Möglichkeit ihre Aufsässigkeit zu zeigen, war ihr Hungerstreik. Erst über ihre Fantasie und ihre Träume entdeckte Wiebke ihre Möglichkeit der Rebellion ohne Selbstbeschädigung.

Aufsässige Fantasie passt nicht in unsere Zeit, weil wir sonst nicht genug leisten und genug konsumieren. Wer innerlich an Fantasie reich ist, der wird durch äußere Güter rascher satt. (Beispiel: die Brombeermarmelade ...).

Wiebke hatte im Unterschied zu Agnes als Kind kaum lebendige Spielerfahrungen machen können. Ihre Spielerfahrungen waren durch die frühen Leistungsanforderungen vergiftet worden. So musste sie in der Therapie an das Spielen als etwas für sie grundsätzlich Neues erst herangeführt – eher: gelockt – werden. Agnes hingegen hatte sehrwohl lebendige Spielerfahrungen. Ihr *Homo ludens* war von den Leistungsintrojekten nicht vergiftet, jedoch später unterdrückt, gefangen gehalten worden. Auch sie bedurfte der Therapie, um ihren *Homo ludens* aus dieser Gefangenschaft zu befreien.

Die mit der Zeit verinnerlichten Grauen Herrschaften verstummen übrigens vorübergehend z.B. unter Alkoholeinfluss oder anderen Rauschmitteln. Darum sind wir alle unter dem Einfluss dieser Mittel lockerer, weniger gequält. Und darum wäre es Ihnen vermutlich auch leichter gefallen, an unserem anfänglichen virtuellen Experiment teilzunehmen, wenn Sie sich vorher ein „Schnäpschen" genehmigt hätten.

Nur – wenn die Grauen Gestalten aus dem Rausch-Nebel wieder auftauchen, dann sind sie noch gnadenloser, beschämen um so mehr den Adressaten ihre Botschaften:

---

[1] H.C. Deter et al. (1989). Langzeitwirkung der Psychotherapie von Anorexia nervosa. Zeitschrift für Psychosomatische Medizin und Psychoanalyse, 35 Jg.

„Warum trinkst Du?" fragte der kleine Prinz. „Um zu vergessen", antwortete der Säufer. „Um was zu vergessen?" erkundigte sich der kleine Prinz. „Um zu vergessen, daß ich mich schäme", gestand der Säufer und senkte den Kopf. „Weshalb schämst Du Dich?" fragte der kleine Prinz, da er den Wunsch hatte ihm zu helfen. „Weil ich saufe!"

Auf Dauer können die äußeren oder schon verinnerlichten Grauen Herren im Sinne einer Suchtvorbeugung jedoch nur entmächtigt werden durch eine Ermutigung des poietischen Selbst im Spielen.

Es handelt sich dabei um ein Spielen wie es sehr prägnant von Mark Twain in seiner Geschichte um Tom Sawyer und Huckleberry Finn beschrieben worden ist. Sie erinnern sich? Huckleberry Finn ist der Bürgerschreck – faul, verwahrlost, ohne festen Wohnsitz. Der Vater ein gewalttätiger Säufer, von der Mutter ist schon gar nicht mehr die Rede. Nach unseren heutigen Vorstellungen wäre demnach Huckleberry Finn hochgradig suchtgefährdet.

Huckleberry Finn kommt jedoch gut über die Runden. Er hat eine lebendige Fantasie, die seine Welt bereichert und die er nicht mit Drogen trotz seiner desolaten sozialen Situation aufbessern muss. Und er hat auch keine innere Stimme, die er zudröhnen müsste, weil sie ihm ständig sagt, das, was Du machst, taugt nichts, ist nicht gut genug. Hingegen war er in den Dialog seiner peer group, in der Normen gefunden und das Erlebte „zur Sprache kam", gut eingebunden.

Zusammenfassung

Nun werden wir heute nicht alle wie Huckleberry Finn leben können, um nicht süchtig zu werden. Aber es geht – ich fasse das zusammen – um das „Huckleberry Finn-Prinzip", nämlich um das Zusammenkommen von *Homo ludens* und *Homo faber* im Spiel. Lebenslang!

1. Eine Lebendige Fantasie stellt gegen resignative innere Öde und Leere eine Grundvoraussetzung zur Sucht- und Gewaltvorbeugung dar.
2. Fantasie als produktive Einbildungskraft hat aber unter der Vorherrschaft des technisch-naturwissenschaftlichen Denkens eine starke Entwertung erfahren. Ebenso wird die Welt des Spielens zunehmend von einem krankmachenden Leistungsdenken kolonialisiert - wie von den *Grauen Herren* in der Geschichte um *Momo*.
3. Entfalten kann sich jedoch Fantasie nur, wenn in die kindlichen Spielräume nicht zu früh das Leistungsdenken in Form der *Grauen Herren* eingeführt wird, das Spielen zum match pervertiert, in dem es nur um das Ergebnis, den Sieg, das Produkt, die Prämie geht.
4. Die *Grauen Herren* lassen resignieren, wenn wir im match nicht die Sieger bleiben. Hingegen lassen play und fair play mit der Betonung des Spielprozesses uns realistisch unsere inneren und äußeren Möglichkeiten erfahren. Wir werden spielend desillusioniert, jedoch ohne beschämt und entmutigt zu werden. Die Lust auf Welt bleibt erhalten.
5. Auch wir können unsere eigenen verinnerlichten *Grauen Herren*, die uns beschämen – denken Sie an unser anfängliches Experiment – vorübergehend durch Suchtmittel entmachten. Nachhaltiger geschieht dies aber durch ein Spielen im Sinne von play und fair play wie bei Huckleberry Finn.
6. Wesentlich ist auch, dass die Spielerfahrungen zur Sprache gebracht werden, was leider immer seltener geschieht. Ein möglicher Ort hierfür wäre die Gutenachtgeschichte.

Literatur:

Balint, M. (1984). *Der Arzt, sein Patient und die Krankheit*. Stuttgart: Klett-Cotta.
Balint, M. (1994). *Angst, Lust und Aggression*. Stuttgart: Klett-Cotta.
Csikszentmikaly, M. (1993). *Flow. Das Geheimnis des Glücks*. Berlin, Heidelberg: Springer.
Dornes, M. (1993). *Der kompetente Säugling. Die präverbale Entwicklung des Menschen*. Frankfurt/Main: Fischer.
Ende, M. (1973). *Momo*. Stuttgart: Thienemann.
Frisch, M. (1957). *Homo Faber*. Frankfurt/Main: Suhrkamp.
Furth, H.G. (1981). *Intelligenz und Erkennen. Die Grundlagen der genetischen Erkenntnistheorie Piagets*. Frankfurt/Main: Suhrkamp.
Huizinga, J. (1956). *Homo ludens. Vom Ursprung der Kultur im Spiel*. Reinbek: Rowohlt.
Lindgren, A. (1977). *Das entschwundene Land*. Hamburg: Oetinger.
Schiffer, E. (1993). *Warum Huckleberry Finn nicht süchtig wurde. Anstiftung gegen Sucht und Selbstzerstörung bei Kindern und Jugendlichen*. Weinheim und Berlin: Beltz Quadriga.
Schiffer, E. (1994). *Warum Hieronymus B. keine Hexe verbrannte. Möglichkeiten und Motive gegen Gewalt bei Kindern und Jugendlichen*. Weinheim und Berlin: Beltz Quadriga.
Schiffer, E. (1997). *Der kleine Prinz in Las Vegas. Spielerische Intelligenz gegen Krankheit und Resignation*. Weinheim und Berlin: Beltz, Quadriga.
Schiffer, E. (2001). *Wie Gesundheit entsteht. Salutogenese: Schatzsuche statt Fehlerfahndung*. Weinheim und Basel: Beltz Taschenbuch.
Winnicott, D.W. (1979). *Vom Spiel zur Kreativität*. Stuttgart: Klett-Cotta.
Winnicott, D.W. (1984). *Reifungsprozesse und fördernde Umwelt*. Frankfurt/Main: Fischer.
Zulliger, H. (1979). *Heilende Kräfte im kindlichen Spiel*. Frankfurt/Main: Fischer.

Geschlechtsidentitäten – finden, darstellen, damit spielen?
11 Thesen.

Helga Bilden

1. Geschlechtsidentität *finden*?

In der Frauenbewegung der 80er Jahre ging es darum, "weibliche Identität zu finden", Identität-als-Frau zu finden" – Das meinte damals: eine Identität als Frau er-finden, die nicht gefangen sein sollte in den Vorstellungen von "Frau", den normativen Definitionen von "Weiblichkeit" westlicher Gesellschaften in den 80er Jahren. Aber es hörte sich an, als wenn es eine Identität zu suchen und zu **finden** gälte **wie vorher versteckte Ostereier.**

In der Entwicklungspsychologie des Jugendalters war und ist oft von "**Entwicklungsaufgaben**" (Havighurst, 1972) die Rede. Zentral sind dabei Formulierungen wie die "**Geschlechtsrolle übernehmen/erwerben**" oder "seine Geschlechtsidentität finden". Da ist es klar: Entwicklungsaufgaben sind vom Standpunkt der Gesellschaft aus normativ definierte Anforderungen an die Entwicklung Jugendlicher: "Geschlechtsidentität finden" meint hier: Die/der Jugendliche soll die gesellschaftlich vorgegebene Geschlechtsrolle aneignen, also die versteckten Ostereier finden: D.h. sie oder er soll, allenfalls mit einer kleinen persönlichen Note variiert, die Art Frau oder Mann werden, wie die Gesellschaft oder die jeweilige städtische oder ländliche, bürgerliche oder Arbeiter-Umgebung sie sich vorstellt und zur Norm erhebt.

2. Soziale Veränderungen weichen die Polarisierung der Geschlechter(rollen) auf

Ich gebe ein paar Stichworte: vermehrte und v.a. selbstverständlicher gewordene Berufstätigkeit von Frauen, ganz besonders in Ostdeutschland. Etwas mehr Engagement vieler Väter bei der Kindererziehung, allerdings zeitlich beschränkt (ganz wenige nehmen Erziehungsurlaub), und kaum wachsende Beteiligung der Männer an der Hausarbeit: Die Arbeitsteilung nach Geschlecht wird v.a. von der Frauenseite aufgeweicht. Die Frauenbewegung hat die Fremddefinition von Weiblichkeit in Frage gestellt; Unterordnung und Nachrangigkeit von Frauen werden nicht mehr selbstverständlich akzeptiert. Mädchen wollen auch stark sein. Frauen beanspruchen auch Intellektualität und Macht, nicht nur Fürsorglichkeit und Emotionalität; Männer entdecken, besonders als Väter, auch Gefühle. Die Berufssphäre fordert weniger den (körperlich) starken und "harten" Mann als vielmehr flexible und kommunikationsfähige, sozial kompetente Arbeitskräfte (dass Männer dabei v.a. für höhere Positionen, dennoch bevorzugt werden, obwohl eher Frauen diese Kompetenzen mitbringen, hält die Geschlechterhierarchie weiter aufrecht). Es gibt in westlichen Industriegesellschaften klare Tendenzen zur Angleichung der Geschlechterrollen. Dabei bestehen allerdings Privilegien/Benachteiligungen verändert fort, die Geschlechterhierarchie ist allenfalls geringfügig verringert. "Männlichkeit" kann auf der Ebene der Realität nicht mehr ganz so klar von "Weiblichkeit" getrennt werden.

Diesen Veränderungen entsprechen solche auf der wissenschaftlichen Ebene:

3. Geschlecht(sidentität) aufdröseln in: sex, gender, Sexualität

Die Frauen- und Geschlechterforschung hat „Geschlecht" hinterfragt, d.h. zerlegt. Zuerst wurde mit der Unterscheidung von „sex" und „gender" die natürliche, körperliche Seite von Geschlecht getrennt von der sozialen, die im Deutschen oft „Geschlechtsrolle" genannt wird. Lesben- und Schwulenbewegung und -forschung haben die Komponente „Sexualität" als sexuelle Präferenz problematisiert, d.h. die Norm und Selbstverständlichkeit der (lebenslangen) Heterosexualität infrage gestellt: Das „Paket" „Geschlecht" ist aufgeschnürt.

Entsprechend hat die Sozialpsychologie Geschlechtsidentität in 3 Komponenten zerlegt:
1. stabile **Selbstkategorisierung** bzgl. des eigenen Geschlechts. Das ist in der Regel das bei der Geburt zugewiesene Geschlecht. (Stoller, 1968: „core gender identity");
2. **Geschlechtsrollenidentität**; ich würde lieber Identifizierung mit historisch-kulturellen Bildern von Weiblichkeit und Männlichkeit sagen;
3. **sexuelle Präferenz**, d.h. die Norm heterosexueller Objektwahl.

Diese 3 analytisch getrennten Kategorien werden in der individuellen Entwicklung i.d.R. **zu einer Einheit verschmolzen**, weil unser kulturelles Alltagsverständnis Geschlechtsidentität als „Paket" normativ vorschreibt.

Geschlechtsidentitäten, und zwar alle 3 Komponenten, werden konkreten Personen, die als Männer und Frauen aufgewachsen sind, eingefleischt. Sie sind, wie wir heute sehen, nicht unveränderlich – am stabilsten ist die Selbstkategorisierung, aber Transsexuelle rütteln auch daran.

4. Dekonstruktion des doing gender, der sozialen Konstruktion von Geschlecht in der Interaktion

Interaktionistische TheoretikerInnen (Garfinkel, 1967; Kessler & McKenna, 1978; West & Zimmerman, 1987) haben – v.a. in Studien an Transsexuellen – herausgearbeitet, dass und wie Geschlecht in alltäglichen Interaktionen hergestellt („konstruiert") wird. Geschlecht (gender, das soziale Geschlecht) wird immer wieder symbolisch hergestellt. Geschlecht habe ich oder Sie nicht einfach, sondern wir *tun* es fortwährend:
1. **Wir gehen von Annahmen aus**, dass es 2, nur 2 Geschlechter gibt, dass jede/r nur einem angehört, dass Geschlecht biologisch-natürlich und unveränderlich ist; dass Penis, Vagina und Brüste, v.a. aber dass (Nicht)Vorhandensein eines Penis, das Geschlecht anzeigen. Diese Annahmen des Zweigeschlechter-Systems liegen unserer Weltauffassung, der sozialen Organisation und dem alltäglichen Handeln zugrunde.
2. **Wir zeigen** mithilfe der jeweiligen kulturellen Zeichen wie Kleidung, Frisur, Körpersprache, Verhalten, dass wir Frau oder Mann sind, **d.h. wir stellen Geschlecht symbolisch dar**.
3. Und die **anderen**, die Gegenüber in der Interaktion, **schreiben uns immer ein Geschlecht zu** und interpretieren (und bewerten) unser Verhalten auf der Folie des dargestellten bzw. zugeschriebenen Geschlechts.

„Doing gender" nennen West & Zimmerman (1987) diesen Prozess der dauernden Konstruktion von Geschlecht und kulturellem Zweigeschlechter-System. Diesen Prozess aufzuzeigen, wird **Dekonstruktion** von Geschlecht genannt.

Exkurs „Dekonstruktion"
Dekonstruktion meint, das Zustandekommen unseres Wissens kritisch zu untersuchen. Es geht darum, die selbstverständlichen, oft gar nicht mehr bewussten Grundannahmen, aus denen unser Denken und Handeln erwächst, explizit zu machen und dabei infrage zu stellen. Sie stellt die **Frage, wie das, was wir als Dinge oder Fakten ansehen, durch unsere alltägliche Praxis, besonders durch den Gebrauch von Symbolen, entsteht:** Wie machen wir unser Wissen über die Wirklichkeit?

Auf der soziokulturellen Ebene belegt die Forschung: Was als weiblich und als männlich gilt, variierte historisch. **Es kann sozial auch mehr als zwei Geschlechter geben und körperliches und soziales Geschlecht („Geschlechtsrolle") müssen nicht immer übereinstimmen.** Das zeigt im Kulturvergleich die „Berdache" oder „gender variance" genannte Erscheinung: Insbesondere bei vielen nordamerikanischen Indianerstämmen konnten körperliche Frauen oder Männer in vorgegebene soziale Rollen des anderen Geschlechts überwechseln, die als alternative Geschlechter aufgefasst wurden; dabei entstand ein Drei- oder Mehr-Geschlechtersystem (Schein & Strasser, 1997). Ein solches Mehr-Geschlechter-System ist ebenso wie unser Zwei-Geschlechter-System ein kulturelles Symbolsystem, nicht einfach „natürlich" gegeben.

Auch biologisch ist eine scharfe Trennung von Männlich und Weiblich nicht fundiert: Es gibt **4 verschiedene biologische Kriterien für Geschlecht: äußere Genitalien, Keimdrüsen, Hormone und Chromosomen.** Diese Kriterien **sind z.T. kontinuierlich, und sie stimmen nicht immer überein.** Etwa jedes 1000. Kind wird mit uneindeutigen Genitalien geboren, aber in der Regel bürokratisch und meist auch chirurgisch eindeutig gemacht. Östrogene und Androgene finden sich bei Frauen und Männern, in verschiedenen, aber wechselnden Anteilen; ein gegebener Hormonstatus kann nicht immer zwischen Mann oder Frau unterscheiden. Im Sport werden immer wieder „Intersex-Personen" gefunden, mit weiblichen äußeren Genitalien und männlichen Chromosomen. Geschlecht ist also auch biologisch nicht so eindeutig zweigeteilt, wie wir das zu denken gewöhnt sind. Es ist eine zur Norm erhobene Unterstellung, dass es von Natur aus zwei (immer) klar und eindeutig unterschiedene Geschlechter gibt. (Fausto-Sterling, 1999).
Die Grenzen zwischen den polar gedachten Geschlechtern werden also unschärfer.

5. Zentrale Entwicklungsaufgabe im Jugendalter: Bildung von Identität und insbesondere Geschlechts(rollen-)Identität – Erwerb von Geschlechtsidentität als sozialer Druck und eigener Wunsch, Geschlecht darzustellen

Ein zentrales Moment der Identitätsbildung in der Jugend ist die Entwicklung von Geschlechtsidentität; sie färbt auch die anderen Entwicklungsaufgaben, v.a. die Auseinandersetzung mit dem veränderten (geschlechtsreifen) Körper. Zwar beginnen Kinder ab dem Alter, wo sie begreifen, dass es 2 Geschlechter gibt und sie einem angehören, d.h. wo sie die Annahmen des Zweigeschlechtersystems aneignen, mit der Entwicklung einer (Kern)Geschlechtsidentität. Das beginnt ab 18-24 Monaten und wird im Alter von 3, 4, 5 Jahren oft sehr rigide-schematisch, mit tiefen Abspaltungen von „weiblichen" und kindlichen Selbst-Anteilen, besonders bei Jungen. Danach wird das Geschlechtsrollenverhalten wieder etwas flexibler, v.a. bei Mädchen (Katz, 1996).

Die Entwicklung von Geschlechtsidentität in der Jugend versteht Petra Kolip (1997) mithilfe der oben skizzierten dekonstruktiven Theorie des „doing gender" folgendermaßen: Wenn in der Pubertät die Körper sich zu geschlechtsreifen Frauen- und Männer-Körpern verändern, setzt starker **sozialer Druck ein und es entsteht der eigene Wunsch, Geschlecht *darzustellen*: sich weiblich oder männlich darzustellen gemäß der jeweiligen Symbolik von Weiblichkeit oder Männlichkeit, um Mädchen/Frau oder Junge/ Mann zu „sein"**, d.h. als Frau oder Mann **anerkannt zu werden und sich als solche/r zu fühlen (Geschlechtsidentität)**. (Helfferich, 1994; Kolip, 1997). Es gilt jetzt, das eigene Geschlecht auszudrücken und anzuzeigen. Der Junge, das Mädchen werden entschiedener denn je unter dem Aspekt von Geschlecht gesehen und sie stellen ihr Geschlecht jetzt entschieden und explizit dar: mit sich vor dem Spiegel, in Fantasie-Dialogen, in allen Interaktionen, v.a. mit den Mitteln des Körpers und körperbezogenen Verhaltens. Sie inszenieren ihren Körper als weiblichen oder männlichen mit Kleidung, Frisur, Körpersprache, Verhaltensweisen; sie probieren verschiedene Formen des Umgangs mit dem Körper aus, entwickeln spezifische Weisen, ihn wahrzunehmen, alles mit Bezug auf Geschlecht, sprich: auf die kulturelle oder subkulturellen Zeichen (Symbole) von Geschlecht. Auch indem sie verschiedene Stile bilden (Techno, Rapper, Punks, Gothics, Normalos...), konstruieren sie auch Geschlecht bzw. das Verhältnis der Geschlechter auf unterschiedliche Weise; bei manchen relativ gleich, bei anderen verschieden und mit deutlicher Jungen-Dominanz.

Der **Körper** als Träger der Geschlechtssymbolik ist *das* **Mittel, um Geschlecht darzustellen und anzueignen**, die Aufgabe, die jetzt von den Jugendlichen erwartet wird. Die Veränderungen des Körpers erfordern Aufmerksamkeit und Aneignungsprozesse. Diese mehrfach motivierten **Prozesse der körperbetonten Darstellung von Geschlecht sind die Außenseite der Entwicklung von Geschlechtsidentität**. Diese Außenseite **wirkt nach innen zurück**: Wenn ein Mädchen sich als Mädchen/Frau gibt und damit anerkannt wird, kann es sich als Mädchen fühlen. Eine besondere Rolle spielen weibliche und männliche **Körpersprache** (Mühlen Achs, 1998) sowie **Sexualität** in der Darstellung und Aneignung von Geschlecht. Körpersozialisation ist der Lernprozess, in dem Geschlecht verkörpert wird (Baur, 1988; Baur & Miethling, 1991). Es sind **angst- und lustbesetzte Prozesse**, lebenswichtig für die Jugendlichen, ganz besonders in Bezug auf die Anerkennung unter Gleichaltrigen (peers).

„Hartes" Trinken und viel Vertragen oder Gewaltbereitschaft dienen Jungen in bestimmten Milieus ebenso der Darstellung von Männlichkeit wie S-Bahn-Surfen oder verbales Aufschneiden in anderen. Sie werden von den Gruppenmitgliedern als Zeichen von (harter, starker, überlegener) Männlichkeit interpretiert, und die Jungen können sich „männlich" fühlen. Allgemein gilt Riskieren von Verletzungen und stoisches Ertragen von Schmerzen unter männlichen Gleichaltrigen als Zeichen männlicher Härte, Zugeben von Emotionalität und Schwäche dagegen als „weiblich", womit einem Jungen per se die Männlichkeit abgesprochen wird.

In den peer-Kulturen gilt die Maxime „kein Problem!": Konflikte werden verdeckt und dürfen nicht angesprochen werden. Eher werden in Reaktion auf die Konflikte kollektiv Lebensstile entwickelt, die Cornelia Helfferich (1994) **„imaginäre Lösungen"** nennt, weil sie keine wirklichen (Entwicklungs-)Lösungen sind: z.B. „Kraft und Härte" („männliche Auszubildende in männerbündischen Subkulturen"), „Schönheit und Konsum" („weibliche Auszubildende in der polytoxikomamen Erlebniswelt der Disco"), „Bewußtseinserweiterung" („Drugs and Sex. Kiffer, Junkies und Co").

Mädchen können Weiblichkeit am besten durch Körper-Dekoration und bestimmte Formen der Körper-Bearbeitung im Sinne von Schönheitsidealen darstellen, wozu fast immer Diäten gehören. **Neuere Medienbilder** bieten, gemäß den Wünschen vieler Mädchen, eine Kombination von Weiblichkeit und Stärke an, ein Überschreiten traditioneller Geschlechtergrenzen (Stauber, 1999): Das ist auch eine imaginäre konfliktverdeckende Lösung. Allerdings, indem dieses Bild zur Norm wird, stellt es eine Überforderung dar; denn weder sind die Mädchen einfach stark, noch können Jungen so leicht starke Mädchen akzeptieren. Außerdem ist die Konsequenz, dass diejenigen, die sichtlich doch Probleme haben, in der peer-Gruppe ebenso abgewertet werden wie die Jungen mit Problemen. Jedenfalls bedeuten die ambivalenten neuen Medienbilder von Mädchen nicht nur neue Chancen, sondern auch neue Anforderungen und Stressoren für die Jugendlichen; sie bringen neue Konfliktfelder hervor (Stauber, 1999, S. 55 f.).

6. Es ist psychisch und physisch gesundheitsschädigend ein Mann (eine Frau) zu werden! (Vgl. Rabe-Kleberg, 1999; Krüger & Kötters, 1999; Kolip, 1997; Helfferich, 1994)

Entwicklung zum Mann in zeitgenössischen westlichen Gesellschaften beruht auf **Abspaltung der weiblichen/mütterlichen, der kindlichen und der homosexuellen Persönlichkeitsanteile**. Das ist ein **schmerzlicher, angstbesetzter und verlustreicher Prozess**: psychisch und gesundheitlich, von Kindheit an.

Verschiedene AutorInnen (Stoller, 1968; Chodorov, 1985; Benjamin, 1990; u.a.) haben herausgearbeitet, dass sich die männliche Geschlechtsidentität im Differenzierungsprozess i.d.R. eindeutiger, scharf von Weiblichkeit abgegrenzt und statischer herausbildet als die weibliche.

Das hat mit der kulturellen Definition „hegemonialer Männlichkeit" (Connell, 1999: Anspruch auf Dominanz gegenüber Frauen und gegenüber anderen Männern) und der geschlechtsspezifischen Arbeitsteilung zu tun: Väter, überhaupt Männer sind im Alltag von kleinen Kindern immer noch eher selten gefühlsmäßig so präsent, dass sie gute Liebes- und Identifikationsobjekte darstellen. Die Mutter ist in der üblichen familiären Arbeitsteilung das dominante Liebes- und Identifikationsobjekt der ersten Jahre, auch für Jungen. Die ersten psychischen Strukturen des Kindes bilden sich, wie bei Mädchen, durch Introjektion der Beziehung zur Mutter. Sie introjizieren dabei sowohl sich selbst als abhängig-hilfloses Kleinkind als auch die mächtige, Fürsorge und Empathie gebende und versagende Mutter.

Kleine Jungen verwerfen im Prozess der Geschlechterdifferenzierung, besonders in der ödipalen Phase, um männlich= überlegen= nicht-weiblich zu sein, meist alles „Weibliche" und Kindliche in sich: die Abhängigkeit/Hilflosigkeit und das Mütterliche als Quelle des Guten und Nährenden (Benjamin, 1990); sie spalten es scharf ab. Über die Prozesse der Abspaltung homosexueller Tendenzen weiß ich wenig; über die Entstehung von Heterosexualität ist wenig geforscht worden.

Ab der Pubertät verhalten sich Jungen „wie Männer", spalten das Kindliche also noch mehr ab: Sie klagen nicht (offen) über Schmerzen, sorgen sich nicht um ihre Gesundheit und ihr psychisches Wohlergehen. Sie gehen risikoreich, schmerzverachtend mit ihrem Körper und ihrer Psyche um. Sie drücken Wut, Ärger, Hass eher aggressiv-lautstark, körperlich aus als Mädchen. Sie werden zu Tätern und Opfern männlich dominierter Gewalt (insbesondere diejenigen, die sich den Männlichkeitsstandards nicht anpassen (können oder wollen). Angst, Zweifel, Unsicherheit, Verletztheit zuzugeben, macht „unmännlich"; so decken sie solche Gefühle unproduktiv zu, z. T. gewalttätig oder häufiger, wie Winter (1993) meint, durch Sexualität als „Lebensbewältigung". Daher kennen sie oft ihre Gefühle und Konflikte und viele ihrer Bedürfnisse nicht. Die Gefahr ist, dass sie sehr beschränkte soziale Kompetenzen erwerben außer Konkurrieren und Versuchen, überlegen zu sein. Kommunikative und Aushandlungs-Kompetenzen, die Fähigkeit zu Kompromissen in komplexen sozialen Beziehungen bleiben oft unentwickelt. Der Druck, siegreich, überlegen zu sein, angesichts ihrer beschränkten jugendlichen Fähigkeiten und sozialen Positionen, muss sie überfordern, Ängste produzieren. Auch werden viele dem Männlichkeitsbild des Beschützers und Ernährers angesichts von Erwerbslosigkeit und selbstständigen Frauen nicht genügen können.

Überhaupt wird die Exklusivität des Mannseins durch die historische Tendenz der Geschlechtsangleichung, die stärker von den Frauen ausgeht, infrage gestellt. Das verunsichert Jungen/Männer; wahrscheinlich werden dadurch Stereotype, Zeichen, Imaginationen männlicher Macht und Überlegenheit umso wichtiger für sie. Gewalttätige Grenzziehungen und Gewalt als Demonstration hegemonialer Männlichkeit scheinen sich einigen anzubieten, besonders in bestimmten Subkulturen (Kersten, 1997).

Mädchen entwickeln trotz schulischer Erfolge weniger Selbstbewusstsein und sind ängstlicher bzgl. Leistungsanforderungen. Sie fühlen sich stärker in familiäre Haushaltspflichten eingebunden und von den Eltern weniger unterstützt mit ihren Interessen und Selbstbestimmungswünschen als Jungen, jedenfalls in ostdeutschen Familien (Krüger & Kötters, 1999). Die meisten entwickeln weniger Kompetenzen in den neuen Informations- und Kommunikations-Technologien, die Zukunft versprechen.

Die allgegenwärtige Sexualisierung des weiblichen Körpers überfrachtet Mädchenkörper mit sexuellen Botschaften, bevor die Mädchen ihren Körper selbst angeeignet haben. Aber sie spielen auch mit diesen Bedeutungen, um sich als Frau darzustellen. Mädchen leiden wesentlich mehr als Jungen an physischen und psychischen Befindlichkeitsstörungen. Ihre Verarbeitungsweisen von Konflikten und auch von Aggressionen sind sehr oft nach innen bzw. auf sich selbst gerichtet.

Nicht zu vergessen, dass sehr häufig sexuelle Gewalt, oft schon seit der Kindheit, das Verhältnis der Mädchen zu ihrem Körper problematisch macht. Immerhin haben etwa ein Fünftel der weiblichen Jugendlichen sexuellen Missbrauch erfahren. Ihre Verarbeitungsweise geht eher nach innen, in der Opferhaltung bleibend, und in vielfältigen psychischen Störungen resultierend. (Auch Jungen sind Opfer sexuellen Missbrauchs; häufig verarbeiten sie ihn aber nach außen gewendet, als sexuelle und sonstige Gewalt, was zu geringerer Traumatisierung führt.)

Diäten stellen ein Risiko für die Entstehung von Essstörungen dar. Essstörungen, v. a. Magersucht und immer mehr Bulimie, sowie selbstverletzendes Verhalten – nach innen, auf sich selbst gerichtete (oft aggressive) Konflikt-Verarbeitung – nehmen bei Mädchen epidemische Ausmaße an. Essstörungen nehmen auch bei Jungen zu, parallel zur beginnenden Sexualisierung und ästhetischen Normierung auch männlicher Körper (Werbung, Zeitschrift Men's Health).

Allgemein:
In Bezug auf Geschlecht(sidentität) gibt es kein „psychosoziales Moratorium" (Erikson): Die Jugendlichen werden, besonders von Gleichaltrigen, zu einer Eindeutigkeit und Festlegung gezwungen, die allzu schnell und zu radikal die Wünsche, Bedürfnisse, Potenziale, die sich äußern und erlebt werden dürfen, auf die „geschlechtsadäquaten" reduziert. Wenn ich hier einmal schematisieren darf: Die Allmachtsfantasien der Mädchen werden radikal beschnitten, ihre Aggressionen sollen sich nur noch indirekt äußern, ihre Anerkennungswünsche sollen sich v. a. auf die Attraktivität für Jungen richten. Vielleicht noch schlimmer ist es für die Jungen: Wehe, sie zeigen weiche Züge, viel Empathie für andere oder Rücksicht auf sich selbst!

Der soziale Druck zur eindeutigen Darstellung von Geschlecht(sidentität) in der Jugend tendiert dazu, die vielfältigen Potenziale der einzelnen rigoros zu reduzieren, viele Wünsche und Bedürfnisse so rigoros zu beschneiden, dass sie oft nur noch ein Untergrund-Dasein fristen dürfen. Das Spektrum sozialer Kompetenzen wird eingeengt; die Vereinseitigung geht an der komplexen sozialen Realität vorbei.

Es ist schwierig, angstbesetzt und verlustreich, sich die sozial (ambivalent) vorstrukturierten Geschlechtsrollen anzueignen. Unschärfere Geschlechtergrenzen bringen für Jugendliche nicht nur Erleichterung und Chancen; sie machen Identitätsbildung auch schwerer.

Die Hierarchie und Differenz der Geschlechter ist immer noch in vielen Aspekten der sozialen Realität verankert, in Institutionen und ganz besonders im Symbolsystem und in den Köpfen. Daher ist die Forderung an die Einzelnen, die in meinem Plädoyer steckt, die hierarchische Geschlechter-Differenz zu überwinden, tendenziell auch eine Überforderung, v. a. für diejenigen, die nicht über optimale psychische, soziale und materielle Ressourcen verfügen.

Und es gibt keine Unterstützung für Jugendliche, das allseits geforderte doing gender kritisch zu reflektieren.

7. Psychotherapie, das Spielen mit Geschlechtsdarstellungen und die Reflexion von Gechlechterkonstruktionen

Psychotherapie sollte den Druck, ein richtiger Junge, ein echtes Mädchen zu sein, nicht weitergeben. Sie sollte *allen* Wünschen, Bedürfnissen, Verhaltensweisen, Potenzialen der Jugendlichen Raum geben, sie *spielen* lassen, sowohl die stereotypen als auch die geschlechtsüberschreitenden. Ihre Aufgabe wäre, den Jugendlichen zu helfen, die Geschlechterkonstruktionen, das doing gender, zu reflektieren.

Fernziel: Erweiterte Möglichkeiten, Frau oder Mann zu werden, Toleranz für unschärfere Geschlechter-Grenzen

Zuerst allerdings geht es, denke ich, darum, die Jugendlichen das, was sie jetzt v. a. sein wollen, spielen zu lassen: den starken Macker, den cleveren + toughen Jungen, das für Jungen attraktive, bei Mädchen beliebte Mädchen zu geben usw. Das heißt mit der Lust arbeiten! Wenn die Therapie auch den Geschlechtsrollenstereotypen Raum gibt, werden Erfahrungs-, Erlebens- und Entscheidungsprozesse möglich, und damit Selbstreflexion in der therapeutischen Arbeit: Reflexion, wie sich die/der Jugendliche bei dem Verhalten fühlt, was die Affekte in der Situation waren, welche Wünsche und Bedürfnisse darin steckten – und auch, welche ihrer Bedürfnisse, welche ihrer Seiten darin keinen Platz fanden.

Wenn ich von Geschlechtsgrenzen überschreiten spreche, meine ich, dass Therapie helfen kann, diese Imaginationen von Geschlechtsidentität zu erweitern, zu ergänzen. Dabei werden sie eingebunden und verändert, indem auch die nicht geschlechtstypischen Wünsche, Bedürfnisse, Potenziale sich äußern dürfen, in der Therapie einen Raum bekommen – PsychoanlytikerInnen (Dimen, 1995) sprechen von einem Übergangsraum zwischen den Geschlechtern.

Exkurs zum lustvoll-kreativen Übergangsraum

Dimen arbeitet die **Idee des lustvoll-kreativen Übergangsraums** – in Anlehnung an Winnicotts (1973) bekannte Metapher des Übergangsobjekts oder -raums – als **Möglichkeit zur Aufhebung der Spaltung** aus: Sie schlägt vor, „den Raum, der von den Differenzen eingenommen wird" (255) zu betreten, also den Raum zwischen Männlich und Weiblich, Aktiv und Passiv, Subjekt und Objekt, Macht und Schwäche usw.

Vom Übergangsraum her ist es möglich, die Spaltungen im Selbst aufzudecken und sie abzubauen. Die Spannung innerhalb der Dualismen kann **lustvoll und kreativ** sein. Jessica Benjamin (1990) hat diesen Gedanken besonders schön psychoanalytisch formuliert: Es geht nicht nur um das Erinnern des vergessenen anderen Pols der Spaltung, sondern um die „**Spannung des Festhaltens am 'Paradox der Gleichzeitigkeit'**": Dieses Festhalten kann **lustvoll und kreativ** sein, wie das lustvolle **Spielen** in Winnicotts Übergangsraum.

Lustvolles Spielen setzt allerdings schon ein Stück Überwinden der Spaltung voraus; denn unter den Bedingungen von Spaltung ist Spielen anstrengend.

Die Lust hat mit dem **Oszillieren** zwischen Zu- und Abnahme der Spannung zu tun und mit dem Hin und Her, dem Oszillieren zwischen Realität und Phantasie im Spiel. Bateson (1973) bringt das Bild vom lustvollen Spiel zwischen Knabbern und Beißen: Der Reiz erlischt, wenn aus dem Knabbern ein Beißen wird.

Innerhalb des Begehrens ist es lustvoll, zu oszillieren zwischen Wunsch (subjekthaftes aktives Wollen) und Bedürfnis (Brauchen, Abhängigkeit mit der Erinnerung an kindliche passive Abhängigkeit). Bei Erwachsenen ist beides meist getrennt, und dem Männlichen bzw. dem Weiblichen zugeordnet, sodass wer weiblich sein will, sich Wunsch/Wollen nicht zugestehen kann, wer männlich sein will, die Bedürftigkeit verleugnen muss. Beide Male geht die Lust, die Lebenslust verloren.

Wunsch und Bedürfnis, Autonomie und Abhängigkeit, Aktivität und Passivität, Körper und Geist, Heterosexualität und Homosexualität sind **unterschiedliche Bestandteile des Selbst**. Und der Übergang von einem zum anderen kann lustvoll sein – wenn wir die Beschränkungen konventioneller Geschlechtsidentität sprengen und uns vom bisher bevorzugten Pol, z.B. Heterosexualität, zum anderen, Homosexualität, bewegen. Innerhalb der heterosexuellen Identität ist das ausgesprochen unangenehm.

Die Spaltung in Pole zu überwinden, bedeutet, dass wir in der Lage sind, „**den Raum zwischen ihnen zu bewohnen; das Paradox der Gleichzeitigkeit zu dulden und sogar zu genießen**" (Dimen, S. 264). Ich würde sagen: Es geht darum, die unterschiedlichen Bestandteile des Selbst zu

Worte kommen zu lassen, sie spielen zu lassen. Donna Bassin (o. J., zit. in Dimen, 1995, S. 261) meint, dass die „Unfähigkeit, 'mit der Wirklichkeit zu spielen' (...), zur Folge hat, dass die Realität als eine Abwehr gegen die Phantasie benutzt wird" - ein wunderschöner Gedanke, wie ich finde!

Ideal wäre, wenn die Therapie einen weiten Raum bietet: Männlichkeit (oder Weiblichkeit) und vieles anderes kann da und anerkannt sein, im Übergangsraum kann damit gespielt werden.
Der Junge kann also mal den Macho spielen, und hoffentlich später auch mal den Zweifelnden, den Nachgebenden, mal den Einfühlsamen, Sorgenden („Väterlichen"): erst mal für sich: der Macho kann sein Beschützer werden, der Zweifelnde nachdenklich die Realität prüfen, Normen hinterfragen, der Einfühlsame, Sorgende sich in sich selbst einfühlen, für sich selbst sorgen. Und dann kann es auch um Empathie und Sorge für andere gehen. Wichtig ist, dass seine Lust, seine Wünsche, seine Bedürfnisse sein dürfen, anerkannt werden – ohne von den Geschlechtskonzeptionen der Therapeutin oder Vorstellungen von political correctness bewertet zu werden. Ich stelle mir das sehr schwierig vor.

8. Überschreiten und dem Unschärferwerden der Grenzen macht Angst

Mädchen, die nicht schwach, nicht Opfer sein wollen, erfahren wohl oft das Unschärfer-Werden der Geschlechtergrenzen als **Chance**, vor sich, vor ihren Freundinnen. Schwierig dagegen ist es, sich so erfolgreich vor Jungen als Frauen darzustellen. Und es ist eine **Überforderung**, die widersprüchlichen Bilder des Frau-Seins in gekonnte Darstellungen zu übersetzen (Stauber, 1999). Aber die Verwischung der Grenzen dürfte auch manche verwirren und verunsichern bei ihrer Suche nach weiblicher Identität, v. a. wenn sie Weiblichkeit als etwas Festes, klar Gegebenes verstehen.

Jungen (und besonders die Medienbilder von Jungen) geben sich noch wenig erfasst vom Unschärferwerden der Geschlechtergrenzen. Sie dürften eher verunsichert sein, aber ihre Angst darf niemand sehen, sonst verlieren sie ihre Männlichkeit. **Männer** haben nach meiner Beobachtung häufiger bzw. **mehr Angst vor dem Verlust klarer Geschlechts-Grenzen** als Frauen. Da mag Angst vor dem Verlust der Privilegien „hegemonialer Männlichkeit" (Dominanz/Überlegenheit gegenüber Frauen und auch anderen Männern) mitspielen. Aber es hat sicher auch mit den scharfen Abgrenzungen von Weiblichkeit, der Abspaltung von „Weiblichem" und Kindlichem zu tun, auf denen männliche Geschlechtsidentität meist beruht: Wenn die Grenze zwischen männlich und weiblich unscharf wird, wie ich hier dargelegt habe, und wenn Frauen den Anspruch auf Gleichheit als Subjekte erheben, dann droht das Verworfene und Abgespaltene wiederzukehren. Das wiederum bedroht unsichere, auf Negation und Abspaltung gegründete (fragile) männliche Identität. Angst und Abwehr sind die Folge.

Die sog. „Männerliteratur" zeigt, dass der Anspruch von Frauen, gleiche Subjekte zu sein, massive Ängste bei Männern auslöst. Offenbar ist das Ganz-anders-Sein notwendig, die Grenze zum Weiblich-Mütterlichen, um die Zugehörigkeit zur Kategorie Mann mit eingebautem Überlegenheitsanspruch zu sichern. Wie Meuser (1998) feststellte, bestätigen sich Männer in männerbündischen Gruppen vom Stammtisch bis zur Männer-WG dauernd in Abgrenzung von Frauen, und mit der Zeit tun das meist auch die Männergruppen, die ausgezogen waren, ihr Mannsein bzw. ihr Männerbild infrage zu stellen.

Insofern ist es für Therapie angesagt, Jungen sehr **vorsichtig** an Konflikte, Probleme, Ängste heranzuführen. Am ehesten können das wahrscheinlich männliche Bezugspersonen (SOS Dialog, 1998), z.B. auch Therapeuten. Aber vielleicht gibt es doch auch hier und da ein Medienbeispiel?

Wie ich anderswo (Bilden, 1998) dargelegt habe, ist es wichtig, zwischen den verschiedenen Selbst-Entwürfen (oder Selbst-Anteilen: Wünschen, Bedürfnissen ...) Kommunikation herzustellen, Regeln fürs Verhandeln einzuführen und zu üben: respektvolle Kommunikation, welche das gleiche Existenz- und Äußerungsrecht der verschiedenen Selbst-Anteile anerkennt. Mehrere Therapierichtungen haben Formen dafür entwickelt: Die Gestalttherapie ausgehend von der Kommunikation von top dog und under dog, im NLP ist die Anleitung von Kommunikation zwischen Selbst-Anteilen u.a.m. Therapeutische Fantasie kann weitere Formen erfinden. Immer geht es um die Integration oder das anerkannte kooperative Nebeneinander der inneren Widersprüche und Konflikte, die so oft Abkömmlinge von Widersprüchen in der sozialen Realität sind.

9. An den Möglichkeiten zur Übertragung in die Lebenswelt der Jugendlichen arbeiten

Die Jugendlichen leben im Alltag in unterschiedlich toleranten Umwelten, was Geschlecht(srollen) anbetrifft. Daher ist es wichtig, mit ihnen jeweils darüber zu reden, **was wo geht, was nicht, was vielleicht**. Die Mädchen und Jungen können vorsichtig die Grenzen bei ihren Eltern, Gleichaltrigen, LehrerInnen austesten. Sie können mit therapeutischer Unterstützung **nach Ausdrucksmöglichkeiten für ihre Wünsche, Bedürfnisse, Potenziale suchen**, die noch akzeptiert werden. Sie können nach **sozialen Ressourcen für die Realisierung ihrer Wünsche suchen**: andere FreundInnen, evtl. auch andere Szenen suchen, die mehr Überschreitung von Geschlechtergrenzen akzeptieren – zumindest in Städten gibt es solche Szenen. Jungen können nach **männlichen Identifikationspersonen und Unterstützern** suchen, die z.B. weniger rigide Männlichkeit praktizieren und fördern, vielleicht auch über Internet, wenn es keine in ihrer Nähe gibt.

10. Blick auf Jugendliche unterschiedlicher Kulturen und Subkulturen erfordert Wissen, und viel Zuhören und Differenzieren

Für TherapeutInnen ist es wichtig, **Vorstellungen von den unterschiedlichen Milieus** (Stadt-Land, Arbeiter-Kleinbürger-Mittelschicht), aus denen die Familien der Jugendlichen kommen, zu entwickeln, aber auch Vorstellungen von den Jugendszenen, die ihre Bezugsgruppen sind. Besonders gilt das für KlientInnen mit anderem kulturellem und religiösem Hintergrund als wir gewohnt sind, wie z.B. türkische Jugendliche. Aber selbst für türkische Mädchen ist es problematisch, von der bekannten Kulturkonflikt-These auszugehen, wie Otyakmaz (1999) zeigt: Einmal ist die türkische Kultur genauso wenig einheitlich traditionell und Frauen unterdrückend wie die deutsche Kultur einheitlich liberal und emanzipatorisch ist. Zum anderen reagieren die Mädchen auf den Konflikt zwischen eigenen Wünschen und Normsetzungen der Eltern mit verschiedenen Strategien: 1. Verhandeln, Streiten, Durchsetzen, manches heimlich tun; 2. Entwicklung eines 2-Welten-Modells (nach dem Schema: Kopftuch für die türkische Familie, Minirock in der deutschen Welt); 3. Annehmen, dass die elterlichen Normen aus religiösen Gründen fix sind, und daher sich ihnen unterwerfen. Also gilt es, den Blick auf jugendliche MigrantInnen, v.a. türkische u.a. islamische und ganz besonders Mädchen, nicht durch die Brille des Kulturkonflikts zu standardisieren! Da nützt **Lesen**, v.a. aber **den Jugendlichen Zuhören**. Und ein Blick auf die jugendliche Popkultur kann auch nicht schaden (vgl. etwa Baldauf & Weingartner, 1998).

11. Wie weit können die TherapeutInnen selbst die Grenzen von Geschlechterkonzepte überschreiten?

Die eigene Auseinandersetzung mit dem Ende der Eindeutigkeiten von Geschlecht ist die Voraussetzung für den therapeutischen Umgang mit dem Thema. Wie weit können TherapeutInnen bei sich und bei anderen Wünsche, welche die Geschlechterdifferenz überschreiten, wahrnehmen und akzeptieren? Wie weit können sie homosexuelles Begehren bei sich und bei den Kindern und Jugendlichen annehmen?

Könnte nicht **Leichtigkeit, Lockerheit, Spiel, Witz** des Darstellens und Überschreitens von Geschlecht weiterbringen? Denn **der beste Übergangsraum ist das Spiel**, wie der Kinderanalytiker Winnicott (1973, S. 66) sagt: „Gerade im Spielen und nur im Spielen können das Kind und der Erwachsene sich kreativ entfalten und ihre ganze Persönlichkeit einsetzen, und nur in der kreativen Entfaltung kann das Individuum sich selbst entdecken". Vielleicht hilft uns öfters ein Quentchen Spielerisches, das Frau- oder Mann-Sein etwas weniger ernst zu nehmen, oder gar etwas Humor, mit den Widersprüchen umzugehen? Das hieße: **Weiblich- und Männlich-Sein als Spiel, als Spiel mit Darstellungen zu begreifen, zu dem frau/mann Distanz haben kann, Frau-Sein oder Mann-Sein nicht immer so ernst zu nehmen**: Dann ist es möglich, Spaß daran zu haben, aber auch andere Versionen von Mann-Sein auszuprobieren und auch einmal in eine weibliche Rolle zu schlüpfen – und die Erfahrungen damit zu reflektieren.

Es geht nicht darum, zum Zwitter zu werden! Die Therapeutin, das Mädchen bleibt eine Frau, aber sie beschränkt sich nicht auf kulturelle vorgegebene „Weiblichkeit". Der Therapeut und der Junge bleiben Mann, doch sie beschränken ihre Persönlichkeit, ihr Verhaltensspektrum nicht auf die kulturelle Bestimmung von „Männlichkeit". (Es ist nützlich „Mann", die Person, von „Männlichkeit" als dem kulturellen Bild, zu unterscheiden.) Und vielleicht ist es möglich, einen akzeptierenden Blick auf die Lesben und Schwulen, auf die Transvestiten und Transgender-Personen zu werfen, auf die GrenzüberschreiterInnen, die Intersex-Personen – oder macht das zu viel Angst?

Als Einzelne/r Geschlechter(rollen)-Grenzen zu überschreiten heißt nicht, selbst keine Grenzen mehr zu haben, sondern freier von Beschränkungen zu werden, die eigenen Lebenswünsche nicht vermeintlichen Geschlechterrollen-Diktaten zu unterwerfen – so weit, wie die Person sich jetzt traut, auch im Hinblick auf ihre konkrete Umwelt.

Allerdings: Der Geschlechtsidentität mehr Spielraum zu lassen, macht das Leben, aber auch die therapeutische Arbeit vielfältiger und verwirrender ...

Literatur:
Baldauf, A. & Weingartner, K. (Hrsg.) (1999). *Lips. Tits. Hits. Power. Popkultur und Feminismus.* Wien, Bozen: Folio.
Bassin, D. (o.J.). *Toward the Reconciliation of the Masculine and Feminine in the genital Stage.* Unveröff. (zit. bei Dimen, 1995).
Baur, J. (1988). Über die geschlechtsspezifische Sozialisation des Körpers. *Zeitschrift für Sozialisationsforschung und Erziehungssoziologie, 46,* 3-17.
Baur, J. & Miethling, W.D. (1991). Die Körperkarriere im Lebenslauf. Zur Entwicklung des Körperverhältnisses im Jugendalter. *Zeitschrift für Sozialisationsforschung und Erziehungssoziologie, 11,* 165-188.
Benjamin, J. (1990). *Die Fesseln der Liebe.* Frankfurt/M.: Stroemfeld/Roter Stern.
Benjamin, J. (Hrsg.) (1995). *Unbestimmte Grenzen. Beiträge zur Psychoanalyse der Geschlechter.* Frankfurt/M.: Fischer Taschenbuch Verlag.
Bilden, H. (1997). Das Individuum – ein dynamisches System vielfältiger Teil-Selbste. Zur Pluralität in Individuum und Gesellschaft. In: H. Keupp & R. Höfer (Hrsg.), *Identitätsarbeit heute* (S. 227-250). Frankfurt/M.: Suhrkamp.
Bilden, H. (1998). Jenseits des Identitätsdenkens. Psychologische Konzepte zum Verständnis „postmoderner" Subjektivitäten. *Verhaltenstherapie und psychosoziale Praxis, 30, 1,* 5-31.
Böhnisch, L. & Winter, R. (1999). *Männliche Sozialisation.* Weinheim: Juventa.
Connell, R.W. (1999). *Der gemachte Mann.* Reinbek: Rowohlt.
Dimen, M. (1995). Dekonstruktion von Differenz: Geschlechtsidentität, Spaltung und Übergangsraum. In: J. Benjamin (Hrsg.), *Unbestimmte Grenzen. Beiträge zur Psychoanalyse der Geschlechter* (S. 244-268). Frankfurt/M.: Fischer Taschenbuch Verlag.
Fausto-Sterling, A. (1999). *Sexing the Body: Gender Politics and the Construction of Sexuality.* New York: Basic Books.
Garfinkel, H. (1967). *Studies in Ethnomethodology.* Englewood Cliffs.
Havighurst, R.J. (1972). *Development task and education* (3. rd. ed.). N.Y.: McKay.
Helfferich, C. (1994). *Jugend, Körper und Geschlecht. Die Suche nach sexueller Identität.* Opladen: Leske & Budrich.
Horstkemper, M. (1987). *Schule, Geschlecht und Selbstvertrauen.* München, Weinheim: Juventa.
Horstkemper, M. & Zimmermann, P. (Hrsg.) (1998). *Zwischen Dramatisierung und Individualisierung. Geschlechtstypische Sozialisation im Kindesalter.* Opladen: Leske & Budrich.
Katz, P.A. (1996). Raising feminists. *Psychology of Women Quarterly 20, 3,* 323-340.
Kessler, S.J. & McKenna, W. (eds.) (1978). *Gender. An Ethnomethodological Approach.* New York.
Kersten, J. (1997). Feindbildkonstruktionen, Konfrontation und Konflikt als Darstellung sozialer Geschlechtszugehörigkeit. *Widersprüche Heft 5556/57,* 103-118.
Kolip, P. (1997). *Geschlecht und Gesundheit im Jugendalter. Die Konstruktion von Geschlechtlichkeit über somatische Kulturen.* Opladen: Leske & Budrich.
Krüger, H.-H. & Kötters, C. (1999). Vom Risiko, ein Mädchen zu sein. In: G. Opp, M. Fingerle & A. Freytag (Hrsg.), *Was Kinder stärkt. Erziehung zwischen Risiko und Resilienz* (S. 287-295). München, Basel: Ernst Reinhardt.
Meuser, M. (1998). *Geschlecht und Männlichkeit.* Opladen: Leske & Budrich.
Mühlen Achs, G. (1998). *Geschlecht bewußt gemacht.* München: Frauenoffensive.
Opp, G., Fingerle, M. & Freytag, A. (Hrsg.) (1999). *Was Kinder stärkt. Erziehung zwischen Risiko und Resilienz.* München, Basel: Ernst Reinhardt.
Otyakmaz, B.Ö. (1999). „Und die denken dann von vornherein, das läuft irgendwie ganz anders ab". Selbst- und Fremdbilder junger Migrantinnen türkischer Herkunft. *Beiträge zur feministischen Theorie und Praxis Nr. 51 (Heft: Mädchen zwischen patriarchalen Zuschreibungen und feministischen Ansprüchen),* 79-92.
Rabe-Kleberg, U. (1999). Vom Risiko, ein Junge zu sein – oder: „Männer werden als Kind schon auf Mann geeicht". In: G. Opp, M. Fingerle & A. Freytag (Hrsg.), *Was Kinder stärkt. Erziehung zwischen Risiko und Resilienz* (S. 279-280). München, Basel: Ernst Reinhardt.
Schein, G. & Strasser, S. (Hrsg.) (1997). *Intersexions. Feministische Anthropologie zu Geschlecht, Kultur und Sexualität.* Wien: Milena.
Stauber, B. (1999). Starke Mädchen – kein Problem? *Beiträge zur feministischen Theorie und Praxis Nr. 51,* 53-64.
SOS Dialog (1998). *Fachmagazin des SOS Kinderdorf e.V. 1998 (Heftthema Jungenarbeit).*
Stoller, R.G. (1968). *Sex and Gender. On the Development of Masculinity and Feminity.* New York: Science House.
West, C. & Zimmerman, D. (1987). Doing Gender. *Gender & Society Vol. 1,* 125-151.
Winnicott, D.W. (1973). *Vom Spiel zur Kreativität.* Stuttgart: Klett-Cotta.
Winter, R. (Hrsg.) (1993). *Stehversuche. Sexuelle Jungensozialisation und männliche Lebensbewältigung durch Sexualität.* Tübingen: Neuling Verlag.

Sinngebung in der Migration:
Jugendliche Winner und Loser aus der türkeistämmigen Minorität[1]

Renate Schepker

Vor dem Einstieg in einen Workshop zum Thema Identität Jugendlicher sollten wir uns hinsichtlich unserer eigenen Haltung fragen: Haben Jugendliche aus Zuwandererfamilien es schwerer, leichter oder gleich schwer bzw. leicht mit ihrer Identitätsbildung im Vergleich zu einheimischen Jugendlichen?

Die Haltungen der Workshop-Teilnehmerinnen (denen an dieser Stelle für die engagierte Mitarbeit herzlich gedankt sei) waren zu Beginn nach einem „Blitzlicht"-Brainstorming wie folgt verteilt: 58% waren für eine erschwerte Identitätsbildung, nur 8% für eine leichtere und 33% für eine gleich schwierige.

Für jede der 3 Positionen gibt es gute Argumente, die unter A, B und C diskutiert werden.

These A: Jugendliche aus Zuwandererfamilien haben es schwerer mit ihrer Identitätsbildung.

A 1. Kulturkonflikte auch innerhalb der Familie bedingen eine notwendige „Identitätsdiffusion", das betrifft insbesondere auch Frauenbilder und -rollen.

A 2. Die „Modernitätskluft" zwischen Eltern und Jugendlichen in Zuwandererfamilien ist schwerer zu überwinden.

A 3. Zuwandererfamilien behindern die Individualisierung Jugendlicher und damit die Identitätsbildung.

A 4. Fremdenfeindlichkeit und die Identifikation mit zugeschriebenen „negativen Identitäten" der Majorität behindern die Identitätsbildung.

A 5. Identität mit positiven Zukunftsoptionen (Ich mache was aus mir) steht Zuwandererkindern nicht gleichermaßen offen: 30% Schulabgänger o.A., „Unterschichtung", Chancenungleichheit bei Lehrstellensuche etc. erschweren die Identitätsbildung.

A 6. Biografische Belastungen (Flüchtlingsschicksal, Traumatisierung) führen zur Verleugnung/Dissoziation von Teilen der kulturellen Identität.

A 7. Es existieren auch kulturell transportierte dysfunktionale Identitäten (z.B. Jugendbanden, fundamentalistisch-aggressive Gruppierungen).

Um die „Majoritätsmeinung" etwas zu erschüttern, werden im Folgenden überwiegend Gegenthesen diskutiert.

Das Argument *A1* war zentral in vielen an klinischen Populationen erhobenen Veröffentlichungen der 80er Jahre (z.B. Kohte-Meyer, 1993; Zimmermann, 1995). Es lässt sich jedoch nicht zwanglos generalisieren, zumal der Begriff der „Identitätsdiffusion" bei Erikson nicht direkt mit Psychopathologie zu ver-

---
[1] Titel nach der gleichnamigen Veröffentlichung in Kiesel et al. (1998), siehe Literaturverzeichnis.

knüpfen ist, sondern eine normale Durchgangsphase in der Pubertät darstellt (Erikson, 1963). Zum Mädchenbild siehe die kritische Stellungnahme von Schepker und Eberding (1996). Auch hier kann es in einzelnen Familien zu konflikthaften Verläufen hinsichtlich der erwarteten Mädchen- und Frauenrollen kommen, jedoch handelt es sich dabei nicht zwangsläufig um Kulturkonflikte.

Das Argument A 2 unterstellt eine euro-amerikanische Okkupation der „Modernität" als eines einzigen Weges zur adoleszenten Identitätsbildung und ist damit ethnozentristisch – gibt es keine anderen möglichen Wege?

A 3 ist zutreffend dahingehend, dass eine Autonomieentwicklung Jugendlicher im Sinne von Loslösung in aus der Türkei stammenden Zuwandererfamilien kein Entwicklungsziel sein muss. Die erschwerte Identitätsbildung lässt sich jedoch nur belegen, wenn man unterstellt, dass eine Identitätsbildung in kollektivistischen Kulturen weniger vollständig sei.

A 4 ließe sich mit der Labeling-Theorie und dem Identitätsbegriff Eriksons begründen, auch mit den Ergebnissen von Freitag (2000), dass Jugendliche in einer Population aus Abiturienten sich stärker symptombelastet (und damit indirekt auch identitätsunsicher) gaben, wenn sie gleichzeitig von Diskriminierungserfahrungen berichteten. Die Labeling-Theorie als solche ist für Jugendliche durchaus auch kritisch zu sehen, da sie deterministisch ausgerichtet sei und Individuelles vernachlässige (Wellford, 1992) und empirisch an dissozialen Jugendlichen nicht belegbar sei (Thomas & Bishop, 1984).

A 5 ist zutreffend, sofern die quantitative Betroffenheit von Zuwandererfamilien von geringerer sozialer Partizipation gemeint ist (Speck-Hamdan, 1999). Jedoch ist dies kein Problem der Ethnizität, sondern ein soziales Problem und beinhaltet Faktoren, die für einheimische Jugendliche genauso zutreffen.

A 6 ist zutreffend insofern, als Traumatisierungen und belastende Lebensereignisse für die Betroffenen ein Entwicklungsrisiko darstellen können. Sicherlich können einheimische Jugendliche faktisch von politischer Verfolgung der Familie und einer evtl. damit verbundenen Verleugnung der eigenen, u.a. kulturellen Identität nicht betroffen sein.

A 7 entbehrt des Beweises, dass einheimische Jugendliche weniger von vorfindlichen negativen Vorbildern betroffen seien – siehe hierzu die Einordnung des Identifikationsangebotes der deutschen Skinhead-Szene (Streeck-Fischer, 1996).

These B: Jugendliche aus Zuwandererfamilien haben es leichter mit ihrer Identitätsbildung im Vergleich zu einheimischen Jugendlichen.

B 1. Erlebte Kulturdifferenzen sind ein Entwicklungsvorteil (siehe „Auslandsjahr" von Mittelschichtjugendlichen).

B 2. Die Fähigkeit des Code-Switchings ist ein Wettbewerbsvorteil unter Globalisierungsbedingungen.

B 3. Das Aufgehobensein in kollektivistischen Kulturen mit Familienbindung verleiht positive Identität ohne „Individualisierungszumutungen".

B 4. Es gibt in ethnisch homogenen Stadtvierteln und Großfamilienstrukturen weniger Sozialwaisen und Bindungslosigkeit – „Kultur der Bezogenheit" ist ein Vorteil.

B 5. Jugendliche aus Zuwandererfamilien haben durch Vermittlertätigkeiten einen Entwicklungsvorsprung (mehr Erwachsenenwelt-Kontakte).

B 6. Jugendliche aus Zuwandererfamilien üben seit der Schulzeit, sich gegenüber anderen zu definieren und bilden (ethnische) Identitäten ggfs. stabiler aus.

B 7. Jugendliche aus Zuwandererfamilien sind zwangsweise größerer Komplexität unterworfen und lernen beizeiten, sich zu entscheiden, sich zu positionieren und in unserer „heißen Kultur" kreativ psychisch zu überleben.

B 8. Die positivere Leistungsorientierung in Zuwandererfamilien eröffnet bessere Zugänge zu selbstwertstabilisierenden Erfolgserlebnissen.

B 9. Ambiguitätstoleranz wird mehr geübt.

B 10. Es existieren eine größere Bandbreite (weiblicher) Rollen und mehr „Nischen" für unterschiedlichste Identitäten.

Analog zum Vorgehen bei A. wird im Folgenden entgegen der Majoritätsmeinung der Arbeitsgruppe zu Beginn mehr für die B-Thesen argumentiert.

Sehr viel Unterstützung erfahren die Thesen B 1., 2., 3., 7., 9. , 10. durch die Ausführungen von Keupp über den Menschen der Postmoderne (in diesem Band). So sind Jugendliche aus Zuwandererfamilien gut für die Pluralisierung von Lebensformen und die Zunahme von Ambiguität gerüstet und verfügen durch die noch weiterbestehende „Kultur der Bezogenheit" über mehr protektive Faktoren. Hier ist es bedeutsam, sich die Entwicklungsvorteile einer Kultur mit einerseits evtl. rigideren kollektivistischen Familienstrukturen, andererseits mehr Entwicklungsmöglichkeiten in Subsystemen vor Augen zu führen (Kagitcibasi, 1996; Fisek & Schepker, 1997).

These B 7 erfährt breite Unterstützung durch Erdheim (1995), für den es kein „Ende der Adoleszenz" gibt aufgrund der Entwicklungsanforderungen unserer schnellen Veränderungen unterworfenen Gesellschaft – es sei denn im Rahmen eigener Elternschaft. Eine positive Sichtweise der Bereicherung von Entwicklung durch kulturelle Perspektiverweiterung setzt sich auch im Rahmen der interkulturellen Pädagogik zunehmend durch (vgl. Hamburger, 1997).

Für einen hilfreichen Beitrag einer ethnischen Identität Jugendlicher zur Identitätsbildung im Sinne der These B 6 im Verbund mit der These B 8 sprechen empirische Befunde aus den USA (Phillips Smith u.a., 1999). Erfolgreiche Jugendliche türkischer Herkunft zeigen nach unseren Befunden eine relativ höhere Leistungsmotivation als einheimische (Schepker, 1995); unrealistische Erwartungen der Eltern scheinen demgegenüber abzunehmen.

Für die These B 2 sprechen nicht zuletzt auch eigene Erfahrungen der Arbeitsgruppenteilnehmerinnen mit „erfolgreichen" zugewanderten Jugendlichen: so zeigen sich diese z.B. auf Klassenfahrten ins Ausland kulturell offener, angstfreier und kommunikativ beweglicher als einheimische.

Am Ende der Abwägung aller Argumente A und B stellt sich die berechtigte Frage, ob kulturelle Faktoren bezüglich der Identitätsarbeit den herausgehobenen Stellenwert behalten dürfen, den sie in der Fachdiskussion gelegentlich einnehmen – oder ob soziale Faktoren nicht für das reale Outcome viel mehr Bedeutung haben. Hier wäre wiederum Keupp (in diesem Band) zuzustimmen mit der Betonung der Bedeutung materieller Ressourcen als Voraussetzung für Identitätsarbeit.

Resultiert dann eine Abwägung – vieles spricht für erschwerte Identitätsbildung, vieles ebenso für erleichterte bei zugewanderten Jugendlichen – in einer „neutralisierten Mitte"? Oder gäbe es eine ganz eigene, dritte Möglichkeit? Dieses führt zur These C:

These C: Zugewanderte Jugendliche haben gleich viel Probleme der Identitätsentwicklung wie einheimische

C 1. Da 1/3 der Bewohner d. alten Bundesländer Zuwanderer sind (seit 1945) ist ein Zuwandererstatus normaler Teil der Identität in Deutschland.

C 2. Die Probleme der Identitätsentwicklung sind ubiquitär die gleichen und von familiären und sozialen Faktoren abhängig, am wenigsten von sogenannten kulturellen.

C 3. Das psychosoziale Moratorium gilt für alle Jugendlichen gleich.

C 4. Identifizierung mit Eltern etc. und dem Herkunftskontext läuft transkulturell intrapsychisch gleich ab.

C 5. Das Wählen zwischen verschiedenen Identitätsformen wird innerhalb der Kulturen breit unterschiedlicher gehandhabt als zwischen den Kulturen.

C 6. Jeder kann deutsch lernen (Sprache, Kultur, Beruf), wenn man ihn nur lässt.

C 7. Die „Unkultur" der Postmoderne trifft alle.

Das Argument *C 1.* ist erstaunlicherweise wenig bekannt, und die inhaltliche Bedeutung eines „deutsch Seins" schien für Arbeitsgruppenteilnehmerinnen schwer fassbar (nicht nur für diese). Bedeutet das, dass wir mit Erdheim (1993) Fremdenrepräsentanzen zur Stabilisierung unserer eigenen Identität und zum Ablenken von Konflikten innerhalb der eigenen Kultur benötigen?

C 2 und *C 3* sowie *C 4* finden theoretisch Unterstützung bei Erikson (1989), der bei Vorhandensein einer gesellschaftlich akzeptierten Jugendphase diese als „psychosoziales Moratorium" (zum geduldeten Ausprobieren verschiedener Rollen ohne Gefahr von Sanktionierung wie bei Erwachsenen) prinzipiell für alle Jugendlichen postuliert. Kulturelle Faktoren treten hinter die Bedeutung jugendlicher Subkulturen und gesellschaftlicher Voraussetzungen für den Ablauf des „psychosozialen Moratoriums" relativ zurück. Allerdings bestehen in Zuwandererfamilien aufgrund einer häufig anderen innerfamiliären Rollenaufteilung im Vergleich mit einheimischen Familien nicht zwanglos die gleichen Voraussetzungen und Freiräume, da gelegentlich andere Erwartungen an Verantwortungsübernahme bestehen (s.u.), sodass eine gänzlich „kulturrelativistische" Betrachtung von Identitätsentwicklung ihre Schwächen hat.

Für die kulturrelativistische These *C 4* gibt es noch keine empirischen Belege. Die modernere entwicklungspsychologische Literatur hierzulande hat sich mit dem Problem der Identitätsbildung unter dem Gesichtspunkt der ethnischen Zugehörigkeit wenig beschäftigt, hilfreich sind hier z.B. zusammenfassende Veröffentlichungen wie Canino und Spurlock (1994).

These *C 5* hat im Sinne des Stellenwertes von Kultur im diagnostisch-therapeutischen Prozess als „Beta-Bias" einige Unterstützung erfahren. So muss ein klinisch tätiger Psychotherapeut sich entscheiden, ob er zwischen einem „Alpha-bias" (andere Kulturzugehörigkeit als prinzipiell unverstehbar) oder einem Beta-Bias (andere Kulturzugehörigkeit als relativ gegenüber der gesamten Menschheit unter Berücksichtigung der Diversität von Habitus- und Identitätsformen) wählt (Fisek & Schepker, 1997).

Am Ende der Diskussion bleiben individualisierende Betrachtungsweisen: die historisch, biografisch und gesellschaftlich je individuellen Faktoren zu berücksichtigen ist unsere Aufgabe als Psychotherapeuten, und dabei ist eine Haltung des Freiseins von Vorurteilen in jeglicher Richtung hilfreich. Die „kulturelle Identität eines Individuums" ist keinesfalls mit der Bestimmung von Nationalität oder Ethnizität definiert.

Erst mit dieser Grundvoraussetzung ist es möglich, sich den möglichen qualitativ erfassbaren, real vorfindlichen Identitätsformen zugewanderter Jugendlicher zuzuwenden.

Im Folgenden werden Ergebnisse einer Untersuchung an 77 türkeistämmigen Familien (Schepker et al., 1998) geschildert, die mit ihren 161 Kindern freiwillig an einem mehrstündigen Familieninterview hinsichtlich der Umgangsweisen mit Problemen adoleszenter Kinder teilnahmen, in freier Sprachwahl und per Hausbesuch. Sie waren für die türkeistämmige Bevölkerung des Ruhrgebiets hinsichtlich verfügbarer soziodemografischer Daten typisch. Die hier dargestellten „Identitätsformen" sind aus einer qualitativen Analyse von narrativen Beschreibungen und Tonbandtranskripten als „Typisierung" entstanden.

Die theoretische Grundannahme für die Berechtigung einer Typisierung von Identitätsformen war, dass es für die Identität auf der bewussten und Handlungsebene Vorbilder gebe, z.T. in Form mehr oder weniger idealisierter Introjekte. Der konkrete historische Kontext lässt dabei keine unendliche Vielfalt zu. Wir bezeichnen die konkrete Ausgestaltung als „Identitätsform". Im konkreten Erfahrungsbereich und dem gesellschaftlichen Umfeld einerseits und auf dem Hintergrund der Erfahrungen in der Herkunftsfamilie andererseits stehen für Jugendliche verschiedene mögliche Identitätsformen zur Verfügung. Die jeweiligen Identitätsformen sind nicht jedermann zugänglich, aus konkret-historischen, sozial-ökonomischen, genetischen und sonstigen Gründen, wohingegen andererseits manche Menschen eine Art individuell historisches Potenzial mitbringen, mit dessen Hilfe sie eine konkrete Identitätsform adaptieren können.

Es werden hier nur diejenigen Identitätsformen dargestellt, denen die Migration ein typisches Gepräge gibt, d.h. Formen, die autochthonen Jugendlichen nicht ohne weiteres zugänglich sind. Es gibt Typen wie die kosmopolitisch orientierten mit der Option, in ein weiteres Land zu migrieren, oder Jugendliche mit voller Assimilation, deutschem Habitus und deutscher Peergruppe, teilweise unter Verlust der Muttersprache. Diese fanden sich in kleiner Zahl in unserer Untersuchungsgruppe auch. Geschwister können in den einzelnen Familien jeweils noch eine unterschiedliche Palette möglicher Identitätsformen darstellten.

Die Abla (türkisch für „Große Schwester") – die verantwortliche, eine traditionelle Rolle lebende älteste Schwester. Sie sorgt für Haushalt und Geschwister und erhält ihren Selbstwert auch durch eine relative Aufgabe individueller Möglichkeiten, wie Bildungsoptionen, zugunsten der Stabilität der Familie. Wir trafen Mädchen mit dieser hauptsächlichen Identitätsform z.B. in stabil monokulturellen oder bikulturellen Familien, hier z.B. eine Berufstätigkeit der Mutter ermöglichend.
Der Abi – der verantwortliche älteste oder älteste anwesende Sohn in traditioneller Rollendefinition, der z.B. bei Wegfall des Vaters zum Lebensunterhalt der Familie beiträgt und die Außenvertretungsfunktion übernimmt, um wie selbstverständlich die Mutter zu stützen und für die Geschwister zu sorgen. In typischer traditioneller Fortsetzung dieser Identitätsform wird dieser Sohn ein Mädchen aus dem Heimatdorf

ehelichen, das per Heiratsmigration in seine Herkunftsfamilie zieht, um dort als „gelin" (hinzugekommene Schwiegertochter) der Mutter zur Hand zu gehen. Bei dieser Partnerwahl wird ein gutes Verständnis zwischen Mutter und Ehefrau wichtiger als erotische Anziehung zwischen den jungen Verlobten.

Die habituellen kleinen Brüder und Schwestern – in labiler Stabilität, oft in kohäsiven Familien mit größerer Kinderzahl. Sie sind in der positiven Extremform „sonnig", in sich ruhend und von daher durchaus bikulturell aufgeschlossen. Sie können auf die – eventuell lebenslange – Verwöhnung und Versorgung durch die Familie bauen, sind im Jugendalter wenig leistungsorientiert, abhängig vor allem von den Müttern und vom Weiterbestehen der familiären Kohäsion. In einer *negativen Extremform* sind dies die Kinder, die schon im Kindesalter durch Trennungsangst oder Mutismus – vor allem in der deutschen Sprache – aufgefallen sind und damit eine Entwicklungsbehinderung signalisierten.

Ethnisierende – diese Gruppe Jugendlicher hat die vorfindliche gesellschaftliche Marginalisierung umgedreht in eine Selbstbehauptung – ähnlich wie in der Bewegung „black ist beautiful" leben sie „Türkisch sein" mit starker Betonung kultureller Attribute nach außen (vgl. Karakasoglu-Aydin, 1997). Unter den Mädchen gibt es neuerlich Gruppen, die ihr sorgfältig gebundenes Kopftuch als trotzige Selbstbehauptung in der deutschen Öffentlichkeit tragen und dies als politischen Akt verstehen. Sie stellen die gebildete islamische Frau dar, die sich damit auch von der Herkunftskultur der Eltern, der Müttergeneration mit lässigem oder nicht getragenen Kopftuch abgrenzt.

Hiervon hebt sich ab die Form der *„nicht-westlichen weiblichen Modernität"* (Gümen et al., 1994). Diese Mädchen repräsentieren die Identitätsform der Großstadttürkin: oftmals stark geschminkt, ausgewählt bis elegant gekleidet, gebildet durch viel Fleiß und eine Haltung des Auswendiglernens. Dabei liegen hierzulande traditionell männlich dominierte Berufe durchaus im Spektrum möglicher Berufsziele, etwa Bauingenieurin zu werden, und Berufstätigkeit und Familiengründung werden nicht als widersprüchlich empfunden.

Jugendliche mit einer stabil bikulturellen Identität – „ich bin in zwei Kulturen zuhause" oder, wie Kemal Kurt (1995) es mit einem Seitenblick auf das westliche Entweder-Oder-Paradigma ausdrückte: in einer „Mehrzahl von Heimat". Der Begriff der „bikulturellen Identität" bedeutet mit Hettlage-Vargas (1992) „sich mit Produkten zweier Kulturen zu identifizieren und mit der Identifikation zwischen zwei Kulturen hin und herzupendeln". Hierunter ist zu verstehen, dass Jugendliche sich in deutschen und Herkunftskontexten sicher bewegen und die jeweiligen Umgangsformen souverän beherrschen, als Ausdruck einer Fähigkeit zum „Code-Switching". Viele dieser Jugendlichen beherrschen beide Sprachen souverän einschließlich der damit verbundenen Denkstrukturen und einschließlich der gestischen und präverbalen Kommunikationsformen. Viele nehmen gegenüber ihren Eltern eine kulturelle Vermittlerrolle ein. Wesentlich ist hier, dass eine Offenheit der Familie insoweit besteht, dass die Kinder im Geschwister-Subsystem bikulturelle Erfahrungen machen können – auch in monokulturell orientierten Familien möglich und üblich. Subkulturelle Elemente des Code-Switchings entstehen z.B. durch Wortneuschöpfungen, die aus der deutschen und türkischen Sprache gemischt werden und nur den Eingeweihten, nämlich den bikulturell sicheren, in ihrer Bedeutung zugänglich sind.

Die Sportler haben sich – überwiegend Jungen – durch aktiven Sport neben der Schule und der Familie einen anerkannten dritten Bereich im kulturellen Raum eröffnet. Sofern es monokulturelle Vereine sind, überwiegt eine migrantentypische Ausprägung mit zusätzlich stabilisierender Funktion, dies auch, wenn eine in der Türkei sehr geschätzte Sportart wie Boxen oder Kampfsport betrieben wird. Im gemischtethnischen Sportverein konstellieren sich gesellschaftliche Identitätsformen und Rollenzuschreibungen als

Migrant im kleinen – etwa bei Mannschaftsaufstellungen mit einer Begrenzung der möglichen Zahl von „Ausländern". Für alle Sportler gilt, dass diese Jugendlichen sich durch sportliches Können ein Identitätsmerkmal jenseits von Ethnizität und beruflicher Chancengleichheit oder -Ungleichheit schaffen, wobei ihnen das kulturell vermittelte Gemeinschaftsdenken im Mannschaftssport Vorteile sichert.

Die kreativ-integrierenden haben den dritten Bereich in den künstlerischen Raum verlegt. Sie sind die eigentlichen „Gewinner" der Migration durch den sehr deutlichen Zuwachs an Entwicklungsmöglichkeiten und kreative Neuorientierungen. Hier gibt es an prominenten Vorbildern die Saz-Rocker, die Hip-Hopper mit Elementen türkischer Musik oder die Rapper mit türkischen Texten (vgl. Karakasoglu-Aydin, 1997).

Die modern-erfolgreichen mit konkreter Remigrationsplanung haben sich die Türkei-Option erhalten, d.h. die Möglichkeit, sich zu einem selbstbestimmten Zeitpunkt für ein, vielleicht vorübergehendes, Leben in der Türkei entscheiden zu können. Nicht ein imaginäres Land, sondern eine konkrete, von einigen Remigranten in der Verwandtschaft vielleicht erfolgreich gelebte Utopie wird angestrebt.

Neben den eher erfolgreichen sind auch problematische Identitätsformen beschreibbar. Diese sind an Zahl deutlich geringer als die erfolgreichen, möglicherweise weil die Abgrenzung zu psychopathologisch erklärbaren Zustandsbildern ohne kulturtypische Färbung für uns schwierig war und sich klinisch definierbare Kategorien unserer Forschergruppe zu sehr aufdrängten.

Aggressive Ethnisierer, eine Abwehrform in Form von Bandenmitgliedschaft, etwa wie ethnographisch von Tertilt (1996) in Form der „Turkish power boys" beschrieben. Kulturelle Marginalisierungserfahrungen werden von diesen Jugendlichen, wie in lebendiger Bestätigung der Anomietheorie, ideologisiert in eine Berechtigung für dissoziales Handeln umgekehrt. Die ethnische Zugehörigkeit wird im Sinne einer Gruppendefinition verstanden (Turkish power boys).

Die Wurzellosen – die designierten Verlierer der Migration. Bikulturell unverbunden und oft doppelt halbsprachig oder auch dreifachsprachig, kommen diese Kinder aus sehr belasteten Elternhäusern mit wenig Hilfestellung und haben oft unvorbereitete Hin- und Rückmigrationen zu willkürlichen Zeitpunkten hinter sich, mit unverarbeiteter Trauer nach Trennung von Ersatzbezugspersonen. Hier pfropft sich eine problematische Migrationsgeschichte auf Defizite an familiären Ressourcen gleichsam auf, und die Situation der Kinder hängt von der Güte neuer Außenkontakte ab. Bei einer familiär oft anzutreffenden unstrukturierten Verwöhnungshaltung und oft gleichzeitigen Verwahrlosung besteht eine hohe Gefährdung hinsichtlich Drogenkonsums oder Dissozialität als Ersatzbefriedigung oder einer „negativen Identität". Diese Jugendlichen können gerade nicht zwischen verschiedenen Erziehungsstilen (zuhause in der Türkei, zuhause in Deutschland, Schule, helfende Institutionen) pendeln unter Erhalt einer Kontinuität im Bewusstsein eines „Switchens", sondern sie leben das nächstliegende Bedürfnis.

Mutanten: sie springen zwischen ihren Identitätsformen ohne jegliche Brücke radikal. Solche Jugendliche zeigen *nur* im deutschen Umfeld eine Störung des Sozialverhaltens mit dissozialen Symptomen. Streeck-Fischer (1996) hat den Begriff „Mutanten-Mentalität" anhand von deutschen Skins entwickelt und meint damit Jugendliche, die im familiären, schulischen und kontrollierten sozialen Umfeld eine Schein-Normalität zeigen; auf dem Boden einer labilen Selbst-Struktur bei unmöglich erscheinender stabiler Individualität wird eine gewisse Stabilität jedoch nur durch doppelte oder multiple Lebensführung erreicht, es gebe „Abteilungsidentitäten". Man bemerke: diese Jugendliche erproben nicht nebeneinander her verschiedene Rollen oder beherrschen das Code-Switching, sondern sie leben voneinander abgespalten verschiedene Welten. Dies kann bei deutschen Jugendlichen die verdeckte Welt der Rechtsradikalen neben einem bürgerlichen Zuhause sein; bei Jugendlichen aus Migrantenfamilien fördert die Unzugänglichkeit der jugendlichen Milieus für kontrollierende Väter oder Onkel die Gespaltenheit der Welten.

Das Grundanliegen des Workshops war es, zu verdeutlichen, dass Jugendliche aus Zuwandererfamilien *nicht* die „designierten Verlierer" unserer Gesellschaft sein und nicht automatisch Identitätsprobleme aufweisen müssen. Schilderungen der befragten Jugendlichen selbst sowohl in unserer Studie als auch z.B. bei Atabay (1995) ergeben ein anderes Bild: es bestehen nicht mehr, sondern andere Schwierigkeiten im Vergleich mit einheimischen Jugendlichen. Alles andere könnte einer fälschlich ethnisierenden Betrachtungsweise einheimischer Therapeuten entspringen, die explizit gemacht und im Sinne einer „kulturellen Eigenübertragung" reflektiert gehört.

Literatur:

Atabay, I. (1995). Die Identitätsentwicklung türkischer Migrantenjugendlicher in Deutschland. In: E. Koch, M. Özek & W. Pfeiffer (Hrsg.), *Psychologie und Pathologie der Migration. Deutsch-türkische Perspektiven* (S. 160-168). Freiburg: Lambertus.
Bommes, M. (1992). Individualisierung von Jugend – ausgenommen Migranten-Jugendliche. Migration. *European Journal of International Migration and Ethnic Relations 14*, 61-90.
Canino, I.A., Spurlock, J. (1994). *Culturally diverse children and adolescents. Assessemt, diagnosis and treatment.* New York, London: Guilford.
Erdheim, M. (1993). Das Fremde – Totem und Tabu in der Psychoanalyse. In: U. Streeck (Hrsg.), *Das Fremde in der Psychoanalyse* (S. 167-183). München: J. Pfeiffer.
Erdheim, M. (1995). Gibt es ein Ende der Adoleszenz? Betrachtungen aus ethnopsychoanalytischer Sicht. *Praxis der Kinderpsychologie und Kinderpsychiatrie, 44,* 81-85.
Erikson, E.H. (1989). *Identität und Lebenszyklus. 3 Aufsätze.* Frankfurt: Suhrkamp.
Fisek, G. & Schepker, R. (1997). Kontext-Bewußtheit in der transkulturellen Psychotherapie: Deutsch-türkische Erfahrung. *Familiendynamik, 22,* 396-412.
Freitag, C. (2000). *Sozialstatus und Verhaltensstörungen. Ein Vergleich zwischen Jugendlichen aus deutschen und ausländischen Familien.* Eschborn: D. Klotz.
Gümen, S., Herwatz-Emden, L. & Westphal, M. (1994). Die Vereinbarkeit von Beruf und Familie als weibliches Lebenskonzept: eingewanderte und westliche Frauen im Vergleich. *Zeitschrift für Pädagogik, 40,* 63-81.
Hamburger, F. (1997). Kulturelle Problematik durch komparative Kompetenz. In: I. Gogolin & B. Nauck, *FABER-Konferenz: Folgen der Arbeitsmigration für Bildung und Erziehung. Dokumentation einer Fachtagung vom 20.-22.3.97* (S. 151-163). Eigendruck Universität Chemnitz.
Hettlage-Vargas, A. (1992). Bikulturalität – Privileg oder Belastung? In: E. Kürsat-Ahlers (Hrsg.), *Die multikulturelle Gesellschaft: Der Weg zur Gleichstellung?* Frankfurt: Verlag f. Interkulturelle Kommunikation.
Kagitcibasi, C. (1996). *Family and human development across cultures. A View from the other side.* Mahwah, New Jersey: Lawrence Erlbaum Associates.
Karakasoglu-Aydin, Y. (1997). „Ich bin stolz, ein Türke zu sein." Bedeutung ethnischer Orientierungen für das positive Selbstwertgefühl türkischer Jugendlicher in Deutschland – ein Essay. In: Friedrich-Ebert-Stiftung (Hrsg.), *Identitätsstabilisierend oder konfliktfördernd? Ethnische Orientierungen in Jugendgruppen (Gesprächskreis Arbeit und Soziales Nr. 72).* Bonn-Düsseldorf.
Kohte-Meyer, I. (1993). Ich bin fremd, so wie ich bin. Migrationserleben, Ich-Identität und Neurose. In: U. Streeck (Hrsg.), *Das Fremde in der Psychoanalyse. Erkundungen über das „Andere" in Seele, Körper und Kultur* (S. 119-132). München: J. Pfeiffer.
Kurt, K. (1995). *Was ist die Mehrzahl von Heimat? Bilder eines türkisch-deutschen Doppellebens.* Reinbek: Rowohlt.
Phillips Smith, E., Walker K., Fields, L., Brookins, C.C. & Seay, R.C. (1999). Ethnic identity and it relationship to self-esteem-perceived efficacy and prosocial attitudes in early adolescence. *J. Adolescence, 22,* 867-880.
Schepker, R. (1998). Sinngebung in der Migration: Jugendliche Winner und Loser aus der türkeistämmigen Minorität. In: D. v. Kiesel & H. Lüpke (Hrsg.), *Vom Wahn und vom Sinn. Krankheitskonzepte in der multikulturellen Gesellschaft* (S. 87-101). Frankfurt: Brandes u. Apsel.
Schepker, R. & Eberding, A. (1996). Der Mädchenmythos im Spiegel der pädagogischen Diskussion. Ein empirisch fundierter Diskussionsbeitrag zu Stereotypien über Mädchen türkischer Herkunft. *Zeitschrift für Pädagogik, 42,* 111-126.
Schepker, R. (1995). *Insallah – oder: Packen wir's an? Zu Kontrollüberzeugungen von deutschen und türkischen Schülern im Ruhrgebiet.* Münster, New York: Waxmann.
Schepker, R., Toker, M. & Eberding, A. (1998). Abschlußbericht zur Studie „Familiäre Bewältigungsstrategien" an die Deutsche Forschungsgemeinschaft (sche 374/2-1, 2-2-, 2-3). Essen: Eigendruck.
Speck-Hamdan, A. (1999). Risiko und Resilienz im Leben von Kindern ausländischer Familien. In: Opp, Fingerle & Freytag (Hrsg.), *Was Kinder stärkt. Erziehung zwischen Risiko und Resilienz* (S. 221-228). Reinhardt.
Streeck-Fischer, A. (1996). Über „Mutanten-Mentalität" oder die verschiedenen Leben des jugendlichen Skinhead Bernd. *Psychosozial, 19,* 67-76.
Tertilt, H. (1996). *Turkish power boys. Ethnographie einer Jugendbande.* Franfurt: Fischer.
Thomas, C.W. & Bishop, D.M. (1984). The effect of formal and informal sanctions on delinquency: A longitudinal comparison of labeling and deterrence theories. *J. Criminal Law Criminology, 75,* 1222-1245.
Wellford, C.F. (1992). Delinquency prevention and labeling. In: J.Q. Wilson & G. Loury (eds), *From children to citizens III* (pp. 257-267). New York: Springer.
Zimmermann, E. (1995). Gesundheitliche Lage und psychosoziale Probleme ausländischer Kinder in der Bundesrepublik Deutschland. In: E. Koch, M. Özek & W. Pfeiffer (Hrsg.), *Psychologie und Pathologie der Migration. Deutsch-türkische Perspektiven* (S. 246-256). Freiburg: Lambertus.

Computerspiele machen Kinder froh und Erwachsene ...? – Faszination Computerspiel

Jürgen Sleegers

Der Computer-Boom ist noch nie so groß gewesen, wie heute. Selbst beim Einkauf im Supermarkt kann man mittlerweile neben Brot, Butter und Milch auch den neusten CD-Brenner, Computermonitore oder komplette PC-Systeme kaufen.

Nennt man endlich einen neuen Computer sein Eigen, so wird weiter gespart, denn die neueste Grafikkarte oder ein noch besserer Prozessor sind heute schon die Wünsche von morgen und man möchte ja gerne up-to-date sein und immer die aller neuste Technik besitzen und nutzen.

Neben der allgemeinen Computernutzung als „Werkzeug" für Schule, Büro und Beruf sorgt mittlerweile auch verstärkt der Wunsch, das Internet kennen zu lernen und nutzen zu können für eine größere Verbreitung und Akzeptanz der Computer im privaten Bereich. Die Computerspiele sind jedoch schon seit Beginn der Computerisierung des privaten Bereichs mitverantwortlich zu machen für deren zügiges und scheinbar unaufhaltsames Voranschreiten.

Ob nun als Oberbefehlshaber über virtuelle Streitkräfte, als Einzelkämpfer, der die Welt rettet, als Rennfahrer eines Formel-Eins-Wagens oder als Manager eines Fußballvereins – als Spieler eines Computerspiels kann man mittlerweile fast alle seine Fantasien, in den eigens dafür geschaffenen virtuellen Welten ausleben, man muss eben nur das passende Spiel finden.

Der jährliche Umsatz der Spielesoftware übersteigt allein in Deutschland schon lange die Milliardengrenze (und steigt stetig). Man muss den Atari VC2600, den ZX81 oder den Commodore C64 nicht mehr kennengelernt haben, um heute noch fasziniert und erstaunter zu beobachten, was mittlerweile alles möglich geworden ist. Die Technik ist im Prinzip so benutzerfreundlich geworden, dass man wirklich glauben könnte, man würde alles verstehen und beherrschen. Eine hilflose „Windows-Fehlermeldung" könnte uns von diesem Irrglauben zwar befreien, aber in der Regel ignorieren wir sie wie gewohnt, wie wir es gelernt haben und kommen doch irgendwie weiter. Die Technik-Faszination, die Wahrnehmung dessen, was alles machbar ist und von einem selber genutzt werden kann, endet nicht bei den Anwendungen. Die Möglichkeiten der virtuellen Spielwelten sind schon längst aus den pixeligen Kinderschuhen herausgewachsen und erreichen mit Dolby-Surround und DVD-Technik schon längst Video- und Fernsehqualität.

Struktur und Analyse der Computerspiele – wie(so) funktionieren Computerspiele?

Die folgende Analyse der Computerspiele, die Selektion in die einzelnen Komponenten eines Computerspiels, soll das Entgegenkommen der Computerspiele beschreiben und die Mechanismen und Wirkungsweise der „Computerspiel-Spieler-Interaktion" verdeutlichen.

Fritz (1997, S. 193) beschreibt sieben Grundmuster menschlichen Handelns, welche man bei der Analyse von Computerspielen ausmachen kann. Das Computerspiel bewahrt als Datenspeicher, als eine Art „Gedächtnis menschlicher Erfahrungen" diese Muster in szenisch-symbolischer Form auf. Sie können, so *Fritz*, durch das Spielen wieder zum Leben erwecken.

Bei den Grundmustern handelt es sich um folgende:
1. Kampf,
2. Erledigung,
3. Bereicherung und Verstärkung,
4. Verbreitung,
5. Ziellauf,
6. Prüfung und Bewährung,
7. Ordnung Prüfung.

Struktur und Analyse von Computerspielen

In einem Großteil der Computerspiele steht dem Spieler ein „elektronischer Stellvertreter" zur Verfügung, den er ähnlich einem Puppenspieler, der seine Marionette führt, mittels Tastatur, Maus oder Joystick durch unentdeckte neue Welten stolzieren lassen kann. Fast unsichtbar mit ihm verbunden, erlebt er bzw. erleben sie gemeinsam Abenteuer, meistern Probleme und stellen sich immer neuen Aufgaben.

Sicherlich sollte man hier nicht von einer Beziehung im herkömmlichen Sinne oder einem richtigen Verschmelzen zwischen Spieler und Spielfigur ausgehen, eher von einem in die Computerwelt projizierten Konglomerat der Fähigkeiten des Computerspielers. Schnelle Reaktionen, präzise Bewegungen, geschickte Taktiken und Problemlösungsstrategien – all das entspringt dem Können des (Marionetten-)Spielers. Er erfährt innerhalb des Spiels, was er machen kann und was nicht, was er noch verfeinern und üben muss, damit es eine gelungene Vorstellung gibt. Hier liegt auch schon ein zentraler und wichtiger Punkt verborgen, der die Faszination und Motivation aufseiten des Computerspielers erklären könnte. Der Spieler hat Macht und Kontrolle. Ohne ihn läuft nichts. Er kann etwas bewegen.

Der Spieler weiß und merkt, wie er mit seinem Können und seinen Fähigkeiten den Aufenthalt in der neuen Welt maßgeblich gestalten kann. Auch die Dauer des Aufenthaltes, sein „Bleiberecht" in der virtuellen Welt hängt von seinem Können und Geschick, von seiner Kontrolle ab. In Strategie- oder auch Simulationsspielen, in denen man nicht nur einen „Vertreter" zu Verfügung hat, sondern ganze Truppen, Völker oder Heerscharen lenkt, hält der Spieler einmal alle Fäden in der Hand, er kann allen Untertanen sagen, was sie tun müssen. Hier ist er der Chef, der ganz allein die Macht, aber auch Verantwortung (für den Spielverlauf und Erfolg) hat.

Um die Faszinationskraft, die von Computerspielen ausgeht besser zu verstehen, eignet sich die Betrachtung der strukturellen Gliederung und deren Analyse in vier Funktionskreisläufe, die Fritz (1997, S. 190 f.) wie folgt unterteilt:

1. Pragmatischer Funktionskreis: Sensumotorische Synchronisierung (Erweiterung des Körperschemas auf den „elektronischen Stellvertreter"),
2. Semantischer Funktionskreis: Bedeutungsübertragung (Erfassung der Inhalte und Darstellungen im Spiel),
3. Syntaktischer Funktionskreis: Regelkompetenz (Regeln verstehen und angemessen handeln),
4. Dynamischer Funktionskreis: Selbstbezug (eigenen Bezug zum Spiel herstellen).

Sensumotorische Synchronisierung (pragmatischer Funktionskreis)

Der „pragmatische Funktionskreis", beschreibt die Synchronisierung der Bewegungen des Spielers mit seinem „elektronischen Stellvertreter", der Spielfigur auf dem Bildschirm.

Bei jüngeren oder ungeübten Spielern, lassen sich anfangs oft „sensumotorische Synchronisierungen" derart beobachten, dass der Spieler Bewegungen der Spielfigur mitmacht. Er hüpft oder deutet den Sprung an, wenn die Figur auf dem Bildschirm springt, er richtet sich auf oder schaut um die Ecke, um mehr sehen zu können. Doch um zu erfahren, was sich im Spiel hinter einer Wand verbirgt, ist es natürlich wenig hilfreich, sich seine Monitorseite anzuschauen. Das weiß der Spieler natürlich, aber es dauert oft eine Zeit, bis er diese Automatismen ablegt. Mit zunehmender Gewöhnung an das Spiel kommt es zu einem Abbau dieser mimetischen Körperreaktionen, und der Spieler lernt die auf dem Bildschirm erforderlichen Bewegungsabläufe mithilfe seiner Eingabegeräte zu steuern. Durch diese Erweiterung seines eigenen Körperschemas erfährt der Spieler zunehmend das befriedigende Gefühl, seine „Marionette" ähnlich seinem eigenen Körper beherrschen zu können. In vielen Spielen liegt in der perfekten Synchronisation, in einer reibungslosen Umsetzung von beabsichtigter Bewegung in die Steuerung der Spielfigur mittels der Eingabegeräte, der Schlüssel zum Erfolg.

Neben den Spielen, in denen dem Spieler lediglich eine Spielfigur an die Seite gestellt wird, besteht bei anderen Spielen der „elektronischer Stellvertreter" aus mehreren Figuren, aus ganzen Heerscharen und Völkern kleiner Pixelmännchen. In vielen Denk- oder Strategiespielen scheint der Spieler deshalb etwas außerhalb des eigentlichen Spielfelds und Geschehens zu stehen: Gleich einem Feldherren, der aus der nötigen Distanz das Geschehen betrachtet, lenkt der Spieler seine Anhänger und führt sie in die Schlacht. Doch dessen ungeachtet kann er unmittelbar auf das Geschehen einwirken und wird so bzw. ist schon längst Teil des Ganzen.

Bedeutungsübertragung (semantischer Funktionskreis)

Der „semantische Funktionskreis" dient der Bedeutungsübertragung der Bildschirmelemente in die Erfahrungswelt des Spielers. Dabei wird er von dem Zusammenspiel unterschiedlicher Elemente, angefangen von der Werbung, der Spielbeschreibung über Sound und Animation bis hin zum eigentlichen Spielgeschehen beeinflusst. Die Verwendung bestimmter Elemente und Symbole führt zu Konnotationen auf Seiten des Spielers, die sich auf dem Hintergrund kultureller Normierungen und Erfahrungen, gefestigter Einstellungen und bereits erworbener Handlungsschemata gründen. Diese Zuschreibungen sind auch ein Grund dafür, wieso bestimmte Spiele vom Spieler präferiert oder auch abgelehnt werden.

Auf der semantischen Ebene entfaltet sich die Symbolbedeutung des Computerspiels. Gleich dem Symbolspiel liegt der Reiz in der Möglichkeit der Verwandlung, im Spiel mit Veränderungen. Einem Spielgegenstand kann eine völlig andere Bedeutung zugeschrieben werden; ein Spieler kann in eine andere Haut schlüpfen, eine andere Rolle spielen. So übernimmt beispielsweise die Toilette in dem Spiel *The Day of the Tentacle* die Funktion einer Zeitmaschine, durch die der Spieler Gegenstände von der Vergangenheit in die Gegenwart oder Zukunft „spülen" kann. Als Spieler eines Computerspiels kann man sich unter anderem in einen Superhelden/Superheldin, in einen Comiczeichner, der sich in der Welt seiner Comicfiguren wiederfindet (*Toonstruck*) oder aber auch in die Gestalt einer Kakerlake, die ihr Abenteuer in schmuddeligen Küchenrohren beginnt (*Bad Mojo*), verwandeln.

> „Die Eigenart der virtuellen Welt besteht darin, dass man sich wahrnehmend und handelnd in dieser Welt „wiederfindet", ohne dass man faktisch in ihr vorhanden wäre oder nach den Maßstäben der realen Welt darin handeln könnte" (Fritz, 1997, S. 192).

Die Spielfigur wird neben der vom Spiel selber vorgegebenen Bedeutung auf dieser Ebene durch die Zuschreibungen, die der Spieler ihr auf der Grundlage seines eigenen Wissens, seiner Einstellungen aus der Realität, auf der Basis seiner kulturellen Erfahrungen und moralischen Bewertungen und auf sein Wunsch hin „belebt" und für ihn bedeutsam. Die Erfahrungen dieser neu erlernten „Rolle" kann der Spieler unter Umständen dann in seine „Bibliothek" unterschiedlichster Rollenangebote, die er in der Realität spielt (als Sohn, als Schüler, als Freund etc.) aufnehmen.

Regelkompetenz (syntaktischer Funktionskreis)

Der Spieler kann sich in den Spielen nicht so frei bewegen wie es bisher vielleicht erscheinen mag. Er kann mit seiner „Marionette" nur auf der Bühne spielen, die ihm das Spiel bereitstellt. Die Handlungsmöglichkeiten, die zur Verfügung stehen werden vom Spiel reglementiert und begrenzt. Diese Regeln erschließt sich der Spieler im Rahmen des „syntaktischen Funktionskreises".

Der Slogan eines schwedischen Möbelhauses umschreibt sehr gut die Aufgabe eines Computerspielers, der anfängt, sich mit einem neuen Spiel zu beschäftigen: „Entdecke die Möglichkeiten".

Erst wenn der Spieler einen größeren Fundus an Regeln besitzt und verstanden hat, kann er sinn- und planvoll handeln. Er gelangt in die Lage, seine eigenen Handlungsmöglichkeiten abzuschätzen und Strategien zur Bewältigung gestellter Aufgaben auszubilden. Das immer tiefere Eintauchen in das Spiel und das Verwobensein mit dem Spielgeschehen, ist verbunden mit einer „zunehmenden Komplexität bei der Strukturierung der spielbezogenen Wahrnehmung und der daraus hergeleiteten Spielhandlungen" (ebd., 193).

In einigen Spielen werden dem Spieler die Regeln, neben den Ausführungen im Handbuch und der Spielanleitung in „tutoriellen Leveln" erklärt. Hier wird er langsam in das Spiel eingeführt und meist sehr anschaulich mit grundlegenden Regeln vertraut gemacht. Viele Spiele sind so aufgebaut, dass der Spieler in den einzelnen Leveln immer die Chance hat, diese Regeln und die damit verbundenen Handlungsmöglichkeiten genau kennenzulernen und ihre Wirksamkeit zu überprüfen. „Häppchenweise" werden die Möglichkeiten erweitert, doch dies erst, wenn das Grundprinzip des Spiels bzw. der bis dahin vermittelten Regeln verstanden wurde (so sollte es jedenfalls sein). Auf jedem weiteren, vom Spieler erreichten Level wird das Spiel diffiziler, das Regelgerüst komplexer.

Die erworbene Regelkompetenz kann außerdem den Grad der Identifikation des Spielers mit seiner Spielfigur steigern. Das immer detaillierter werdende Verständnis des Regelgerüstes und das planvolle Reagieren, das erfolgreiche Lösen gestellter Probleme, bewirken somit auch ein gesteigertes Erfolgsempfinden, das Gefühl der Kontrolle und Wirkkraft auf Seiten des Spielers.

Während also auf der semantischen Ebene der Spielfigur durch die Bedeutungsübertragung Leben eingehaucht wird, geschieht dies auf der syntaktischen Ebene durch die Regelkompetenz. Das kognitive System des Spielers, so Fritz (ebd., S. 193), „das es [...] möglich macht, Regeln zu erkennen, auf immer höheren Ebenen zu ordnen und zu verknüpfen, um in einer 'Welt am Draht' handlungsfähig zu werden", führt bei erfolgreicher Bewältigung, wie bereits auf der pragmatischen Ebene, zu einem befriedigenden „Gefühl von Kompetenz und Wirkkraft".

Selbstbezug (dynamischer Funktionskreis)

Die ersten drei beschriebenen Funktionskreise dienen dem Spieler, sich in der „Welt am Draht" zurechtzufinden und sich bzw. seine Spielfigur(en) in den Spielkontext einzubeziehen. Er lernt, die im Spiel verwendete Symbolik zu entschlüsseln und den Figuren adäquate Bedeutungen und Eigenschaften zuzuordnen. Er versteht es angemessen auf die Anforderungen des Spiels zu reagieren und dem Regelwerk entsprechend Strategien auszubilden, um die Aufgaben, die das Spiel bereitstellt, zu bewältigen. All das schafft erst die Voraussetzung mit dem Spiel in „Beziehung" treten zu können.

Um die Frage zu klären, woher überhaupt die Motivation, die Kraft und Energie kommt, diese Beziehungsaufnahme anzutreten, muss die Rolle des „dynamischen Funktionskreises" näher betrachtet werden.

> „Die motivationale Kraft erwächst dadurch," so Fritz „dass Thematiken, Rollenangebote, Skripte, Episoden und einzelne Szenen des Spiels zum eigenen Lebensbereich, seinen kulturellen Hintergründen, Rollen, Lebensthematiken, einzelnen Episoden und Szenen in Beziehung gesetzt wird" (ebd., S. 193).

Das Computerspiel wird zu einer Art „Spiegel der Wirklichkeit", in dem der Spieler in der Struktur des Spiels Hintergründe und Aspekte menschlichen Verhaltens, die er auch aus seinem wirklichen Leben kennt, entdecken und wiederfinden kann. Das Computerspiel liefert vielfältige Anknüpfungspunkte zu den Erfahrungen und Wünschen der Spieler, daher wählen Computerspieler meist „lebenstypisch". Die Spiele haben etwas mit ihm zu tun. Sie „liegen" ihm aufgrund des Inhalts, der im Spiel behandelten Themen, der Art und Weise wie das Spiel zu spielen ist. Im Spiel kann man in andere Rollen schlüpfen und Aspekte herauslösen, die im eigenen Leben bedeutsam sind. Das Spiel kann zu einer „Metapher" des eigenen Lebens werden. Man darf es sich aber bei der Übertragung und Deutung nicht zu einfach machen. So ist in einem Spieler eines 3-D-Shooters genauso wenig der Amokschütze zu erkennen, wie sich in einem *Solitär*-Spieler der Drang äußert, in seinem Büro ständig alle Unterlagen neu anzuordnen. Ergänzend zu dieser „strukturellen Kopplung" zwischen virtueller und realer Welt kann der Spieler in dem großen Angebot der Spiele meist auch etwas finden, mit dessen Hilfe er von ihm empfundene Missstände eventuell ein ein wenig in der Spielwelt kompensieren kann (kompensatorische Kopplung). Kann der Spieler einen für ihn bedeutsamen Bezug zu seiner eigenen Lebenswelt herstellen, kommt die Faszinationskraft der Spiele erst richtig zur Geltung. Weitere Ansatzpunkte für diesen Selbstbezug lassen sich in den dargestellten Grundmustern von Computerspielen finden. Durch diesen Selbstbezug kann der Spieler die Spielfigur und das Computerspiel letztendlich mit Elementen seiner eigenen Lebenswelt beleben. Dies muss dem Spieler jedoch nicht bewusst sein – fragt man sich an anderer Stelle auch nicht, wieso man eine bestimmte Musikrichtung oder ein Filmgenre besonders gut findet – es reicht, dass dem so ist. *Fritz* (ebd., S. 193) versteht die Computerspiele als ein „Verdichtungsmedium", in dem Aspekte des realen Lebens nur ausschnittsweise mit einigen wichtigen Merkmalen wiedergegeben werden. Die Probleme und Aufgaben in den Spielen können denen der Realität des Spielers entsprechen. Auf der Folie des Computerspiels ist es ihm möglich, die Lösung vergleichbarer Probleme erst einmal in der Virtualität in Angriff zu nehmen. Der Anspruch eines Computerspiels ist es jedoch nicht, ein konkretes Abbild der Wirklichkeit herzustellen. Und ob der Spieler die gelernten Lösungsstrategien in seine Realität transformiert und dort anwendet oder sie erst einmal überhaupt auf eine mögliche Transfereignung hin überprüft, bleibt ihm letztendlich selber überlassen. Die virtuelle Welt kann ihm eine Art Proberaum bieten, in dem er üben und beispielsweise Problemlösungsstrategien einstudieren kann. Das Spiel fordert nicht automatisch dazu auf, sich danach auch einem realen Publikum, also den Problemen der eigenen Lebenswelt des Spielers zu stellen. Lernt es ein Spieler in der virtuellen Welt Dinge zuzuordnen, zu verknüpfen oder Aufgaben zu lösen, führt dies nicht direkt dazu, dieses neue Potenzial auch in der Realität zu nutzen. Ein Kind oder ein Jugendlicher, der gelernt hat, vernetzt zu denken, systematisch und planvoll vorzugehen, Aufgaben in einer bestimmten Reihenfolge zu lösen, eigenständig Entscheidungen zu treffen und Prioritäten zu setzen, wird nicht automatisch sein Zimmer besser aufräumen, aber vielleicht könnte er es ... (Hier käme dann die Frage der Motivation [extrinsisch oder intrinsisch], also die Frage des Anreizes ins Spiel.)

Der Spieler kann sich in den Spielen mit seinen narzisstischen Wünschen (Macht, Kontrolle, Herrschaft) ebenso wiederfinden, wie mit seinen erworbenen gesellschaftlichen und kulturellen Wertvorstellungen, Normen und Einstellungen.

Ein Spiel kann also für den Spieler zu einem Abbild seiner eigenen Realität werden, wenn er es mit seinen eigenen Wünschen, Bedürfnissen und Erfahrungen verknüpft und auf dieser Folie Fähigkeiten entwickelt und trainiert, die er auch in seinem wirklichen Leben anwenden kann. So wie der Spieler seine Fähigkeiten und sein Können in das Spiel einbringt, so besteht auch die Möglichkeit, im Spiel erworbene Kompetenzen in die Realität zu transferieren. Dem Transfer geht jedoch eine Transformation voraus, die „Erlerntes" an die Realität erst einmal anpasst. Das bedeutet also keineswegs, dass der Spieler nicht mehr zwischen beiden Welten differenzieren kann und es zu einer Kopie, einer Eins-zu-eins-Übertragung der in der virtuellen Welt gebrauchten Schemata und Skripte in die Realität kommt.

Jürgen Sleegers

Genrevorstellung

Bei der Fülle der zur Verfügung stehenden Spiele ist eine Unterteilung in unterschiedliche Spielgenres sinnvoll. Die folgende Einteilung lehnt sich an gebräuchliche Klassifizierungen, die in dieser oder ähnlicher Form sowohl in der wissenschaftlichen Fachliteratur, als auch in den Spielezeitschriften verwendet werden an. Die Einteilung und Klassifizierung dient einer ersten Orientierung im Software-Dschungel. Die meisten Spiele treten schon lang nicht mehr in „Reinform" auf, sondern stellen einen Genremix da. Ein bisschen Action hier, ein wenig Geschichte und Denken dort ... Spiel und Spaß ...

Action
- 3-D-Shooter (auch Ego-Shooter, Maze-Shooter oder ugs. Ballerspiele)
- Beat 'em-Ups (Duell-Fighter oder ugs. Prügelspiele)
- Jump 'n Run-Spiele

3-D-Shooter: Bei dieser Art von Actionspielen geht es in der Regel darum, seine Spielfigur „lebend" durch unterschiedliche Labyrinthe zu steuern. Seltsam anmutende Wesen, Monster oder gegnerische Raumschiffe stellen sich gerne in den Weg und versuchen dies zu verhindern ...
Die Spielfigur, ein Superheld, ein knallharter Kerl a là Rambo, weiß genau, wie er mit der stetig wachsenden Auswahl an Waffen umzugehen hat. Die Spielfigur wird aus der „subjektiven Kameraperspektive" gezeigt, sodass der Eindruck, der Spieler befände sich selber mitten im Spielgeschehen, noch verstärkt wird.
Diese Spielgattung fordert (fördert?) vor allem schnelle Reflexe, eine gute Auge-Hand-Koordination und die räumliche Orientierung.

Beat 'em Ups: Nicht nur als Automatenspiel in Grillstuben oder Spielhallen, sondern auch die Versionen für den PC oder den Konsolenmarkt erfreuen sich gleichbleibender Beliebtheit (vor allem bei älteren männlichen Kindern). Der Spieler hat eine große Auswahl von durchtrainierten Karate-, Kung-Fu- oder ähnlichen Kämpfern. Seine Aufgabe besteht nun darin, sich mit den unterschiedlichsten Gegnern zu duellieren, sie mittels geschickter Bewegungen und der Anwendung diverser Kampftechniken zu besiegen. Es geht in den Spielen hauptsächlich darum, die richtigen Tastenkombinationen für die einzelnen Bewegungsabläufe einzustudieren und entsprechend einzusetzen. Dies fordert jedoch eine nicht zu unterschätzende Merkfähigkeit und Reaktionsschnelligkeit.

Jump 'n Run: Die Anforderung an den Spieler besteht bei diesem Genre darin, durch geschickte und reaktionsschnelle Steuerung der meist comicartigen Spielfigur, erfolgreich unterschiedliche Aufgaben mit stetig ansteigendem Schwierigkeitsgrad zu meistern.
Dem Spieler wird eine virtuose Beherrschung des Eingabegerätes abverlangt.

Adventure
- Textadventure
- Grafikadventure

- Action-Adventure
- Rollenspiele

Textadventure: Textadventures zählen zu den ältesten Computerspielen. It's dark ...(Es ist dunkel ...). So begann manch abenteuerliche Rätsel-Reise. Der Spieler wusste nicht, wer er war, wo er war, und was überhaupt los war. Mit einfachen Texteingaben wie: „go west"; „look"; „open door"; „take book" etc. hatte der Spieler die Möglichkeit, dem Geheimnis langsam auf die Schliche zu kommen.

Grafikadventure: Abenteuerspiele, bei denen der Spieler in ein meist märchenhaft oder futuristisch anmutendes, grafisch dargestelltes Szenario versetzt wird, in dem spezifische Aufgaben wiederum durch logisches Denken und planvolles Handeln zu bewältigen sind. Hierbei werden ihm begrenzt Hilfsmittel zur Verfügung gestellt, die er sinnvoll und effektiv verknüpfen und einsetzen muss.

Action-Adventure: Hier handelt es sich um eine Mischform, in der die wesentlichen Elemente eines Grafikadventures mit denen eines Actionspiels verknüpft werden. Geht es in „normalen" Grafikadventures eher beschaulich zu, steht der Spieler in diesen, um die direkte Handlungsaufforderung erweiterten Spielen, unter ständigem Handlungsdruck (siehe auch Action). Dennoch hat die Geschichte, das Lösen von Rätseln und Aufgaben, das Kombinieren und Verknüpfen einen großen Stellenwert.

Rollenspiele: (Auch RPGs, vom englischen „Role Playing Games") Ähnlich den anderen Adventures geht es auch in Rollenspielen darum, Aufgaben und Rätsel zu lösen, unentdeckte Welten zu erkunden und prinzipiell die Geschichte voranzutreiben. Die eigene Spielfigur steht dabei im Mittelpunkt. Alles dreht sich um die Spielfigur, die im Laufe eines Spiels neue Fähigkeiten gewinnt und den Charakter weiter verbessert. Dies geht über die Verteilung von Punkten, die ein Spieler nach erfolgreich gemeisterten Aufgaben und Kämpfen erhält. Stärke, Vitalität, Magie oder Weisheit sind häufige Charaktereigenschaften, die verbessert werden können.

Es gibt Rollenspiele, die einem richtigen Tagesrhythmus (in Echtzeit) folgen. Die Helden müssen, wie im richtigen Leben, essen, trinken, schlafen, arbeiten etc. Dies zeigt auch schon, dass es sich bei Rollenspielen nicht unbedingt um Spiele handelt, die man in kurzer Zeit durchgespielt hat. Einige Rollenspiele (und hier besonders die Online-Rollenspiele) kommen sogar ohne richtige Zielformulierung aus und sind prinzipiell endlos spielbar (siehe auch MUDs).

Denk-, Knobel- und Geschicklichkeitsspiele

Sich den Kopf zerbrechen, Aufgaben und Schwierigkeiten meistern, Probleme lösen – wer macht das schon gerne freiwillig? Scheinbar eine ganze Menge; denn diese Spielchen für den kleinen Hunger zwischendurch, waren schon immer sehr beliebt. Oft bleibt jedoch die Frage, wo die Zeit geblieben ist – „Ich wollte doch nur mal eben kurz ..."

Simulationen

Herausragendes Merkmal der Simulationsspiele ist die besondere Betonung bzw. der Versuch des Realitätsbezuges. Es werden hierbei Aspekte der Wirklichkeit möglichst genau in ein spielbares Modell einbezogen. Für das Spiel „unwichtige" und „störende" Elemente werden ausgespart. Eine Simulation kann nie alle Eventualitäten, die in der Realität eintreten könnten berücksichtigen. Des Weiteren liegen natürliche Grenzen der Darstellung (noch) in dem Medium Computer selbst begründet.

Bei einer Übersetzung in ein Computerspiel muss auch darauf geachtet werden, dass die Simulation immer noch die Charakterzüge eines Spiels annehmen sollte. Das bedeutet, die Spielregeln und die im Spiel zu berücksichtigen spielbestimmenden Elemente müssen für den Spieler erlernbar und handhabbar sein.

Das Genre der Simulationen kann man in folgende Untergruppen unterteilen:
- Sportsimulationen (Golf, Fußball, Tennis etc.),
- Fahr- und Flugzeugsimulationen (Auto, Panzer, U-Boot, Flugzeug etc.),
- Gefechts- und Schlachtensimulationen (2. Weltkrieg, Golfkrieg),
- Wirtschaftssimulationen (Städtebau, Konzernmanagement, Ökosysteme),
- Umsetzung bzw. Simulation von Gesellschafts-, Karten- und Automatenspielen oder auch Gameshows (*Scotland Yard, Risiko*, Schach, *Solitär*, Flipper, *Wer wird Millionär?*)

Aus der Gruppe der Sport-, Fahr- und Flugzeugsimulationen ließe sich jedoch auch gut ein eigenes Genre bilden.

Strategie

Viele Freunde des „Denksports" finden hier ihr Lieblingsgenre. Seien es Taktiker, Strategen, oder kleine Welteroberer – sie alle lassen sich nicht von komplexen Denkprozessen oder aufwendigem Ressourcenmanagement abschrecken.

Man unterscheidet zwischen Turn- und Realtime-Modus. Bei Realtime (Echtzeit-)Strategiespielen ist der Spieler neben der mentalen Belastung auch unter ständigem Handlungsdruck; im Turnmodus (rundenbasiert) hingegen spielt diese Komponente keine Rolle, hier spielt man, ähnlich einer Schachpartie, Zug um Zug.

Information und Unterhaltung...

Auch in diesem Bereich kommt es zu vielen Vermischungen unter den einzelnen Kategorien. Es spricht ja auch nichts dagegen, Informationen und Lerninhalte interessant, spielerich und spaßbringend aufzubereiten – wenn die Mischung stimmt.

Edutainment

In diesem Genre wird der Versuch unternommen, Spiel und Lernen unter einen Hut zu bringen. Die richtige Dosierung zu finden und die Elemente ausgewogen und stimmig zu verbinden ist die große Kunst, an der nicht der Spieler, sondern oft erst einmal die Hersteller scheitern.

Gelungene Produkte schaffen es, auf spielerischem Wege Wissen zu vermitteln, ohne dass es der „Spieler" merkt ...

Lernsoftware

Lernprogramme vermitteln primär Wissen. Die Art und Weise von Lernprogrammen reicht von Trainings- bzw. Drillprogrammen, in denen schon bereits erlerntes Wissen weiter trainiert und geübt werden soll, bis hin zu methodisch-didaktisch sehr kreativen und gelungenen Programmen.

Infotainment

Infotainmentprodukte bereiten die unterschiedlichsten Informationen unterhaltsam auf. Sie bedienen sich dabei der vielfältigen multimedialen Möglichkeiten, die ein Computer darzustellen in der Lage ist. Bilder, Geräusche und Videos auf Knopfdruck erscheinen als neue Chance, den Stoff aus alten Sachbüchern „zeitgerecht" aufzupeppen. Kinder und Jugendliche, die sonst freiwillig kein Sachbuch anpacken würden, greifen hier öfter einmal zu. Natürlich gibt es auch viele Titel, die speziell für den Erwachsenen- oder den Familienmarkt konzipiert werden.

Spiel, Spaß, Informationen und Unterhaltung – online

Internet

Wie Alice einst durch einen Spiegel ins Wunderland gelangte, kann man heute durch ein paar Mausklicks in die scheinbar „unendlichen Weiten" unseres Bits- und Bytes-Universum eintauchen und auf den Wellen einer nicht enden wollenden Informationsflut surfen.

Das Internet ist zwar kein Spiel oder Spielgenre im eigentlichen Sinne, bietet aber dennoch vielfältige Möglichkeiten, seinen „Spieltreib" zu stillen. Viele nutzen das Internet zur reinen Informationssuche oder zum Präsentieren einer eigenen Homepage etc. Die Möglichkeit, schnell und unkompliziert Nachrichten per elektronischer Post (e-mail) zu versenden, wird auch gerne ähnlich dem Zettelchen-Schreiben in lauen (vergangenen) Schulstunden für kurze, knappe und zumeist formlose Nachrichten genutzt.

In einem Chat geht es oft nicht anders zu, nur das dort mehrere gleichzeitig „Zettelchen" schreiben, bzw. kleinere Statements bringen und jeder diese kommentieren kann. Die Nutzung und die Faszination des Chattens und (teilweise auch das e-mail-Schreiben) könnte man vielleicht als am ehesten mit einer moder- nen Variante des CB-Funks vergleichen.

Das „Surfen" im Internet beschreibt nicht die konkrete Suche, sondern mehr das Herrumstöbern und Bummeln im World Wide Web. Man läßt sich dabei von einem Link zum andern treiben und hofft, hier und dort etwas Neues und Interessantes zu finden.

Neben den genannten Nutzungsformen, kann man das Internet auch für Online-Spiele nutzen. Viele der herkömmlichen Strategie- oder Simulationsspiele lassen sich Dank entsprechender Multiplayer-Option via Internet mit Spielern aus aller Welt spielen. Im Internet findet man Karten- und Brettspiele, die man direkt über's Netz spielen kann genauso wie (eine Renaissance von) Adventurespielen, die rein textbasiert über e-mailing funktionieren. Einen besonderen und immer stärker werdenden Stellenwert unter den Online- Spielen nehmen Online-Rollenspiele oder auch MUDs ein.

MUDs

MUD steht für „Multi-User Dungeon" (In Anlehnung an Fantasy-Rollenspiele wie „Dungeons & Dragons") oder auch „Multi-User Dimension"; MUSH für „Multi-User Shared Hallucination".

Im Prinzip handelt es sich hierbei um Rollenspiele im Internet. Diese Art der Spiele ist fast so alt wie das Internet selbst (die ersten MUDs gingen bereits in den 70er Jahren „online"). Der Spieler schlüpfte zumeist in die Rolle einer Spielfigur, deren Charakter er mit der Zeit, mit dem Ausbau seiner Fähig- und Fertigkeiten, den Erfahrungen, die er sammelt, immer weiter ausbildet. Mit einem „besseren" Charakter besitzt er mehr Möglichkeiten, sich in dieser virtuellen Welt zu behaupten.

Zusammenfassung

Die virtuelle Welt bietet neben faszinierenden Bildern, tollem Sound und schönen Animationen, die Möglichkeit, in ihr zu agieren. Der Spieler kann sie betreten, den Alltag mit seinen Sorgen hinter sich lassen. Hier kann er das Gefühl von Ohnmacht und Chaos eintauschen gegen eine kleine überschaubare Welt, in der er handlungsmächtig wirken kann. In der Realität kommt es oft genug vor, dass wir die *Regeln* und die Zusammenhänge nicht verstehen – im Spiel können wir sie jederzeit nachlesen. Im Spiel können wir mal etwas wagen, in andere Rollen schlüpfen, uns ausprobieren – ohne dass uns jemand einengt und uns sagt, was wir machen sollen. Schon Kinder erkennen, dass die „Welt im Computer" ihre ganz eigenen Möglichkeiten hat. Doch letztlich ist und bleibt es eine Spielwelt, in die wir bewusst ein- und wieder heraustauchen können.

Die Sache mit der Motivation ...
... oder wann ist ein Spiel ein Spielchen wert?

Neben der ganzen Technik, den schönsten bunten Bildern und den tollsten Soundeffekten bleibt ein Spiel jedoch ein Spiel und sollte als solches mit einer guten Idee und einer angemessenen Umsetzung aufwarten. Faszinierend und auch motivierend erscheint die Möglichkeit, in diese Spielwelten eingreifen zu können, sie zu beeinflussen, zu verändern.

Es gibt viele Möglichkeiten, wieso ein Computerspiel für einen Spieler an Reiz gewinnen kann, was ihn fasziniert und motiviert, dieses oder jenes Spiel zu spielen. Die Gründe hängen stark von den individuellen Vorlieben, Erfahrungen, Wünschen und Erwartungen des Spielers ab.

Die folgende Auflistung stellt daher nur eine Auswahl von möglichen Motiven da:

- Spaß
- Ablenkung
- Neugier
- Technikfaszination
- der „Reiz des Verbotenen"
- Wettkampf, sich messen
- alles andere mal vergessen
- Anknüpfungspunkte mit Themen und Inhalten aus anderen Medien

... Langeweile vertreiben
... mit anderen spielen
... gegen andere spielen
... etwas (erfolgreich) beenden
... Wut rauslassen
... etwas lernen
... mal sein eigener Herr sein
... sich selbst und anderen etwas beweisen

Neben den genannten (und vielen nicht genannten möglichen) Motiven muss auch noch zwischen zwei Arten der Motivation unterschieden werden:

Extrinsische Motivation
Die Beweggründe, einer konkreten Tätigkeit nachzugehen, haben weniger mit der Tätigkeit an sich zu tun, sondern mehr mit dem Ergebnis oder der Erwartung von Belohnung oder Bestrafung, die quasi „von außen" der Tätigkeit übergestülpt wird.
(Lern-)Inhalte werden nicht so lange behalten.

Intrinsische Motivation
Intrinsisch motivierte Tätigkeiten werden ohne Zögern begonnen und kommen im Gegensatz zu extrinsisch motivierten Tätigkeiten auch ohne äußere Belohnung oder Bestrafung aus – die Tätigkeit und die daraus resultierenden Ergebnisse scheinen Belohnung genug.
   Die (Lern-)tätigkeit wird freiwillig solange fortgesetzt, wie die Motivation anhält.
   (Lern-)Inhalte werden länger behalten.
   Zitat Albert Einstein: *„Ich sehe es einfach nicht ein, etwas zu lernen, was mir keine Freude bereitet"* (Döring, 1997).

Neben der intrinsischen und extrinsischen Motivation wären noch die „Lust-Frust-Spirale" oder die Motive „Macht, Kontrolle, Herrschaft" als fundamental wichtige Faktoren zu nennen, die ein Spiel (und zum Teil auch Lernsoftware) aus Sicht des Spielers spielenswert erscheinen lassen.

Lust-Frust-Spirale
• Balanceakt: Wechselspiel zwischen Unter- und Überforderung,
• zwischen Erfolg und Misserfolg,
• zwischen guten und schlechten Gefühlen, zwischen Lust und Frust.

Macht, Kontrolle, Herrschaft
• Macht, Kontrolle und Herrschaft als zentrale Handlungsmotive, die von Computerspielen abgesprochen werden,
• Grundmuster menschlichen Handelns,
• Möglichkeit der Einflussnahme auf das Spiel,
• Transparenz der Handlungen, (konstruktives und differenziertes) Feedback des Programms,
• Strukturelle Koppelung (Virtualität/Realität),
• Metaphorischer Bezug.

Was kann man in und durch's Computerspielen lernen?

Viele Kinder und Jugendliche sind begeistert von den neuen technischen Möglichkeiten und nutzen sie wie selbstverständlich. Für sie gehören sie zu ihrem Alltag. Sie nähern sich dem Neuen unvoreingenommen und angstfrei. Sie verstehen oft nicht die Befürchtungen und Vorbehalte ihrer Eltern oder Lehrer, genauso wie diese die jugendliche Begeisterung, Faszination und Unvoreingenommenheit oft nicht teilen und verstehen können.

Das man in und durchs Computerspielen auch etwas lernen kann wird oft genug ignoriert, unterschätzt oder geleugnet. Stattdessen werden lieber Negativbeispiele und vereinfachte Behauptungen aufgestellt (z.B. Monokausalität zwischen 3D-Shootern und Gewalttaten). Im Folgenden möchte ich nicht näher auf die zumeist im Ergebnis unfruchtbaren und destruktiv geführten Diskussionen oder Berichterstattungen in den Medien eingehen. Ich sehe zwar durchaus die Notwendigkeit, Grenzen zu stecken und das Thema (Gewalt in Computerspielen) weiter zu diskutieren, doch mit einer starr bewahrpädagogischen Haltung und dem bloßen Aussprechen von, für Kinder und Jugendliche oft nicht nachvollziehbaren, Verboten alleine ist es nicht getan. Eine andere Form des Dialogs und eine etwas vorurteilsfreiere Herangehensweise wäre sicherlich produktiver und würde aufzeigen können, dass es sich bei dieser Art der Spiele nicht um den Löwenanteil der Computerspiele handelt und dass es durchaus genügend positive Beispiele gibt, die erwähnenswert werden.

Der Ruf danach, dass Kinder und Jugendliche wenigstens etwas sinnvolles Lernen sollten, wenn sie schon so viel Zeit vor dem Computer verbringen wird oft von der Forderung nach mehr Medienkompetenz begleitet. Die Rufe sind mitunter sehr laut, dennoch fällt es schwer herauszuhören, was genau gefordert wird. In welchen Bereichen soll überhaupt etwas gelernt werden? Wie soll das geschehen? Wie sollen mögliche Lernerfolge überprüft werden? Was genau ist unter Medienkompetenz zu verstehen?

Um anzufangen, dies ein wenig zu konkretisieren, bediene ich mich in einem ersten Schritt einer Definition von *Gerald R. Hoelscher*. Er fasst den Begriff der Medienkompetenz als einen Verbund dreier Teilkompetenzen auf und beschreibt ihn wie folgt:

1. Wissenskompetenz

Man muss wissen, aufgrund welcher Prinzipien Computer und Programme konstruiert werden. So kann sich ein Verständnis dafür entwickeln, was sich beim Betrieb von Computern eigentlich abspielt.

2. Steuerungskompetenz

Neben dem (passiven) Wissen über Computer ist ein hinreichendes Maß an konkreten Steuerungsfertigkeiten erforderlich, die es möglich machen, einen Computer praktisch zu bedienen.

3. Bewertungskompetenz

Neben den technischen Abläufen muss man die nicht-technischen, vor allem die sozialen und gesellschaftlichen Begleit- und Folgeerscheinungen bei der Arbeit mit Computern begreifen, antizipieren und einordnen können (Hoelscher, 1999).

Betrachtet man sich in einem weiteren Schritt einmal die Computerspiele und beobachtet das Spielverhalten von Kindern und Jugendlichen, so lassen sich folgende Punkte festhalten, die man durchs Computerspielen lernen kann:

1. Wissenskompetenz (auf soziale Bereiche bezogen):
• (spielend) Spielen lernen,
• mit Identitäten und Rollen spielen,
• mit- und gegeneinander spielen,
• Teamfähigkeit (Kommunikation),
• verlieren lernen,
• Prioritäten setzen,
• verhandeln und sich arrangieren lernen,
• den „Kampf um die Maus" austragen,
• Grenzen kennenlernen, sich etwas zutrauen,
• Stärken und Schwächen erkennen, (aus)nutzen,
• Lernen und erfahren, „Dinge" zu meistern und auch (erfolgreich) zu beenden.

1. Wissenskompetenz (auf kognitive Bereiche bezogen):
• differenzierte Wahrnehmung,
• Aufmerksamkeitsfokussierung,
• entscheiden und selektieren zwischen wichtigen und unwichtigen Informationen,
• Perspektivwechsel (dezentriertes Denken),
• logische Verknüpfungen (wenn-dann-Beziehungen),
• unterschiedliche Problemlösungsstrategien werden gefordert und gefördert,
• analytisches und operatives Denken,
• strategisches Denken,
• Syntheseprobleme (kreatives Denken),
• Zusammenhänge und Wirkungsmechanismen können verdeutlicht werden,
• Schemata, Skripte (mit mögl. Transfereignung) können erlernt werden,
• Faktenwissen.

2. Steuerungskompetenz:
• allg. Steuerung- und Funktionsweise des Computers und der unterschiedlichen Hard- und Software,
• Installation im Allgemeinen, Hard- und Softwarekonfiguration etc.,
• vom Speichern bis zur Eingabe von Cheats, Hex-Codes etc.,
• Handling (allg. die Bedienung und Steuerung), Auge-Hand-Koordination (Sensumotorische Synchronisierung),
• Veränderung und Erweiterung des Grundspieles (Leveleditoren etc.),
• Programmteile extrahieren (Sounds, Screenshots, Weiterverwertung in Multimedia-Anwendungen etc.),
• Möglichkeiten und Grenzen des Computers als All-in-one (Multimedia-)Gerät kennenlernen (Bild, Sound, Animation, Video etc.).

3. Bewertungskompetenz:
• Qualität des Produktes (ab)zuschätzen,
• Qualität der Inhalte (ab)zuschätzen (Normen, Werte, Moral, eigene Ansichten und Vorstellungen, innere

Stellungnahme).
• Qualität der Informationen (Vergleich mit anderen Informationsquellen),

„Der leicht erhobene pädagogische Zeigefinger"

• Computerspiele können keine direkten Erfahrung ersetzen, sie jedoch unter Umständen sinnvoll ergänzen.
• Die „Spielregeln des Lebens" sollte man immer noch in der Realität lernen.
• Computerspiele dürfen nicht als einziges Referenzmedium dienen.
• Lerninhalte aus Computerspielen sollten durch andere Informationsquellen ergänzt und überprüft werden.
• Computerspiele und Lernprogramme sollten nicht zum Gegenstand von Belohnungs- und Bestrafungspraktiken missbraucht werden.
• Vereinbarungen über Spielinhalte (Auswahl der Spiele), Spielzeiten- und dauer sollten gemeinsam ausdiskutiert werden und nicht (ohne Begründung) vorgeschrieben werden (Gefahr einer Trotzreaktion etc.).
• Der Austausch (Kommunikation) mit anderen sollte nicht fehlen (dafür muss man auch kein „Spielefreak" sein, Eltern können und sollten sich erzählen lassen, was ihre Kinder gerne spielen und warum).
• Rollentausch (Eltern können sich auch einmal etwas von den Kindern zeigen und erklären lassen, ohne gleich ihre Autorität damit aufs Spiel zu setzen (Chance für Eltern und Kinder zugleich).

SOS Tiefsee

Käpt'n Skagerrak und seine Mannschaft brauchen dringend die Hilfe des Spielers. Sie sind einem rätselhaften Fischsterbens auf der Spur, kommen aber nicht weiter. Eines Tages, beim Fischen auf hoher See haben sie unzählige tote Fische bemerkt, die an der Meeresoberfläche trieben. Wer oder was steckt dahinter? Gibt es eine natürliche Ursache dafür oder hat wohl möglich eine Fabrik oder ein Schiff illegal gefährliche Abwässer ins Meer geleitet?
Das Abenteuer hat begonnen und der Spieler ist mittendrin.

Auf der Insel der Seeleute ist glücklicherweise schon eine kleine Forscherstation im Aufbau. Nur wenn man alle Zusammenhänge untersucht und zu verstehen lernt, kann man dem Geheimnis auf die Spur gelangen.
Der Spieler hilft deshalb fortan mit, das Forschungsprojekt zu leiten. Er vergibt zum einen die unterschiedlichen Forschungsaufträge. Zum anderen hilft er beim Bau einer Tauchanlage, eines Delfinariums (in dem er auch selber Delfine dressieren kann) und eines U-Boots. Als plötzlich auch noch Hermann, der Bruder des Käpt'ns auf mysteriöse Weise auf hoher See verschwindet, ist guter Rat teuer. Hat Hermann schon etwas herausgefunden? Die Zeit drängt und das zur Verfügung stehende und dringend benötigte Geld wird immer knapper.

Gut, dass die Ergebnisse der Forschungen auch andere interessieren, denn dadurch kommt dringend benötigtes Geld in die ständig leere Kasse. Ist eine Forschung abgeschlossen, so bekommt der Spieler einen Forschungsbericht, der intensiv gelesen und bearbeitet werden muss. Die Forschungsberichte sind mit meist interaktiven Präsentationen durchmischt. So müssen auf einer Karte etwa erst die Weltmeere richtig benannt werden, oder Meeresbewohner müssen identifiziert werden, bevor es weiter gehen kann. Und so ganz nebenbei lernt man (nicht nur für's Spiel) vieles, was es zwischen Flensburg und Florida so über die Weltmeere, den Wasserkreislauf, die Walfische etc. zu erfahren gibt. Neben der Forschung muss sich der Spieler auch um die Vergabe von Spezialaufträgen im Bereich Umwelt- und Naturschutz kümmern, um so an weiteres Geld zu gelangen. Beispielsweise muss der Strand eines Feriengebietes vor einer Ölpest bewahrt werden.

S.O.S. Tiefsee ist ein spannendes und wirklich lehrreiches Strategiespiel für Kinder ab 10 Jahren. Der Reiz des Spieles geht von der erfolgreichen Verknüpfung von Abenteuer- und Strategiespiel, Informationsaufbereitung und Präsentation aus. Der Spieler taucht unmittelbar nach Spielbeginn in ein spannendes Abenteuer ab, in dem er von Anbeginn an gefordert wird. Zwar müssen unzählige Informationen verarbeitet werden, doch diese werden spielerisch verdaut, ohne dass das Spiel den Charakter eines typischen Lernprogramms oder eines Nachschlagewerks annehmen würde. Der Spieler findet sich schnell in seiner Forscherrolle zurecht und kann sich damit gut identifizieren. Die zu sammelnden Informationen dienen nicht zur Aufklärung der Geheimnisse im Spiel, sondern stillen auch den mit dem Spiel wachsenden Forscherdrang.

Das Spiel ist ein gutes Beispiel für eine gelungene Mischung aus Spiel und Wissensvermittlung, die spannend ist und Spaß macht.

Black and White

„In Black and White bist du ein Gott – die Frage ist nur, ob gut oder böse ...
Wirst du eine perfekte Welt erschaffen, voller Harmonie und Schönheit? Oder wirst du ein Reich der Dunkelheit und der Verzweiflung kreieren? Und welches Schicksal ist deiner Welt vorherbestimmt? In Black and White hat jede Handlung ihre Konsequenz. Jede Entscheidung hat ihre Folgen. Entdecke dein wahres Ich. Spiele Black and White" (2001).

Sonnenuntergang am Meer, zwei glücklich Verliebte halten sich in den Armen, ein Kind läuft fröhlich am Strand herum. Eine Szene, mit der viele Hollywoodfilme gerne enden. Doch im Spiel „Black and White" droht das Kind plötzlich zu ertrinken und ein Hai nähert sich der Bucht. Jetzt helfen nur noch fromme Gebete.

Durch diese Gebete erwacht ein Gott zu neuem Leben – das Spiel beginnt.

In der Rolle eines Gottes muss sich der Spieler von nun an um die Belange seiner Untertanen im Paradies Eden kümmern. Er kann dabei zwei grundlegende Richtungen einschlagen. Entweder er gibt seinen Gläubigen alles, was sie brauchen und hilft ihnen wo er kann oder er lehrt sie das Fürchten, indem er böse und willkürlich handelt und sie nach Lust und Laune straft. Die Bewohner von Eden werden den Spieler somit zu lieben oder zu fürchten lernen.

Nun fällt es nicht leicht, sich zu entscheiden. Egal, welchen Weg der Spieler einschlägt, er hat immer die gleichen Chancen im Spiel.

Dem Spieler stehen diese beiden Berater (siehe neben- und untenstehende Abbildungen) bei seiner Entscheidungsfindung zur Seite. Natürlich wollen sie ihn ständig auf ihre Seite ziehen. So kann sich auch die Haltung, die der Spieler bei Spielbeginn eingenommen hat, im Spielverlauf ändern. Abhängig vom Verhalten verwandelt sich auch die Umgebung. Während das Reich Eden unter einem guten Gott erstrahlt und alles in prächtigen Farben erscheint, verdunkelt sich unter der Herrschaft eines bösen Gottes die Landschaft und selbst die Gebäude der Untertanen entwickeln sich zu finsteren Gemäuern.

Die Hauptaufgabe des Spielers besteht jedoch darin, ein Geschöpf, einen so genannten Titanen großzuziehen. Dieser wird sein irdischer Vertreter und ist auch in der Lage, sich im späteren Spielverlauf mit andere Titanen (Vertreter anderer Gottheiten) zu messen. Der Titan passt sich natürlich auch dem Verhalten seines Gottes an – er lernt alles von ihm. Handelt der Gott böse, nimmt auch der Titan eine furchterregende Gestalt an und behandelt seine Umgebung alles andere als freundlich. Ist sein Gott gut, übernimmt er dieses Verhalten, nimmt eine freundliche Gestalt an und bekommt ein sonniges Gemüt. Um seinen Titan richtig zu

erziehen, benutzt der Spieler seine göttliche Hand, mit der er auch sonst alle
Aktionen erledigt. Die Erziehung läuft im Wesentlichen durch Belohnung und
Bestrafung (wie beim Pavlov'schen Hund). Frisst der junge, noch unerfahrene Titan beispielsweise einen Dorfbewohner, so kann der Spieler ihn dafür
mit Streicheleinheiten loben oder mit Schlägen bestrafen. Hat er ihn gelobt,
wird der Titan später öfter Dorfbewohner fressen und entwickelt sich zu einer
bösen Gestalt. Bestraft er ihn allerdings für seine Tat, wird der Titan sich
auch dies merken und erkennen, etwas Unrechtes getan zu haben und es so
schnell nicht wieder tun.

Das Spiel lässt sich schwer einordnen. Zu viele Elemente aus unterschiedlichen Spielgenres sind vertreten. Sowohl abwechslungsreiche Simulation (Erziehung der Kreatur) mit Action-Rollenspiel-Elementen, als auch strategische und actionreiche (Resourcenmanagement und Kämpfe) Komponenten fließen in dieses Spiel zusammen. Darüber hinaus sind zahlreiche innovative und kreative Einfälle in dem Spiel verwirklicht. So kann der Spieler seiner Kreatur auch einmal beim Tanzen zusehen, wenn er eine Audio-CD im Computer abspielt. Man kann auch im Spiel getroffene Entscheidungen wieder rückgängig machen, indem man einen älteren Spielstand aufruft und dort eine andere Entscheidung trifft. Der Computer berechnet die Veränderungen und verändert entsprechend die Gegenwart. Man kann fast alles machen, was man will – man ist halt ein Gott.

Interessant sind jedoch die Überlegungen und Erfahrungen, die man während des Spielens macht. Es scheint schwer zu sein, sich anfänglich völlig von seinen eigenen Wert- und Moralvorstellungen zu trennen, auch wenn man sich bewusst ist, dass es sich nur um ein Spiel handelt. Im Spiel wird man aber schnell erkennen, dass es enorm schwierig ist, immer gut zu sein, da man nur noch damit beschäftigt ist, anderen zu helfen. Da überlegt man sich schon einmal, wie es denn wäre, sich mal ganz anders zu verhalten ...

Jürgen Sleegers

Wer wird Millionär?

Mittlerweile vergeht kein Tag mehr ohne eine Game-Show im Fernsehen. Einer der „Renner" unter den Game-Shows ist Günther Jauchs „Wer wird Millionär?". Der Quotensieger unter den Game-Shows lockt bis zu 14 Millionen Zuschauer vor die Fernseher. Seit einiger Zeit kann man nun auch zu Hause am Computer nachspielen, wie es wäre, selber einmal im Kandidatenstuhl zu sitzen.

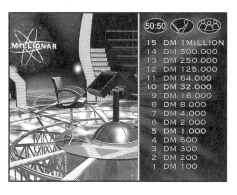

Die Spiele-Umsetzung hat grafisch sehr große Ähnlichkeit mit der Fernsehsendung. Das Studio wurde originalgetreu nachgebildet. Der Fragen-Bildschirm und die Übersichtstafel der 15 Fragen mitsamt den möglichen Gewinnsummen (von 100 DM bis zur Million) stimmt mit dem TV-Vorbild überein. Auch die Musik ist dem Vorbild entlehnt. Nur schade, dass Günther Jauch nicht auch im Spiel die Fragen stellt und seine Kommentare abgibt. Dennoch dürfte die aus dem Off kommende Stimme des Moderators den meisten sehr geläufig sein. Es handelt sich dabei nämlich um die deutsche Synchronstimme von Tom Selleck (alias Magnum).

Im Spiel gibt es drei unterschiedliche Modi. Gespielt werden kann im „Auswahlspiel", im „Teamspiel" oder „Jeder gegen jeden". Ein Netzwerkmodus und/oder Internetmodus wird leider nicht geboten. Im „Auswahlspiel" spielen zwei Spieler gegeneinander eine Auswahlrunde, in der es darum geht, bestimmte Begriffe in die richtige Reihenfolge zu bringen. Zum Beispiel müssen Komponisten chronologisch nach ihrem Geburtsjahr geordnet werden. Wer in der Auswahlrunde gewinnt, darf um die Million spielen. Beim „Teamspiel" spielen beliebig viele Spieler zusammen in einem Team und beantworten die Fragen gemeinsam. Und bei „Jeder gegen jeden" spielen bis zu vier Spieler gegeneinander. Wer am Ende das meiste Geld gewonnen hat, ist Sieger.

Zusammenfassend kann man sagen, dass die Spiele-Umsetzung gelungen ist und eine gute Alternative bzw. Ergänzung zur Fernsehvariante darstellt. Das Spiel eignet sich hervorragend, mit mehreren zu spielen. Denn schließlich geht es bei dem Spiel auch um die Fragen (und Antworten): Was kann ich, was weiß ich – was hätte ich gewonnen?

Zum einen möchte man sich doch auch einmal ein wenig mit anderen messen und im Wettstreit gut abschneiden. Zum anderen hat sicherlich jeder schon einmal davon geträumt, eine Millionen zu gewinnen. Und es ist doch schon ein Anfang, diesem Traum spielerisch nahe zu kommen.

Für Kinder ist diese Variante sicherlich etwas zu schwierig (für diese wurde eine Junior-Edition entwickelt). Jugendliche und auch Erwachsene werden hier und dort auch an ihre Grenzen stoßen, doch immerhin geht es hier ja auch (virtuell) um viel Geld. Erfreulich ist und bleibt, dass Wissen scheinbar wieder in Mode kommt und es enorm viel Spaß machen kann ...

Die Dschungelbuch - Groove Party mit Tanzmatte

Mit dem Set „Dschungelbuch – Groove Party plus Tanzmatte" ist ein Produkt auf den Markt gekommen, welches Kindern und auch den einen oder anderen Pädagogen erfreuen – Nachbarn und Untermieter hingegen irritieren – dürfte.

Das Besondere ist weniger das Spiel selbst, denn die im Set enthaltende Tanzmatte (siehe nebenstehende Abbildung).

An den USB-Port des PCs angeschlossen, funktioniert die Tanzmatte ähnlich einem Gamepad oder den Cursor-Tasten auf der Tastatur. Mithilfe der Tanzmatte lässt sich eine Spielfigur nun auch mal zu Fuß steuern.

Das Spiel baut auf der Originalhandlung des Walt Disneys Filmklassikers „Dschungelbuch" auf und nimmt den Spieler mit auf ein vergnüglich musikalisches (und sportliches) Abenteuer. Im Storymodus schlüpft der Spieler in die Rolle von Mogli und kann sich durch die bekannte Geschichte des Dschungelbuchs tanzen. Im Mehrspielermodus kann er sich auch als tanzender Balu, Junior, Baghira etc. behaupten, indem er gegen einen anderen Spieler im Tanzduell antritt.

In beiden Modi tanzen sich die Spieler ihren Weg durch den Dschungel frei und imitieren dabei die Bewegungen der Figuren. Sie müssen dem Rhythmus folgen und diesen richtig umsetzen.

Die Steuerung der Figuren ist denkbar einfach: Kreise mit Richtungspfeilen fallen (wie im abgebildeten Beispiel, siehe rechts) am linken Bildschirmrand herab. Sie zeigen nach links, rechts, können aber auch nach oben oder unten zeigen. Am unteren Rand des Bildschirms befinden sich zwei feststehende Ringe. Sobald nun einer der herabfallenden Kreise auf den Ring zusteuert, heißt es „Aufgepasst!". Der Spieler muss nun auf das richtige Feld seiner Tanzmatte springen. Zeigt der Pfeil nach rechts, heißt dies, also nach rechts springen. Die Punkte im Spiel werden nach Treffergenauigkeit, also nach dem richtigen Timing vergeben. Der Abstand der herunter-

fallenden Kreise ist dem Rhythmus der Lieder angepasst. So kann sich der Spieler mehr auf seine Ohren als seine Augen verlassen. „Taktlose" Spieler haben hier einen kleinen Nachteil ...

Der Story-Modus, den man alleine spielt, ist nichts wirklich Neues in der Computerspielelandschaft, darüber hinaus ist er schnell durchgespielt.

Die Tanzduelle, für die man (mindestens) einen weiteren Spielpartner braucht, stellen Dank der Tanzmatte etwas ganz anderes dagegen. Im Tanzduell kann ein Spieler sein Können auf der Tanzmatte beweisen, der andere muss sich (bis zum Wechsel) mit der Tastatur begnügen. Beim Tanzduell gibt es verschiedene, frei wählbare Schwierigkeitsstufen. So können Anfänger mit einfachen und gemächlichen Schritten beginnen, Fortgeschrittene können versuchen, sehr temporeich und akrobatisch durch den Dschungel zu tanzen. Und da die einzelnen Spieler die Schwierigkeitsstufe separat und entsprechend ihren Fähigkeiten einstellen können, gibt es auch für Eltern keine wirkliche Ausrede mehr. Wundern sie sich also nicht, wenn ihre Kinder sie demnächst einmal zu einem kleinen Tänzchen auffordern.

LEGO Mindstorms

„Einfache Programmierung – selbst für Erwachsene!", dieser nette Hinweis entstammt einem *LEGO Mindstorms* Prospekt und deutet schon an, dass die Zielgruppe nicht nur Kinder sein dürf(t)en.

„*LEGO Mindstorms*" ist ein *LEGO*-Baukastensystem, mit dessen Hilfe man frei beweglicher Roboter bauen und programmieren kann. Kernstück von *LEGO Mindstorms* ist ein programmierbarer *LEGO*-Baustein, der so genannte RCX-Mikrocomputer (siehe Abbildung, unten rechts). Der RCX verfügt über drei Ausgänge, welche zum Anschluss von Motoren dienen und drei Eingänge, an welche sich unterschiedliche Sensoren (siehe Abbildung, unten links) anschließen lassen. Ein weiterer Infrarotsender/-emp-

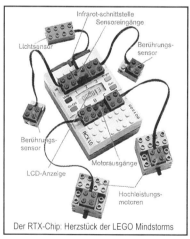

Der RTX-Chip: Herzstück der LEGO Mindstorms

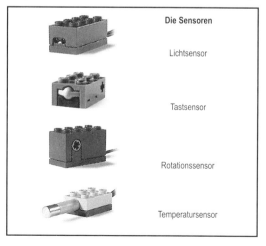

fänger dient zur Kommunikation mit dem eigenen Computer. Auf diesem Wege können Programme an den RCX-Mikrocomputer und somit an den Roboter geschickt werden. Die Programme kann man dank der mitgelieferten und eigens hierfür entwickelten Software selber schreiben. In diesen Programmen legt man das „Verhalten" seines Roboters fest. Das Programm, welches man für seinen Roboter schreibt, hängt von den verwendeten Sensoren ab. Mit einem Lichtsensor ausgestattet kann man seinen Roboter beispielsweise dazu bewegen, einer schwarze Linie zu folgen. Mit einem Bewegungsmelder bestückt könnte er solange herumfahren, bis er auf ein Hindernis trifft, sich danach um 45° drehen und wiederum weiterfahren, bis er wieder auf ein neues Hindernis trifft.

Die speziell für *LEGO* entwickelte grafische Programmierumgebung, die auf die Bedürfnisse 12- bis 16-Jähriger abgestimmt ist, erleichtert die Programmierung und macht gleichzeitig mit wichtigen Grundprinzipien professioneller Programmierung vertraut. So ist ein Grundprinzip die Ereignisabfolge: Wenn dieses oder jenes Ereignis eintritt (z.B. ein Roboter stößt auf ein Hindernis), dann verhält sich der Roboter entsprechend der Programmierung (er dreht sich beispielsweise und fährt weiter). Die Reihe der möglichen Ereignisse und verschiedenen Verhaltensweisen (Aktion-Reaktion) reichen von simpel bis sehr verschachtelt und komplex. So kann man selber auch sehr gut steuern, was man machen möchte. Von mal zu mal wird man sicherer in der Programmierung und kommt parallel dazu auch meist auf interessante neue Ideen, was man noch alles mit seinem Roboter „anstellen" könnte.

Ganz so einfach und schnell, wie es die Werbung vielleicht suggerieren mag, ist die Programmiersprache nicht gelernt und sind keine neuen Modelle gebaut. Dank des gut gemachten Software-Tutorials und der Handbücher mit genausten Instruktionen und Bauanleitungen für viele unterschiedliche Roboter hat man, wenn man die nötige Geduld und Zeit mitbringt, das Gefühl, dass man den Rest auch noch verstehen wird. Diese Kombination sorgt natürlich für Langzeit-Spielspaß. *LEGO*-typisch lässt sich das im Set enthaltende Material mit anderen, schon vorhandenen *LEGO*-Steinen ergänzen. Weitere Erweiterungssets gibt es natürlich auch zu kaufen.

Für Tüftler, Bastler und Computerfreaks (egal ob jung oder alt) stecken in *LEGO Mindstorms* unzählige Möglichkeiten und Stunden voller Spiel- und Bastelspaß ...

LEGO Studios – Das Movie Maker Set

„Ruhe bitte, Ton ab, Kamera läuft und Action."

Nein, wir befinden uns nicht auf dem Gelände einer Filmproduktionsfirma, sondern gehen zufällig am

Kinderzimmer vorbei. Dort sitzen unsere Kinder inmitten vieler bunter Legosteine vor einer Miniaturkulisse. Kleine Legofiguren warten ungeduldig auf ihren Einsatz. Im Hintergrund läuft der Computer.

So könnte es sein, wenn das neue „*LEGO & Steven Spielberg Movie Maker Set*" (2001) in die Hände der Kinder gefallen ist. Mit ihrem neusten Clou spricht die Firma *LEGO* junge „Nachwuchsregisseure" zwischen 8 und 16 Jahren an und liefert ihnen fast alles, was man für die erste digitale Filmproduktion braucht. Ein PC (mind. Pentium 233 ...) sollte allerdings schon vorhanden sein (Nicht im Set erhalten!). Im Basis-Set enthalten sind: eine USB-Kamera mit Mikrofon (und einem 5 m! langem Kabel), die auch als Web-Kamera eingesetzt werden kann, Videoschnitt-Software, Kulissen, Figuren und Zubehör in bekanntem Noppen-Outfit und ein Handbuch, welches auch generelle Tipps zur Gestaltung eines Filmes beinhaltet. Weitere (Ergänzungs-)Sets können dazu gekauft werden. Natürlich lässt sich das recht sparsam ausgestattete Basis-Set auch mit anderen *LEGO*-Steinen/Figuren auffüllen (falls vorhanden).

Nach der Installation der Kamera und der Software kann man direkt ins Filmgeschäft einsteigen. Die ersten Resultate sind dank der einfachen Bedienung der Kamera und der Software auch schnell erzielt, doch wird man schnell merken, dass sich ein abendfüllender Spielfilm mit diesem Equipment nicht realisieren lässt – es bleibt der (*LEGO*-typische) Touch einer Trickfilm-Produktion.

In der Presseinformation zu *LEGO-Studios* legt Steven Spielberg allen zukünftigen Jungregisseuren Folgendes ans Herz: „Alle Anleitungen, die Digitalkamera, die Bausteine und Requisiten und der PC sind nur Werkzeuge. Die wichtigsten Bausteine liegen in deiner Vorstellungskraft. Dort beginnen alle Ideen."

Das mag stimmen, doch Fantasie und Vorstellung funktionieren oft schneller, als deren Realisierung. Um nicht völlig orientierungslos ins Chaos abzudriften, empfiehlt es sich daher dringend (wie bei anderen Filmproduktionen auch) Struktur in die ganze „Geschichte" zu bringen. Ein Drehbuch, ein Storyboard, eine Requisiten-Liste etc. sind daher sinnvoll. Auch andere Fragen tauchen auf: Wie realisiert man beispielsweise Spezialeffekte, oder welche Kameraposition, welcher Kameraschwenk, welche Perspektive sind am effektvollsten? Das mitgelieferte Handbuch und auch viele kurze Videos, die auf der CD-ROM enthalten sind, verraten hierzu viele nützliche Tipps und Tricks und bieten somit eine gute Hilfestellung. Auf der CD-ROM gibt es auch noch die unterschiedlichsten Geräusche und Musikstücke, die man in sein Erstlingswerk bestimmt gut einbauen kann.

Es bleibt zu sagen, dass der junge „*MovieMaker*" auf jeden Fall schnell merken wird, dass Filme machen richtig Arbeit ist. Wenn er sich jedoch davon nicht abschrecken lässt, wird er auch feststellen, dass Arbeit sehr viel Spaß machen kann ...

Fischertechnik (Computing Starter Set)

Fischertechnik hat mit der Reihe „*Mobile Robots*" zwar auch etwas vergleichbares wie die *LEGO Mindstorms* auf den Markt gebracht, geht mit dem neusten Baukastensystemen, dem „*Computing Starter Set*" jedoch in eine etwas andere Richtung. Die Modelle aus dem „*Computing Starter Set*" (siehe nachfolgende Abbildung) verdeutlichen schon, dass die Firma den Begriff Technik zu Recht in ihrem Namen trägt. Bei *Fischertechnik* konzentriert man sich stärker als bei *LEGO* auf die Simulation von technischen Abläufen, Maschinen und Robotern.

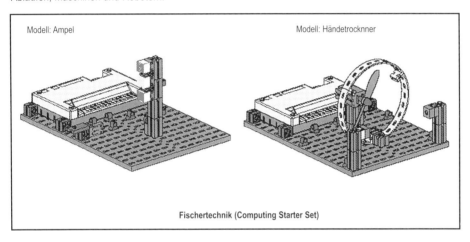

Fischertechnik (Computing Starter Set)

So gibt es auch weitere, frühere Sets, die eindeutig in diese Richtung weisen: „*Industry Robots*" oder „*Pneumatic Robots*". Beim „*Computing Starter Set*" werden die benötigten Bausteine auf einer festen Plattform zusammengebaut. Diese Modelle werden dann an das ebenfalls auf der Plattform befestigte „*Intelligent Interface*" angeschlossen, welches wiederum mit dem eigenen Computer verbunden ist. Das Interface liefert den unterschiedlichen Sensoren Signale und Motoren werden hierüber angesteuert. Vom Computer aus wird ein selbst geschriebenes Steuerungsprogramm per Kabel zum Interface übertragen. Bei der dazu benötigten und mitgelieferten Software (*LLWin 3.0*) handelt es sich um eine grafische

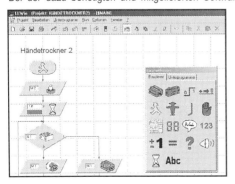

Programmiersoftware, die sehr anwenderfreundlich ist und auch Ungeübten schnell zum Erfolg und zum grundlegenden Verständnis der Programmierung verhilft. Darüber hinaus nehmen ein ausführliches Handbuch und Modell-Skizzen den Anwender an die Hand. Wer schon im Besitz weiterer Baukästen ist, kann die vorhandenen Bauelemente natürlich verwenden. Aber auch allein mit dem „*Computer Starter Set*", etwas Übung, Geduld und Kreativität kann der Jungprogrammierer noch vieles bewegen ...

Jürgen Sleegers

IntelPlay Computer Mikroskop QX3

Die Firma *Intel* hat zusammen mit dem Spielzeugkonzern *Mattel* das erste Computermikroskop für den Massenmarkt entwickelt. Über die USB-Schnittstelle des Computers angeschlossen, liefert das Mikroskop 10-, 60-, oder 200-fache Vergrößerungen auf den Computerbildschirm.

Mittels der mitgelieferten Software, können aufgenommene Standbilder und kleinere Videosequenzen auf den Computer gespeichert, bearbeitet und zu einer Präsentation zusammengestellt werden. Eine besondere Funktion bietet hier der Zeitraffermodus. In einem festgelegten Abstand werden Einzelbilder aufgenommen, welche später einen kleinen Film ergeben. Nun kann man sich in einigen Minuten anschauen, was sonst Stunden oder Tage dauert. Ob man die Entwicklung von Mückeneiern, das Keimen von Pflanzensamen oder das Wachstum von Kristallen beobachten möchte – der Kreativität und dem Forscherdrang stehen alle Türen offen.

Die Bedienung des ca. 150 Euro teuren Geräts ist einfach und gleicht einem normalen Mikroskop. Das Computermikroskop kann jedoch zusätzlich aus seiner Halterung genommen werden. Dadurch lassen sich einige Objekte besser beobachten oder filmen. Gut gelöst wurde das Problem der Beleuchtung von Objekten: Sie kann per Software von Durchlicht auf Auflicht umgeschaltet und auch gedimmt werden. Nur bei extrem starker Vergrößerungen ist die Beleuchtung etwas zu schwach. Eine zusätzliche Lampe neben dem Mikroskop kann hier deutlich zur Verbesserung der Bildqualität beitragen.

Die erfassten Bilder, die man auf dem Monitor sieht, scheinen subjektiv den Ansprüchen eines solchen Mikroskops zu genügen. In einem Vergleich zu einem herkömmlichen (Schüler)Mikroskop würde das „QX3" jedoch, was die Bildqualität (Schärfe und Detailreichtum) angeht in den allermeisten Fällen schlecht abschneiden. Dennoch bleibt es ein äußerst innovativer Schritt in die Richtung, herkömmliche Techno-

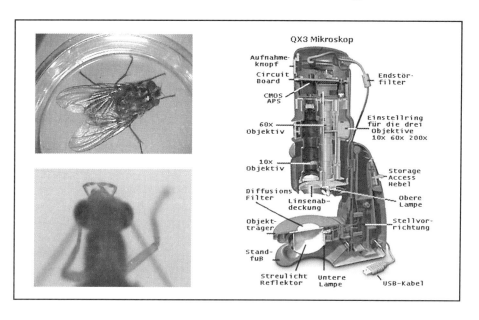

logien sinnvoll mit dem Computer zu verknüpfen und neu zu beleben. Denn ein Plus für das Mikroskop ist nun einmal die Verknüpfung zum Computer und die damit verbundenen Möglichkeiten. Das QX3 verspricht einen spielerischen und kinderleichten Einstieg in die Welt der Mikroskopie. Die Möglichkeiten, welche die Software und der eigene Computer in Verbindung mit dem QX3 liefern, sind neu, interessant und gehen über die Möglichkeiten eines herkömmlichen Mikroskops hinaus.

Dennoch muss erwähnt werden, dass die Qualität des Mikroskops und auch der Software es nicht vermögen, dem „Computermikroskop QX3" völlig den Spielzeug-Touch zu nehmen. Um dies zu erreichen, wäre eine deutliche Verbesserung der Bildqualität und eine nicht gar so kindlich aufgemachte Software, die Kindern etwas mehr zutraut und sie ernster nimmt, erforderlich.

Zusammenfassung

Die wenigen Beispiele verdeutlichen schon, wie facettenreich Computerspiele und das Spielen am und mit dem Computer sein kann. Frei nach dem Motto (eines schwedischen Möbelhauses) könnte man sagen: „Entdecke die Möglichkeiten."

Ein guter Weg, die unterschiedlichen Möglichkeiten kennen zu lernen, besteht darin, gemeinsam mit Kindern und Jugendlichen in die virtuelle Welt einzutauchen. So hat man nicht nur kundige Begleiter gefunden, sondern lernt neben dem Spielen auch noch Neues über die Kinder und Jugendlichen. Es wird immer unterschiedliche Meinungen, Ansichten und Präferenzen zwischen Kindern, Jugendlichen und Erwachsenen geben. Schnell finden sich Spiele, die auf Unverständnis bei Erwachsenen treffen. Oft hilft es hier ein wenig, sich noch einmal an die eigene Kindheit und die mit dem Heranwachsen verbundenen Herausforderungen zu erinnern. Im gemeinsamen Spiel und Dialog wird man vielleicht herausfinden können, was Kinder und Jugendliche aus den Spielen herausziehen, wieso ihnen auch Computerspiele wichtig sind.

Neben diesem Schritt in Richtung akzeptierender und verstehender Medienpädagogik kann so auf beiden Seiten auch ein Stück Medienkompetenz gefördert werden. Und schnell wird man erkennen, dass die Realität auch noch viele Alternativen bereit hält, dass das Spielen aber seinen berechtigten Stellenwert behalten sollte.

Pädagogische Ansätze haben kein richtiges Verfallsdatum

Der folgende Text stammt aus einem Projektbericht von 1987 über den Einsatz von Computern in einem Jugendfreizeitheim (Köln, Zollstock). Zu berücksichtigen ist, dass man sich 1987 in einer Art „Pionierzeit" der Computerprojekte befand. An die enorme Verbreitung der Computer, ihrem Siegeszug und der Einzug in die normalen Haushalte hatte seinerzeit noch niemand wirklich geglaubt. Auch die heutige Haltung, die allmählich gestiegene Akzeptanz gegenüber der Nutzung und dem Einsatz der Computer war damals noch stärker von Ängsten und Ablehnung durchsetzt.

„... Verblüffung löste ein Programm zur Erstellung eines Notenhoroskops aus, mit dem die Voraussage des Ergebnisses der nächsten Klassenarbeit möglich war. Natürlich wollte nun jeder seine sämtlichen Noten vorausgesagt haben, und die Freude über die Ergebnisse hielt so lange an, wie wir die Kinder in dem Glauben ließen, es handle sich bei dem Horoskop um einen komplizierten Rechenvorgang unter Berücksichtigung der jeweiligen Sternzeichen. Als wir dann verrieten, daß es ein selbstgeschriebenes Programm war, bei dem keiner eine schlechtere Note als 3 bekommen konnte, und erklärten, aus welchen Bestandteilen sich das Programm zusammensetzte, versuchten sofort einige, das Programm zu verändern, Kommentare zu vertauschen oder neu zu schreiben. Mit unserer Hilfe war das überhaupt kein Problem, und so konnten die Kinder auch noch ein verulktes Notenhoroskop für ihre Freunde mit nach Hause nehmen. In diesem Zusammenhang ist noch interessant, daß auch einige Eltern keinen Zweifel an der Echtheit dieses Horoskopes hatten, da es ja 'aus einem Computer kam'" (Geißler, Kempf & Schuh, 1987, S. 71).

An diesem Beispiel lassen sich schon die wichtigsten Merkmale „akzeptierender" und auch kreativer Medien- und Computerarbeit festmachen. Auch wenn dieses Beispiel schon beinahe 15 Jahre alt ist (was bei der rasanten technischen Weiterentwicklung eine Ewigkeit ist), so hat sich doch an den Ansätzen, die sich damals schon bewährt haben nicht viel geändert und sie können an die neueren Entwicklungen angepasst werden. Über die Faszination und über den Reiz, der von dem Programm ausging wurde ein Interesse an der Funktionsweise und dem Aufbau des Programms geweckt. Mit dem Vermerk, man könne dieses Programm (mithilfe der Pädagogen) auch verändern und auf die eigenen Interessen zurecht schneiden, wurde den Jugendlichen die Möglichkeit gegeben, das Medium (und das entsprechende Programm) für ihre Interessen zu nutzen. Das nötige Verständnis über die Wirkungszusammenhänge wurde gleich mit vermittelt.

Das Blatt hat sich mittlerweile wohl stark gewendet: Heute gilt es weniger die Kinder und Jugendlichen, sondern eher die Eltern und Pädagogen für die Neuen Medien zu interessieren und ein Stück neugierig zu machen.

Resümee

Spielen gehört zum Menschwerden und zum Menschsein dazu. Nur dass viele Erwachsene dieses verlernt und stattdessen Vorurteile erlernt zu haben scheinen.

Kinder und Jugendliche beschäftigen sich gerne mit dem Computer. Um ihr Interesse und ihre Faszination zu verstehen, muss man nicht direkt selbst zum Spielefreak werden. Ein wenig Aufgeschlossenheit und Verständnis reichen schon aus, um in einen produktiven Dialog treten zu können.

Da jedes Spiel von verschiedenen Spielern unterschiedlich wahrgenommen und gespielt wird, bleibt es spannend herauszufinden, was die jeweiligen Spieler empfinden und denken: Was motiviert und fasziniert sie? Was hat ihnen Spaß gemacht, was nicht? Was hat sie besonders interessiert? Was haben sie gelernt?

Der gesamte Bereich der Computerspiele, mitsamt aller technischen Neuerungen bietet, unzählige Möglichkeiten, die virtuelle und auch die reale Welt neu zu entdecken.
Und es ist nicht nur Kindern und Jugendlichen vorbehalten, auf diese Entdeckungsreisen zu gehen.

Literatur:
Döring, S. (1997). *Lernen durch Spielen.* Beltz; Deutscher Studien Verlag.
Fritz, J. (1997). Macht, Herrschaft und kontrolle im computersoiel. In: J. Fritz & W. Fehr (Hrsg.), *Handbuch Medien: Computerspiele – Theorie, Forschung, Praxis.*
Geißler, C., Kempf, T. & Schuh, S. (1987). Jugendliche nutzen den Computer. Projektbericht über die einjährige Arbeit mit dem Computer in einem Jugendfreizeitheim. In: J. Fritz (Hrsg.), *Computer in der Jugendarbeit.*
Hoelscher, G.R. (1999). Computer brauchen Kinder oder: Medienkompetenz fällt nicht vom Himmel. In: F. Schönweiss (Hrsg.), *CD-ROM Jugend und Neue Medien.*

Weitere Artikel zu dieser Thematik unter:
http://www.sleegers.de

Medienhinweise:
Black and White: Lionhead Studios, Electronic Arts (2001)
Computing Starter Set: Fischertechnik (2000)
Computermikroskop QX3: IntelPlay
LEGO Mindstorms: LEGO (1999)
LEGO & Steven Spielberg Movie Maker Set: LEGO (2001)
S.O.S. Tiefsee: Terzio (2001)
Walt Disney Groove Party plus Tanzmatte: Disney Interactive, Infogrames (2000)
Wer wird Millionär?: Eidos Interactiv (2001)

Bildnachweis:
Bei den verwendeten Bilder handelt es sich um Screenshots die der entsprechenden Software oder dem Pressematerial zu dem Produkt entnommen worden.

Fotos:
Kinder auf der Tanzmatte: J. Sleegers, © 2001

II. Klinische Aspekte der Psychotherapie mit Jugendlichen

Verhaltenstherapie mit aggressiven Jugendlichen
Ableitungen aus der Entwicklungspsychopathologie

Michael Borg-Laufs

1. Einleitung

Das Thema dieses Beitrages ist komplexer, als es auf den ersten Blick erscheinen mag. Um sich ihm angemessen nähern zu können, müssen zunächst die einzelnen Begriffe geklärt werden, die das Thema bestimmen, denn erstaunlicherweise ist sowohl „Verhaltenstherapie" als auch „Therapie mit *Jugendlichen*" als auch „aggressiv" näher erklärungs- und bestimmungsbedürftig. Dies soll in den folgenden Abschnitten geschehen, bevor dann ein verhaltenstherapeutisches Konzept zur Arbeit mit aggressiven Jugendlichen vorgestellt wird.

Im Folgenden wird zunächst auf „Aggression" näher eingegangen werden, zunächst ganz elementar, indem Definition, Prävalenz und Stabilität von aggressivem Verhalten näher beschrieben werden, dann differenzierter, indem ein entwicklungspsychopathologisches Modell aggressiven Verhaltens vorgestellt wird.

Anschließend wird auf einige störungsübergreifende Aspekte der Psychotherapie mit Jugendlichen eingegangen, wobei sowohl eine zeitgemäße Beschreibung und Einordnung von Verhaltenstherapie, als auch störungsübergreifend notwendige Handlungsstrategien bei der Therapie mit Jugendlichen beschrieben werden.

Erst im Anschluss daran wird ein störungs- und entwicklungsspezifisches Interventionskonzept zur Verhaltenstherapie mit aggressiven Jugendlichen eingeführt.

2. Aggressives Verhalten in der Lebensspanne

2.1 Definition, Prävalenz und Stabilität aggressiven Verhaltens

Die Definition eines Problembereiches hat wirklichkeitskonstruierenden Charakter, wie bereits den Arbeiten von Gergen (1984) oder Goolishian und Anderson (1988) zu entnehmen ist. „Wir haben über längere Zeit beobachten können, daß psychologische Probleme – so scheint es – auftauchen, ihre Erscheinungsform verändern und wieder verschwinden, wenn sich unsere Begriffe und Beschreibungen dafür verändern" (ebd., S. 193). Daher ist es immer geboten, mit einer Diskussion der Definitionsmöglichkeiten zu beginnen, bevor man sich auf ungeklärter Grundlage in ein Thema vertieft, von dem jede oder jeder ein anderes Verständnis hat. Im Bereich psychischer Verhaltensauffälligkeiten ist dies besonders geboten, denn „zu einer Verhaltensauffälligkeit gehören immer zwei, und zwar derjenige, der sich verhält, und derjenige, dem es auffällt" (Heid, 1989, S. 41).

Zu den Begriffen „Aggression" oder „aggressives Verhalten" sind eine Menge höchst unterschiedlicher Definitionsvorschläge gemacht worden (vgl. ausführlich Borg-Laufs, 1997a), von denen hier nur einige, die von durchaus prominenten Vertretern unseres Faches vorgeschlagen wurden, herausgegriffen werden sollen (vgl. Kasten 1).

Kasten 1: Definitionen von „Aggression".

1) Selg (1974, S. 22): „Aggression besteht in einem gegen einen Organismus oder ein Organismussurrogat gerichteten Austeilen schädigender Reize."
2) Mitscherlich (1969, S. 12): „Als Aggressivität gilt ... alles, was durch Aktivität ... eine innere Spannung aufzulösen sucht."
3) Fürntratt (1974, S. 282): „Aggression bezeichnet Verhaltensweisen, die einem, wenn man selbst betroffen ist oder sich betroffen zu sein vorstellt, negative Affekte, namentlich Angst machen."
4) Hacker (1971, S. 80): „Aggression ist ... jene dem Menschen innewohnende Disposition und Energie, die sich ursprünglich in Aktivität und später in den verschiedensten ... Formen von Selbstbehauptung bis zur Grausamkeit ausdrückt."
5) Verres und Sobez (1980, S. 49): „Aggressionen sind jene Verhaltensweisen, die erstens gegen einen Gegenstand oder einen anderen Menschen gerichtet sind, und die zweitens für den, der sich gerade aggressiv verhält, eine subjektive Wahrscheinlichkeit aufweisen, diesen Gegenstand oder Menschen auch zu erreichen und damit entweder jene aus dem Weg zu räumen oder ihnen unangenehme oder schädliche Reize zuzufügen oder beides."

Wie bei der Betrachtung der unterschiedlichen Definitionen sofort offensichtlich wird, sind die Unterschiede im Verständnis von Aggressivität beträchtlich. Einerseits sind hier die Definitionen von Mitscherlich und Hacker, die aus einer tiefenpsychologischen Perspektive entstanden sind und das Element der Emotionalität enthalten. Sie sind aufgrund ihrer inhaltlichen Breite allerdings kaum brauchbar, da nahezu jede menschliche Lebensäußerung hier subsummierbar wäre (v.a. bei der Definition von Hacker) und diese Definitionen somit nicht genügend zu anderen Handlungen oder Gefühlszuständen differenzieren. Schließlich ist auch nicht davon auszugehen, dass aggressives Verhalten immer einen bedeutsamen emotionalen Aspekt beinhaltet, es gibt auch sehr „coole", vorrangig instrumentelle, Aggressionen (vgl. etwa die Typologie aggressiven Verhaltens bei Dutschmann, 2000).

Die Definitionen von Selg sowie von Verres und Sobez bestechen auf den ersten Blick durch ihre klare wissenschaftliche Operationalisierung, allerdings mangelt es – insbesondere trifft dies auf die Definition von Selg zu – an differenzialdiagnostischen Möglichkeiten. Hyperaktives Verhalten müsste ebenfalls unter diese Definition fallen, denn es fehlt hier ein entscheidendes Kriterium: Aggressives Verhalten muss als abweichend und als intendiert interpretiert werden, um als Aggression gelten zu können. So würde man bei einem aggressiven Kind davon ausgehen, dass es das, was es tut, „extra" macht, während ein hyperaktives Kind, welches ebenfalls anderen Kindern wehtut, keine Schädigungsabsicht erkennen lässt.[1] Diese wichtige Perspektive – die Bewertung durch andere – steht bei der o.a. Definition von Fürntratt im Vordergrund, allerdings wird hier *eine* durchaus plausible Reaktionsmöglichkeit auf aggressives Verhalten herausgegriffen und als entscheidendes Kriterium genannt, während das eigentliche Verhalten gar nicht mehr in der Definition auftaucht.

---

[1] Da die Komorbidität von Aggression und Hyperaktivität recht hoch ist – Dumas (1989) berichtet von einer Komorbiditätsrate von 59% bei Kindern – muss vor allem im Kindesalter eine genaue Differenzialdiagnostik erfolgen.

Mit einer eigenen Definition, die einerseits die Intention (Schädigungsabsicht) und andererseits die Schädigung selber beinhaltet, darüber hinaus aber den Charakter der Normabweichung bzw. der Konstruktion eines Verhaltens durch Beobachter beinhaltet, soll hier mein Verständnis von Aggression wiedergegeben werden. Gleichzeitig soll auch definiert werden, welche Personen als „aggressiv" gelten sollen.

Kasten 2: Eine eigene Definition von Aggression und Aggressivität.

„Aggression" ist ein zielgerichtetes schädigendes Verhalten, das von Beobachtern negativ bewertet wird. Als „aggressiv" wird eine Person bezeichnet, die solches Verhalten regelmäßig in Situationen zeigt, in denen es nicht angemessen erscheint.

Gegen diese Definition ist einzuwenden, dass sie zuviel subjektive Bewertungsmaßstäbe enthält (negative Bewertung durch andere; nicht angemessen erscheinendes Verhalten), dem ist allerdings entgegenzuhalten, dass gerade „Aggression" sinnvollerweise nicht wertfrei definiert werden *kann*, da die negative Bewertung und die Bewertung als normabweichend konstitutiv für dieses Konstrukt ist. Das von Selg (1974) wertfrei beschriebene „austeilen schädigender Reize" bezeichnet aggressives Verhalten gerade nicht hinreichend, da in unterschiedlichen Kontexten (Fußballfeld, Kirchengruppe, Besprechung, Boxkampf) das gleiche beobachtbare Verhalten völlig unterschiedlich bewertet wird (vgl. dazu auch Tedeschi, Smith & Brown, 1974; Mummendey, Bornewasser, Löschper & Linneweber, 1982).

Nach dieser Definition wären „aggressive Jugendliche" – um deren Therapie es sich ja in diesem Beitrag drehen soll – solche, die sich häufig und in von anderen als negativ und unangemessen bewerteter Weise zielgerichtet schädigend verhalten.

Aggressives Verhalten kann im Rahmen verschiedener klinischer Störungen auftreten. Geradezu konstitutiv ist es für die „Störung des Sozialverhaltens" mit ihren unterschiedlichen Subkategorien und für die „dissoziale Persönlichkeitsstörung", ebenfalls steht sie im Zusammenhang mit einer „emotional instabilen Persönlichkeitsstörung" oder einer „anderen abnormen Gewohnheit oder Störung der Impulskontrolle" (vgl. Dilling, Mombour & Schmidt, 1991).

Prävalenz und Stabilität aggressiven Verhaltens sollen an dieser Stelle nur kurz angerissen werden (vgl. ausführlicher Borg-Laufs, 1997a). Entgegen dem in den Medien immer wieder vermittelten Bild ist die Prävalenz aggressiven Verhaltens nicht so dramatisch gestiegen, wie es immer wieder vermutet und – z.T. verzerrt – dargestellt wird. Das ändert nichts daran, dass es sich um ein gesellschaftlich inakzeptables Verhalten handelt, welches die Gesellschaft mit verschiedenen Mitteln (Polizei, Justiz, Sozialarbeit, Therapie) nicht nur bekämpfen kann, sondern angesichts der Notwendigkeit unschuldige Oper zu schützen auch muss.[2] Es sei dennoch darauf hingewiesen, dass bei Seminaren, Vorlesungen und anderen Veranstaltungen des Autors bei Fragen an die Teilnehmer und Teilnehmerinnen zu den Vermutungen über

---

[2] Ein Ergebnis der im Auftrag der damaligen Bundesregierung tätig gewesenen „Gewaltkommission" (Schwind, Baumann et al., 1990) soll hier allerdings zur Prävalenz von Aggression genannt werden: Nicht z.B. jugendliche Gewaltkriminalität oder andere gesellschaftlich stark diskutierte Gewaltarten, sondern zwischen Familienmitgliedern wird dort als die häufigste, schwerste und am stärksten unterschätzte Form der Gewalt in Deutschland beschrieben (vgl. auch Horn, 1996).

das Ausmaß aggressiven Verhaltens in Deutschland anhand einiger Kennzahlen regelmäßig deutlich überhöhte Zahlen genannt werden. Als Kennzahlen seien hier genannt:
• 2,8% der zweieinhalbjährigen Kinder und 8,3% der vierjährigen Kinder leiden an einer „Störung des Sozialverhaltens" (Laucht, Esser & Schmidt, 1993).
• Nach verschiedenen Untersuchungen leiden etwa 2-10% der Jugendlichen an einer solchen Störung (vgl. Pitzer & Schmidt, 1999).
• Die Rate der Gewaltkriminalität an der Gesamtkriminalität lag in Deutschland 1998 bei 2,8%, was eine leichte Steigerung gegenüber den Achtziger Jahren bedeutet; es kam in Deutschland im gleichen Jahr zu 952 vollendeten Fällen von Mord und Totschlag (Bundeskriminalamt, 1999).[3]

Aggressives Verhalten kann als vergleichsweise stabile Verhaltensdisposition gesehen werden. McConaughy, Stanger und Achenbach (1992) berichten von einer Stabilität von 50% in einem Alterszeitraum von vier bis sechzehn Jahren, d.h., 50% derjenigen Kinder, die mit vier Jahren die Diagnose einer „Störung des Sozialverhaltens" erhielten, wurden auch im Alter von 16 Jahren so diagnostiziert. Dies ist angesichts der großen Entwicklungssprünge in diesem Lebensabschnitt eine erstaunlich hohe Stabilität, die bei anderen Störungen so nicht zu beobachten ist.

2.2 Entwicklungspsychopathologie der Aggression

2.2.1 Grundkonzept der Entwicklungspsychopathologie

Die ersten Arbeiten zur Entwicklungspsychopathologie entstanden etwa Anfang der achtziger Jahre in den USA (vgl. Achenbach, 1990; Cichetti, 1984, 1990), in Deutschland wurden sie vorgestellt von Michael Kusch und Franz Petermann (Kusch & Petermann, 1998; Petermann, Kusch & Niebank, 1998). Das Neue an dieser Sichtweise ist die konsequente Einführung einer entwicklungspsychologischen Perspektive in die klinische Psychologie (vgl. auch Oerter, v. Hagen, Roeper & Noam, 1999).

Verhalten wird hier betrachtet als das Ergebnis einer Kombination von Genen, Umwelt, der Geschichte früherer Anpassungen und aktueller Erfahrung (Sroufe & Egeland, 1991; siehe dazu auch die Überlegungen zu einem integrativen Prozessmodell psychischer Störungen in der Kinder- und Jugendlichenpsychotherapie bei Lenz, 1999). Nach Sroufe (1997, S. 258, zit.n. Cicchetti, 1999) werden in der Entwicklungspychopathologie vorrangig Fragen gestellt wie:
• „Wie gerät ein Kind auf die falsche Spur?
• Wenn dies geschieht, welchen abweichenden Weg wird ein bestimmtes Kind wahrscheinlich einschlagen?
• Welche Einflüsse sind es, die es auf diesem Weg belassen?
• Was würde gebraucht, um es auf einen förderlicheren Weg zurückzubringen?"

Darüber hinaus werden in der entwicklungspsychopathologischen Forschung Fragen von Kontinuität versus Diskontinuität bearbeitet. So ist *homotype Kontinuität* (gleiche Verhaltensmerkmale über den Zeitverlauf) nicht unbedingt die Regel. Bei vielen Problemen verändert sich gerade in der Kindheit und Jugend

---
[3] Auf die Schwierigkeiten und Fallstricke bei der Bewertung der kriminalstatistischen Zahlen soll an dieser Stelle nicht weiter eingegangen werden, da die Zahlen hier nur zur ungefähren Illustration dienen (vgl. z.B. Schneider, 1994).

das offen gezeigte Problemverhalten, ein Sauberkeitsproblem sieht z.B. bei einem 3jährigen Kind ganz anders aus (es werden ganz andere Verhaltensmerkmale gezeigt) als bei einem 16jährigen Jugendlichen. Stattdessen ist *heterotype Kontinuität*, d.h. eine Persistenz in Bedeutung und Organisation von Verhalten, zu beobachten. Sroufe (1997) stellte fest, dass etwa Kleinstkinder mit unsicher-vermeidender Bindung, die also affektiv gedämpft erscheinen, wenn sie älter werden nicht unbedingt zu Introvertiertheit und affektiver Gedämpfheit neigen, sondern eher zu aggressivem Verhalten. Die Kontinuität liegt hier in der Entfremdung und der mangelnden empathischen Bindung. Im Gegensatz dazu zeigen unsicher-ambivalent gebundene Kleinstkinder, die schwer zu beruhigen sind und ihren Müttern gegenüber unsichere Ablehnung zeigen, im weiteren Verlauf der Entwicklung eher ängstliches als oppositionell-trotziges Verhalten, was als chronische Unsicherheit bezüglich der Umgebung und interpersoneller Erwartungen interpretiert werden kann.

Von entscheidender Bedeutung für die Entwicklung sind die Wirkungen und Wechselwirkungen von Risiko- und Schutzfaktoren. Wenn sich diese Bedingungen verändern, sind auch Veränderungen möglich, dass heißt, ein einmal eingeschlagener Entwicklungsweg kann sich auch wieder verändern. So zeigen Studien zur Entwicklung von Pflege- und Adoptivkindern etwa, dass eine positive Veränderung der Umgebungsbedingungen von Kindern sich in vielfältiger Weise positiv auswirkt und frühkindliche Deprivationen einen weitaus geringeren Einfluss auf das weitere Leben der Betroffenen ausübt, als allgemein angenommen (vgl. im Überblick zur Forschungslage zur Entwicklung von Adoptivkindern Klein-Allermann, 1992). „Eine unseres Wissens vollständige Darstellung aller Längsschnittuntersuchungen deprivierter Kinder weist darauf hin, daß Frühdeprivation nur dann zu anhaltenden emotionellen und intellektuellen Schwierigkeiten und Störungen führt, wenn sie in eine Art von ‚Dauerdeprivation' unter schlechten Erziehungs- und Lebensbedingungen übergeht" (Ernst & von Luckner, 1985, S. 95; vgl. auch andere Arbeiten zum Mythos der frühkindlichen Prägung, etwa von Kagan, 2000; Nuber, 1999).

2.2.2 Ein entwicklungspsychopathologisches Modell der Aggression

Die Entwicklungspsychopathologie der Aggression muss also bezogen auf Aggressivität die Frage nach der Kontinuität oder Diskontinuität des beobachtbaren Verhaltens und die Frage nach den Risiko- und Schutzfaktoren, die die Entwicklung beeinflussen, aufgreifen. Ein Modell der Entwicklung aggressiven Verhaltens stammt von Loeber (1990; zit. nach Petermann & Warschburger, 1998), wobei er von einer Kontinuität des (negativen) Verhaltensmusters bei einer Veränderung des beobachtbaren Verhaltens über den Lebenslauf ausgeht. Demnach gibt es eine erhöhte Übergangswahrscheinlichkeit von *prä- und perinatalen Problemen* zu einem *schwierigen Kleinstkind* und dies bedingt wiederum eine erhöhte Wahrscheinlichkeit, eine *hyperkinetische Störung* und darauf folgend ausgeprägtes *oppositionelles Trotzverhalten* im Vorschulalter zu entwickeln. Die Hyperaktivität fördert einerseits die Wahrscheinlichkeit von *schulischen Problemen*, andererseits die Wahrscheinlichkeit, im Schulalter *aggressive Verhaltensauffälligkeiten* zu entwickeln. Durch diese Aggressivität erhöht sich die Wahrscheinlichkeit von *Informationsverarbeitungsdefiziten* und von *mangelnden sozialen Fertigkeiten*, was zusammen wiederum für *Probleme mit Gleichaltrigen* sorgt. Zusammen mit den schulischen Schwierigkeiten führt dies nun schließlich mit erhöhter Wahrscheinlichkeit zu *jugendlicher Delinquenz*. Die jeweils vorausgehenden Störungen müssen dabei als Risikofaktoren für die Entwicklung der später auftretenden Störungen aufgefasst werden.

In diesem Beitrag soll ein erweitertes entwicklungspsychopathologisches Modell vorgestellt werden, welches in den eben dargestellten Grundzügen auf dem Modell von Loeber (1990) aufbaut (s. Abb. 1). Im mittleren Strang der Abbildung ist der Verlauf der Kernsymptomatik bei dem Symtomträger zu erkennen: *Prä- und perinatale Probleme* (Probleme während der Schwangerschaft und der Geburt) scheinen nur einen geringen eigenständigen prognostischen Wert in bezug auf die Entwicklung weiterer Störungen zu haben (vgl. Meyer-Probst & Reis, 1999; vgl. im Überblick auch Wolke, 1999), insgesamt scheint ein Zusammenhang mit einer erhöhten Wahrscheinlichkeit von später auftretenden *Regulationsstörungen* nicht unplausibel (s. Greenberg, Speltz & DeKlyen, 1993), hier muss aber eher der Einfluss begleitender anderer Faktoren (s.u.) hervorgehoben werden. Die Regulationsstörungen (Schrei-, Schlaf- und Fütterungsstörungen) können dann die Entwicklung einer *hyperkinetischen Störung* begünstigen (Ross & Ross, 1982; Wolke, 1999; vgl. auch Papousek, 1999). Die Hyperaktivität wiederum steht in engem Zusammenhang mit *oppositionellem Trotzverhalten* im Vorschulalter und begünstigt dieses. Im Schulalter folgt der Hyperaktivität und dem oppositionellen Trotzverhalten dann häufig offen *aggressives Verhalten* in verschiedenen Kontexten (Schule, Gleichaltrige, Familie) (vgl. z.B. Barkley, DuPaul & McMurray, 1990; Klein & Maluzza, 1991). Dem aggressiven Verhalten in der Kindheit folgt dann oft ein delinquentes Verhalten im Jugendalter (Roff, 1992; Stattin & Magnusson, 1989). Bei den Erwachsenen sinkt die Delinquenzrate dann deutlich ab, wenngleich ein gewisser Teil der delinquenten Jugendlichen auch als junge Erwachsene weiter kriminell bleiben (Baicker-McKee, 1990). Es gibt eine deutlich erhöhte Wahrscheinlichkeit, dass die entsprechenden männlichen Kinder bzw. Jugendlichen später selbst zu *familiärer Gewaltanwendung* neigen (Truscott, 1992), während Mädchen, die Gewalt in ihrer Ursprungsfamilie erfahren haben, als erwachsene Frauen mit einer höheren Wahrscheinlichkeit als andere Frauen aggressive Männer heirateten, von denen sie geschlagen werden (Jaffe, Sundermann & Reitzel, 1992). Auch eine erhöhte Wahrscheinlichkeit zur Entwicklung einer dissozialen Persönlichkeitsstörung ist vielfach konstatiert worden (vgl. z.B. Robins, 1966; Farrington & West, 1990).

Die linke Spalte der Abbildung 1 zeigt – ebenfalls in aufsteigender chronologischer Reihenfolge – die nicht im engeren Sinne zur Kernsymptomatik gehörenden Risikofaktoren, die in Zusammenhang mit der mittleren Spalte (Entwicklung der Kernsymptomatik) zu betrachten sind. Die beschriebenen pränatalen Probleme können *neurologische Probleme* begünstigen (vgl. Heimann, 1997) und diese können im weiteren Verlauf einerseits (zusammen mit dem bei der *Hyperaktivität* typischen ungünstigen Herangehen an Problemsituationen) *kognitive Probleme* (Wahrnehmung, Aufmerksamkeit, Sprache, Problemlösen) bedingen (ebd.), andererseits auch *Regulationsstörungen* mit verursachen (Wolke, 1999). Die *kognitiven Probleme* und die *Hyperaktivität* führen mit hoher Wahrscheinlichkeit zu *schulischen Problemen* (Döpfner, 1993). Die *Schulprobleme* führen häufig zu *aggressivem Verhalten* bzw. beide Auffälligkeiten verstärken sich gegenseitig (Dishion, 1990) und führen zusammen zu vermehrten *Problemen im Umgang mit Gleichaltrigen* (ebd.; s. auch Pelham & Bender, 1982; Carlson, Lahey & Neeper, 1984; Pope, Biermann & Mumma, 1989; Willis & Foster, 1990). Sie schließen daher in der Regel eher Freundschaft mit ebenfalls auffälligen Kindern und Jugendlichen (Cairns et al., 1988) und neigen eher zu *delinquentem Verhalten* (Loeber, 1990). *Schulprobleme* und *soziale Probleme mit Gleichaltrigen* erhöhen das Risiko komorbider Störungen, etwa von *Depression* (Garber, Quiggle, Panak & Dodge, 1991; Petermann & Kusch, 1993) oder von *Substanzmissbrauch* (Kandel, 1986) und diese begünstigen – zusammen mit innerpsychischen

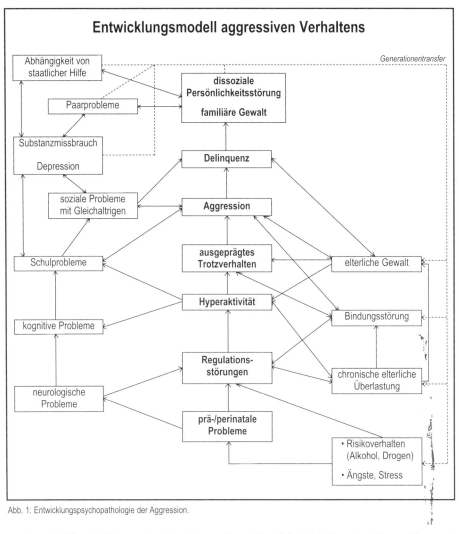

Abb. 1: Entwicklungspsychopathologie der Aggression.

und innerfamiliären Problemen – im Erwachsenenalter weitere Schwierigkeiten, etwa *Paarprobleme* und *Abhängigkeit von staatlichen Hilfeleistungen*, was wiederum negativ auf die familiären Probleme zurückwirkt.

• Der rechte untere Strang der Abbildung bezieht sich auf die Probleme in der Ursprungsfamilie. Häufig bedingen *Ängste, Stress und Risikoverhalten in der Schwangerschaft* entsprechende *prä- und perinatale Probleme* (z.B. durch Intoxikation), gleichzeitig können durch *Ängste und Stress in der Schwangerschaft* auch *frühkindliche Regulationsstörungen* gut vorhergesagt werden (Papousek & von Hoffacker,

1995). *Regulationsstörungen* sind häufig unterschätzte Bedingungen für *chronische elterliche Überlastung* (vgl. Papousek, 1999) und es besteht ein hohes Risiko für eine sich daraus entwickelnde *Bindungsstörung* (ebd.). Die *elterliche Überlastung* führt zu inadäquatem, inkonsequenten Erziehungsverhalten und fördert dadurch die *hyperkinetische Störung* des Kindes (vgl. Döpfner, 1998). Das hyperaktive, oppositionelle und aggressive Kind stellt hohe Anforderungen an die elterliche Erziehungskompetenz, die häufig durch die gegebene Überlastung nicht vorhanden ist. Daher kommt es vermehrt zu *elterlicher Gewalt*, von der aus unzähligen Untersuchungen bekannt ist, dass sie Aggression und Delinquenz des Kindes bzw. Jugendlichen fördert (s. im Überblick Borg-Laufs, 1997a). Die erwähnte *Bindungsstörung* muss als Risikofaktor gesehen werden, da sie die Wahrscheinlichkeit späterer externalisierender Verhaltensstörungen - vor allem bei Jungen - erhöht (Pettit & Bates, 1989; Kühnel, 1995; im Überblick auch Spanger & Zimmermann, 1999; vgl. schließlich Eron, Huesmann & Zelli, 1991).

- Zuletzt soll noch auf Folgendes aufmerksam gemacht werden: Die gestrichelte Linie in Abbildung 1 verweist auf den generationsübergreifenden Charakter dieses Entwicklungsmodells, denn es muss von Folgendem ausgegangen werden: Die hier beschriebenen psychischen und sozialen Probleme der Erwachsenen am Endpunkt dieses entwicklungspsychopathologischen Modells sorgen für einen *Generationentransfer*. Die Wahrscheinlichkeit, dass in diesem Milieu die neu geborenen und heranwachsenden Kinder erneut aggressiv auffällig werden, ist hoch (vgl. z.B. Oliver, Oaks & Hoover, 1994; Frick et al., 1992; Gabel & Shindledecker, 1991; Abidin, Jenkins & McGaughey, 1992; Keenan & Shaw, 1994). Es ist offensichtlich, dass alle hier beschriebenen Risikobedingungen aufseiten der Ursprungsfamilie, also *elterliche Gewaltanwendung, Bindungsstörungen, chronische elterliche Überlastung, sowie Risikoverhalten und Ängste und Stress während der Schwangerschaft* in direktem Zusammenhang mit den beschriebenen psychischen und sozialen Problemen der Erwachsenen – hier also Eltern – stehen.

- Den in diesem Modell ausführlich beschriebenen empirisch gesicherten Risikofaktoren stehen logischerweise die Schutzfaktoren entgegen, die sich an jeder Stelle des hier vorgestellten Modells ergeben können. Eine sichere Eltern-Kind-Bindung, erziehungskompetente Eltern, kognitive Flexibilität, gute schulische Leistungen, Freundschaften mit nicht auffälligen Jugendlichen, eine gute Paarbeziehung usw. können dementsprechend als Schutzfaktoren gelten. Es sei auch deutlich darauf hingewiesen, dass stets auch andere Entwicklungsausgänge möglich sind, wenn im Verlaufe der Entwicklung sich günstigere Bedingungen (Schutzfaktoren) ergeben. Dass auch Kinder bzw. Jugendliche mit ungünstigen Ausgangsbedingungen wieder zu einer angepassten Entwicklung gelangen können, wird auch durch alle diesbezüglichen Langzeitstudien bestätigt (vgl. z.B. Esser et al., 1992; Laucht, Esser & Schmidt, 1993; Petermann et al., 1999; Hartmann, 1996).

- Es ist noch zu beachten, dass viele der im Modell beschriebenen Probleme zwar entwicklungsbedingt erst zu einem bestimmten Zeitpunkt auftauchen, aber nicht unbedingt genauso entwicklungsbedingt wieder verschwinden. Vielmehr ist hier zumindest z.T. von einer Kumulation der Probleme auszugehen (vgl. Scheidthauer & Petermann, 1999). So hat ein gewalttätiger Erwachsener möglicherweise immer noch aggressive Eltern, zu denen er keine gute Beziehung aufbauen konnte, immer noch keine guten Sozialkontakte, immer noch kognitive Probleme, Probleme mit Anforderungen im Berufsleben (statt in der Schule) usw. Bei einer Therapie müssen also ggf. diese kumulierten Probleme mitbedacht und in die Behandlungsplanung einbezogen werden.

3. Verhaltenstherapie mit Jugendlichen: Übergreifende Konzepte

Es gibt insgesamt wenig Anregungen zur Gestaltung des psychotherapeutischen Prozesses mit Jugendlichen. Sie ist nicht in allen Punkten vergleichbar mit der Psychotherapie von Kindern, obwohl durch das Psychotherapeutengesetz hier formal eine Zuordnung stattgefunden hat. Gleichwohl können Jugendliche, obwohl in vielen Punkten den Erwachsenen ähnlich, nicht wie leicht defizitäre Erwachsene behandelt werden. Vielmehr ist bezüglich der Psychotherapie mit Jugendlichen deren Entwicklungsstand als wichtiges Bestimmungsmerkmal des Vorgehens anzusehen (vgl. Borg-Laufs, 2001a).

Psychotherapie ist trotz des augenblicklichen Erfolges der störungsspezifischen Konzeptionen nicht allein störungsorientiert zu betreiben (Borg-Laufs & Merod, 2000). Zwar gibt es auch für Jugendliche – wenige – manualisierte Therapievorschläge (z.B. Petermann & Petermann, 2000a, zur Förderung von Arbeits- und Sozialverhalten), aber über die konkret vorliegende Symptomatik hinaus müssen die vielfältigen Bedingungen, die den therapeutischen Prozess beeinflussen, beachtet werden. Sowohl die Therapeutin als auch der Klient sind geprägt durch ihren lebensgeschichtlichen Hintergrund und ihre aktuelle relevante Umwelt und dies prägt wiederum den therapeutischen Prozess. Der oder die Jugendliche muss in seiner oder ihrer spezifischen jugendlichen Subkultur verstanden werden und dieses Verständnis muss auch so gezeigt werden, dass er oder sie es erkennen kann.

Das Modell der Selbstmanagementtherapie (Kanfer, Reinecker & Schmelzer, 1996), das in Vorarbeiten auf die Psychotherapie mit Kindern und Jugendlichen übertragen wurde (z.B. Borg-Laufs, 1997b; 2001a; Borg-Laufs & Hungerige, 1999; vgl. auch Jänicke & Borg-Laufs, 2001) ist hervorragend geeignet, den therapeutischen Prozess so zu strukturieren, dass die störungsübergreifenden Notwendigkeiten der Psychotherapie dort ihren Platz finden.

Es handelt sich dabei (vgl. Abb. 2) um ein rekursives 7-Phasen-Modell der Psychotherapie. Demnach beginnt der psychotherapeutische Prozess mit einem *Beziehungs- und Motivationsaufbau*, bei dem die Konstruktion eines geeigneten therapeutischen Arbeitsbündnisses und der Aufbau von Änderungsmotivation bei den Klienten im Vordergrund steht, geht dann über in eine *diagnostische Phase*, bei der die genaue Analyse des Problemverhaltens mittels funktionaler Verhaltensanalyse, Plananalyse und Systemanalyse sowie eine ausführliche Zielklärung (vgl. dazu auch Michels & Borg-Laufs, 2001) erfolgt. Erst dann folgt die *Auswahl, Planung und Durchführung spezifischer therapeutischer Interventionen*. Therapiebegleitend, aber mit besonderem Schwerpunkt auf die Endphase der Therapie werden die therapeutischen Fortschritt *evaluaiert* (s. auch Döpfner & Borg-Laufs, 1999) und schließlich wird auch der *Therapieabschluss* sorgfältig so vollzogen, dass Alltagstransfer und Stabilisierung des neugelernten Verhaltens ermöglicht werden.

Borg-Laufs und Hungerige (1999) haben für die Kinder- und Jugendlichenpsychotherapie mehrere parallel verlaufende Selbstmanagementprozesse postuliert (vgl. Abb. 3). Nach diesem Modell muss in der Kinder- und Jugendlichenpsychotherapie dieser Prozess getrennt mit den betroffenen Kindern oder

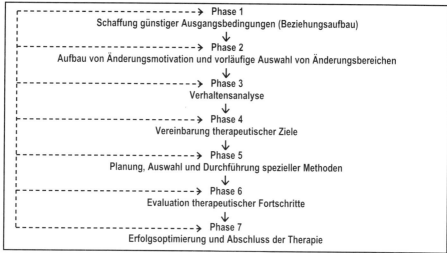

Abb. 2: Die Phasen der Selbstmanagementtherapie.

Jugendlichen, den Eltern oder einem Elternteil, sowie ggf. noch weiteren Beteiligten (Lehrerinnen, Erzieher, miterziehende Verwandte) durchlaufen werden. Dabei kommt es immer wieder zu einer Integration der verschiedenen Prozesse, da beispielsweise die Ziele der unterschiedlichen Beteiligten zwar nicht gleich, aber zumindest miteinander kompatibel sein müssen, wenn die Arbeit erfolgreich sein soll. Schwerpunktmäßig sind solche Integrationsbemühungen bei den Therapiephasen 3 (Verhaltensanalyse), 4 (Zielklärung) und 7 (Abschluss der Therapie) vorgesehen.

Schließlich sei zum Selbstmanagementmodell noch angemerkt, dass es prinzipiell methodenoffen ist. Dies ist angesichts der Vorteile einer allgemeinen Psychotherapie, wie sie Grawe (1998) für die Psychotherapie mit Erwachsenen fordert (vgl. dazu auch Wagner & Becker, 1999; Vogel, Borg-Laufs & Wagner, 1999) und wie sie auch für die Kinder- und Jugendlichenpsychotherapie wünschenswert wäre (vgl. Borg-Laufs, 1999a, 2001b) von hoher Bedeutung. Zwar werden verhaltenstherapeutische Modelle und Vorgehensweisen angesichts ihrer hohen Wirksamkeit (Borg-Laufs, 1999b; Döpfner, 1999) auch bei einer „allgemeinen Kinderpsychotherapie" deutliche Spuren hinterlassen, aber auch die Verhaltenstherapie kann nicht alle Probleme lösen und schulenübergreifende Konzeptionen müssen daher für die Weiterentwicklung der Psychotherapie mit Kindern und Jugendlichen dringend entwickelt werden (siehe z.B. Jänicke & Borg-Laufs, 2001).

4. Verhaltenstherapie mit aggressiven Jugendlichen – ein entwicklungs- und therapieprozessorientiertes Modell

Die Therapie von aggressiv auffälligen Kindern, Jugendlichen und Erwachsenen ist ein schwieriges Unterfangen mit unsicherem Ausgang (Kazdin, 1991). Verhaltenstherapeutische Vorgehensweisen haben sich hier insgesamt als vergleichsweise hilfreich erwiesen, wenngleich auch eingeräumt werden muss, dass

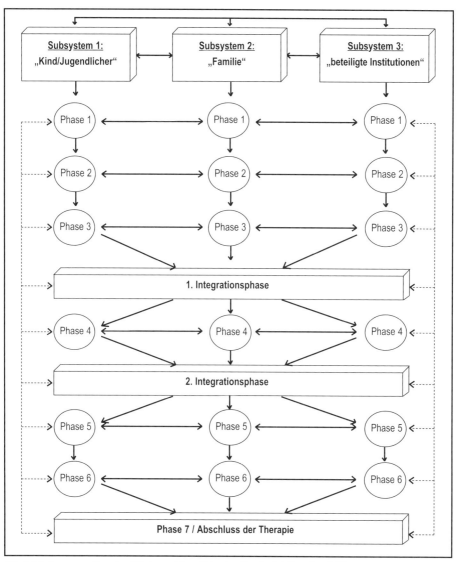

Abb. 3: Selbstmanagementtherapie mit Kindern und Jugendlichen (aus Borg-Laufs & Hungerige, 1999).

die Erfolgsbilanz (z.B. im Sinne der Opfer von Gewalt) noch besser sein könnte (vgl. zur Verhaltenstherapie bei aggressiven Störungen im Überblick Borg-Laufs, 1997a). Im deutschsprachigen Raum ist vor allem das „Training mit aggressiven Kindern" (Petermann & Petermann, 2000b) bekannt, dass insgesamt eine recht eindrucksvolle Erfolgsbilanz vorweisen kann (Borg-Laufs, 2001c). Auch Anti-Gewalt-Trainings (vgl. z.B. Weidner, Kilb & Kreft, 2000), die bei massiv gewalttätigen Jugendlichen häufig im Rahmen von

Sozialarbeit/Pädagogik oder auch innerhalb des Strafvollzuges eingesetzt werden, folgen verhaltenstherapeutischen Prinzipien.

Für das nachfolgend vorgestellte Modell soll die ambulante Einzeltherapie mit aggressiven Jugendlichen und jungen Erwachsenen (von 13 bis 20 Jahren) im Vordergrund stehen, die auf Hinweis – oder auch durch Druck – ihrer Eltern, Erzieher oder Lehrer den Weg in eine Erziehungsberatungsstelle oder in eine psychotherapeutische Praxis gefunden haben.[4] Es wird ein einzeltherapeutisches Setting in den Vordergrund gestellt, obwohl gerade gruppentherapeutische Angebote sich in der klinischen Forschung als hoch wirksam erwiesen haben (vgl. Petermann & Petermann, 2000a; Dishion & Andrews, 1995). Entscheidend war hier die praktische Schwierigkeit, eine geeignete Gruppe zusammenzustellen. Ohne größere Probleme ist dies hauptsächlich in stationären Institutionen (Heime, Strafvollzug) möglich. In der ambulanten Praxis oder einer Erziehungsberatungsstelle ist es hingegen sehr schwierig, an eine ausreichende Zahl von potenziellen Teilnehmern zu kommen, wenn nicht endlos lange Wartelisten, aus denen die KlientInnen ausgewählt werden können, vorhanden sind.[5] Andererseits sind einzelne aggressive Jugendliche regelmäßiges Klientel dieser Einrichtungen und müssen also dort auch eine angemessene Behandlung erfahren.

Zwar folgt das Modell einem bestimmten Ablauf, ggf. ist dieser aber auch – entsprechend dem Grundmodell der Selbstmanagementtherapie – rekursiv, wenn es notwendig wird, zu einer früheren Therapiephase zurückzukehren (vgl. Borg-Laufs & Hungerige, 1999). Die Zahl der in den jeweiligen Therapiephasen durchzuführenden Therapiestunden kann nicht vorgegeben werden – sie hängt von den einzelfallspezifischen Bedingungen ab.

Grundsätzlich wird versucht, in der entwicklungsorientierten Therapie vier verschiedene therapeutische Ansatzpunkte zu berücksichtigen, die – wie aus dem beschriebenen Modell der Entwicklungspsychopathologie der Aggression deutlich wird – bei aggressiven Jugendlichen veränderungsbedürftig sind.
- Abbau aggressiven Verhaltens: Durch ausführliche Verhaltensanalysen (Erkennen von Auslösebedingungen und Verstärkern aggressiven Verhaltens, Kognitionsanalyse, Beziehungsanalyse) sollen therapeutische Maßnahmen (Rollenspiel, kognitive Umstrukturierung, Selbstkontrolltechniken) so gestaltet werden, dass die Wahrscheinlichkeit aggressiver Reaktionsweisen gesenkt wird.
- Aufbau prosozialen Verhaltens: Aggressive Verhaltensgewohnheiten – vor allem, wenn sie lang andauernd sind – gehen häufig einher mit mangelnder Kompetenz zu prosozialem Verhalten, die häufig schon in einer mangelnden Kompetenz zur Empathie mit anderen begründet liegt. Das aggressive Verhalten kann aber nur dann wirklich „aufgegeben" werden, wenn Verhaltensalternativen zur Verfügung stehen. Darüber hinaus wird prosoziales Verhalten möglicherweise in der relevanten Umwelt der Jugendlichen nicht genügend verstärkt. In der Regel müssen auch diesbezüglich geeignete therapeutische Maßnahmen (soziales Training, Wahrnehmungstraining, Empathie-Übungen, Selbstverstärkungsmethoden) ausgewählt werden.

---

[4] Im Rahmen dieses Beitrages kann das Modell nur in seinen Grundzügen vorgestellt werden. Weitere detaillierte Ausführungen sind in Vorbereitung.
[5] Die Schwierigkeit, dass Gruppentherapien mit akzeptabler Gruppengröße in ambulanter Praxis als kassenfinanzierte Leistung überhaupt nicht wirtschaftlich durchführbar sind, soll hier nicht weiter vertieft werden (vgl. Köhlke, 2000).

- Veränderung von Risikobedingungen: Durch parallele Elternberatung (nicht in allen Fällen) und/oder lebensweltorientierten Beratungsgesprächen mit den Jugendlichen müssen Risikobedingungen abgebaut werden (z. B. ungünstiges Elternverhalten; Eingebundenheit in aggressive Freundesgruppe).
- Stärkung von Ressourcen/Schutzfaktoren: Es gilt – schon um ein neues annehmbares Selbstbild zu entwickeln – die persönlichen Stärken zu fördern und auch im sozialen Netzwerk des Klienten Ausschau zu halten nach potenziell förderlichen Personen.

Obwohl vorrangig Jungen und junge Männer aggressives Verhalten zeigen und es sich damit weniger um ein Jugend- als um ein Männlichkeitsproblem handelt (vgl. auch Borg-Laufs, 1997), ist es nicht so, dass Mädchen und junge Frauen solche Auffälligkeiten gar nicht zeigen würden. Das hier vorgestellte Modell ist also sowohl bei männlichen als auch bei weiblichen Jugendlichen einsetzbar. Auf die geschlechtsspezifisch notwendigen Unterschiede in der Therapiegestalten kann an dieser Stelle nicht weiter eingegangen werden (vgl. Bormann & Meyer-Deters, 1999). Auch bezüglich der Unterschiede, die sich aus der Zugehörigkeit zu unterschiedlichen ethnischen Gruppen ergeben, sei auf entsprechende Literatur verwiesen (Friese, 1999).

4.1 Beziehungsaufbau mit aggressiven Jugendlichen

Jugendliche sind eigentlich daran interessiert, ihre Probleme vorrangig durch Diskussionen und kognitives Durchspielen auch mithilfe anderer Personen zu lösen (Seiffge-Krenke, 1984). Erwachsene Ansprechpartner sind dabei durchaus erwünscht (Keats et al., 1983). Dennoch gelten Jugendliche – obwohl Ihnen in der Therapie genau dieses geboten würde – als schwieriges Klientel. Schon der Aufbau einer geeigneten therapeutischen Beziehung wird als schwierig erlebt. Die Jugendlichen werden nur dann Interesse an einer Beziehung mit Psychotherapeutinnen haben, wenn diese in ihrer aktuellen Lebenswelt Bedeutung erlangen können, d. h., sie müssen ein Beziehungsangebot machen, das den Bedürfnissen der Jugendlichen entspricht.

Jugendliche sehen als ihre wichtigsten Entwicklungsaufgaben die Vorbereitung auf die berufliche Laufbahn, die Entwicklung einer eigenen Identität, den Beziehungsaufbau mit Gleichaltrigen, die Entwicklung einer eigenen Weltanschauung, die Entwicklung einer Zukunftsperspektive und das Akzeptieren der eigenen körperlichen Erscheinung (Dreher & Dreher, 1985). Darüber hinaus ist es Jugendlichen wichtig, in Beziehungen mit Erwachsenen nicht bevormundet zu werden und nur über ihre Schwächen definiert zu werden, sondern symmetrische Beziehungen mit Erwachsenen zu erleben (Youniss & Smollar, 1985). „Welches Beziehungsangebot also braucht jemand, der oder die autonome Identität entwickeln will, in vielfacher Hinsicht seinen oder ihren Platz in Familie, Freundeskreis und Gesellschaft einnehmen will, und der bzw. die dabei aus eigener Sicht und/oder aus Sicht Anderer zumindest partiell scheitert? Genauer: Welches Beziehungsangebot braucht jemand von uns Therapeutinnen und Beratern, die wir vergleichsweise alt und Eltern-ähnlich, unattraktiv und unwissend in bezug auf ihre Lebenswelt sind?" (Borg-Laufs, 2001a).

Dieses Beziehungsangebot darf nicht nach „Machtausübung, Kontrolle und Besserwisserei" (ebd.) aussehen. Vielmehr benötigen die Jugendlichen eine Person, die nicht nur Interesse am Symptom, sondern an der ganzen Person und der Lebenswelt des Jugendlichen zeigt. Den Jugendlichen ein Standardprogramm anzubieten, bei dem sie ihre individuellen Wünsche nicht genügend einbringen können, wird kaum zu einer vertrauensvollen Beziehung führen. Ein gewisses Interesse und ein gewisses Wissen bezüglich jugendtypischer Themen wie Musik, Mode oder Kino ist hilfreich, damit die Jugendlichen ein Interesse an ihrer Lebenswelt auch tatsächlich entdecken können. Dass dabei keine Begeisterung geheuchelt werden muss, dürfte ebenfalls selbstverständlich sein: Plumpe Anbiederei wird von den Jugendlichen nicht als Interesse verstanden werden.

In den ersten Kontakten mit den Jugendlichen, die für den Beziehungsaufbau entscheidend sind, sollte Ihnen also ermöglicht werden, sich als ganze Person mit verschiedenen Interessen, Zielen, Wünschen und Problemen zu präsentieren. Dabei sollten sie die Therapeutin als jemanden erleben, die offen, interessiert und vorurteilsfrei mit dieser Präsentation umgeht. Auch die problematischen Seiten werden angesprochen und nicht ausgeblendet, denn ansonsten würde die therapeutische Situation als angenehme Gesprächsrunde falsch gebahnt werden und die Therapeutin würde auch nicht als Person mit eigenen Vorstellungen erkannt. Darüber hinaus sieht der Jugendliche dann möglicherweise nicht die Perspektive einer Veränderungsmöglichkeit seiner Probleme am Horizont, wenn sie in der Therapie keine Rolle zu spielen scheinen. Wichtig erscheint aber dennoch, die Schwächen des freiwillig erscheinenden Jugendlichen nicht zu früh in den Mittelpunkt zu stellen und auch nicht zu früh mit Konfrontationen einen Beziehungsabbruch zu riskieren. Noch ist die therapeutische Beziehung brüchig und die freiwillig erscheinenden Jugendlichen werden nicht wiederkommen, wenn der Therapiebesuch bestrafende Wirkung hat – verfrühte massive Angriffe auf das Selbstverständnis können aber genau dazu führen.

Für die Beziehungsgestaltung ist es entscheidend, dass die Therapie dem Jugendlichen nicht aufgedrängt, sondern angeboten wird. Die – anfangs noch milden – Konfrontationen des Jugendlichen mit seinem Problemverhalten sollen im Sinne einer rationalen Disputation dazu führen, dass die Jugendlichen selber erkennen, dass sie durch die Bearbeitung ihrer Probleme in der Therapie einen Vorteil erzielen können. Wenn die Therapeutin sich aufdrängt, gerät sie in die Falle, in der alle wohlmeinenden Helfer sind, die Verantwortung für die Jugendlichen übernehmen wollen: Sie werden von diesen aufgrund ihres Autonomiebedürfnisses abgelehnt.

4.2 Motivationsaufbau mit aggressiven Jugendlichen

Auch eine Änderungsmotivation, d.h., die Bereitschaft, aktiv am Therapieprozess mitzuwirken um ein bestimmtes Ergebnis zu erreichen, gilt in der Therapie mit Jugendlichen – und in der Therapie mit aggressiven Jugendlichen ganz besonder – als schwieriges Unterfangen. Das Motivationsmodell von Heckhausen (1977; 1989; vgl. auch Mackowiak, 1999) kann dabei helfen, die schwierige Motivationslage zu verstehen (siehe Abb. 4).

Stellen wir uns nun einen einen fünfzehnjährigen Jungen vor, dessen *Situation* folgende ist: Er ist mit drei anderen Jungs in einer Clique, sowohl an der Schule als auch in seiner Freizeit ('rumhängen' an einem Platz in der Innenstadt) fällt er durch aggressives Verhalten auf. Zu Hause hat er massiven Krach deswegen, in der Schule droht bei der nächsten Klassenkonferenz ein Schulverweis. Die *Handlung* wäre aktive Therapieteilnahme, d.h., regelmäßiges Erscheinen, sich öffnen, therapeutische Hausaufgaben erledigen. Das angestrengte *Ergebnis* wäre eine Verringerung seiner aggressiven Handlungsweisen und die

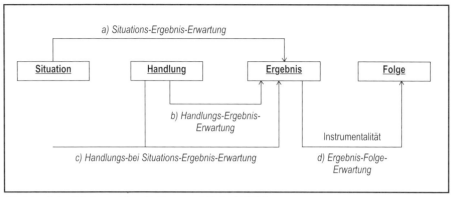

Abb. 4: Erweitertes Motivationsmodell von Heckhausen nach Mackowiak (1999).

Folge davon könnte sein, dass er nicht von der Schule fliegt und zu Hause wieder weniger Ärger bekommt?
Wie kann seine Motivationslage anhand des Modells beschrieben und bearbeitet werden? Zunächst die *Situations-Ergebnis-Erwartung (a)*: Möglicherweise denkt der Jugendliche, dass er sein Verhalten schon allein in den Griff kriege, das sei ja wohl – und zwar gerade für ihn – kein Problem. Wenn er wollte, könnte er aufhören, andere zu schlagen. Also: Kein Grund, sich den Mühen einer Therapie zu entziehen. Die *Handlungs-Ergebnis-Erwartung (b)* ist dann niedrig, wenn der Jugendliche denkt, dass dieser ganze Psychokram ja doch nix bringe (z.B., weil der Therapeut 'ne Flasche sei). Die *Handlungs-bei-Situations-Ergebnis-Erwartung (c)* ist niedrig, wenn der Klient sich denkt, dass die Therapie in seiner Lage ja ohnehin nix bringe, weil er ja gar nicht der Schuldige sei, vielmehr werde er ja von den anderen provoziert und verteidige nur seine Ehre. Und schließlich geht es bei der *Ergebnis-Folge-Erwartung (d)* darum, ob die zu erreichende Verhaltensänderung tatsächlich das gewünschte Ergebnis zeigt: Er könnte z.B. glauben, dass es egal sei, ob er sein Verhalten verändere, da die Lehrer sowieso gegen ihn seien und die Eltern ohnehin immer etwas zu meckern hätten.

In dem eben beschriebenen Fall muss die Motivationsarbeit an allen vier Punkten ansetzen, indem (a) der Jugendliche mit der geeigneten Gesprächsführung dazu gebracht wird, zu erkennen, dass er sein Verhalten nicht ohne weiteres ändern kann. Dazu muss ihm möglicherweise verdeutlicht werden, dass er weniger autonom ist, als er glaubt, weil er durch einfache Schimpfworte („Hurensohn!") wie auf Knopfdruck provozierbar sei und sein eigenes Verhalten eben nicht unter Kontrolle hat. Möglicherweise muss ihm auch im Gespräch der Gedanke nahegelegt werden, dass er sich gar nicht trauen würde, seine Freunde durch weniger aggressives Verhalten zu enttäuschen. Damit der Jugendliche glaubt, dass Psychotherapie etwas bewirken kann (b), muss der Therapeut kompetent erscheinen. Gleichzeitig kann er auf Ergebnisse aus vergleichbaren Fällen verweisen, wo die Therapie geholfen hat. Der Gedanke, dass er letztlich gar nichts für die Probleme kann (c), da ja die anderen Schuld sind, muss ebenfalls durch z.B. eine rational-emotive Gesprächsführung angegriffen werden. Das Kompetenzgefühl des Klienten im Sinne seiner Selbstwirksamkeit (Bandura, 1986) sollte durch einfache therapeutische Hausaufgaben gestärkt werden.

Schließlich sollte die Ergebnis-Folge-Erwartung (d) dergestalt bearbeitet werden, dass für den Jugendlichen wichtige Ziele (in Richtung mehr Autonomie, z.B. dadurch, dass er weniger von Lehrern und Eltern behelligt wird) erarbeitet werden.

4.3 Verhaltensanalyse

Die Verhaltensanalyse ist auch in der Therapie mit Jugendlichen selbstverständlich unersetzbar und wird genauso eingesetzt, wie in anderen Therapiekontexten auch (vgl. z.B. Reinecker, 1999). Es müssen also folgende Bestimmungsstücke, die dem Jugendlichen nicht unbedingt klar sind, erarbeitet werden:
- Auslösende Situation (S): Was genau sind die Auslöser für das aggressive Verhalten? Worauf reagiert der Jugendliche? Was muss man tun, um ihn zu provozieren? Wodurch fühlt er sich angegriffen? Auch diskriminative Stimuli sind zu erfassen: Reagiert er unter bestimmten Bedingungen eher aggressiv (z.B. in Anwesenheit von Mädchen)?
- Organismusvariable (O): Gibt es eine besondere Stimmungslage, die ihn anfällig sein lässt, sich aggressiv zu verhalten? Leidet er unter Angespanntheit, Nervosität?
- Reaktion (R): Was genau tut er? Was genau?! Einmal zuschlagen? Mehrmals zuschlagen? Schlagen und treten? Einen am Boden liegenden treten? Mit Gegenständen schlagen? Von vorne oder von hinten schlagen? Wohin schlägt oder tritt er? Welche Gedanken schießen ihm davor und dabei durch den Kopf? Was bewegt ihn in diesem Moment? Ist er aufgeregt oder eher cool?
- Konsequenz (C): Was denkt er nachher über sich? Wie fühlt er sich? Wie reagieren seine Freunde? Wie reagieren andere? Langfristig: Welche Folgen hat das später in der Schule, zu Hause, usw.?
- Kontingenz (K): Wie regelmäßig erfolgen positive oder negative Konsequenzen auf sein Verhalten?

Auch weitere Analysen, etwa eine Plananalyse (Caspar, 1989) oder Systemanalysen (vgl. Jänicke & Borg-Laufs, 2001) können helfen, die Bedingungen besser zu erfassen.

Kontakte mit Lehrern, Eltern oder anderen Beteiligten sind wünschenswert, um die Angaben der Jugendlichen überprüfen zu können, denn Jugendliche geben bezüglich aggressiver Verhaltensweisen in der Regel andere Auskünfte als Eltern oder Lehrer (Offord, Boyle & Racine, 1991). Allerdings muss hier unbedingt das Einverständnis des Jugendlichen vorliegen und die Kontakte müssen so erfolgen, dass der Jugendliche die Therapeutin nicht als Verbündeten der Eltern oder Lehrer erlebt. Dies ist nicht immer einfach, weil die anderen Erwachsenen die Therapeutin häufig vereinnahmen wollen.

4.4 Zielklärung

Die in der Regel völlig ungenauen und negativ gehaltenen Zielvorstellungen der Jugendlichen („Ich will halt aufhören mit dem Scheiß-machen!") in konkret beobachtbare, positive und erreichbare Ziele zu überführen („Wenn ich provoziert werde, denke ich einfach, der kann mich mal und beachte ihn nicht."). Möglicherweise muss hier beachtet werden, dass die Ziele von Eltern, Lehrern und Jugendlichem kompatibel gehalten werden (vgl. Michels & Borg-Laufs, 2001). Z.B. könnten die Eltern völlig unrealistische Ziele haben, die nicht mit dem Selbstbild des Jugendlichen zusammenpassen. Die Lehrer könnten das – möglicherweise nicht ausgesprochene – Ziel haben, den Jungen einfach loszuwerden.

Wichtig ist es, auch für andere Ziele der Jugendlichen offen zu bleiben. Diese können sich auf eigene Probleme beziehen, die mit dem aggressiven Verhalten in keinem Zusammenhang stehen, sie können aber auch das Verhalten der anderen, z.B. der Eltern, betreffen und sollten dann auch Gegenstand von Elternberatung oder Familienterminen sein (Jänicke & Borg-Laufs, 2001). Sollte keine Kompatibilität herstellbar sein, dann muss die Therapeutin dazu entscheiden, die Elternarbeit aufzugeben, um nicht selber in Loyalitätskonflikte zu geraten und auch vom Jugendlichen nicht mit Misstrauen beäugt zu werden.

Ob mit dem Jugendlichen – wie in der Arbeit mit Erwachsenen – auch weiter entfernt liegende Ziele erarbeitet werden können, hängt von deren jeweiligen Entwicklungsstand und Interesse an entfernter liegenden Zielen ab. Erst bei Erwachsenen kann mit Sicherheit davon ausgegangen werden, dass auch langfristige Ziele vorliegen, Jugendliche haben häufig noch einen Zeithorizont von höchstens einem Jahr (Fischer et al., 2000).

4.5 Auswahl, Planung und Durchführung von konkreten Interventionen

Die relevanten verhaltenstherapeutischen Methoden, die im Folgenden kurz angerissen werden, sind aus entwicklungspsychologischer Sicht bei Jugendlichen alle ohne Einschränkungen anwendbar (Borg-Laufs & Trautner, 1999). Nach den vorliegenden Erkenntnissen aus der Aggressionsforschung sind folgende Problembereiche bei aggressiven Jugendlichen potenziell von Belang:
- Negatives Selbstkonzept und mangelnde Selbstsicherheit (Capaldi, 1992),
- Dysfunktionale bzw. verzerrte Wahrnehmung sozialer Situationen (Akhtar & Bradley, 1991),
- Mangelnde Empathie-Fähigkeiten (Lee & Prentice, 1988; Perry & Bussey, 1977),
- Niedriges moralisches Urteilsniveau (Nelson, Smith & Dodd, 1990; Reinhard & Brinkmann-Göbel, 1988),
- Niedrige soziale Problemlösefertigkeiten (Sadowsky & Kelly, 1993),
- Erhöhte Impulsivität (Lambert, Hartsough, Sassone & Sandoval, 1987),
- Erwartung positiver Konsequenzen für aggressives Verhalten (Guerra & Slaby, 1989),
- Verzerrte Wahrnehmung des eigenen Verhaltens (Slaby & Guerra, 1988).

Die auszuwählenden Interventionen sollten also dazu geeignet sein, an diesen Punkten anzusetzen. Im Folgenden werden mögliche Interventionen genannt, die geeignet sind, an diesen Punkten anzusetzen. Welche der Interventionen in welcher Reihenfolge angewendet werden, richtet sich nach dem jeweiligen Einzelfall und dem dafür erstellten Therapieplan (vgl. Döpfner & Borg-Laufs, 1999). Detailliertere Beschreibungen der konkreten therapeutischen Interventionen und ihrer differenziellen Indikation im Verlaufe des Therapieprozesses sind in Vorbereitung.

4.5.1 Interventionen zur Steigerung der sozialen Kompetenz

Als wesentliches Element ist hierzu das Rollenspiel einzusetzen (vgl. Hungerige & Borg-Laufs, 2001). Im Verlauf der Therapie sind dabei die Anforderungen zu steigern und immer schwierigere Situationen zu bewältigen (z.B. Umgang mit positivem oder negativem Herausgehobensein aus der Gruppe). Außerdem sind durch eine rational-emotive Gesprächsführung (vgl. Breitenbach, 2001) mögliche Sorgen und Ängste des Klienten herauszuarbeiten und zu verändern. Die in der Verhaltenstherapie in verschiedenen Kontexten einzusetzende 3-Spalten-Liste (Aufzeichnung von Situation, Gedanken, Gefühl in schwierigen sozialen Situationen) kann hier diagnostisch eingesetzt werden, um die selbstwertmindernden Kognitionen zu identifizieren. In der Erweiterung als 5-Spalten-Liste (Situation, Gedanken, Gefühl, Alternativgedanken, anschließendes Gefühl) kann diese Hausaufgabe dabei helfen, das Selbstbewusstsein wieder zu stärken.

Insbesondere muss mit dem Klienten im Gespräch und im Rollenspiel Alternativverhalten für sein bisheriges aggressives Verhalten erarbeitet werden. Häufig ist das Verhaltensrepertoire stark eingeschränkt und die Jugendlichen haben gar nicht die Kompetenz, anderes als aggressives Verhalten einzusetzen, um ihre Ziele zu erreichen.

4.5.2 Soziales Wahrnehmungstraining

Auch um die soziale Wahrnehmung zu verändern, können Rollenspiele eingesetzt werden, in denen konfliktträchtige Situationen gespielt und anschließend die Wahrnehmungen, Gefühle und Handlungsimpulse besprochen werden. Darüber hinaus kann zum Alltagstransfer auch ein Tagebuch – ähnlich der bereits erwähnten Mehr-Spalten-Listen – erstellt werden, um genug Material für die Therapiesitzungen zu haben. Mit rational-emotiver Gesprächsführung kann auch hier versucht werden, eingefahrene automatische Gedanken, die die Wahrnehmung sozialer Situationen determinieren, zu verändern.

4.5.3 Erhöhung der Empathie-Fähigkeiten

Der Mangel an empathischen Fähigkeiten muss möglicherweise zunächst ganz basal bearbeitet werden, indem – z.B. mit dem entsprechenden Photomaterial aus Petermann und Petermann (2000a) oder wiederum mit kurzen Rollenspielen, aber auch mit Filmausschnitten, etc. – zunächst mit den Jugendlichen trainiert wird, überhaupt die Gefühle anderer angemessen wahrzunehmen und differenziert zu beschreiben. Erst später kann die für die Täter vor allem bei massiven Gewalttaten häufig durchaus schmerzhafte Konfrontation mit der Opferperspektive vorgenommen werden (vgl. Burschyk, Sames & Weidner). Die Therapeutin kann hier z.B. ihre Erfahrung aus der Arbeit mit Gewaltopfern konfrontativ einbringen, um die „Ist-doch-alles-nicht-so-wild"-Haltung der Jugendlichen aufzubrechen.

4.5.4 Erhöhung des moralischen Urteilsniveaus

Die Diskussion beliebiger moralischer Dilemmata mit den Jugendlichen, die nicht belehrend daherkommt, kann dazu beitragen, das moralische Urteilsniveau zu heben. Es empfiehlt sich, nicht nur die Probleme des Jugendlichen selber, sondern auch allgemeine Probleme auszuwählen und die Parallelen zum Verhalten des Jugendlichen in den Gesprächen herauszuarbeiten. Wenn die Empathie-Fähigkeiten des Jugendlichen z.B. durch den bisherigen Verlauf der Therapie bereits erhöht werden konnten, kann darauf aufgebaut werden und jeweils die Perspektive möglichst vieler Beteiligter einbezogen werden.

4.5.5 Stärkung der Problemlösefertigkeiten

Anhand von sozialen Problemen, die denen des Jugendlichen ähneln, können Übungen zur Problemlösung durchgeführt werden. Dabei wird eine strukturierte Problemlösestrategie eingeübt, die dann auch auf eigene Probleme angewendet werden sollte. Eine solche Strategie enthält die Punkte
• Genaue Beschreibung des Problems,
• Sammlung von Lösungsalternativen,

- Differenzierte Bewertung der Lösungsmöglichkeiten,
- Auswahl einer Lösung.

4.5.6 Erhöhung der Selbstkontrolle

Die Erhöhung der Selbstkontrolle kann mit verschiedenen Methoden versucht werden:
- Rollenspiele zur Übung von Alternativverhalten.
- Entwerfen und Einsetzen von geeigneten Selbstinstruktionen zur Steuerung des Verhaltens (vgl. Mackowiak & Hungerige, 2001).
- Operante Verstärkung angemessenen Verhaltens (vgl. Borg-Laufs & Hungerige, 2001). Bei Fremdverstärkung kann es allerdings zu Konflikten mit dem Autonomiebedürfnis des Jugendlichen kommen. Daher erscheint die Einführung von Selbstverstärkung sinnvoll, bei der der Jugendliche sich selber für angemessenes Verhalten belohnt, z.B. in der Situation durch Eigenlob oder auch anschließend durch besondere Vergnügen, die er sich selbst nur dann erlaubt, wenn er das erwünschte Verhalten gezeigt hat.
- Erlernen eines Entspannungsverfahrens (vgl. Merod, 2001) und Anwendung von cue-controlled relaxation (vgl. Fliegel et al., 1994), d.h. Erlernen eines im Alltag einsetzbaren Schnell-Entspannungsverfahrens.

4.5.7 Erarbeitung realistischer Konsequenzen des aggressiven Verhaltens

Es müssen die kurz-, mittel- und langfristigen Folgen des aggressiven Verhaltens mit dem Jugendlichen – mit einem Schwerpunkt auf den negativen Folgen – detailliert erarbeitet werden. Auch dies kann allerdings nicht in belehrender Weise geschehen, sondern muss durch geeignete Gesprächsführung möglichst als Erkenntnis des Jugendlichen produziert werden, die er nicht von der Therapeutin „vorgesagt" bekommt. Der Jugendliche sollte auch z.B. durch die Erstellung von 2-Spalten-Listen, auf denen Vor- und Nachteile seines Verhaltens aufgeführt werden, selbstständig die Entscheidung zu treffen, ob er sein Verhalten für sinnvoll hält.

4.5.8 Erlernen einer realistischen Einschätzung des eigenen aggressiven Verhaltens

Bei aggressiven Jugendlichen fällt häufig auf, dass sie sich – häufig im Gegensatz zu ihrem tatsächlichen Befinden – geradezu grandios als durchsetzungsstark und selbstbewusst darstellen (Weidner & Malzahn, 2000). Sie haben ihr „Stigma" als übler Gewalttäter in eine positive Selbstbeschreibung umgewandelt. Darüber hinaus bieten sie die abstrusesten Rechtfertigungsstrategien (Neutralisierungstechniken) für ihr Verhalten (ebd.).

Konfrontierende Selbstbeobachtung (Tagebuch), rationale Disputation und konfrontative Gesprächsführung sind hier wichtig, um quantitativ und qualitativ eine realistische Sichtweise des Verhaltens zu erlangen.

4.5.9 Beachtung komorbider Störungen und allgemeiner Probleme

Die sich aus dem entwicklungspsychopathologischen Modell ergebenden häufig anzutreffenden zusätzlichen Probleme (Substanzmissbrauch, Schulschwierigkeiten, Streit mit der und mangelnde Bindung an die Familie, usw.) sind auch Gegenstand der Therapie, sofern sie entweder aus Therapeutensicht von

Bedeutung für den Therapiefortschritt sind (etwa wenn eine Verringerung der schulischen Probleme zu einer notwendigen Stärkung des Selbstbewusstseins führt) oder wenn sie von dem Jugendlichen selber vorgebracht werden. Hier sei nochmals daran erinnert, dass die vom Jugendlichen selbst eingebrachten Probleme selbstverständlicher Bestandteil der therapeutischen Gespräche sein müssen.

4.6 Evaluation

Die Therapieevaluation kann in diesem Zusammenhang nicht mehr ausführlich beschrieben werden (vgl. weiterführende Literatur, etwa Döpfner & Borg-Laufs, 1999; Kanfer, Reinecker & Schmelzer, 1996). Um die Ziele nicht aus den Augen zu verlieren und den aktuellen Stand der therapeutischen Fortschritte auch jederzeit mit den Jugendlichen besprechen zu können, wäre eine Zielerreichungsskalierung, bei der die therapeutischen Fortschritte in jeder Therapiestunde genau operationalisiert erfasst werden, sicherlich sinnvoll (vgl. Kiresuk & Sherman, 1968; Borg-Laufs, 1997c). Auch sollte – wenn es unter dem Gesichtspunkt der Beziehungsgestaltung mit dem Jugendlichen möglich ist – bei aggressiven Verhaltensauffälligkeiten Jugendlicher stets auch die Meinung von z.B. Lehrern oder Eltern eingeholt werden, denn expansive Verhaltensauffälligkeiten werden von Außenstehenden oft präziser beurteilt als vom Betroffenen selbst.

4.7 Erfolgsoptimierung, Abschluss

Der Alltagstransfer steht während der ganzen Therapiedurchführung im Vordergrund und braucht hier nicht noch einmal gesondert behandelt zu werden. Eher sollten mit dem Jugendlichen und ggf. auch z.B. mit den Eltern zukünftige mögliche Risiken besprochen werden. Sofern der Jugendliche weiter bei den Eltern lebt, sollte z.B. die Eltern dazu angeleitet werden, wie sie „Monitoring", d.h. ihrem Kind Interesse an seiner Lebenswelt und seinen Erlebnissen zu bekunden, als Schutzbedingung aktivieren können und gleichzeitig dabei übermäßige Kontrolle, die dem Autonomiestreben des Jugendlichen entgegenläuft, abbauen können.

4.8 Beratung von Eltern und Lehrern

In vielen Fällen ist es zur Stärkung von Schutzfaktoren sinnvoll, auch die Eltern und gegebenenfalls auch noch weitere Beteiligte in die Therapie einzubeziehen, allerdings geht dies nur dann, wenn dabei für die Jugendlichen nicht der Eindruck einer Koalition der Erwachsenen gegen ihn bekommt. Im Zweifelsfall wäre es z.B. in einer Beratungsstelle häufig sinnvoll, auf die dortigen personellen Ressourcen zurückzugreifen und die Beratung der Eltern von einer anderen Therapeutin durchführen zu lassen als die Behandlung des Jugendlichen.

Wichtig ist es aber, wenn die Eltern mit einbezogen werden, auch ihrem Entwicklungsstand und ihrer Lebenswelt entsprechend mit ihnen umzugehen (vgl. dazu auch Borg-Laufs, 2001a). Die Probleme der Eltern – unabhängig von ihren Problemen mit ihrem Kind – in die Beratung miteinzubeziehen, erhöht in jedem Falle die Erfolgsaussichten (vgl. Prinz & Miller, 1988).

5 Ausblick

Die hier vorliegende Konzeption soll in der Praxis weiter erprobt und entsprechend weiter ausgebaut werden, da sie auf empirisch fundierten Erkenntnissen der Psychologie und ihrer Nachbardisziplinen fußt. Gleichzeitig fehlt aber noch eine empirische Untersuchung des geschilderten Vorgehens, die aber ebenso wie die konkrete Ausgestaltung des Therapiemanuals in Kürze erfolgen soll.

Literatur:
Abidin, R.R., Jenkins, C.L. & McGaughey, M.C. (1992). The relationship of early family variables to children´s subsequent behavioral adjustment. *Journal of Clinical Child Psychology, 21,* 60-69.
Achenbach, T.M. (1990). What is „developmental" about developmental psychopathology. In: M. Lewis & S. Miller (Hrsg.), *Handbook of developmental psychopathology* (S. 29 - 48). New York: Plenum Press.
Akthar, N. & Bradley, E.J. (1991). Social information processing deficits of aggressive children: Present findings and implications for social skills training. *Clinical Psychology Review, 11,* 621-644.
Baicker-McKee, C. (1990). *Saints, sinners, and prodigal sons: An investigation of continuities and discontinuities on antisocial development.* Unpublizierte Dissertation: University of Virginia, Charlottesville.
Bandura, A. (1986). *Social foundations of thought and action. A social cognitive theory.* Englewood Cliffs: Prentice-Hall.
Barkley, R.A., DuPaul, G.J. & McMurray, M.B. (1990). Comprehensive evaluation of attention deficit disorder with and without hyperactivity as defined by research criteria. *Journal of Consulting and Clinical Psychology, 58,* 775-789.
Belsky, J., Rovine, M. & Fish, M. (1989). The developing family system. In: M.R. Gunnar & E. Thelen (Hrsg.), *Systems and development* (S. 119 - 186). Hillsdale: Earlbaum.
Borg-Laufs, M. (1997a). *Aggressives Verhalten – Mythen und Möglichkeiten.* Tübingen: DGVT.
Borg-Laufs, M. (1997b). Der Selbstmanagementprozeß in der Kinderpsychotherapie. *Verhaltenstherapie und psychosoziale Praxis, 29,* 199-212.
Borg-Laufs, M. (1997c). *Strukturierungshilfen zur Erstellung von Falldokumentationen.* Tübingen: DGVT.
Borg-Laufs, M. (1999a). Einführung – Themen und Perspektiven. In: M. Borg-Laufs (Hrsg.). *Lehrbuch der Verhaltenstherapie mit Kindern und Jugendlichen, Band 1: Grundlagen* (S. 7-16). Tübingen: DGVT.
Borg-Laufs, M. (1999b). Verhaltenstherapie mit Kindern und Jugendlichen: Grundlagen, Methoden, Entwicklungen. In: H. Reinecker unter Mitarbeit von M. Borg-Laufs, U. Ehlert, D. Schulte, H. Sorgatz & H. Vogel, *Lehrbuch der Verhaltenstherapie* (S. 455-484). Tübingen: DGVT.
Borg-Laufs, M. (2001a). Selbstmanagementtherapie mit Jugendlichen. In: H.P. Michels & M. Borg-Laufs (Hrsg.), *Verhaltenstherapie mit Jugendlichen.* Tübingen: DGVT.
Borg-Laufs, M. (2001b). Ausblick: Entwicklungslinien der Kinder- und Jugendlichenpsychotherapie. In: M. Borg-Laufs (Hrsg), *Lehrbuch der Verhaltenstherapie mit Kindern und Jugendlichen, Band II: Interventionsmethoden.* Tübingen: DGVT.
Borg-Laufs, M. (2001c). Trainings des Sozialverhaltens. In: M. Borg-Laufs (Hrsg.), *Lehrbuch der Verhaltenstherapie mit Kindern und Jugendlichen, Band 2: Intervention.* Tübingen: DGVT.
Borg-Laufs, M. & Hungerige, H. (1999). Der Prozeß der Kinder- und Jugendlichenpsychotherapie. In: M. Borg-Laufs (Hrsg.), *Lehrbuch der Verhaltenstherapie mit Kindern und Jugendlichen, Band 1: Grundlagen* (S. 227-264). Tübingen: DGVT.
Borg-Laufs, M. & Hungerige, H. (2001). Operante Verfahren. In: M. Borg-Laufs (Hrsg.), *Lehrbuch der Verhaltenstherapie mit Kindern und Jugendlichen, Band II: Interventionsmethoden.* Tübingen: DGVT.
Borg-Laufs, M. & Merod, R. (2000). Kinder- und Jugendlichenverhaltenstherapie jenseits der Störungsorientierung. *Verhaltenstherapie, 10,* 67 - 75.
Borg-Laufs, M. & Trautner, H.M. (1999). Entwicklungspsychologische Grundlagen der Kinder- und Jugendlichenpsychotherapie. In: M. Borg-Laufs (Hrsg.), *Lehrbuch der Verhaltenstherapie mit Kindern und Jugendlichen, Band 1: Grundlagen* (S. 51-88). Tübingen: DGVT.
Bormann, M. & Meyer-Deters, W. (1999). Hänsel oder Gretel – spielt das eine Rolle? Die Geschlechterperspektive in der Kindertherapie. In: M. Borg-Laufs (Hrsg.), *Lehrbuch der Verhaltenstherapie mit Kindern und Jugendlichen, Band 1: Grundlagen* (S. 401-422). Tübingen: DGVT.
Breitenbach, R. (2001). Rational-emotive Therapie. In: M. Borg-Laufs (Hrsg), *Lehrbuch der Verhaltenstherapie mit Kindern und Jugendlichen, Band II: Interventionsmethoden.* Tübingen: DGVT.
Bundeskriminalamt (Hrsg.) (1999). *Polizeiliche Kriminalstatistik Bundesrepublik Deutschland. Berichtsjahr 1998.* Wiebaden: Bundeskriminalamt.
Burschyk, L., Sames, K.-H. & Weidner, J. (2000). Das Anti-Aggressivitäts-Training: Curriculare Eckpfeiler, Forschungsergebnisse. In:

J. Weidner, R. Kilb & D. Kreft (Hrsg.), *Gewalt im Griff. Band 1: Neue Formen des Anti-Aggressivitäts-Trainings* (S. 74-90). Weinheim: Beltz.
Cairns, R.B., Cairns, B.D., Neckerman, H.J., Gest, S.D. & Gariepy, J.L. (1988). Social networks and aggressive behavior: Peer support or peer rejection? *Developmental Psychology, 24,* 815-823.
Capaldi, D.M. (1992). Co-occurence of conduct problems and depressive symptoms in early adolescent boys: II. A 2-year-follow-up at grade 8. *Development and Psychopathology, 4,* 125-144.
Carlson, C.L., Lahey, B.B. & Neeper, R. (1984). Peer assessment of the social behavior of accepted, rejected, and neglected children. *Journal of Abnormal Child Psychology, 12,* 189-198.
Caspar, F. (1989). *Beziehungen und Probleme verstehen. Eine Einführung in die psychotherapeutische Plananalyse.* Bern: Huber.
Cicchetti, D. (Hrsg.) (1984). Developmental psychopathology. *Special Issue of Child Development, 55,* 1-318.
Cicchetti, D. (1990). A Historical Perspective on the Discipline of Developmental Psychopathology. In: J. Rolf, A. Masten, D. Cicchetti, K. Nuechterlein & S. Weintraub (Hrsg.), *Risk and protective factors in the development of psychopathology* (pp. 2-28). New York: Cambridge University Press.
Cicchetti, D. (1999). Entwicklungspsychopathologie: Historische Grundlagen, konzeptuelle und methodische Fragen, Implikationen für Prävention und Intervention. In: R. Oerter, C. von Hagen, G. Röper & G. Noam (Hrsg.), *Klinische Entwicklungspsychologie* (S. 11-44). Weinheim: PVU.
Dilling, H., Mombour, W. & Schmidt, M.H. (1991). *Internationale Klassifikation psychischer Störungen; ICD-10 Kapitel V (F); Klinisch-diagnostische Leitlinien.* Bern: Hans Huber.
Dishion, T.J. (1990). The family ecology of boys´ peer relations in middle childhood. *Child Development, 61,* 874-892.
Dishion, T.J. & Andrews, D.W. (1995). Preventing escalation in problem behaviors with high-risk young adolescents: Immediate and one-year-outcome. *Journal of Consulting and Clinical Psychology, 63,* 538-548.
Döpfner, M. (1993). Verhaltensstörungen im Vorschulalter. *Kindheit und Entwicklung, 2,* 177-190.
Döpfner, M. (1998). Hyperkinetische Störungen. In: F. Petermann (Hrsg.), *Lehrbuch der Klinischen Kinderpsychologie* (S. 265-218). Göttingen: Hogrefe.
Döpfner, M. (1999). Ergebnisse der Therapieforschung zur Verhaltenstherapie mit Kindern und Jugendlichen. In: M. Borg-Laufs (Hrsg.), *Lehrbuch der Verhaltenstherapie mit Kindern und Jugendlichen, Band 1: Grundlagen* (S. 153-187). Tübingen: DGVT.
Döpfner, M. & Borg-Laufs, M. (1999). Diagnostik, Therapieplanung und Evaluation in der Kinder- und Jugendlichenverhaltenstherapie. In: M. Borg-Laufs (Hrsg.), *Lehrbuch der Verhaltenstherapie mit Kindern und Jugendlichen, Band 1: Grundlagen* (S. 299-360). Tübingen: DGVT.
Dreher, E. & Dreher, M. (1985). Entwicklungsaufgaben im Jugendalter: Bedeutsamkeit und Bewältigungskonzepte. In: D. Liepmann & A. Stiksrud (Hrsg.), *Entwicklungsaufgaben und Bewältigungsprobleme in der Adoleszenz* (S. 56-70). Weinheim: Beltz.
Dumas, J.E. (1989). Treating antisocial behavior in children: Child and family approaches. *Clinical Psychology Review, 9,* 197-222.
Dutschmann, A. (2000). *Das Aggressions-Bewältigungs-Programm ABPro* (3 Bände). Tübingen: DGVT.
Ernst, C. & von Luckner, N. (1985). *Stellt die Frühkindheit die Weichen? Eine Kritik an der Lehre von der schicksalshaften Bedeutung erster Erlebnisse.* Stuttgart: Enke.
Esser, G., Schmidt, M.H., Blanz, B., Fätkenheuer, B., Fritz, A., Koppe, T., Laucht, M., Rensch, B. & Rothenberger, W. (1992). Prävalenz und Verlauf psychischer Störungen im Kindes- und Jugendalter. *Zeitschrift für Kinder- und Jugendpsychiatrie, 20,* 232-242.
Farrington, D.P. & West, D.J. (1990). The Cambridge Study in Delinquent Development: A Long-Term Follow-up of 411 London Males. In: H.J. Kerner & Kaiser (Hrsg.), *Criminality: Personality, Behavior, Life History.* Berlin: Springer.
Fischer, A., Fritzsche, Y., Fuchs-Heinritz, W. & Münchmeier, R. (2000). *Jugend 2000. 13te Shell-Jugendstudie.* Opladen: Leske und Budrich.
Fliegel, S., Groeger, W.M., Künzel, R., Schulte, D. & Sorgatz, H. (1994). *Verhaltenstherapeutische Standardmethoden.* Weinheim: PVU.
Frick, P.J., Lahey, B.B., Loeber, R., Stouthammer-Loeber, M., Christ, M.A.G. & Hanson, K. (1992). Familial risk factors to oppositional deviant disorder and conduct disorder: Parental psychopathology and maternal parenting. *Journal of Consulting and Clinical Psychology, 60,* 49-55.
Friese, P. (1999). Interkulturelle Kompetenz in der Kinderpsychotherapie. In: M. Borg-Laufs (Hrsg.), *Lehrbuch der Verhaltenstherapie mit Kindern und Jugendlichen, Band 1: Grundlagen* (S. 423-446). Tübingen: DGVT.
Fürntratt, E. (1974). *Angst und instrumentelle Aggression.* Weinheim: Beltz.
Gabel, S. & Shindledecker, R. (1991). Aggressive behavior in youth: Characteristics, outcome, and psychiatric diagnosis. *Journal of the American Academy of Child and Adolescent Psychiatry, 30,* 982-988.
Garber, J., Quiggle, N.L., Panak, W. & Dodge, K.A. (1991). Aggression and depression in children: Comorbidity, specificity, and social cognitive processes. In: D. Cicchetti & S.L. Toth (Hrsg.), *Internalizing and externalizing expression of dysfunction* (S. 225-264). Hillsdale: Earlbaum.
Gergen, K.J. (1984). Aggression as discourse. In: A. Mummendey (Hrsg.), *Social Psychology of Aggression. From individual behavior to social interaction* (S. 51-68). Berlin: Springer.
Goolishian, H.A. & Anderson, H. (1988). Menschliche Systeme. Vor welche Probleme sie uns stellen und wie wir mit ihnen arbeiten. In: L. Reiter, E.J. Brunner & S. Reiter-Theil (Hrsg.), *Von der Familientherapie zur systemischen Perspektive* (S. 189-215). Berlin: Springer.

Grawe, K. (1998). *Psychologische Therapie.* Göttingen: Hogrefe.
Greenberg, M.T., Speltz, M.L. & DeKlyen, M. (1993). The role of attachment in the early development of disruptive behavior problems. *Development and Psychopathology, 5,* 191-214.
Guerra, N.G. & Slaby, R.G. (1989). Evaluative factors in social problem solving by aggressive boys. *Journal of Abnormal Child Psychology, 17,* 277-289.
Hacker, F. (1971). *Aggression.* Wien: Molden.
Hartmann, K. (1996). *Lebenswege nach Heimerziehung. Biographien sozialer Retardierung.* Freiburg: Rombach.
Heckhausen, H. (1977). Motivation: Kognitionspsychologische Aufspaltung eines summarischen Konstrukts. *Psychologische Rundschau, 28,* 175-189.
Heckhausen, H. (1989). *Motivation und Handeln.* Berlin: Springer.
Heid, H. (1989). Pädagogische Rückfragen an herkömmliche Bestimmungen von „Verhaltensauffälligkeit" und Schulleistungsversagen. In: H. Lukesch, W. Nölder & H. Peez (Hrsg), *Beratungsaufgaben in der Schule.* München: Ernst Reinhardt.
Heimann, K. (1997). Neurogene Ursachen von Verhaltensstörungen. *Kindheit und Entwicklung, 6,* 206-211.
Horn, W. (1996). Umgang mit familialer Gewalt. In: J. Mansel (Hrsg.), *Glückliche Kindheit – Schwierige Zeit?* (S. 113-127). Opladen: Leske und Budrich.
Hungerige, H. & Borg-Laufs, M. (2001). Rollenspiel. In: M. Borg-Laufs (Hrsg), *Lehrbuch der Verhaltenstherapie mit Kindern und Jugendlichen, Band II: Interventionsmethoden.* Tübingen: DGVT.
Jänicke, W. & Borg-Laufs, M. (2001). Systemische Therapie und Verhaltenstherapie. In: M. Borg-Laufs (Hrsg), *Lehrbuch der Verhaltenstherapie mit Kindern und Jugendlichen, Band II: Interventionsmethoden.* Tübingen: DGVT.
Jaffe, P.G., Sundermann, M. & Reitzel, D. (1992). Working With Children and Adolescents to End the Cycle of Violence: An Social Learning Approach to Intervention and Prevention Programs. In: R.D. Peters, R.J. McMahon & V.L. Quinsey (Hrsg.), *Aggression and violence thruoghout the lifespan* (S. 83-99). New York: Sage.
Kagan, J. (2000). *Die drei Grundirrtümer der Psychologie.* Weinheim: Beltz.
Kandel, D.B. (1986). Processes of peer influences in adolescence. In: R.K. Silbereisen, K. Eyfurth & G. Rudinger (Hrsg.), *Development as action in context* (S. 203-228). Berlin: Springer.
Keats, J.A., Keats, D.M., Biddle, B.J., Blank, B.J., Hauge, R., Wan-Rafaei, B. & Valantin, S. (1983). Parents, friends, siblings, and adults: Unfolding referent other importance data for adolescents. *International Journal of Psychology, 18,* 239-262.
Keenan, K. & Shaw, D.S. (1994). The development of aggression in toddlers: A study of low-income families. *Journal of Abnormal Child Psychology, 22,* 53-77.
Kiresuk, T.J. & Sherman, R.E. (1968). Goal attainment scaling: A general method for evaluating comprehensive community mental health programs. *Community Mental Health Journal, 4,* 443-453.
Klein, R. & Maluzza, S. (1991). Long-term outcome of hyperactive children: A review. *Journal of the American Academy of Child and Adolescent Psychiatry, 32,* 182-189.
Klein-Allermann, E. (1992). Adoptierte Kinder und ihre Eltern: Familien eigener Art. In: M. Hofer, E. Klein-Allermann & P. Noack, *Familienbeziehungen. Eltern und Kinder in der Entwicklung* (S. 250-265). Göttingen: Hogrefe.
Köhlke, H.U. (2000). Keine Sicherstellung von Gruppenpsychotherapie als Kassenleistung. *Verhaltenstherapie und psychosoziale Praxis, 32,* 91-98.
Kusch, M. & Petermann, F. (1998). Konzepte und Ergebnisse der Entwicklungspsychopathologie. In: F. Petermann (Hrsg.), *Lehrbuch der Klinischen Kinderpsychologie* (S. 53-93). Göttingen: Hogrefe.
Lambert, N.M., Hartsough, C.S., Sassone, D. & Sandoval, J. (1987). Persistence of hyperactivity symptoms from childhood to adolescence and associated outcomes. *American Journal of Orthopsychiatry, 57,* 22-32.
Laucht, M., Esser, G. & Schmidt, M.H. (1993). Psychische Auffälligkeiten im Kleinkind- und Vorschulalter. *Kindheit und Entwicklung, 2,* 143-149.
Lee, M. & Prentice, N.M. (1988). Interrelations of empathy, cognition, and moral reasoning with dimensions of juvenile delinquency. *Journal of Abnormal Child Psychology, 16,* 127-139.
Lenz, A. (1999). Modelle psychischer Störungen des Kindes- und Jugendalters. In: M. Borg-Laufs (Hrsg.), *Lehrbuch der Verhaltenstherapie mit Kindern und Jugendlichen, Band 1: Grundlagen* (S. 89-122). Tübingen: DGVT.
Loeber, R. (1990). Development and risk factors of juvenile antisocial behavior and delinquency. *Clinical Psychology Review, 10,* 1-41.
Löschper, G. (1992). Definitionsschwierigkeiten. Oder: Eine Orientierungshilfe der Psychologie in den (semantischen) Nebelschleiern des Aggressionsbegriffs. *Kriminologisches Journal, 24,* 8-22.
Mackowiak, K. (1999). Motivations- und Beziehungsaufbau in der Verhaltenstherapie mit Kindern und Jugendlichen. In: M. Borg-Laufs (Hrsg.), *Lehrbuch der Verhaltenstherapie mit Kindern und Jugendlichen, Band1: Grundlagen* (S. 265-298). Tübingen: DGVT.
Mackowiak, K. & Hungerige, H. (2001). Selbstinstruktionsmethoden. In: M. Borg-Laufs (Hrsg), *Lehrbuch der Verhaltenstherapie mit Kindern und Jugendlichen, Band II: Interventionsmethoden.* Tübingen: DGVT.
Merod, R. (2001). Entspannungsverfahren. In: M. Borg-Laufs (Hrsg), *Lehrbuch der Verhaltenstherapie mit Kindern und Jugendlichen, Band II: Interventionsmethoden.* Tübingen: DGVT.
Meyer-Probst, B. & Reis, O. (1999). Von der Geburt bis 25: Rostocker Längsschnittstudie (ROLS), *Kindheit und Entwicklung, 8,* 59-68.
Michels, H.P. & Borg-Laufs, M. (2001). Zielklärung. In: M. Borg-Laufs (Hrsg), *Lehrbuch der Verhaltenstherapie mit Kindern und Jugendlichen, Band II: Interventionsmethoden.* Tübingen: DGVT.

Mitscherlich, A. (1969). *Die Idee des Friedens und die menschliche Aggressivität*. Frankfurt a.M.: Fischer.
Mummendey, A., Bornewasser, M., Löschper, G. & Linneweber, V. (1982). Aggressiv sind immer die anderen. Plädoyer für eine sozial psychologische Perspektive in der Aggressionsforschung. *Zeitschrift für Sozialpsychologie, 13,* 177-193.
Nelson, J.R., Smith, D.J. & Dodd, J. (1990). The moral reasonning of juvenile delinquents: A meta-analysis. *Journal of Abnormal Child Psychology, 18,* 231-239.
Nuber, U. (1999). *Der Mythos vom frühen Trauma. Über Macht und Einfluß der Kindheit.* Frankfurt a.M.: Fischer.
Oerter, R., von Hagen, C., Röper, G. & Noam, G. (Hrsg.). *Klinische Entwicklungspsychologie.* Weinheim: PVU.
Offord, D.R., Boyle, M.H. & Racine, Y. (1991). Ontario child health study: Correlates of disorder. In: S. Chess & M.E. Hertzig (Hrsg.), *Annual progress in child psychiatry and child development, 1990* (S. 194-204). New York: Brunner/Mazel.
Oliver, R., Oaks, I.H. & Hoover, J.H. (1994). Family issues and interventions in bully and victim relationships. *School Counselor, 41,* 199-202.
Papousek, M. (1999). Regulationsstörungen der frühen Kindheit: Entstehungsbedingungen im Kontext der Eltern-Kind-Beziehungen. In: R. Oerter, C. von Hagen, G. Röper & G. Noam (Hrsg.), *Klinische Entwicklungspsychologie* (S. 148-169). Weinheim: PVU.
Papousek, M. & von Hofacker, N. (1995). Persistent crying and parenting: Search for a butterfly in a dynamic system. *Early Development and Parenting, 4,* 209-224.
Pelham, W.E. & Bender, M.E. (1982). Peer relationships in hyperactive children. In: K.D. Gadow & I. Bialer (Hrsg.), *Advances in learning and behavioral disabilities, Vol. 1* (S. 365-436). Greenwich, Conn.: JAI Press.
Perry, D.G. & Bussey, K. (1977). Self-reinforcement in high- and low-aggressive boys following acts of aggression. *Developmental Psychology, 25,* 312-319.
Petermann, F., Essau, C.A., Turbanisch, U., Conradt, J. & Groen, G. (1999). Komorbidität, Risikofaktoren und Verlauf aggressiven Verhaltens: Ergebnisse der Bremer Jugendstudie. *Kindheit und Entwicklung, 8,* 49-58.
Petermann, F. & Kusch, M. (1993). Entwicklungspsychopathologie von Verhaltensstörungen im Kindes- und Jugendalter. In: F. Petermann & U. Petermann (Hrsg.), *Angst und Aggression bei Kindern und Jugendlichen* (S. 31-54). München: Quintessenz.
Petermann, F., Kusch, M. & Niebank, K. (Hrsg.) (1998). *Entwicklungspsychopathologie.* Weinheim: PVU.
Petermann, F. & Petermann, U. (2000a). *Training mit Jugendlichen. Förderung von Arbeits- und Sozialverhalten.* (6te, überarbeitete Auflage). Göttingen: Hogrefe.
Petermann, F. & Petermann, U. (2000b). *Training mit aggressiven Kindern.* (9te, überarbeitete Auflage). Weinheim: PVU.
Petermann, F. & Warschburger, P. (1998). Aggression. In: F. Petermann (Hrsg.), *Lehrbuch der Klinischen Kinderpsychologie* (S. 127-164). Göttingen: Hogrefe.
Pitzer, M. & Schmidt, M.H. (1999). Epidemiologie psychischer Störungen des Kindes- und Jugendalters. In: M. Borg-Laufs (Hrsg.), *Lehrbuch der Verhaltenstherapie mit Kindern und Jugendlichen, Band 1: Grundlagen* (S. 123-152). Tübingen: DGVT.
Pope, A.W., Bierman, K.L. & Mumma, G.H. (1989). Relations between hyperactive and aggressive behavior and peer relations an three elementary grade levels. *Journal of Abnormal Child Psychology, 17,* 253-267.
Prinz, R.J. & Miller, G.E. (1988). Behavioral family treatment of conduct disorder: Learning from the dropouts. In: R.J. Prinz (Hrsg.), *Advances in behavioral family therapy. Symposium conducted at the meeting of the Association for Advancement of Behavior Therapy,* New York.
Reinecker, H. (1999). Grundlagen verhaltenstherapeutischer Methoden. In: H. Reinecker unter Mitarbeit von M. Borg-Laufs, U. Ehlert, D. Schulte, H. Sorgatz & H. Vogel, *Lehrbuch der Verhaltenstherapie* (S. 87-146). Tübingen: DGVT.
Reinhard, H.G. & Brinkmann-Göbel, R. (1988). Moralisches Urteil und aggressives Handeln bei psychisch gestörten Jugendlichen. *Acta Paedopsychiatrica, 51,* 110-118.
Robins, L.N. (1966). *Deviant children grown up.* Baltimore. Md.: Williams and Wilkins.
Roff, J.D. (1992). Childhood aggression, peer status, and social class as predictors of delinquency. *Psychological Reports, 70,* 31-34.
Ross, D.M. & Ross, S.A. (1982). *Hyperactivity: Current issues, research, and theory.* New York: Wiley.
Sadowsky, C. & Kelley, M.L. (1993). Social problem solving in suicidal adolescents. *Journal of Consulting and Clinical Psychology, 61,* 121-127.
Seiffge-Krenke, I. (1984). Formen der Problembewältigung bei besonders belasteten Jugendlichen. In: E. Olbrich & E. Todt (Hrsg.), *Probleme des Jugendalters* (S. 353-386).
Scheidthauer, H. & Petermann, F. (1999). Zur Wirkungsweise von Risiko- und Schutzfaktoren in der Entwicklung von Kindern und Jugendlichen. *Kindheit und Entwicklung, 8,* 3-14.
Schneider, H.J. (1994). *Kriminologie der Gewalt.* Stuttgart: Hirzel.
Schwind, H.D., Baumann, J. et al. (Hrsg.) (1990). *Ursachen, Prävention und Kontrolle von Gewalt.* Berlin: Sondergutachten der unabhängigen Regierungskommission zur Verhinderung und Bekämpfung von Gewalt.
Selg, H. (1974). *Menschliche Aggressivität.* Göttingen: Hogrefe.
Slaby, R.G. & Guerra, N.G. (1988). Cognitive mediators of aggression in adolescent offenders: 1. Assessment. *Developmental Psychology, 24,* 580-588.
Spangler, G. & Zimmermann, P. (1999). Bindung und Anpassung im Lebenslauf: Erklärungsansätze und empirische Grundlagen für Entwicklungsprognosen. In: R. Oerter, C. von Hagen, G. Röper & G. Noam (Hrsg.), *Klinische Entwicklungspsychologie* (S. 170-194). Weinheim: PVU.
Sroufe, A. (1997). Psychopathology as an outcome of the development. *Development and Psychopathology, 9,* 251-268.

Sroufe, A. & Egeland, B. (1991). Illustrations of person and environment interaction from a longitudinal study. In: T. Wachs & R. Plomin (Hrsg.), *Conceptualization and measurement of organism-environment interaction* (S. 68-84). Washington DC: American Psychological Association.

Stattin, H. & Magnusson, D. (1989). The role of early aggressive behavior in the frequency, seriousness, and types of later crime. *Journal of Consulting and Clinical Psychology, 57,* 710-718.

Tedeschi, J., Smith, R.B. & Brown, R.C. (1974). A reinterpretation of research on aggression. *Psychological Bulletin, 81,* 540-562.

Truscott, D. (1992). Intergenerational transmission of violent behavior in adolescent males. *Aggressive Behavior, 18,* 327-335.

Verres, R. & Sobez, I. (1980). *Ärger, Aggression und soziale Kompetenz.* Stuttgart: Enke.

Vogel, H., Borg-Laufs, M. & Wagner, R.F. (1999). Von der Richtlinienpsychotherapie zur wissenschaftlichen Psychotherapie – eine Chance für die ambulante Versorgung in Deutschland?! *Verhaltenstherapie und psychosoziale Praxis, 31,* 145-150.

Wagner, R.F. & Becker, P. (1999). *Allgemeine Psychotherapie. Neue Ansätze zur Integration psychotherapeutischer Schulen.* Göttingen: Hogrefe.

Weidner, J., Kilb, R. & Kreft, D. (Hrsg.) (2000). *Gewalt im Griff, Band 1: Neue Formen des Anti-Aggressivitäts-Trainings.* Weinheim: Beltz.

Weidner, J. & Malzahn, U. (2000). Zum Persönlichkeitsprofil aggressiver Jungen und Männer. Selbstthematisierungen. In: J. Weidner, R. Kilb & D. Kreft (Hrsg.), *Gewalt im Griff, Band 1: Neue Formen des Anti-Aggressivitäts-Trainings* (S. 43-47). Weinheim: Beltz.

Willis, L.M. & Foster, S.L. (1990). Differences in children's peer sociometric and attribution ratings due to context and type of aggressive behavior. *Journal of Abnormal Child Psychology, 18,* 135-154.

Wolke, D. (1999). Interventionen bei Regulationsstörungen. In: R. Oerter, C. von Hagen, G. Röper & G. Noam (Hrsg.), *Klinische Entwicklungspsychologie* (S. 351-380). Weinheim: PVU.

Youniss, J. & Smollar, J. (1985). *Adolescent relations with mothers, fathers, and friends.* Chicago: University of Chicago Press.

Zum Beitrag psychoanalytischer Beziehungstheorien für das Verstehen von Konflikten und Symptomen bei Jugendlichen. Eine kasuistische Veranschaulichung

Eva-Maria Topel

Einführung

Kinder und Jugendliche konfrontieren uns glücklicherweise durch ihre Fragen mit Gewohnheiten und fordern Antworten. Sie ermöglichen damit ein Überdenken auch mit den psychoanalytischen Theorien über sie und über uns. Erleben sich Jugendliche so, wie die Theorien uns über sie informieren?

Psychoanalytische Bindungs- und Beziehungstheorien haben mit Douglas Fairbairn, John Bowlby, Donald W. Winnicott, Heinz Kohut u.v.a. einen anderen Schwerpunkt bei der Betrachtung der menschlichen Psychologie gesetzt als die psychoanalytische Triebtheorien Siegmund oder Anna Freuds. In den Mittelpunkt der Betrachtung rückte bei ihnen und anderen nicht mehr die Triebbefriedigung und der Instanzenkonflikt, sondern die Bedeutung einer „secure base" (Bowlby, 1988) und die interaktive Qualität von Selbstobjekterfahrungen auf der Grundlage empathischen Verstehens und von Responsivität für narzisstische Bedürfnisse (Kohut), die die Entwicklung des Kindes begleiten.

Diese Theorien haben nicht nur unser Verständnis vom anderen, dem Patienten, erweitert – sie haben vor allem unser Verständnis von uns selbst, dem Therapeuten, und der Interaktion im Feld der therapeutischen Beziehung verändert (siehe dazu auch Atwood & Stolorow, 1993; Aron, 1996; Mitchell, 2000; u.v.a.).

Falldarstellungen können nicht mehr nur eine individuell konzipierte Pathologie des Patienten betreffen, sondern stellen das Geschehen in den Rahmen historischer und aktueller Interaktionen in einem Feld, in dem sich Therapeut und Patient gemeinsam bewegen. Konzepte von Übertragung und Gegenübertragung erweitern ihre Inhalte damit u.a. um aktuelle, darstellende Interaktionen (Lyons-Ruth, 1999), die keiner Verbalisierung bedürfen um Information über Beziehungen zu vermitteln.

Die wachsenden Erkenntnisse aus dem Bereich der Säuglingsforschung (Daniel Stern, 1995; u.a.), sowie deren Unterlegung mit moderner non-linearer, dynamischer Systemtheorie (Beebe & Lachmann, 1994; Sander, 1997; Prigogine, 1998; u.v.a.) und deren Anwendung auf den Bereich der Psychotherapie und Entwicklungspsychologie (Fogel, 1993; Tronik, 1998; u.v.a.) geben einen Rahmen, in dem eine koreguliert, bidirektional gedachte Konzeptionalisierung der Kinder- und Jugendpsychotherapie versucht werden kann.

Konflikte und Symptome in einem derartigen Rahmen non-linear dynamisch verstanden, erscheinen als nachgeordnete Bewertungen emergent und koreguliert entstandener Bedingungen in subjektiven Kontexten sozialer Systeme. Sie entstehen zwischen den Beteiligten durch simultan sich selbst- und wechselseitig organisierende Prozesse innerhalb subjektiv gelebter Beziehungen. In deren Folge werden kontingente Erwartungen an spätere Interaktionen gebildet.

Oder einfacher, vielleicht provozierender gesagt: Konflikte und Symptome gehören jetzt in einen Prozess aller im System beteiligter Personen, d.h. sie sind weder das Eigentum des Kindes, das in die Therapie gebracht wird, noch der Eltern - sie werden zu emergenten Kreationen, auch zwischen Jugendlichem und Therapeut, auf unterschiedlichen Entwicklungsebenen.

Wohlgefühl signalisiert dabei Erfüllung subjektiver Erwartungen, während nicht Erfüllung von Erwartungen zu Unterbrechungen (s. dazu u.a. E. Wolf, 1996) der jeweiligen Beziehung, im Guten wie im Schlechten, führen kann. Die so entstehenden Erwartungen an Regulierung fließen folgend in weitere Interaktionen ein, wobei im jeweiligen Kontext affektiv-kognitiv-körperliche Beziehungserfahrungen fortlaufend durch Organisation und Reorganisation umgestaltet werden.

Die „vielen Seelen" dieser Tagung, die in Identität eingehen, stellen für mich so gesehen implizit prozedurale (Tronik, 1998), dynamisch un- und außerbewusst das subjektive Erleben organisierende Beziehungskonfigurationen und deren explizite Gestalt dar, aus denen besonders der Jugendliche ein kohärentes, dennoch flexibles und kreatives Bild seines Selbsterlebens in einem lebenslangen Prozess zu bilden beginnt.

Tiefenpsychologisch orientierte therapeutische Arbeit geschieht so gesehen (vgl. dazu Basch, 1992, 1997, Kommentar Psychotherapie-Richtlinien, 1999/5) in einem abgegrenzten Rahmen, in dem innerpsychische Entwicklungen durch die Wiederbelebungen und Bearbeitung nicht bewusster Bedürfnisse (i.S. von Kohut, Lachmann & Beebe, 1992, 1998) im Hier und Jetzt der empathisch-responsiven Selbstobjekterfahrung möglich werden.

Bindungs- und Beziehungserfahrungen werden auf verschiedenen historischen und kontextuellen Ebenen in der therapeutischen Interaktion erlebt (Stolorow & Atwood, 1992; Lichtenberg, Lachmann & Fosshage, 2000/1+2). In der wechselseitiger Interaktion mit dem so informierten Therapeuten können affektive Haltungen koreguliert, moduliert und transformiert werden (s. dazu Lachmann, 2001), in der therapeutischen Dialog eingebracht und neue, für die Bewältigung von Lebensaufgaben benötigte skills erworben werden. Ressourcenorientierung und Konzepte der Regression, Salutogenese und Entwicklungsdefizit bilden dann in dieser Weise betrachtet keine unlösbaren Widersprüche mehr. (Siehe zu diesen Fragen auch Mitchell, 2000 über H. Loewald & Grawe zu Integration psychotherapeutischer Schulen, 2000.)

Wie aber Computerarbeit zeigt: verändere nur eine einzige sog. Leerstelle im Programm und eine umfassende Reorganisation aller Programmteile wird nötig!

Was diese, in unserem Rahmen notwendigerweise kurz und im Überblick gehaltenen theoretischen Überlegungen für die klinische Praxis bedeuten könnten, möchte ich heute an zwei Fallbeispielen zu zeigen versuchen. (Alle wesentlichen Daten sind verändert.)

Falldarstellung

Zur Einführung ein Musikvideo, das die affektive Stimmung und Manuels implizite Protokommunikation über seine Beziehungserfahrungen spiegeln kann (s. dazu Kohut,1978 und Knoblauch, 2000).

Der erste Kontakt und das erste Vorgespräch:
Manuels Mutter rief mich an.
Aus dem Hörer drang eine schnelle und doch schleppend langsame, eintönige Stimme zu mir. Ich begann den Hörer fester zu fassen und an mein Ohr zu pressen, wie um die Stimme gut zu hören. Ich ließ wieder lockerer, als mein Arm zu schmerzen und sich die Klagen zu wiederholen begannen. Engagierende Aufregung und Empörung gingen nun in distanzierend ausdruckslose, eintönige Modulation über.

Spontan hatte ich das Bild eines gelangweilt und genervt den verzweifelt wiederholten Klagen der Erwachsenen zuhörenden Kindes vor mir, eine Szene gegenseitigen Missverstehens, ohne Aussicht auf Befriedigung der jeweilig ausgedrückten Bedürfnisse und daher Quelle schmerzenden Ärgers mit vielen, rationalisierenden Begründungen aus der Umwelt.

Inhaltlich kurz zusammengefasst erzählte sie, ihr Sohn versage in der Schule, er werde nicht versetzt, aus reiner Faulheit. Sie sei am Ende ihrer Möglichkeiten! Sie habe einen Nervenzusammenbruch gehabt! Nein, er wolle natürlich nicht kommen, für ihn sei doch alles OK in seinem Leben, solange sie funktioniere und ihm gebe oder erlaube was er wolle. Wenn nicht, gerate er nur in Wut und mache ihr eine Szene. Dann gehe er zu seinen Freunden und lasse sie stehen.

In diesem schnelleren Tempo ergänzte Frau S.: sie brauche schnell einen Termin, weil ihr Mann endlich wieder Ruhe in der Familie wolle. Er mache ihr Vorwürfe. Von einer Therapie verspreche er sich zwar nicht viel, stehe dem aber auch nicht entgegen.

Also schlage ich ihr einen nahen Termin vor. Nein, antwortet sie ohne zu zögern, das könne sie so schnell nicht organisieren und es reiche auch später. Pause – Stille.
Ich bin verwundert – aber ihre Stimme klingt zufriedener. Reichte ihr mein Eingehen auf sie schon oder hatte ich sie erschreckt – war ich zu nah gekommen, fragte ich mich?

Zum ersten Vorgespräch kommen die Mutter und ihr beinah erwachsener Sohn zusammen. Sie wolle dabei sein, damit ich nicht belogen werde, sagte sie. Ich fühle mich unbehaglich bei diesem bestimmt vorgebrachten Satz. Meinen wohl gemischt nachdenklichen-zweifelnden Blick beantwortet sie mit nachdrücklichem Nicken und steuert zum Tisch, an dem beide sich Plätze über Eck wählen, sie sehen sich so nur aus den Augenwinkeln.
Ich setze mich dem auch für sein Alter groß gewachsenen Jugendlichen gegenüber.
Er behält seine dicke, aufgeplusterte schwarze Jacke über dem schwarzen Sweatshirt an, das er zu weit ausgestellten dunklen Jeans und Schnürstiefeln trägt. Augenkontakt kann ich auf Grund der tief ins Gesicht heruntergezogenen Baseballkappe nicht herstellen, der Schirm verdeckt und verschattet seine Mimik.
Manuel rutscht nun unruhig hin und her, wischt sich mit der Hand über den Mund oder das Gesicht, manchmal scheint ein Zucken die Mimik zu beleben, dann schnellt die Zunge vor, er leckt sich die Lippen und beginnt Nägel zu kauen. Intensives Senken des Kopfes zum Boden hin folgt.
Dann, nach einiger Zeit, körperlich ruhiger geworden, schaut er wie unbeteiligt in die Luft und über mich hinweg. Seine nicht verbale Kommunikation erscheint mir vielfältig und lebendig, sowohl ihn und mich betreffend, als auch seine Erfahrungen mit dem Leben, seine Wünsche und bisherigen Schlussfolgerungen.

Frau S. und ich sitzen ebenfalls über Eck, sie schaut meist zu Manuel und dreht sich zwischendrin zu mir, wie um zu sehen ob ich sehe, was sie sieht und vielleicht auch denke was sie denkt? Oder was sie fürchtet, ich könnte denken? Was die Lehrer zum Beispiel denken: er sei ablehnend und blasiert und uninteressiert in seiner uniformierten Kleidung?
Dabei wirkt sie eigentümlich starr, mit fast unbewegter Mimik (s. dazu still face / Beebe et al., 2000), es geht keine weitere Aufforderung zu Interaktion von ihr aus. Ich weiß nicht, was in ihr vorgeht (s. dazu Tronik, 1998). „Dead mother syndrom" (Modell, 1998) mit der Folge fehlender homeostatischer Regulierung in der Mutter-Kind-Interaktion, schießt mir in den Kopf, Manuel versucht sich selber zu beruhigen.

Dies ist nicht der erste Versuch in einer Reihe verschiedener, erfolgloser Versuche, inklusive Medikamente und psychiatrischer Aufenthalte, erfahre ich auf meine Fragen, aber Manuel habe das alles albern gefunden und nicht reden wollen.
Er schaut aus dem Fenster. Seine Finger zupfen an der Hose, er knackt die Gelenke und schnauft. Ich drehe

mich jetzt deutlich zu ihm hin, er bleibt in seiner Position, er dreht sich nicht weg. Also schaue ich ihn fragend und mit Anerkennung in der Stimme an: „Wow, und da bist Du heute mit hierher gekommen..." Er reibt sich über die Augen und senkte den Kopf weiterhin ohne sich wegzudrehen!
Er ist noch erreichbar, ich bin erleichtert (s. dazu Beebe, 2000; Lichtenberg, Lachmann & Fosshage, 2000/1, die Bedeutung von „Selbstaufrichtung").
Seine Mutter hat diesen kurzen Austausch bemerkt. Sie seufzt in meine Richtung und schaut ihn zweifelnd an. Er schaut sie nicht an ...
Ich nehme den Faden nochmals auf, wende mich an Manuel, versuche wieder einen Blickkontakt zu provozieren mit dem Geräusch meiner Bewegung.
Antwortend schuffelt er auf dem Stuhl herum und zieht mit der Nase hoch.
Die Mutter reißt plötzlich ihre Augen auf – „frightening behavior" (Hesse & Main) fällt mir ein, dann sucht sie ein Taschentuch und bringt es mit ausgestrecktem Arm in sein Gesicht.
Er weicht zurück, sie geht ihm nach, er dreht sich weg, sie stöhnt geschmerzt, er schnauft. Kann ich ihr vermitteln, dass sie ihn so vertreibt? Sie meint es doch gut! Ich nicke ihr beruhigend zu ... die Mutter dreht das nun nutzlos gewordene Taschentuch verlegen in den Händen und ich nicke nochmals beruhigend, ist schon OK signalisierend.
Sie schüttelt leise den Kopf und steckt es aber weg, und aufseufzend sagt sie in die Stille sehr leise: er habe „immer schon" gelogen, ihr erst kleinere bald größere Beträge aus dem Geldbeutel gestohlen – der Vater habe das nie erfahren, sie habe immer zu ihm gehalten – aber der Junge lohne ihr das nicht.
Plötzlich schießt nun Manuels Kopf vor, seine Arme scheinen zu schwingen, die Hände zu Fäusten geballt und in ihre Richtung gewendet faucht er: „Ach... !"
Wieder eine Verteidigung, denke ich – er wehrt sich, gegen ihre Eindringlichkeit der Klage?
Die Mutter strafft sich jetzt und reagiert mit für mich unerwartet schnellerer, wütend scharfer Stimme: „Rede nicht so mit mir!"
Manuel kontert trocken kurz: „Quatsch!"

Seltsam, gegenüber einer eben noch lähmenden Stimmung bin ich jetzt zwar erschrocken, aber überaus wach, hellwach. Ich fühlte mich beiden viel näher, finde mich nach vorsichtigem Abwarten plötzlich vornübergeneigt wieder, mit fragenden Augen und Lauten in der Stimme.
Hatte vorher die Mutter die Initiative (Beebe et al., 2000, sprechen von „turn"), so hat sie jetzt Manuel entschieden an sich gerissen und die gesamte Stimmung damit verändert – von leise nach laut, von Klage nach Wut ...
Eine affektive Umstimmung mit Folgen, wie wir sehen werden.
Manuel: „Das Geld, war doch meins!" Er dreht sich weg. Ich bin erstaunt, frage wieder: „Hhhh?"
Manuel: „Mein Taschengeld!"
Frau S. gedehnt :"Naja, aber Du weißt ..."
Manuel lässt ein „Pfff" hören, dann wendet er sich endgültig weg, sein Körper sackt zusammen, während die Mutter mich fragend und ein wenig triumphierend anschaut.

Innerlich erlebe auch ich dieses Zusammensacken – die Mutter hatte den turn wieder genommen – keine Klärung. Meine Gedanken irren ab, Müdigkeit (Racker, 1997) und innere Distanz zeigen mir eine Beziehungsunterbrechung (s. auch E. Wolf, 1996) an.

Ich sagte an beide gerichtet, ich hätte das Gefühl, es gäbe Gründe für die Probleme und dass wir Zeit bräuchten, um zu verstehen, um was es gehe und was geschehen sei.

Überlegungen:

Wenn ich hier ausführlich und verbal versuche darzustellen, was sich alles in der kurzen Zeit ereignete, dann habe ich schon die Ebene des damals Erlebten verlassen und es symbolisierend umgearbeitet. Und nicht alles, was wir erlebten, kann in Worte gefasst werden. Daher wird jeder Leser weitere Ebenen entdecken können.

Aber für unsere Frage ist es wichtig: finden sich hier Auswirkungen veränderter Theorienbildung im praktischen Vorgehen im probatorischen Gespräch? Wohin führt z.b. die Betrachtung von Interaktion und deren inneren Repräsentationen?

Wenn die Konflikte und Symptome als emergente Erscheinungen von Systemen betrachtet werden, die zu vorhersagbaren Erwartungen an spätere Interaktion führen, dann ist Manuels Verhalten in der Untersuchungssituation nicht Pathologie, sondern primär Ausdruck seiner inneren und äußeren Erlebenswelt von ich-mit-anderen. Er beschreibt seine Beziehungserfahrungen und seine Möglichkeiten Kontakt zu erleben, zu gestalten und auszuhalten.

Im Vordergrund steht nicht die Beschreibung möglicher Defizite, sondern die Analyse seiner gelebten Bindungs- und Beziehungsgeschichte sowie ihrer subjektiven und intersubjektiven Sinngebung, die es gemeinsam zu erfahren gilt.

Nonverbale Modi und emotionale Kommunikation (Bucci) sind dabei das Gerüst von Erfahrungen, die der Therapeut in sich spiegelnd nonverbal beantworten und so, parallel zu verbalen Ansätzen, therapeutische Interaktion initiieren kann.

Man fokussiert dann z.B. auf Gefühle von Effektanz (s. Wolf, 1996), die Manuel herzustellen und zu erleben versucht, wie er in seinen Intentionen erkannt (s. Benjamin, 1999) werden möchte und wie sehr seine Versuche tragische Beziehungsentgleisung nicht verhindern können, was zu dementsprechend affektiv-resignativen und verärgerten Rückschlüssen über den Sinn von Kontakt führt.

So lange Grundbedürfnisse motivationaler Systeme (s. dazu ausführlich Lichtenberg, Lachmann & Fosshage, 2000/1) verletzt werden und eine „secure base" nicht erlebt werden kann, sind zusätzliche Stress und Fragmentierungsängste Folgen, auf deren mannigfaltige mentale Auswirkung (z.B. Denken und Schulleistung) ich hier aus Zeitgründen nur verweisen kann.

Zurück zum Fall:
Die folgenden Tage beschäftigte mich die Frage, wie die nächste Begegnung aussehen könnte – wie konnte ich auf seine mir gegenüber selbstregulierte, zurückgezogene Beziehungnahme eingehen?
Ich konnte mir nicht vorstellen, dass wir miteinander reden könnten. Eher stellte ich mir quälend schweigende Minuten vor. Frau S. hatte mir gesagt, in früheren Therapieversuchen hatte er nicht verstanden, um was es ging und er hatte auf Ansprache nicht reagieren können.
Welche kommunikative Funktion hatte denn Sprache bei ihm? Konnte sie seine Gefühle transportieren? Hatte Sprache symbolische Funktion für ihn und für die Familie? Welche? Eher dachte ich, Sprache war ein unheilvoller Laut für ihn geworden, dem er sich entzog, wenn sie seine Ohren (Erwartungen) verletzte.

Und ein weiterer Gedanke wurde mir wichtig bei der Vorbereitung: Tolpin (1986) beschreibt die Fähigkeit von Kindern, ich denke, das gilt auch für Jugendliche und Erwachsene, Antworten aus der Umwelt zu provozieren und das Selbstobjekt dazu zu bekommen im Sinne des Subjekts „richtig" zu handeln.

Ich tat nun etwas in der Hoffnung, ihn „ausreichend richtig" verstanden zu haben, indem ich eine gängige Musik-CD kaufte und beschloß nach vielem inneren Hin und Her sie ihm hinzulegen – oder aufzulegen und abzuwarten, nichts zu wollen von mir und ihm als zu hoffen, dass wir zusammen sein konnten in „shared attentional states" (s. dazu Pally, 2000) und so eine andere Objekterfahrung anzubieten.

Auf Bewegung und Töne reagierte er ja noch und noch versuchte er zu zeigen, wonach ihm war: wenn er nicht erreichbar sein wollte, drehte er sich weg, bei Interesse schaute er mich an. (s. B. Beebe) Diese Grundfunktionen waren erhalten und auf der Ebene verstanden wir uns.

Ich stellte mir Manuels Mutter als schon lange depressiv (s. dazu u.a. H.-P. Hartmann, 1999) vor: hatte er aufgegeben sie erreichen zu wollen und damit auch aufgegeben, wohlwollend von ihr gesehen und gespiegelt zu werden? War das eine seiner Mitteilungen, wenn er wie unbeteiligt aus dem Fenster sah?
Konnte Frau S. ihn wahrnehmen, wenn er in ihren Augen und für ihre Wahrnehmung ihr ähnlich wurde im depressiven Affektausdruck?
Wenn sie sich dann wieder zu anderen Zeiten lebhaft ärgerte, war das nicht für beide eine dringend benötigte Vitalisierung? Und endlich, brachte er sich nicht auch so nachhaltig in ihr Gedächtnis, wurde er so repräsentiert in ihr? (s. Fonagy, 1999)
Das Thema Geld wäre demnach ein Versuch Aufmerksamkeit zu bekommen, die er benötigte für seine weitere innerpsychische Entwicklung – leider würde er sie bald bekommen in der entsprechenden peer group und der Öffentlichkeit – und damit war dieser Versuch schon erfolgreich geworden.

Das zweite Vorgespräch:
Wir hörten schweigend gemeinsam laute Musik – was ihn wunderte.
Koreguliert gedacht, stellt Identität ein Ergebnis gegenseitiger Wahrnehmungen dar; Identität beruht auf einem „match" (Beebe, 1998): wie man sich selbst kennt und wie man von anderen gekannt wird.
Auch die negative Wahrnehmung der Mutter teilte sich Manuel (s. Knoblauch, 2000) mit, ihr Blick und ihre Wut, wohl auch ihre Enttäuschung. Wusste sie, dass sie zugleich mit ihrer von eigenen Stimmungen abhängenden Wahrnehmung in der Spiegelung Manuels Wahrnehmung von sich selbst mit kreierte?
War sein jugendliches „Schreien" aggressiv? Wie beim Baby war es für mich primär eine selbstbehauptende, gesunde Reaktion, ein auf seine Not aufmerksam machen durch erhöhte Aktivität, bald gesteigert zu Hyper-Aktivität und ausfernde Erregung, die schlussendlich von der Mutter nicht mehr übersehen wurde. Er schaffte es also sie zu bewegen, etwas zu unternehmen. Gut! Nein, nicht gut! Denn der Preis war: er wurde „auffällig"!
Sie reagierte, wenn er sie quasi aggressiv anging und so bahnte sich eine Entwicklung an, die darin endete, sie aggressiv vor den Kopf zu stoßen.
Die Augen der Mutter glänzten (Kohut) nicht, wenn sie ihn dann ansah, bedauernd und ablehnend, aber sie schaute!
Den Glanz spiegelnder Augen fand er bei seinen Freunden in der peer group, deren Familienuniform er trug; es war eine Lösung gefunden, in der gesunde Selbstbehauptung nach und nach überlagert wurde von Aversion und Aggression, die nun auch zu Bindung und Sicherheit in einer speziellen Gruppe führt.

Nun machte der Sohn uns allen Sorgen, endlich, vielleicht zu spät – aber die Zusammenhänge dieses Systems sich gegenseitig verbindender Erfahrung von Enttäuschungen war verborgen, außer- und unbewusst gespeist.

Was war mit dem Vater? Er war „beruflich" abwesend.
Haben die Eltern denn ein eigenes Modell geglückter und erfreulicher Erfahrungen von Selbst-mit-anderen (Fosshage, 1992) zur Verfügung? Die transgenerative Weitergabe depressiver Stimmung kann eben auch in Erich Fromms Syndrom von „Langeweile" (Fromm, 2000) münden und als Aggression ausgedrückt werden.

Wie sehr doch die Stimme des Sängers und sein ganzer Ausdruck einer exakten Beschreibung von Affekten in der Interaktion zwischen Manuel und seiner Mutter nahe kam: schimpfend, heraus spuckend, hilflos und wütend und so klagend, herzzerreißend schrecklich dem Tode nahe.
Die Beziehung zwischen Manuel und seiner Mutter kann als eine Bindung gesehen werden, die fehlreguliert (s. dazu Lachmann, 2001) war, insofern, als Interaktionen Ärger und Enttäuschung sowohl individuell als auch miteinander schufen.
Manuel hatte aber eine Gruppe gefunden, die nicht nur seine unbefriedigt gebliebenen Bindungs- und Beziehungsbedürfnisse stillen konnte, sondern auch genau die Merkmale seines inzwischen elaborierten Bindungsstils honorierte.
Bindung, wie auch Empathie sind Begriffe, denen wir eine meist positive Wertung unterlegen, wobei subjektiv positiv Erlebtes in einem anderen Kontext gesehen andere Wertung erfahren kann. Negative Bindung ist auch Bindung! Würden wir das noch einmal verändern können? Würde er sich auf eine Therapie einlassen können?

Ich schaute wieder zu Manuel, der für sich in Musik und Rhythmus Regulierung gefunden hatte: er schaukelte sich selbst, nickend im Stampfen aufgehoben. Verbunden war er mit sich, mit seiner Gruppe verband ihn deutlich das unverkennbare modische Outfit und für einen Augenblick schien er sicher und zufrieden aufgehoben.

Wie sollte das weitergehen? Unsere Begegnung verlief bis dahin nonverbal, aber „slightly different" (s. Lachmann, 1992) in Hinblick auf die üblichen Begegnungen mit Erwachsenen:
Ein erster staunender Blickkontakt kam aus der schwarzen Jacke heraus, als Manuel die CD sah, ein zweiter Blick traf mich dafür, dass ich zuhören wollte – Manuel schüttelte ungläubig den Kopf. Und sogar ein dritter Kontakt (moment of meeting, Tronick et al.) war möglich, mit Lächeln von ihm und mir, denn ich wollte die Musik tatsächlich genauso laut hören wie er, einem Phänomen nur zwischen uns.
Erste gegenseitige Regulierungen waren das, in denen wir füreinander erreichbarer wurden und erste „Tanzschritte" probierten.
Dann waren wir im gemeinsamen Hören parataktisch, protokommunikativ und rhytmisch (s. dazu Donnel Stern, 1999; Bromberg, 1999; Brazelton & Cramer, 1994 und ausführlich Knoblauch, 2000) verbunden. Der Beat regulierte für einige Stunden uns beide, ihn hörten wir und auch mich regulierte die Musik, wenn ich sie mit Manuel hörte, was er konnte und nach und nach erstaunt erkannte. Er war nicht mehr allein, wenn wir zusammen hörten, was ich daran merken konnte, dass er zu erwarten begann, dass es nächste Stunden geben werde, in denen wir weitere CD's hören würden, zu denen er dann auch selber welche mitbrachte.

Zu den weiteren theoretische Grundlagen

Es ist nicht meine Absicht Theorieansätze zu bewerten oder endgültige Wahrheit zu finden, es ist eher ein Versuch in aller hier gebotenen Kürze ergänzende Konzepte auf ihre innovativen Möglichkeiten für die klinische Arbeit mit Konflikt und Symptom anzuschauen. Gibt es überhaupt „den Patienten" (s. auch Winnicott)? Diese Frage öffnet die Begegnung des Therapeuten mit seinem Patienten zu einer gemeinsamen, wechselseitigen emotionalen Begegnung von Partnern, wenn auch mit unterschiedlichen Aufgaben und psychischer Organisation.

Sprechen wir über Konflikte und Symptome, tauchen in unserem Denken leicht konkretistische Bilder definierter Pathologie auf, deren angeblich festgelegte Genese wir zu ergründen suchen und an deren vorstellungsmäßig definierter Heilung und Veränderung Therapeuten interessiert sind. Die Frage von „Schuld und Versagen", vorsichtiger benannt als „Beteiligung", und der Druck jemanden oder etwas verantwortlich zu machen, bleibt dadurch oft implizit oder sogar explizit erhalten (s. Spezzano, 1993).

Wenn wir aber überlegen, wie kulturabhängig Symptome sich erweisen, was in Mitteleuropa als „normal" betrachtet wird für andere ethnische Gruppen bestenfalls verwunderlich erscheint, ermöglicht auch hier das Denken in Systemen die nachgeordnete Betrachtung des jeweiligen historisch gesellschaftlichen und auch geschlechtsspezifischen Kontext .

Wer von Ihnen mit Kindern ausländischer Mitbürger arbeitet, braucht vielleicht besonders diesen Vorstellungsrahmen, um schnellen Urteilen oder Vorurteilen aus dem Weg zu gehen und sich für Fragen offen zu halten (s. Atwood & Stolorow, 1993).

Non-linear dynamische Systemtheorie (Greschik, 1998; Prigogine, 1998; Sutter, 1999) erweitert nochmals die Denkmöglichkeiten. Setzen wir mit ihrer Hilfe diskret festgelegte Zielvorstellungen von „Heilung" für eine spannungsgeladene Zeit aus, so schaffen wir uns die Möglichkeit einer dynamischen Betrachtung von sich ständig selber organisierenden und reorganisierenden Systemen mit Bereichen vorhersagbarer und dann wieder chaotischer Entwicklung, deren integrierter Teil wir selber sind.

Freuds Nachfolger verlagerten den Schwerpunkt der Betrachtung der Trieb-Abwehr Konzepte auf das zusätzliche Erkennen des Beziehungsprozesses. Damit können ständige Bewegung, Transformation und Neuorganisation auf verschiedenen psychischen Ebenen in unsere theoretischen als auch klinischen

Überlegungen einbezogen werden. Und je nachdem wie sehr diese Konfigurationen miteinander und untereinander in Konflikten stehen (s. dazu Fallvorstellung Lachmann & Beebe, 1998), sehen wir Symptome dem jeweiligen Erhalt der subjektiv als bedeutsam erlebten Beziehungen dienen.

Manuels schuffeln, zupfen und aus dem Fenster schauen wird dann zu einer Informationsquelle darüber, was ihm ermöglicht in Kontakt zu kommen und zu bleiben und wie er sich dabei selbst regulieren kann.

Was bedeutet „Selbstregulierung"?

Allgemein ist damit die Fähigkeit eines Organismus gemeint, sich zu entwickeln und Erregungen angemessen zu regulieren.

Aber auch Fähigkeiten sich selbst zu beruhigen, emotionale Informationen über sich selbst und andere in Interaktionen einzubringen, ein zu viel oder zu wenig von etwas abzuwehren oder aber gegebenenfalls zu fordern, warten zu können und Handlungen an solcher Art Informationen zu orientieren, gehören zur Selbstregulation.

Diese Kapazität, wie z.B. das Erleben anderer und deren Verhalten einschätzen zu können, Vertrauen und Abhängigkeit leben zu können, werden auch in wechselseitiger Interaktion erfahren und in das Selbstsystem integriert.

Bei Jugendlichen (Boekarts, Pintrich & Zeidner, 2000; zu Kindern und Erwachsenen: Beebe & Lachmann, 1998) gehört dazu auch Zukunftsplanung, Fachauswahl, Job aussuchen etc., dabei eine angemessene Vorstellung eigener Fähigkeiten und Vorlieben, kognitive Kapazität zwischen innen und außen zu unterscheiden und z.B. formale Denkoperationen durchführen zu können.

Wir sehen: viele Fähigkeiten sind gefragt, die die Jugendlichen, die wir in unseren Praxen sehen, in ihren Beziehungen selten erworben haben.

Im Gegenteil, wer mit Jugendlichen arbeitet weiß, dass viele von ihnen, wie Manuel, zu den so genannten „schwer erreichbaren und schwer zu behandelnden" Patienten gehören, die sich zurückgezogen haben, weil es außen kaum etwas gab (s. auch Fromm, 2000), was den Binnenraum hätte in oben gesagten Sinne günstig strukturieren können.

Mit ihnen ist es besonders wichtig, welches Konfliktverständnis wir uns und ihnen gegenüber in die Arbeit einbringen.

Freuds frühe Definition des Konflikts entstand aus der Idee der Verdrängung von Erinnerungen und dem Wunsch, sie als vebotene Impulse aus dem Bewusstsein fern zu halten. Anna Freud beschrieb das Ich als Ort der Abwehr und Vermittler zwischen dem Individuum und einer Umwelt, die Triebbefriedigungen verweigert.

Symptome gelten als Kompromissbildungen in diesem Kampf, bei dem Ich-Schwäche und interne Konflikte zwischen den innerpsychischen Instanzen mitspielen.

Andere Theoretiker, unter ihnen schon früh Douglas Fairbairn, stellten der These vom Primat der Triebe den Erhalt lebenswichtiger und sicherer Bindung entgegen. Diese Theoretiker erweiterten und veränderten den Schwerpunkt der Definition von Konflikt als eines Ereignisses zwischen Impuls und Abwehr unter Beteiligung von Ich, Es und Über-Ich zu einem Konfliktverständnis, das bewusste, unbewusste und vor allem die außerbewussten Bereiche der Beziehungen betrachtete, deren innerpsychische Repräsentationen dynamisch widersprüchlich werden, wie bei desorganisiertem attachment.

Die therapeutische Arbeit mit Kindern und Jugendlichen muss darüber hinaus (s. schon Anna Freud, 1974) den konkret fortbestehenden Kontakt mit den primären Bindungs- und Beziehungsfiguren beachten.

Die Ergebnisse der neueren Säuglingsforschung (u.a. Stern, 1995; Beebe & Lichtenberg, 1989, 1991) können uns in der Praxis helfen, Beziehungsmodi und ihre Auswirkungen tiefer zu verstehen (z.B. chase and dodge, Beebe et al., 1989, 1991).

In „Das Selbst und die motivationalen Systeme" schlagen Lichtenberg, Lachmann und Fosshage (2000/1) die Betrachtung fünf dynamisch miteinander verbundener Bereiche vor, wobei insbesondere die physischen Regulierung der psychischen Bedürfnisse die intensive, frühe Verschränkung von Selbst und wechselseitiger Regulierung beschreibt, zu deren Bedeutung die moderne Neurologie weitere Information anbietet (vgl. besonders Moskowitz et al., 1997; Shore, 1994; Pally, 2000).

Die Bedeutung der sensitiven Pflegeperson ermöglicht nicht nur einen neuen Einstieg in das Verstehen psychosomatischer Konfliktverarbeitung, sondern führt auch zu der Auffassung, dass kognitive und geistige Entwicklung hier einen wesentlichen Ursprung haben.

So gesehen kommt zur Aktivierung früherer innerer Verarbeitung (s. dazu auch Bucci, 1997) von miteinander in Konflikt stehenden Beziehungsanforderungen die aktuelle Beziehung, auch diejenige mit dem Therapeuten, in den Blick. Auch hier können erneut Ausdrucksformen gewünscht und zugelassen, unterdrückt oder bestraft sein und zu weiteren Abwehrformen zwingen, wie Leugnung und Vermeidung von Wünschen und Affekten und den vielen Spielarten von Pseudoanpassungen.

Damit beginnt eine Konfliktauffassung, zu deren Erhellung das Wechselspiel zwischen selbstregulativen Fähigkeiten des Individuums und seinen interaktiven Regulierungen in korregulierter Beziehung, (Fogel, 1993) z.B. auch mit dem Therapeuten betrachtet werden muss.

Korreguliert sind Systeme, in denen Verhalten simultan sich selbst und andere verändert und durch sie verändert wird.

Abwehrformen beschreiben jetzt nicht nur mögliche individuelle psychische Entwicklungsrückstände, sondern die Interaktion von „Selbst mit sich" und „selbst mit anderen" in der Polarität von „being togetherwith" und „being distinct from" (Sander, 1995). Wieder können sie wie Kompromissbildungen verstanden werden und als Aussagen über unbewusste und bewusste Wünsche und Ängste in den interaktioneller Regulierung (s. dazu Aron, 1996; Greenberg & Mitchell, 1983).

Greenberg & Mitchell (1983) verbinden darüber hinaus das beziehungsdynamische Konzept des Konflikt mit dem Begriff der „agency",Tätigkeit, was mich an Kohuts Konzept der Bedürfnisse nach Effizienzerleben erinnert und in einer Untersuchung der Säuglingsforschung von Fogel (1993) referiert wird als der Anteil, den ein Baby sowohl zusammen mit der Mutter, als auch Mutter und Baby jeweils allein aufbringen müssen, damit es sich an den Händen der Mutter haltend, aus der Rückenlage aufsetzen kann. Aufgezeichnet in einer Kurve können die jeweilig beteiligten Kräfte den Modus einer Korregulation demonstrieren.

In „Intimate Attachments" schlagen z.B. Shane & Shane und Gales (1997) vor, die therapeutische Begegnung in prozesshaften Beziehungskonfigurationen zu denken. Anfangs trifft der Patient mit seinem alten Selbst und seinen bisher gelernten Beziehungstilen auf den Therapeuten. Vielerlei innerpsychische und interaktionelle Umformungen dieser Beziehung sind nötig, um sowohl sich selbst, den Therapeuten und die Beziehung neu erleben und wahrnehmen zu können.

So gesehen hatte für Manuel und mich sehr früh das Bemühen um gemeinsames Aufrichten begonnen und es mündete zuerst in das Hören der Musik ein.

Wer sind denn nun eigentlich wir, die Therapeuten, die in diese Interaktion eintreten mit den Patienten?
Erinnern wir uns an Alan Fogels Beschreibung einer im Kontext koregulierten, dyadischen Beziehung: die beteiligten Personen beeinflussen simultan sich selbst und den anderen in ihrer momentanen Interaktion.
Mit diesem Konzept therapeutischen Handelns zu arbeiten bedeutet ins Kalkül zu ziehen, dass der Therapeut nicht nur an Regulierung, sondern auch an Fehlregulierungen in der Sitzung beteiligt sein kann. Denn beide gestalten eine unverwechselbare Beziehung, in der z.B. physisch-körperliche Regulierung, Bindung und Zugehörigkeit, Neugier, Selbstbewahrung, Verteidigung, Rückzug, Erregung und alle Affekte auftauchen und simultan, beide Partner beeinflussend durchlebt werden, also in diesem gemeinsamem Erleben einer direkten symbolischen Verarbeitung zugänglich gemacht werden könnten. Formen und Kapazitäten zur Selbstregulierung des Therapeuten, der er zum Beispiel in seiner Lehranalyse und in Supervisionen erwerben konnte, Kenntnisse u.a. über die Folgen von still-face, also unbewegter Mimik und einem sich nicht Beeinflussen lassen (s. zusammenfassend dazu Brazelton & Cramer, 1990), von „chase and dodge" Verhaltensweisen (siehe dazu zusammenfassend Sorter, 1999) und allgemein intrusivem Verhalten, müssen dann überlegt werden, weil sie in die subjektive Übertragungen eingehen.

Manuels Mutter z.B. wusste nicht, dass ihre Bewegung mit dem Taschentuch von ihm mit normalem Zurückzucken beantwortet wird, wie jedes Baby reflexartig vor einem zu nah vor seinem Gesicht auftauchenden Gegenstand zurückweicht. Dieses Nichtwissen, ja ihre Idee eine Pflegeleistung zu vollziehen, es gut und höflich zu meinen mit ihm und mir in einer sozialen Situation, führte zu weiterer Verärgerung und gegenseitiger Ablehnung, weiteren negativen „moments of meeting" (s. D. Stern, 1998) mit ebenfalls organisierenden „hightened affective moments" (Beebe & Lachmann, 1994) erwarteter Enttäuschungen.

Fallbeschreibung Jasmin:

Mit diesen Überlegungen möchte ich zu Jasmin überleiten, deren Daten natürlich ebenfalls aus Schutzgründen, wie auch vorher für Manuel, in Ort und Zeitfolge verändert wurden. Mit einem kurzen Video-Ausschnitt möchte ich Ihnen zeigen, wie ihre Panikstörung koreguliert verstanden werden kann.

Jasmin wurde mit 14 Jahren von ihrem Arzt angemeldet.
Begonnen hatten ihre Probleme, als sie, obwohl eine gute Schülerin, nicht mehr zur Schule gehen konnte, ohne Erbrechen zu müssen. Mit heftigen Panikattacken und unter Vergiftungsängsten leidend war sie in die Kinder- und Jugendpsychiatrie eingewiesen worden, wo sie einen Suicidversuch unternommen hatte.

Der Video- Ausschnitt, den ich Ihnen mit Jasmins Erlaubnis vorführen darf, entstand zum Ende unserer gemeinsamen Arbeit.

Hier entdeckte sie, dass nicht **sie** sich fürchtete, sondern der Vater, dass nicht **sie** einen Ausflug vermeiden wollte, sondern die Eltern sich nicht trauten – allerdings mit dem verwirrenden Argument, es sei doch Jasmin nicht zuträglich. Ihr fröhliches „doch" wurde einfach verworfen oder ignoriert.

Lange, lange Stunden hatten wir das Beziehungsgeflecht der Familie und deren Niederschlag in Jasmins Überzeugungen von sich selbst untersucht. Ihre Beziehungsrepräsentationen waren gefüllt von einsamen Gedanken und selbstregulierenden, psychosomatischen Versuchen, mit denen sie sich schamvoll unverstehbar fand. Ihre früheren Behandlungen hatte sich auf Jasmins Panikattacken konzentriert und die darauf folgenden Vermeidungen und Leugnungen behandelt.

Erst als wir begannen ihre Symptome als Beziehungskonflikte zu untersuchen und deren besonderen Sinn zu verstehen, begannen wir ihre Bindung zum Vater zu erhalten, wurde die Struktur dieser an höchst spezifische interaktionelle Bedürfnisse gebundenen und über Jahre sich organisierenden Entwicklung deutlich: sie sorgte für ihn, indem sie ihm ermöglichte für sie zu sorgen.

In dieser Phase gewann Jasmin Selbstvertrauen und untersuchte intensiv alles was geschah, hielt Panik- und Herzattacken aus, weil sie erleben konnte, dass sich die Symptome in den Stunden regelmäßig zurück bildeten. In meiner Gegenwart konnte sie sich beruhigen, wenn wir atmeten und schnauften. Nach und nach verinnerlichte sie mich so als beruhigende, hilfreiche und sie psychisch stabilisierende Selbstobjekterfahrung.

Jasmins Ängste waren ihr Beziehungsangebot an einen Vater, den sie brauchte und der sie brauchte. Wir fanden heraus, dass damit ihre Ängste anfangs „therapieresistent" sein mussten, denn sie bildeten ja die Grundlage der wechselseitigen Bindung.

Erst als während der Therapie Spiegelungserfahrungen (auch im mentalen Bereich) erlebbar wurde, konnte sie die affektive Sicherheit gewinnen, die sie brauchte, um alte gewachsenen Beziehungskonfigurationen durchzuarbeiten. Sie sagte: „Wenn Sie mich verstehen, dann merke ich, dass man mich verstehen kann und dann merke ich, dass ich mich auch verstehe und eigentlich ganz logisch finde, wie ich mich fühle..."

Ihre Selbstregulierungskapazität wuchs damit Schritt für Schritt, während gleichzeitig die Ängste des Vaters vor ihrem Verlust für ihn stiegen, was für Jasmin ängstigend war und immer wieder weitere Schritte infrage stellte Mir war es oft schwer mit ansehen zu müssen, wie sie kämpfte um die Beziehung zu den realen Eltern, die sich über ihre Fortschritte nicht freuen konnten.

Wir verstanden ihre Angst auch als entwicklungsspezifische Signale ohne „sichere Basis" zu sein, ohne Beruhigung zu bleiben im Angesicht der Bedrohung der Kohäsion ihres Selbst, ja sogar eher bedroht zu sein – was sie durch verschiedene selbstregulierende Maßnahmen verständlicherweise zu kontrollieren versuchte. Diese im äußeren Verhalten als Zwänge, Verrücktheiten und als Ängste imponierenden sichtbaren Probleme ließen sie oft verzweifeln. Als die Kranke der Familie, als das Sorgenkind wurde sie vom Vater rührend umsorgt, als „Geängstigte" war sie wichtig und angenommen, als selbstständiger Mensch aber erschien sie aggressiv.

In der Arbeit mit Jasmin wurde für mich besonders deutlich, wie wichtig es war und ist, nicht in „entweder-oder" Dimensionen zu denken, entweder innerpsychischer Konflikt oder Beziehungskonflikt, entweder Selbstobjektbedürfnisse zur Selbstregulierung oder interaktive Regulierung, sondern ihre Angst im Vor- und Hintergrund beider Erfahrungsdimensionen und den jeweils dazu gehörigen unbewussten und außerbewusst impliziten Anteilen zu bearbeiten.

Vorher agierte Beziehungsrepresentationen und Jahre der Schulverweigerung, Vergiftungsängste und anorektische Anfälle, Platzangst und Panikattacken erwiesen sich im Lauf der Arbeit als ihre subjektiven Beziehungsbeschreibungen, deren Affekte von Jasmin nur langsam integriert werden konnte. Bisher waren Affekte lediglich kognitiv organisiert, nicht so sehr i.S. der Dissoziation, sondern eher durch fehlenden entsprechende mentale Anregung Ereignisse affektiv zu verstehen. Diese Affekte wurden nun langsam während unserer Stunden erlebbar, verstehbar und Schritt für Schritt integriert.

Oft hingen wir in Paradoxen fest und mir half dann der Gedanke, der mich mit Siegmund Freud verbindet: Verhalten ist verstehbar – auch mithilfe der agierten und nicht verbalisierten Anteile von Beziehungsrepräsentationen.

Im Verlauf der Therapie holte Jasmin alle Schulabschlüsse nach und ist heute in einem interessanten Beruf (nein, nicht Psychologie o.ä.).

Der Videoausschnitt zeigt eine Episode, in der sie wieder einen eigenen Schritt machen möchte und dabei sehr genau mögliche selbstschädigende Reaktion ihres Vaters antizipiert, die bei ihr Beziehungskonflikt und Angst aktivieren.
Als sie ihrem Wunsch nach weiterer Verselbstständigung gedanklich nachgeht, wird Angst aus verschiedenen Quellen aktiviert, die sie mit gewachsener Selbstregulation erleben und aushalten kann. Das führt zur Entdeckung der Richtung der Interaktion und löst befreiend jenen selbstbewahrenden Ärger aus, den sie sich am Anfang der Arbeit nicht einmal hatte vorstellen können und der nun in ein „Nein" münden konnte.
Jasmin erlebt hier, wie sie ihre vorhandenen Kompetenzen zu Gunsten des Beziehungerhalts zum Vater verleugnet, bis wieder er ihr helfen muss. Sie wagt sich an die Einsicht: er hat ja Angst allein zu bleiben, weil er nicht weiß, was er dann tun soll!
Mit Karlen Lyons-Ruth (1999) kann man hier sehen, wie Bedeutungssysteme entstehen und aufrecht erhalten werden, dem Therapeuten in Form von nonverbal agierten Beziehungsrepresentationen prozedural angeboten werden, die dann in einem wechselseitigen, aktiven und affektiv präsenten (Sander) therapeutischen Verstehensprozess Schritt für Schritt als kohärente Kommunikationen verstanden werden können.
Für Jasmin bedeutete das u.a., sich nicht mehr „verrückt" zu fühlen.

Zusammenfassung:

Wohin führen die vorhergehenden Überlegungen?

Ich schlage vor, nicht so sehr nach Personen, sondern nach den gewohnten als auch den gesuchten, für die psychische Entwicklung benötigten, anregenden und belebenden Interaktionserfahrung (s. Shore et al., 1994) und deren subjektiver, individueller Ausformung in einem fortlaufenden mehrdimensionalen, dynamischen Entwicklungsprozess zu fragen. Es sind nicht bewusst erwartete und erwartbare Interaktionen, die in sozialen Zusammenhängen wiederholt werden und zu Konflikten führen. „Ein-Personen-Psychologie" legte den Fokus auf die Betrachtung innerpsychischer Verarbeitung, was nicht durch pädagogische und/oder psychologische Konzeptionen besserer „Beelterung" ersetzt werden kann.

Freuds interessante Frage: kommt Bewusstsein von innen oder von außen und seine Schlussfolgerung: „Beide Möglichkeiten sind gleich unausdenkbar, es müsste etwas drittes der Fall sein" (1920, S. 247) könnte in der Untersuchung der nicht und außerbewussten, wechselseitigen Interaktionen und ihrer Strukturen eine mögliche Weiterführung finden. Die Beobachtungen der Säuglingsforschung halte ich dabei für grundlegend.

Wenn man auch das psychotherapeutische Unternehmen als die kontinuierliche Erfahrung reziproker Interaktionen auf einer „moment-by-moment" Grundlage (s. Lachmann & Beebe, 1998) innerhalb bewusster, unbewusster und außerbewusster Kommunikationen beschreibt, dann wird Berechenbarkeit therapeutischen Handelns, wie in klassischen Theorien gesucht, als nicht mehr nur als unerreichbare Illusion (s. dazu besonders Renik, 1999) betrachtet werden können. Chaotische Momente als Grundlage von Veränderung verlangen dann spielerische Wagnisse im Sekundenbereich von Reaktion (s. dazu auch Pöppel, 1995).

Veränderung ist nicht als statisch-diskreter, im vorhinein festzulegender Zustand zu denken oder linear zu beschreiben, sondern stellt sich als anhaltendes, flexibles und vieldimensionales, intersubjektiv emotionales Prozessgeschehen dar, an dem die an der Interaktion Beteiligten gleichermaßen und sich gegenseitig dabei bedingend teilhaben – wenn auch, wie im Fall von Therapie, mit aus den unterschiedlichen Zielen und unterschiedlichem Entwicklungsstand.

Wird das präsentierte Symptom diagnostisch als eine dem Einzelnen zuzuschreibende Pathologie verstanden, als quasi diskretes Narrativ, dann verpassen wir die Möglichkeit, Symptome als einen Ausdruck selbstregulatorischen Verhaltens zu erleben, das dem Patienten ermöglicht in Beziehung zu sein. Sich auf agierte Beziehungsrepräsentationen einzulassen, öffnet den Weg die Beziehung zu symbolisieren, aufrecht zu erhalten und die benötigte Erfahrungen in der Selbstobjektbeziehung sich entwickeln zu lassen und zu Interaktionen so zu modulieren, dass skills zu vielfältiger Bewältigung wachsen können.

Symptome können als selbstregulatorische Versuche beschrieben werden, affektive und kognitive Entwicklungsbedürfnisse allen Konflikten zum Trotz zu befriedigen. Sie beschreiben Knotenpunkte, an denen ein System, das andernfalls zu entgleisen droht, aufrecht erhalten werden soll und auch oftmals lange aufrecht erhalten werden kann. Den Beteiligten fällt das nicht auf, es stört sie oft nicht – erst wenn das vorliegende System zu anderen Systemen in Konflikt tritt, zum Beispiel Kindergarten und Schule, entsteht Bewegung.

Manuels Schritt in die Gruppe lässt eine Mutter zurück, deren „still face" wahrscheinlich auf eine eigene „dead mother"-Erfahrung und eine dem entsprechende Lebensgestaltung hinweist. Wenn sie jetzt über ihn klagt, was ist dann der Inhalt ihrer Klage? Seine Hinwendung zur peer group war für ihn ein progressiv gemeinter Lösungsschritt, dessen soziale Folgen für Manuel noch nicht ersichtlich sind und daher seine Motivation für eine Therapie sehr in Grenzen hielt.

Wäre Jasmin in der Psychiatrie geblieben, hätten ihre Eltern als subjektiv gute, sorgende und leidende Eltern für sie zur Verfügung stehen können. Gab es dazu Alternativen?

Ganz zum Schluss möchte ich noch auf das von Barry Magid herausgegebene Buch „Freud's Case Studies" (1993) hinweisen. Kindertherapeuten wird vielleicht die auf selbstpsychologischen Gedanken beruhende Erörterung von Anna Ornstein über Freud's Behandlung des „Kleinen Hans" interessieren.

Literatur:

Aron, L. (1996). *A Meeting of Minds. Mutuality in Psychoanalysis.* The Analytic Press.
Atwood, G.E. & Stolorow, R.D. (1993). *Structures Of Subjectivity. Explorations in Psychoanalytic Phenomenology.* The Analytic Press.
Atwood, G.E. & Stolorow, R.D. (1993). *Faces. In A Cloud.* Jason Aronson.
Balint, M. (1968). *The Basic Fault.* Northwestern University Press.
Barton Evans, F. (1996). *Harry Stuck Sullivan. Interpersonal theory and psychotherapy.* Routledge.
Basch, M.F. (1992). *Die Kunst der Psychotherapie.* Pfeiffer.
Basch, M.F. (1997). *Kurzpsychotherapie in der Praxis.* Pfeiffer.
Beebe, B. (2000). Brief Mother-Infant Treatment Using Psychoanalytically Informed Video Microanalysis: Intergrating Procedural and Declarative Processing. Paper presented at the Association for Psychoanalytic Medicine, Columbia University Psychoanalytic Center.
Beebe, B. & Lachmann, F.M. (1994). Representation and Internalisation in Infancy: Three Principles of Salience. *Psychoanalytic Psychology, Vol. 11/2.*
Beebe, B. & Lachmann, F.M. (1998). Co-Constructing Inner and Relational Processes. Self and Mutual Regulation in Infant Research and Adult Treatment. *Psychoanalytic Psychology, Vol.15/4.*
Beebe, B., Jaffe, J., Lachmann, F.M., Feldstein, S., Crown, C. & Jasnow, M. (2000). Systems Models in Development and Psychoanalysis: The Case of Vocal Rhythm Coordination and Attachment. *Infant Mental Health Journal, Vol.21/1-2.*
Beebe, B., Jaffe, J. & Lachmann, F.M. (1992). A Dyadic Systems View of Communication. Relational Perspectives in Psychoanalysis. In: Neil J. Skolnick & Susan C. Warshaw (Hrsg.). The Analytic Press.
Benjamin, J. (1999). Recognition and Destruction: An Outline of Intersubjectivity. In: Stephen A. Mitchell & Lewis Aron (Eds.), *Relational Psychoanalysis the Emergence of a Tradition.* The Analytic Press.
Bowlby, J. (1988). *A Secure Base. Parent-Child Attachment and Healthy Human Development.* Basic Books.
Brazelton, B.T. & Cramer, B.G. (1990). *Die frühe Bindung.* Klett-Cotta.
Brisch, K.H. (1999). *Bindungsstörungen.* Klett-Cotta.
Bürgin, D. (Hrsg.) (1998). *Beziehungskrisen in der Adoleszenz.* Hans Huber.
Bucci, W. (1997). *Psychoanalysis & Cognitive Science. A Multiple Code Theory.* The Guilford Press.
Butzer, R.J. (1997). *Heinz Kohut zur Einführung.* Junius.
Cassidy, J.& Shaver, P. R. (Eds.) (1999). *Handbook of Attachment. Theory, Research, and Clinical Applications.* The Guilford Press.
Demetriou, A. (2000). Organization and Development of Self-Understanding and Self-Regulation. In: Monique Boekaerts, Paul R. Pintrich & Moshe Zeidner (Eds.), *Handbook of Self-Regulation.* Academic Press.
Dornes, M. (2000). *Die emotionale Welt des Kindes.* Fischer.
Ehrenberg, D.B. (1996). *Jenseits der Wörter. Zur Erweiterung der psychoanalytischen Interaktion.* Klett-Cotta.
Eigen, M. (1996). *Psychic Deadness.* Jason Aronson.
Eigen, M. (1999). The Area of Faith in Winnicott, Lacan and Bion. In: Stephen A. Mitchell& Lewis Aron (Eds.), *Relational Psychoanalysis.*The Analytic Press.
Fairbairn, W.R.D. (2000). *Das Selbst und die inneren Objektbeziehungen.* Psychosozial Verlag.
Ferenczi, S. (1978). *Zur Erkenntnis des Unbewußten.* Kindler.
Fogel, A. (1993). *Developing through Relationships. Origins of Communication, Self, and Culture.* The University of Chicago Press.
Fonagy, P. (1999). Transgenerational Consistencies of Attachment: A New Theory. Paper to the 1999 IPA Pre-Congress on Psychoanalytic Research, Santiago, Chile.
Fosshage, J.L. (1992). The Self and Its Vicissitudes Within a Relational Matrix. In: Neil J. Skolnick & Susan C. Warshaw (Eds.), *Relational Perspectives in Psychoanalysis.* The Analytic Press.
Fraiberg, S. (1987). The Origins of Human Bonds. In: Louis Fraiberg (Ed.), *Selected Writings of Selma Fraiberg.* Ohio State University Press: Columbus.
Freud, A. (1974). *Das Ich und die Abwehrmechanismen.* Kindler Taschenbücher.
Freud, S. (1914). *Zur Geschichte der psychoanalytischen Bewegung.* Gesammelte Werke (Band 10). S. Fischer.
Freud, S. (1920). *Das Ich und das Es.* Gesammelte Werke (Band 13). S. Fischer.
Fromm, E. (2000). *Anatomie der menschlichen Destruktivität.* Rororo.
Grawe, K. (2000). Was sind die wirklich wirksamen Ingredienzien der Psychotherapie? *E-Journal, 2000/1,* www.psychotherapie.org
Greenberg, J.R. & Mitchell, S.A. (1983). *Object Relations in Psychoanalytic Theory.* Havard University Press.
Greschik, S. (1998). *Das Chaos und seine Ordnung. Einführung in komplexe Systeme.* dtv.
Knoblauch, S.H. (2000). *The Musical Edge of Therapeutic Dialogue.* The Analytic Press.
Hartmann, H.-P. (1999). Psychisch kranke Mütter und ihre Kinder – Beziehungsstörungen und ihre Behandlung. In: Gerhard J. Suess & Walter-Karl P. Pfeifer (Hrsg.), *Frühe Hilfen.* Psychosozial-Verlag.
Kohut, H. (1973). *Narzißmus.* Suhrkamp.
Kohut, H. (1977). *Introspektion, Empathie und Psychoanalyse.* Suhrkamp.
Kohut, H. & Siegmund L. (1978). On the Enjoyment of Listening to Music. In: Paul H. Ornstein (Ed.), *The Search For The Self* (Vol.1, S. 135 ff.). International Universities Press.
Köhler, L. (1999). Anwendung der Bindungstheorie in der psychoanalytischen Praxis. In: Gerhard J. Suess & Walter-Karl P. Pfeiffer

(Hrsg.), *Frühe Hilfen. Die Anwendung von Bindungs- und Kleinkindforschung in Erziehung, Beratung, Therapie und Vorbeugung.* Psychosozial-Verlag.
Lachmann, F.M. & Beebe, B. (1992). Representational and Selfobject Transferences: A Developmental Perspective. *Progress in Selfpsychology, vol.8 / 1992.*
Lachmann, F.M. & Beebe, B. (1998). Optimal Responsiveness in a Systems Approach to Representational and Selfobject Transferences. In: Howard A. Bacal & Jason Aronson (Eds.), *Optimal Responsiveness.*
Lachmann, F.M. (2001). *Transforming Aggression. Psychotherapy with the difficult-to-treat patient.*
Lichtenberg, J.D. (1989). *Psychoanalysis and Motivation.* The Analytic Press.
Lichtenberg, J.D. (1991). *Psychoanalyse und Säuglingsforschung.* Springer-Verlag.
Lichtenberg, J.D., Lachmann, F.M. & Fosshage, J.L. (2000/1). *Das Selbst und die motivationalen Systeme. Zu einer Theorie psycho analytischer Technik.* Brandes & Apsel.
Lichtenberg, J.D., Lachmann, F.M. & Fosshage, J.L. (2000/2). *Zehn Prinzipien psycho-analytischer Behandlungstechnik.* Pfeiffer bei Klett-Cotta.
Lyons-Ruth, K. (1999). Two Person Unconcious: Intersubjective Dialogue, Enactive Relational Representation, and the Emergence of New Forms of Relational Organization. *Psychoanalytic Inquiry, Vol. 19/4.*
Magid, B. (Ed.) (1993). *Freud's Case Studies. Self-Psychological Perspectives.* The Analytic Press.
Mitchell, S.A. (1993). *Hope and Dread in Psychoanalysis.* Basic Books.
Mitchell, S.A. (2000). *Relationality – From Attachment to Intersubjectivity.* Hillsdale, NJ.: The Analytic Press.
Mitchell, S.A., Black, M.J. (1995). *Freud And Beyond. A History of Modern Psychoanalytic Thought.* Basic Books.
Modell, A.H. (1998). Review of Infant Mental Health Papers. *Infant Mental Health Journal, Vol. 19/3.*
Moskowitz, M., Monk, C., Kaye, C. & Ellman, S. (Ed.) (1997). *The Neurobiological and Developmental Basis for Psychotherapeutic Intervention.* Jason Aronson.
Ogden, Th. (1999). The Analytic Third: Working with Intersubjective Clinical Facts. In: S. A. Mitchell & L. Aron (Eds.), *Relational Psychoanalysis – the Emergence of a Tradition.* The Analytic Press.
Orange, D. (1995). *Emotional Understanding.* The Guilford Press.
Pally, R. (2000). *The Mind-Brain Relationship.* Karnac.
Pöppel, E. (1995). *Lust und Schmerz. Über den Ursprung der Welt im Gehirn.* Goldmann.
Prigogine, I. (1998). *Die Gesetze des Chaos.* Insel Verlag.
Preston, L. & Shumsky, E. (2000). The Development in the Dyad: A Bidirectional Revisioning of Some Self Psychological Concepts. *Progress in Self Psychology, Vol. 16/ 2000.*
Racker, H. (1997). *Übertragung und Gegenübertragung. Studien zur psychoanalytischen Technik.* Ernst Reinhardt Verlag.
Renik, O. (1999). Analytic Interaction: Conceptualizing Technique in Light of the Analyst's Irreducible Subjectivity. In: S.A. Mitchell & L. Aron (Eds.). *Relational Psychoanalysis.* The Analytic Press.
Rubovits-Seitz, P.F. (1999). *Kohut's Freudian Vision.* The Analytic Press.
Sander, L.W. (1997).Identity and the experience of specificy in a process of recognition. In: M. Shane, E. Shane & M. Gales (Eds.), *Psychoanalytic Dialogues 1995* (S. 579-593). Intimate Attachments. Toward a New Self Psychology. New York: The Guilford Press.
Shore, A. (1994). *Affect Regulation and the Origin of the Self.* Lawrence Erlbaum.
Siegel, A.M. (2000). *Einführung in die Selbstpsychologie. Das psychoanalytische Konzept von Heinz Kohut.* Kohlhammer.
Sorter, D. (1999). Verfolgen und Vermeiden: Eine Organisation von Erfahrung. In: Erwin Bartosch, Herwig Hinterhofer & Elisabeth Pellegrini (Hrsg.), *Aspekte einer neuen Psychoanalyse.* Wien: Verlag Neue Psychoanalyse.
Spezzano, C. (2000). *Affect in Psychoanalysis.* Hillsdale, NJ.: The Analytic Press.
Stern-Bruschweiler, N. & Stern, D. (1989). A model for conceptualizing the role of the mother's representational world in various mother-infant therapies. *Infant Mental Health Journal, Vol. 10/3.*
Stern, D. (1995). *Die Mutterschaftskonstellation.* Klett-Cotta.
Stern, D. (1998). Now-moments, implizites Wissen und Vitalitätskonturen als neue Basis für psychotherapeutische Modellbildungen. In: Sabine Trautmann-Voigt & Bernd Voigt (Hrsg.), *Bewegung ins Unbewußte, Beiträge aus Säuglingsforschung und analytischer Körper-Psychotherapie.* Brandes & Apsel.
Stolorow, R.D. & Atwood, G.E. (1992). *Contexts of Being. The intersubjective Foundations of Psychological Life.* The Analytic Press.
Sutter, T. (1999). *Systeme und Subjektstrukturen.* Opladen: Westdeutscher Verlag.
Tolpin, M. (1986). The Self and Its Selfobjects: A Differenr Baby. *Progress in Self Psychology, Vol.2/1986.*
Tronik, E.Z. (1998). Intervention that Effect Change in Psychotherapy: A Model Based on Infant Research. *Infant Mental Health, Special Issue, Vol. 19/3.*
Wolf, E.S. (1996). *Theorie und Praxis der psychoanalytischen Selbstpsychologie.* Suhrkamp.

Psychotherapeutische Strategien bei Zwangserkrankungen im Kindes- und Jugendalter

Curd Michael Hockel

1. Vorbemerkung: Grundorientierungen der Psychotherapie und psychotherapeutische Strategien?

Psychotherapeutischen Strategien ruhen auf Grundorientierungen der Psychotherapie. Dieser Begriff wurde im „Forschungsgutachten Psychotherapie, 1991" (Meyer u. a., 1999) herausgestellt. Er meint die an der Medizin/Psychoanalyse zu findende Grundorientierung der Psychotherapie einerseits und die an der empirischen Psychologie zu findende Grundorientierung andererseits. Dass die klientenzentrierte Grundorientierung in diesem Gutachten unter diejenige der empirischen Psychologie subsumiert und damit gezielt unsichtbar gemacht wurde, kann als historisches Detail betrachtet werden. Der damit verbundene gesundheitspolitische Skandal wurde an anderer Stelle betrachtet (Hockel, 1999). Die zusammenfassende Bewertung der Psychotherapieverfahren im Forschungsgutachten (1991) hält die drei als ‚therapeutische Ansätze' fest: *„Zu guter Letzt gibt es eine sehr überschaubar gewordene Gruppe von drei therapeutischen Ansätzen, denen aufgrund einer großen Zahl kontrollierter Wirksamkeitsuntersuchungen der Status von Therapieverfahren mit zweifelsfrei nachgewiesener Wirksamkeit zugebilligt werden muß. Es handelt sich um die Gesprächspsychotherapie, die psychoanalytische Therapie und die Gruppe der kognitiv behavioralen Therapien."* (a. a. O., S. 96).

Diese drei therapeutischen Ansätze stellen meiner Auffassung nach Grundorientierungen dar und können dann ergänzt werden durch eine Vielfalt von therapeutischen Strategien. Grundorientierungen entsprechen einem „Menschenbild", realisieren eine spezifische Erkenntnistheorie, umfassen ein Paradigma für Krankheitsentstehung (Ätiologie) und Heilung (Wirksamkeitstheorie).

1.1 Psychotherapeutische Strategien

Während die Grundorientierungen Muster der Haltung bildenden (Selbst-)Sozialisation von Psychotherapeuten umfassen und übergreifende Theorien darstellen, benenne ich mit Strategien Orientierungen für Aspekte der Organisation des therapeutischen Vorgehens im Einzelfall jeder Behandlung.

Nicht die psychotherapeutischen Schulen behandeln Menschen, sondern Behandlung ist der reale Umgang von Menschen mit Menschen. Betrachten wir Begegnungen der „Großen" der Psychotherapie (also gewöhnlich jener Ausbilder, die „eigene Schulen" hervorbrachten), so können wir häufig ein Klima des achtsamen, respektvollen Miteinanders beobachten, das auf die Grundformel zu bringen ist: Nicht die Theorien sind richtig oder falsch, sondern das jeweilige begegnende, verantwortete Handeln. *„Das Wesen psychologischer Therapie liegt darin, dass sie sich nicht durch verbindliche Inhalte definieren lässt. Ihre Inhalte werden durch den jeweiligen Erkenntnisstand der grundlagenwissenschaftlichen Psychologie, der Neurowissenschaften, der Therapieforschung sowie der klinisch-psychologischen und psychiatrischen Forschung definiert und Erkenntnis beinhaltet wesentliche Veränderung. Was wir hier als inhaltliche*

Begründung psychologischer Therapie ausgeführt haben, wird morgen überholt sein. Dafür brauchen wir uns heute nicht zu schämen. Darin liegt der Unterschied zwischen Wissenschaft und Glauben." (Grawe,1998, S. 692).

Während Grawe einerseits schulische Therapieausbildung als *Ballast an gut gebahnten, aber nicht optimalen Erregungsmustern...*" (a.a.O. S. 691) bezeichnet, beharrt er andererseits darauf: *"Es sollten bei angehenden Therapeuten dem jeweiligen Stand der wissenschaftlichen Erkenntnis entsprechende mächtige Ordnungsmuster ihres beruflichen Handelns möglichst gut gebahnt werden."* (a.a.O., S. 692). Hier haben wir also den Schulengründer, der andere Schulen abwertet um seine aufzuwerten. Schade. Denn tatsächlich ist seine psychologische Therapie eine hervorragende Konzeption, in welcher sich meiner Ansicht nach das Meiste der bisherigen Therapieschulen gut „aufgehoben" zeigt. Grawe (1998) benennt drei Komponenten wirksamer Psychotherapie:
• Inkonsistenzreduktion durch Ressourcenaktivierung,
• Destabilisierung von Störungsattraktoren durch problemspezifische Intervention,
• Inkonsitenzreduktion durch Veränderung motivationaler Schemata.

Darin ist eine Umformulierung der vier „Perspektiven" zu sehen, die er gemeinsam mit anderen früher formuliert hatte (Grawe, Donati & Bernauer, 1994):
• Ressourcenperspektive,
• Störungsperspektive,
• Konfliktperspektive,
• Beziehungsperspektive.

Weiter beschreibt er wichtige Kompetenzen, die „einen guten Therapeuten ausmachen". Er nennt „neun Ausbildungsziele":
• Ressourcenorientierung,
• Prozessorientierung,
• Beziehungsexperten,
• Störungsexperten,
• Experten für motivationale Dynamik,
• Bewältigungs- und Klärungsorientierte Interventionskompetenz,
• Verschiedene interpersonale Settings nutzen können,
• Vorgehen aus Fallverständnis ableiten (nicht aus Methode),
• Mehrdimensional wahrnehmen, denken und handeln (Grawe, 1998, S. 693 ff.).

Wenn Psychotherapie, wie dies zunehmend erkannt wird, immer ein Heilversuch[1] sein muss (und niemals allein die „Durchführung eines Manuals" sein kann) kommt es nicht darauf an, wer „mehr Recht hat", sondern darauf, wem zu begegnen „heilsam" ist. *„In einer nicht methoden- sondern patientenzentrierten*

---

[1] Dieser Fachbegriff aus dem ärztlichen Berufsrecht kennzeichnet die Berufssituation ärztlichen Handelns, in welcher der Berufstätige dort, wo alle Möglichkeiten der bekannten Behandlung nach den „Regeln der Kunst" ausgeschöpft sind, der Arzt legitimiert ist auch neue, bisher unerprobte Vorgehensweisen – mit informiertem Einverständnis des Patienten – anzuwenden.

Psychotherapie ergibt sich das therapeutische Vorgehen aus einem psychologischen Fallverständnis. Der Therapeut gründet sein Handeln auf sein .... Verständnis der funktionalen Zusammenhänge." (Grawe, 1998, S. 706). Der technisch richtige Schritt hat seine Richtigkeit in der Psychotherapie nicht aufgrund der ihn herleitenden Theorie sondern aufgrund der, in der Interaktionssituation erfahrenen, vom Behandler zu verantwortenden möglichen Fruchtbarkeit. Insofern ist eigentlich jede Psychotherapie zugleich die Erfindung einer psychotherapeutischen Schule durch den Behandler in dem bezeichneten Fall.

Modellhaft ist eine dem Folgenden vergleichbare Sicht auf die Zwangsstörungen in deren Beschreibung „aus der Perspektive einer allgemeinen Psychotherapie" von Ambühl und Heiniger Haldimann (1998) geboten worden. Sie greifen die vier Perspektiven Grawes auf.

1.2 Fünf Strategien entsprechend dem „wirksamen Wissen"

Als ich einst für Eltern zusammenfassen sollte, was die angewandte Entwicklungspsychologie, die Klinische Psychologie, die Psychotherapie und andere Erkenntnisansätze für Wegweisungen bezüglich wünschenwerter Elternkompetenzen, bzw. elterlicher Verhaltensdimensionen ergeben würden, da gliederte ich die Gesamtdarstellung solchen wegweisenden Wissens in fünf Dimensionen (Hockel, 1977). Seither haben sich diese Dimensionen entsprechend ihrer Herkunft immer wieder bewährt als fünf Faktoren therapeutischer Wirksamkeit:

- die **Selbstprüfung** als Grundbedingung des suchenden Umgangs mit menschlichen Problemen (vom philosophischen „Erkenne Dich selbst" über alte Heilertraditionen und die psychoanalytische „Eigenanalyse", von der psychologischen Forschungsmethode des „lauten Denkens" und der Selbstbeobachtung bis zur schlichten Forderung nach Selbstkritik.),
- die drei Verhaltensdimensionen deren Wirksamkeit Rogers erforschte (**Wärme, Echtheit, Einfühlung**) und
- die vor allem von der Verhaltenstherapie bedachte Bewältigungsperspektive des **förderlichen und fordernden** Umgangs miteinander.

Die nachfolgende Übersicht (s. Abb. 1, nächste Seite) verdeutlicht, dass und wie diese Faktoren in anderen Darstellungen auch aufscheinen.

Die im Folgenden angesprochenen fünf Fälle sind Beispiele meiner Arbeit. Diese ist getragen von meiner klientenzentrierten Grundorientierung, die Beispiele sind jedoch so gewählt, dass auch die anderen Grundorientierungen und die entsprechend gewichteten Strategien deutlich hervortreten. Solche Zwischenschritte zu einer Allgemeinen Psychotherapie für Kinder, Jugendliche und Familien (Schmidtchen, 2001) verdeutlichen vor allem auch, wie hinderlich ein Psychotherapeutengesetz dann wird, wenn es statt psychologische Behandlung bzw. Psychotherapie zu regeln nur die Anwendung einzelner „Manuale" oder einzelner vom wissenschaftlichen Beirat anerkannter Verfahrensweisen legalisieren sollte. Solche Reduktionen würden die Behandlerkompetenz einschränken statt dem Kindeswohl (Hockel, 2001a) zu dienen.

5 Strategische Faktoren therapeutischen Handelns

FAKTOR Hockel, 1977	GRAWE et al., 1994; GRAWE, 1998	ROGERS, 1942 ff. TAUSCH, 1960 ff.	SCHMIDTCHEN, 1989* – die Zahlen in Klammern geben jeweils die Nr. der „Strategie" an
Selbstprüfung	„Der Th. sollte seine eigenen spontanen Gefühle und Handlungstendenzen gegenüber dem Patienten zwar sensibel wahrnehmen können, ihnen aber nicht freien Lauf lassen ..." (1998, S. 132), „Ein Therapeut sollte lernen, sein Verhalten nicht von impliziten Vorentscheidungen, sondern von expliziten, bewusst getroffenen Entscheidungen bestimmen zu lassen ..." (1998, S. 707).	Echtheit: Aspekt selbstkritischer Reflexion, z.B. „Selbstöffnung"	Gefühlsoffenes, kongruentes Therapeutenverhalten (4, wird unten bewusst nochmals genannt), Widerstände des Kindes, der Th. sollte „flexibel, humorvoll und kreativ reagieren" (16)
Annehmen	„Wenn man alle je untersuchten Zusammenhänge zwischen bestimmten Aspekten des Therapiegeschehens und dem Therapieergebnis zusammennimmt, dann sind Aspekte des Beziehungsgeschehens in Psychotherapien diejenigen Merkmale des Therapieprozesses, deren Einfluss auf das Therapieergebnis am besten gesichert ist" (1994, S. 775), Beziehungsperspektive	Bedingungslose Wärme und Wertschätzung	Therapeutische Beziehung (1), Klima seelischer Wärme und Akzeptanz (3)
Einfühlen	„Ein gleichrangiges oder annähernd gleichrangiges Wirkprinzip ... besteht darin, daß der Therapeut dem Patienten hilft, sich selbst, sein eigenes Erleben und Verhalten besser zu verstehen." (1994, S. 751-752), Klärungsperspektive	Einfühlsames Verstehen	Grundmuster: einfühlen-beeinflussen-Rückmeldung einholen (2)
Echt-sein		Authentizität / Echtheit	Gefühlsoffenes, kongruentes Therapeutenverhalten (4), Therapeutische Metaposition: ein Mitmensch, der jedoch auch professionell zur Selbsthilfe hilft, tröstet und schützt und die Situation strukturiert (5), Zeitkonzept: hier und jetzt (6)
Fördern und Fordern	„Maßnahmen, die dem Patienten ganz direkt bei der Bewältigung eines ihn drückenden Problems zu helfen versuchen" (1994, S. 749), Problembewältigungsperspektive	Nicht besitzergreifende, anregende, förderliche Aktivität (Tausch)	Formen der Lerngestaltung (7), Schrittweiser Verhaltensaufbau (8 und die Ziele 9 bis 15)

* Inzwischen gibt es eine viel explizitere und andere Therapieansätze noch besser integrierende Gesamtdarstellung von Schmidtchen (2001, *Allgemeine Psychotherapie für kinder, jugendliche und Familien*. Stuttgart, Berlin, Köln: Kohlhammer.), wobei er auf S. 167 ff. ebenfalls spezifische Interventionsstrategien benennt, die ähnlich sind.

Abb. 1: 5 Strategische Faktoren therapeutischen Handelns

2. Das Störungsbild Zwangserkrankung – Literaturübersicht

Die ICD 10 Klassifikationen von Zwang (vergl. z.B. Remschmidt & Schmidt, 1994) beschreibt diesen:

F42 Zwangsstörung
Wesentliche Kennzeichen sind wiederkehrende Zwangsgedanken oder Zwangshandlungen, wenigstens 2 Wochen lang an den meisten Tagen. Zwangsgedanken sind Ideen Vorstellungen oder Impulse, die den Betroffenen immer wieder stereotyp beschäftigen. Sie sind fast immer quälend, die betroffene Person versucht häufig erfolglos Widerstand zu leisten. Die Gedanken werden als zur eigenen Person gehörig erlebt, selbst wenn sie als unwillkürlich und häufig abstoßend empfunden werden. Zwangshandlungen oder -rituale sind Stereotypien, die ständig wiederholt werden. Sie werden weder als angenehm empfunden noch dienen sie dazu, an sich nützliche Aufgaben zu erfüllen. Die betroffene Person erlebt sie oft als Vorbeugung gegen ein objektiv unwahrscheinliches Ereignis, das ihr Schaden bringen oder bei dem sie selbst Unheil anrichten könnte. Im allgemeinen wird dieses Verhalten als sinnlos und ineffektiv erlebt, es wird immer wieder versucht, dagegen anzugehen. Angst ist meist ständig vorhanden. Werden Zwangshandlungen unterdrückt, verstärkt sich die Angst deutlich."

Im ICD 10 wird differenziert zwischen F42.0 „Vorwiegend Zwangsgedanken oder Grübelzwang", F42.1 Vorwiegend Zwangshandlungen (Zwangsrituale) und F42.2 „Zwangsgedanken und -handlungen gemischt" sowie F42.8 „Sonstige", bzw. F42.9 „Nicht näher bezeichnete Zwangsstörung".

Zwangsstörungen – Eine Übersicht zu den Definitionen/Diagnosen

Bennenung	ICD 9	DSM-II-R	DSM-IV	ICD 10
Zwangsstörung	300.3	300.30	300.3	F42
Vorwiegend Zwangsgedanken oder Grübelzwang				F42.0
Vorwiegend Zwangshandlungen (Zwangsrituale)				F42.1
Zwangsgedanken und -handlungen gemischt				F42.2
Ticstörungen	307.2			F95
Vorübergehende Ticstörung		307.21	307.21	F95.0
Chronische motorische oder vokale Ticstörung		307.22	307.22	F95.1
Kombinierte vokale und multiple motorische Tics (Tourette-Syndrom)		307.23	307.23	F95.2
Anankastische (zwanghafte) Persönlichkeitsstörung			301.4	F60.5

Abb. 1: 5 Strategische Faktoren therapeutischen Handelns

Zwangsstörungen werden sehr viel häufiger im Zusammenhang mit Angststörungen beschrieben als in Abgrenzung oder Zusammenhang mit Tic-Störungen. So nennt der ICD 10 die Zwangsstörungen unter F42, also im Kapitel F4 „Neurotische, Belastungs- und somatoforme Störungen"; die Ticstörung unter F95, also im Kapitel F9 „Verhaltens- und emotionale Störungen mit Beginn in der Kindheit und Jugend."

2.1 Das Störungsspektrum und die Strategischen Orientierungen

In meiner Praxis als approbierter Psychologischer Psychotherapeut und approbierter Kinder- und Jugendlichenpsychotherapeut tauchten Zwangserkrankte jeden Alters auf. Ich will hier versuchen die Erfahrungen aus über 24 Berufsjahren zu bündeln und in Beziehung zur aktuellen Diskussion zu stellen. Die Übersicht über einige meiner Fälle soll aufweisen, dass die störungsspezifische Strategie mit Angstbewältigung zutreffend benannt ist, die strategische Orientierung für das therapeutische Vorgehen jedoch war jeweils durch die Person des Patienten geprägt und entsprach den verschiedenen Therapieorientierungen.

Fünf Fälle von Kindern bzw. Jugendlichen mit Zwangsstörungen

„Name" Abschnitt	Johannes 3.1.1	Christoph 3.2.1	Carl 3.3.1	Jakob 3.4.1	Monika 3.5.1
Stichwort	Vater hat colitis ulcerosa und macht uns allen Angst	Der junge Mann, der sein Erbe verrauchte	Ich hab schon früher viel kontrolliert	Ich darf Mutter doch keine sorgen machen	Ich muss meinen Kopf unter Wasser tauchen, bis ich ertrinke
Interventionsstrategie	Annehmen	Selbstprüfung	Fördern und Fordern	Einfühlen	Echt-sein
„Schule"	Medizinisch Psychosomatisch	Analytisch, Tiefenpsychologisch	Kognitiv Behavioral	Klientenzentriert	Gestalttheoretisch

Abb. 3: Fünf Fälle von Kindern bzw. Jugendlichen mit Zwangsstörungen

Die praktischen Erfahrungen mit der Therapie von Zwängen habe ich ausführlicher am Beispiel des Falles „Carl" unter dem Leitgesichtspunkt der Angstbewältigung dargestellt (Hockel, 2001b). Jeden dieser Fälle erlebte ich als einmalige, neue Auseinandersetzung entsprechend der Tatsache, dass auch für Patienten einer Diagnose gilt: „Keiner ist wie der Andere" (Asendorpf, 1999). Ich möchte hier die psychotherapeutischen Strategien, die jeweils die „hauptsächliche" Orientierung im Umgang mit den Klienten hergab, differenziert nebeneinander stellen.

Bei Kindern und Jugendlichen mit depressiven Störungen ist oft die strategische Orientierung auf das Spielerleben und die Entfaltung der Spielfähigkeit zentral (Hockel, 1996). Beim Zwangserkrankten Kind und Jugendlichen kommt es meist darauf an, dem Umgang mit Angst seine spontane, flüssige Ablaufgestalt (wieder) zu ermöglichen. Daher betone ich als die störungsspezifische Strategie diejenige der Angstbewältigung.

Die in der Vorbemerkung entwickelten fünf Faktoren therapeutischer Wirksamkeit, die in der medizinischen (Wärme), verhaltenstherapeutischen (Fördern und Fordern), psychoanalytischen (Selbstprüfung), klientenzentrierten (Einfühlung) und gestalttherapeutischen (Echtheit) Psychotherapiepraxis auch wiedergefunden werden, können jeweils schwerpunktmäßig als orientierende Strategien aufscheinen und als ein Element der Motivationsstruktur der Therapeuten gesehen werden. *„Zwischen der medizinischen und behavioralen Motivation durch konkretes Problemlösen zu helfen (machen) und der psychoanalytischen Motivation durch Vergangenheit und Konflikte klärendes ‚durcharbeiten' Heil herzustellen (aufklären) wird die Gesprächspsychotherapie von der Motivation des katalytischen wohlwollenden Begleiters bei selbstgestalteten Wachstumsprozessen (dulden) getragen. Mit diesen motivationalen Quellen sind Grundorientierungen der Psychotherapie und des Erlernens von Psychotherapie benannt, die ‚fragwürdig' im besten Sinne sind: Psychotherapie als Wissenschaft achtet mehr auf neue Fragen als auf alte Bekenntnisse"* (Hockel, 1999, S. 83-84).

Mit welcher Grundeinstellung/Strategie ist es jedoch „am besten" auf die hilfesuchenden Mitmenschen zuzugehen? Diese Art der Fragestellung wird in der letzten Zeit zu einer Neuformulierung der Indikationsfrage, wie bei Ronen (2000), der die Frage formuliert: „Welche Strategien und Techniken entsprechen diesem Kind am besten?" (a.a.O., S. 65) oder Fiedler (2000), der vergleichbar fragt: „Welches Grundkonzept passt zu welcher Persönlichkeit?" (a.a.O., S.113 ff.) und wird dort zur Grundlage für selektive Indikationen. Dem möchte ich dieselbe Frage quasi als adaptive Indikationsfrage gegenüberstellen. Jeder Beziehungsaufbau muss den Hilfesuchenden vor allem als einen potenziell kompetenten Problemlöser sehen (Rogers 1942; Kaminski, 1970; Anderson 1999) bzw. muss der Therapeut in seinem Klienten eine auf Selbstentfaltung angelegte Persönlichkeit anerkennen um solche problembewältigende Kompetenz anzustoßen und Selbstentfaltung zu induzieren.

Untersuchungen zum ersten Eindruck oder den initialen Momenten therapeutischer Begegnung verdeutlichen, dass Therapeuten in je „persönlicher Weise" mit spezifischen Strategien (z.B. Leuzinger, 1980) vom ersten Moment an auf ihre neuen Patienten zugehen. Solche bei Leuzinger brilliant analysierten und amüsant benannten Strategien (Cicero und Freud, Marx und Machiavelli u.a. kommen hier zu Wort) stehen einem empirisch orientierten Therapeuten wie mir zur Auswahl zur Verfügung. Oder um es im Bild zu sagen: mit Däumling (1969) bin ich es gewohnt mich als „mein eigenes Instrument" zu betrachten – je nachdem, wie der Patient ist, bin ich für ihn Klavier oder Schlagzeug, Harfe oder Flöte – möglicherweise jedoch auch in Abhängigkeit von meiner Tagesfassung in der Erstbegegnung ein „verstimmtes Klavier" oder nur eine „leise Flöte" usw.

Mit dem Konzept der organismischen Selbstregulation hat Carl Rogers (1942, 1959, 1967, 1977, 1987, 1991) für eine Beschreibung der auf Selbstenfaltung hin zur „fully functioning Person" angelegten Persönlichkeit jene Partitur formuliert, nach welcher unser Menschsein als Melodie erklingen kann. Diese Sicht mag manchem „litararisch" und/oder „romantisch" erscheinen; es wird stattdessen ein „nüchternes" Hinblicken auf die Lernfähigkeit des Menschen empfohlen. Betrachten wir die neuesten psychologischen Darstellungen des Lernens und der Didaktik, (Seel, 2000) so kommen wir auf diese positive Orientierung zurück, da festgestellt wird: „Zurückgehend auf Piaget geht man davon aus, daß Lernen von außen nur unterstützt, aber nicht erzwungen werden kann." (a.a.O., S. 354). Die eher chaostheoretische Formulierung, die in dieser orgamismischen Selbstregulation den zentralen Attraktor seelischer Gesundheit sieht, werde ich im Kontext der personzentrierten Sicht (Abschnitt 3.4.1) etwas ausführen.

2.2 Differenzialdiagnostik / Abgrenzungen

Für den Bereich der Zwangsstörungen im Kindes- und Jugendalter hat Döpfner (2000a, S. 155) gerade eine Differenzialdiagnostik erleichternde Darstellung gegeben, in welcher er vorschlägt die Zwangsstörung abzugrenzen von
1. Normvariationen,
2. Zwanghaften Gedanken bei Depression,
3. Zwanghaft anmutende Beschäftigung mit Essen, dem eigenen Körpergewicht usw. bei Anorexia nervosa,
4. Gedankeneingebungen und Wahnbildern in psychotischen Störungen,
5. Stereotypien bei autistischen oder geistig behinderten Kindern,
6. Motorische Tics,
7. Autoaggressives Verhalten und Trichotylomanie.

Übereinstimmend werden (erwachsene) Zwangskranke durch einige Persönlichkeitszüge beschrieben, deren Wurzeln auch schon im Kindes- und Jugendalter aufzuweisen sind.

Besonderheiten Zwangserkrankter (Persönlichkeitsmerkmale, Kognitive Stilelemente)	
Kennzeichen von Personen mit Zwangskrankheit – Übersicht	
Erwachsene[1]	Kinder und Jugendliche[2]
Übermäßiges Verantwortungsgefühl	Angst, schuldig geworden zu sein
Übertriebene Gefahreneinschätzung	Angst vor Einzelereignissen, Personen, Handlungen
Katastrophenfantasien	Katastrophenfantasien
Schuldzuschreibungen an sich selbst	(siehe oben und:) Verdächtigungen gegen sich selbst
Extremes Bedürfnis nach Gewissheit	Bedürfnis nach Geborgenheit und „Erlösung"
Unentschlossenheit und Zweifel	Unentschlossenheit, Zweifel und „verharmlosendes Selbsttäuschen"
Schwaches Handlungsgedächtnis	Häufig: erhöhte Erregbarkeit

[1] Diese Beschreibungen sind eigenen Beobachtungen und u.a. den folgenden Veröffentlichungen entnommen: Reinecker, 1994; Ecker, 1995; Hoffmann, 1998; Slkovskis, ertle, Kirk, 2000.
[2] Diese Beschreibungen sind eigenen Beobachtungen und u.a. den folgenden Veröffentlichungen entnommen: Knölker, 1987; Francis & Gragg, 1996; March & Mulle, 1998; Döpfner, 2000.

Abb. 4: Besonderheiten Zwangserkrankter (Persönlichkeitsmerkmale, kognitive Stilelemente)

Zwangshandlungen aus dem Bereich der Kontrollzwänge wurden in einer Untersuchung von Ecker (1995), einem langjährigen Berufspraktiker, genauer untersucht, da ihm aufgefallen war, dass seine Patienten beim Durchführen von Kontrollhandlungen sich „– *oft ohne Erfolg – in erster Linie auf visuelle Hinweisreize dafür (verließen), daß sie eine Handlung durchgeführt hatten ... In anderen Fällen scheinen sie motorisch-kinästhetisches Feedback aus der Handlungsdurchführung nicht zu registrieren.*" (a.a.O, S. 2-3) Aus solchen Praktikerbeobachtungen leitete er die grundlegende Hypothese ob, dass Patienten mit Kontrollzwängen unter einem Handlungsgedächtnisdefizit leiden könnten. Die Testung dieser Hypothese ergab deren Bestätigung und so die aus der Praxis und Grundlagenforschung gemeinsam hergeleitete neue Interventionsmöglichkeit der „Zeitlupenimmagination": *„Es wird vorgeschlagen die Reaktionsverhinderung bei Patienten mit Kontrollzwängen zu ergänzen durch Einüben nur einmaliger, ‚blinder' Handlungsdurchführung ‚in Zeitlupe' und mit geschlossenen Augen, um ihnen eine Refokussierung auf motorisch-kinästhetische Prozesse zu erleichtern, die auf natürlichem Weg das Gefühl der Sicherheit begründen, eine Handlung, tatsächlich ausgeführt zu haben.*" (Ecker, 1995, S. 318).

Francis & Gragg (1996) stellen einen Überblick über die aktuellen behavioralen und pharmakologischen Behandlungmöglichkeiten der Zwangserkrankungen (Obsessive compulsive disorder, OCD) vor. Sie verweisen darauf, dass in Extremfällen auch heute noch Psychochirurgie praktiziert wird. March und Mulle (1998) entwickeln ein Therapiemanual zur Behandlung von OCD bei Kindern und Jugendlichen, ein Unternehmen, das deutschsprachig für die Arbeit mit Erwachsenen auch von Lakatos und Reinecker (1999) durchgeführt wird.

Emmelkamp, Boumann und Scholin (1993) hatten die Phänomenologie der Störung fürs Erwachsenenalter analog zu Schilderungen in den Fallbüchern des DSM-III-R sorgfältig entwickelt. Sie gliedern die Zwangsstörungen dicht in den Kontext der „übrigen Angststörungen" ein und entwickeln als Behandlungskonzept die jeweilige „in vivo exposition" der Zwangsverhalten auslösenden situativen Kontexte, bei gegebener Reaktionsverhinderung. Döpfner beschreibt die möglichen lerntheoretisch/behavioral begründeten Interventionen (auch in der Familie) differenziert (2000b). Ergänzt wird dies durch die Veröffentlichung zur Diagnostik psychischer Störungen im Kindes- und Jugendalter (Döpfner, Lehmkuhl, Heubrock & Petermann, 2000).

Knölker ließ seiner Übersichtsdarstellung (1987) eine Falldarstellung folgen (1998) und beschreibt die psychodynamisch orientierte Diagnose und Therapie einer chronisch rezidivierenden Zwangsstörung in der Adoleszenz. Koch (1998) stellt diesem Bericht denjenigen über die Zwangsstörung eines 16jährigen Mädchens zur Seite. Hier wird die psychodynamische Interpretation und Diagnostik angeboten.

Das Spektrum der Zwangsstörungen wird von Lenz, Demal und Bach (1998) durch einen Tagungsbericht erfasst. Er zeigt eine beachtliche Spannweite der gegenwärtigen Diskurse in welchen über Zwang zu sprechen ist. Katschnig (1998) fragt nach der guten alten Zwangsneurose im Sinne der neurosenpsychologischen Betrachtungsweise, welche auf Freud und Janet zurückgeht. Ein Theoriehintergrund, den Hoffmann (1998a,b) reichhaltig ausleuchtet.

2.3 Übergreifende Ätiologische Überlegungen

Das Bedingungsmodell zur Entstehung der Zwangstörung (Crombach, 1998) wird durch das Modell von Reinecker (1994) vertieft, welcher Zwänge in drei Anläufen theoretisch beschieb:
1. Ein Zwei-Faktoren-Modell nimmt an, dass einer ursprünglichen Konditionierung auf eine gelernte Angstreaktion eine instrumentelle Konditionierung von Vermeidungsverhalten folgt, das sich dann als Zwangsverhalten prominent macht.
2. Danach destilliert er aus den kognitiv-verhaltenstheoretischen Modellen ein Konzept in welchem spontan jederzeit mögliche „aufdringliche Gedanken" sich entsprechend einem Verkettungsmodell als Wurzel für die Entstehung von Zwangsgedanken und -handlungen ausweisen.
3. Schließlich blickt er in einem System-Modell Kognitionen, Physiologische Prozesse und gezeigtes Verhalten zusammen und beschreibt Zwänge als emotionale Netzwerke.

Die kognitive Sicht von Salkovskis und Warwick (1988) legen Lakatos und Reinecker (1999) ihrem „Therapiemanual" zu Grunde. Direkt auf die Arbeit mit Kindern und Jugendlichen bezogen ist das ebenfalls als „Manual" gestaltete und benannte Buch von March und Mulle (1998), das die gleichen Prinzipien einer kognitiven Verhaltenstherapie darstellt, und dabei sowohl die medikamentösen als auch die rein kognitiven Therapiemöglichkeiten mit diskutiert.

Laurent und Potter (1998) beschreiben im Rahmen des Handbuchs der Kinderverhaltenstherapie Störungen des Formenkreises von „obsessive compulsive disorders (OCD)" entsprechend der Vorgehensweise im DSM-IV nur im Rahmen die Angststörungen. Im gleichen Handbuch zeigen Watson und Sterling (1998), dass es Sinn macht, Tics und (selbstschädigende) Gewohnheiten gemeinsam zu betrachten. Morris und Kratochwill (1998) stellen in ihrem Standardwerk zur Praxis der Kinderpsychotherapie mit dem Artikel von Milby, Robinson und Daniel (1998) die „obsessive compulsive disorders (OCD)" an die erste Stelle der betrachteten Störungen.

Populäre Darstellungen von „Zwangshandlungen und wie man sich davon befreit" (Schwartz & Beyette, 1997) oder lexikalische Handreichungen in Taschenbuchformat (Benkert, Lenzen & Schulte, 1997; Gosciniak, Osterheider & Volk, 1998) reduzieren zwar häufig die Komplexität, ermutigen jedoch durch den durchgängigen Hinweis auf die steigenden Chancen der Hilfe bei einer kompetenten und mehrdimensional angelegten Behandlungsstrategie. Eine ausgezeichnete Möglichkeit der Ermutigung für erwachsene Betroffene stellt noch immer die Darstellung „Der Weg aus der Zwangserkrankung. Bericht einer Betroffenen für ihre Leidensgefährten" von Ulrike S., Crombach, G. & Reinecker, H. (1996) dar. Diese Darstellung ist auch als Erläuterung des Krankheitsgeschehens für Eltern zwangserkrankter Jugendlicher tauglich. Direkt für Eltern von Tourette-Syndrom-Kindern und mit einschlägigen Erläuterungen für Zwänge ist das neue Buch von Scholz und Rothenberger (2001): „Mein Kind hat Tics und Zwänge".

Angstbannende Wiederholungen unsinniger Verhaltensweisen, „hypnotisiertes Opfer" eigentlich unbedeutender „aufdringlicher Gedanken" – das Spektrum der Entstehung individueller Zwänge zentriert sich für mich auf die eingeschränkte Kompetenz der Angstbewältigung die einen spielerischen Umgang mit den Möglichkeiten der eigenen Fantasie einschließen würde.

3. Erkenntnisleitende Dimensionen - Substanz, System, Struktur

Zwangskrankheit kann nach allen drei Erkenntnismodellen[2], der **Substanz**-Sicht der Medizin, den **System**sichten von a) Psychoanalyse oder b) Behaviorismus und der **Struktur**sicht von a) Personzentrierung und b) Gestalttheorie betrachtet und behandelt werden. Die „beste" Zugangsweise wird wohl weniger durch die Theorien, sondern durch das Zusammenführen von Personen, die einander dienen können, bestimmt werden. Jede einzelne Psychotherapie ist so „gut", wie das kooperative Miteinander von Klient und Therapeut (nicht nur von Störung und Behandlungstheorie) dies ermöglichen.

3.1 Substanz-Sicht: Zwänge aus medizinischer Sicht

Eines Tages wird die biologisch orientierte medizinische Lehre von der Krankheitsentstehung die meisten materiellen Rätsel gelöst haben: es wird deutlich sein, dass diese Störung durch Viren, jene durch autoimmunreaktions-Entgleisungen, diese durch Vergiftungen und jene durch Abnutzung entstanden sind, kurz gesagt, die medizinische Weisheit wird in der immer neu ertragen zu lernenden Erkenntnis gipfeln, dass die Ursache des Todes das Leben ist. Die Sterblichkeit des Menschen kann als Quelle von Leid ebenso wie als Garant von Glück verstanden werden, sie muss jedenfalls als Bedingung menschlichen Seins angenommen werden.

3.1.1 Johannes – der Arztsohn

Johannes war der Sohn eines Arztes, welcher selbst an colitis ulcerosa litt. Als er mir vorgestellt wurde erschrak ich über die unechte, „fröhliche, arbeitsame" Atmosphäre der Gesamtfamilie, die gemeinsam aufgetaucht war. In der Arbeitsgruppe, in welcher dieser Text erstmals mit Kolleginnen und Kollegen besprochen wurde, nahm ich diese Erfahrung zum Anlass, um eine erste gemeinsame Übung durchzuführen. Wenn Sie als Leser dieses „Gedankenspiel" mitvollziehen wollen, so sind Sie hierzu herzlich eingeladen:

Ich möchte Sie einladen, sich zu entspannen und sich auf eine Erstbegegnung mit einem Patienten einzustellen. Sie haben als Vorwissen nur die kleine Notiz: Zwangskranker Jugendlicher. Ich möchte Sie nun bitten, sich selbst genau zu beobachten, während ich nacheinander so zu sagen „bit für bit" eine einzige, zusammenhängende Information hier an Sie herantrage. Lesen Sie daher bitte, wenn möglich die folgenden Zeilen, indem Sie zunächst den ganzen Text abdecken und sich erst eine Zeile, dann erst die Nächste usw. vor Augen kommen lassen:

> **Wenn es gut geht**
> **sterben**
> **die Eltern**
> **vor den Kindern**

---

[2] Auf der Suche nach Antworten auf die Frage nach „Adressaten – orientierten Strategien des Beziehungsaufbaus" reflektierte ich die jeweiligen, unsere Wissen prägenden Erkenntnistheorien und fand in Rombach (1981) jenen Philosophen und Lehrer, dessen phänomenologische Sicht mir zu dieser Frage entsprach. Mit der Herleitung des epochal unterscheidbaren Sichten auf Seiendes als Substanz, System, Struktur wurden unterschiedliche Stufen der Erkenntnistheorie verstehbar – ebenso wie z.B. Kohlberg unterschiedliche Stufen des moralischen Urteils entwickelte. Was in der Entwicklung des moralischen Urteilens einzelner Personen unterschieden werden muss („Entwicklung persönlicher Moralität"), kann in der Beurteilung der Wirkungsmächtigkeit von Erkenntnissen der Gattung („Wissenschaftsgeschichte") wiedergespiegelt gesehen werden.

Nach jeder Folie ließ ich den Gruppenmitgliedern kurz Zeit, sinnierend zu prüfen, was dieser Text in ihnen auslöste. Unsere gemeinsame kleine Aussprache im Plenum erbrachte Evidenz und Konsens dafür, dass es nicht einfach ist, diese schlichte Wahrheit immer im Sinn zu behalten. Im Fall Johannes war es jedoch der rote Faden, der ihn aus dem Labyrinth seiner Zwänge zu führen vermochte.

Eine der Einzeltechniken, die im Kontext der Behandlung eingesetzt wurden, war das „wechselseitige Geschichtenerzählen" (Gardner, 1984). Dabei war die pharmakologische Parallelbehandlung für ihn als verständigen Arztsohn jene „Krücke", die er erprobte, während er sich mit mir auf die Suche nach jenem Mut machte, der ihn schließlich „mutwillig" seine Zwangshandlungen besiegen ließ.

3.1.2 Das Annehmen und Wertschätzen, Substanz-Sicht: Zwänge sind (auch) Körperprozesse

Annehmen meint hierbei auch das Geltenlassen des Elendes. Die vielfältigen berührenden Bilder ärztlicher Kompetenz haben alle damit zu tun: der Mitmensch, der die grausame Verletzlichkeit unseres Daseins jederzeit anzuerkennen vermag ohne sich davon zynisch abwenden zu müssen. Die sonst wohl kaum zu verstehende, wie Perversionen aussehende Initiationspraxis der Mediziner Ausbildung, die zunächst mit dem Ekel, der Pathologie, der Hinfälligkeit des Leibes konfrontiert, indem sie an der Leiche beginnt und sogleich mit der anderen ungeheuerlichen und (eigentlich) unzumutbaren Grausamkeit vertieft wird, nämlich der über jedes „Normalmaß" von menschlicher Arbeitsleistung hinausgehende Belastung durch Arbeitsschichten, die eigentlich offensichtlich jenseits jeder verantwortbaren Belastungsmanagements liegen – diese Seiten der Berufssozialisation ergeben dort, wo sie „seelisch unbeschadet" überlebt werden, eine Haltung der „Belastbarkeit", die besagt, „nichts Menschliches ist mir fremd", kein Schicksal kann mich fassungslos werden lassen, kein Leid kann mir die Handlungsfähigkeit mitmenschlicher Solidarität und vernünftiger Suche nach Linderung, Besserung, Heilung nehmen.

Leider wurde dieses Annehmen in den letzten Hundert Jahren vorwiegend mit der Brille des Zynismus und der so genannten „Sachlichkeit" verbunden gesehen – sicher einer der Hauptgründe für die Entwicklung einer „Minutenmedizin", die übersah, dass der Mediziner dem Hilfesuchenden das Gespräch schuldet. Dennoch zielte Mediziner-Sozialisation immer auch auf jene im Arztroman verherrlichte menschliche Wärme des „bedingungslosen Annehmens". Insofern erscheint diese Komponente von psychotherapeutischer Kompetenz dem Mediziner häufig einerseits vertraut, andererseits bedeutungslos und somit „wertlos" gegenüber seinen sonstigen Kompetenzen.

„Jeder Verhaltenstherapeut sei genauso warm wertschätzend wie alle Psychotherapeuten" war der Anspruch in der Gründungsmitteilung der Deutschen Gesellschaft für Verhaltenstherapie. Und dass Wärme und Wertschätzung eine der von C.R. Rogers empirisch in ihrer Wirksamkeit bewiesenen lehr- und lernbaren Verhaltensdimensionen von Therapeuten darstellt, darf als bekannt vorausgesetzt werden.

Die ärztliche Strategie ist gekennzeichnet durch den „vorurteilsfreien Blick", die Achtung vor dem Elend, den Respekt vor der Krankengeschichte. Mediziner sind zu Recht stolz darauf es nicht nötig zu haben, sich oder ihre Patienten mit „Tröstungen" zu behelligen. Die empirische Psychotherapieforschung durch C.R. Rogers hat aufgewiesen, dass die „nicht Besitz ergreifende Wärme und Wertschätzung" eben gerade etwas gänzlich anderes ist, als die mütterlich, väterlich, partnerschaftlich oder sonstige mitmenschliche Liebe. Diese erlernbare Haltung des Annehmens, macht es möglich zu „schlucken und zu verdauen" und bei solcher Bewältigungsarbeit zu begleiten, sie ist angewiesen auf professionelle Rückversicherungen wie sie in der Tradition psychologischer Psychotherapie mit den Begriffen der Eigentherapie und der Forderung nach einer die gesamte Dauer der Berufstätigkeit anhaltenden Begleitung durch (kollegiale) Supervision beschrieben ist und in der Medizinerstradition mit dem Konzept der Balintgruppe sichtbar wurde.

Diese strategische Orientierung das Leiden ernst zu nehmen, ist für Zwangskranke außerordentlich bedeutsam. Gehört es doch zum Kennzeichen ihrer Erkrankung, dass sie im Unterschied zum Angstkranken sich der Irrationalität ihrer Befürchtungen als solcher häufig nicht sicher sind. Während der Angstkranke deutlich daran leidet, dass er "übertriebene Angst" hat, muss der Zwangskranke, der sozusagen ein (karrikaturistisch aussehendes) Übermaß an Angstbewältigungskompetenzen entwickelte, erst dahin begleitet werden, dass er sich eingestehen kann, dass seine emotionale Wertung und nicht die "objektive Gefahr" das Problem seiner Erkrankung darstellt[3].

Lakatos und Reinecker (1999) entwickeln dies anschaulich durch ihren geforderten Therapieschritt der *"Verschiebung der Problemdefinition weg vom Inhalt der befürchteten Konsequenzen hin zu der Überzeugung, daß das Problem darin besteht, einen unsinnigen, aufdringlichen Gedanken und Angst zu haben."* (a.a.O., S. 57). Die Strategie des Annehmens, der bedingungslosen Wärme und Wertschätzung für den Leidenden, die zugleich vor allem diesem vermittelt, dass sein Leiden ernst genommen wird, ist geeignet, den Beziehungsaufbau zu tragen.

Die Qualitäten gesunden, geglückten Daseins werden in der Medizin (zu Recht) vorrangig in Beziehung gesetzt zu einem von "funktionellen Beschwerden" freien Organismus, einem gesunden Körper, in welchem ein gesunder Geist beheimatet sein kann. Wenn solche funktionell-freie Wahl von Handlungsalternativen eingeschränkt ist durch "Zwang", der nicht von außen kommt, so ist dies in der medizinischen Sicht immer (zumindest auch) ein Körperproblem.

Ich möchte dies am Beispiel der psychiatrischen Betrachtung der Zwangserkrankungen illustrieren. Dabei lege ich Benkert und Lenzen-Schulte (1997) zugrunde:
- Durch die Beschreibung der Zwangskrankheit wird ein "Behandlungsgegenstand" konstituiert. Beeindruckend ist, dass die Substanzsicht, das körpermedizinische, biologisch-psychiatrische Denken sich einer funktionalen Krankheitsklassifikation anzunähern beginnt: obsessive-compulsive-spectrum-disorders (OCD).
- Das "organische Substrat" der Zwangserkrankungen wird in zwei Komponenten beschrieben:
- Störungen des neurochemischen Gleichgewichts (S. 53),
- Schädigung von Strukturen bestimmter Hirnareale:

      Stirnhirn   Striatum
      Prozess   Filter

---

[3] Mit Watzlawicks Bild von den durch Händeklatschen vertriebenen Elefanten wird diese Karrikatur meist veranschaulicht – wobei es eine nette kleine wissenschaftsgeschichtliche Arbeit wäre, dies Bild einmal in seiner Geschichte in der Fachliteratur zu verfolgen. Es taucht bei Lakatos und Reinecker (1999) als das Bild vom Mann in der Straßenbahn, der mit den Fingern schnippst ohne jeden Bezug zu Watzlawick auch auf (a.a.O., S. 62), Reinecker alleine hat es auch schon verwandt, allerdings zur Vertreibung von Fledermäusen (Reinecker, 1994, S. 49). Diese Untersuchung hätte vielleicht einen Rang wie jene von Merton (1980) zum Thema "Auf den Schultern von Riesen"? Denn warum wählte Watzlawick gerade das Vertreiben von "Elefanten"?)

Die Autoren betonen, dass „Psychotherapie ganz konkrete Veränderungen im Gehirn" (S. 117) verursacht und: „**Der Glaube, dass eine 'Psycho'therapie nur psychische Folgen nach sich zieht, muß zurückgewiesen werden.**"
Damit wird deutlich, dass die Psyche – zu Soma Wirkung von Verhalten („Der **Entschluß** zu hyperventilieren erzeugt über die Sauerstoffzufuhr Rauschzustände") ebenso bedeutsam sein kann, wie die Soma zu Psyche Wirkrichtung („**Alkohol** erzeugt Rauschzustände, auch wenn ich nüchtern bleiben wollte"). Der „Kausalmechanismus von psychischen Zuständen/Verhaltensweisen" ist bei unterschiedlich wirksamen Dosierungen von psychotropen Substanzen und Wirkungswegen unterschiedlich. Es muss davon ausgegangen werden, dass „Wille/Verhalten" auch zu substanziellen Änderungen führt. Diese absolute Selbstverständlichkeit (wer würde einem Sportler ohne Kondition nicht die Frage vorlegen, wie er sich in der letzten Zeit übend verhalten habe?) scheint ausgerechnet bei der Betrachtung subtilerer psychischer Verhaltensproblemen manchmal vergessen zu werden.

Wenn also Clomipramin, wie Lopez-Ibor und Fernandez-Cordoba 1967 erstmals zeigten, bei Zwangserkrankungen deutliche Symptomreduktionen möglich machte, so ist dies Faktum sowohl „von links nach rechts, als auch von rechts nach links zu lesen". Grundlage der Wirkung war jedenfalls die Eigenschaft des Clomipramins, die Wiederaufnahme des Neurotransmitters Serotonin zu hemmen. Die neurophysiologischen Zusammenhänge illustriert anschaulich Kasper (1997).

Als Modell für die Erklärung von Zwangshandlungen kann gedacht werden, dass wiederholende Willenshandlungen eine Art physiologische Schleife („Platte hat einen Kratzer in welchem die Nadel des Handlungsstroms hängen bleibt") bilden und daher zwanghafte Handlungs- Wiederholungen verursacht werden („schnelles Neuladen und feuern"). Es kann jedoch auch gerade umgekehrt betont werden, dass die rasche Wiederaufnahme des Neurotransmitters Serotonin eine spontane, sich wiederholende Reduplizierung gerade abgelaufener Bewegungsmuster (Verhaltensweisen) drängend hervorbringt, „erzwingt".

Inzwischen sind so genannte spezifische Serotonin-Wiederaufnahme Hemmer (SSRI = specific serotonin reuptake inhibiter) gefunden worden und im Einsatz: „*Diese gehören mittlerweile zum Standard der Behandlung. Zwangsstörung jedoch als ein rein zentrales Serotonin-Mangelsyndrom aufzufassen, welches durch diese Medikamente ausgeglichen werden kann, stellt eine unzulässige Vereinfachung dar. So sind es erst die Adaptationsprozesse, die durch Serotonin Wiederaufnahmehemmer ausgelöst werden, die mit einer therapeutischen Wirkung einhergehen, sodass auf Transmitterebene allenfalls von einer Imbalance verschiedenenr Transmitter (neben Serotonin, z.B. auch Dopamin) ausgegangen werden kann.*" (Lenz, Aigner & Bankier, 1998, S. 57).

Die Autoren dieser aktuellen Studie zur Pharmakotherapie bei Zwangsstörungen kommen zu einer Empfehlungsliste der „adäquaten Behandlung erster Wahl bei Zwangserkrankungen" (S. 63), die umfasst (s. Abb. 5).
Sie betonen jedoch auch, dass „bei alleiniger Pharmakotherapie die Rückfallsraten beim Absetzen sehr hoch sind" (a.a.O., S. 63) und verweisen auf die Kombination der Pharmakotherapie mit einer Verhaltenstherapie. Darüber hinaus entwickeln sie jedoch auch noch spezielle pharmakotherapeutische

Medikamente bei Zwangserkrankungen		
Substanz / Markenname	Dosis	Dauer
Clomipramin (Anafranil)	bis 250	> 10 Wochen
Fluvoxamin (Floxyfral)	bis 250	> 10 Wochen
Sertalin (Gladem, Tresleen)	bis 200	> 10 Wochen
Fluoxetin (Fluctine, Mutan)	bis 80	> 10 Wochen
Paroxetin (Seroxat)	bis 40	> 10 Wochen
Aus: Lenz, Aigner & Bankier, 1998, S. 63.		

Abb. 5: Medikamente bei Zwangserkrankungen.

Strategien zur Bewältigung von Therapieresistenz bei „Non Respondern". Diese Befunden stimmen mit denen von Süllwold, Herrlich und Volk (1994) berichteten überein. Emmelkamp und von Oppen (2000) betonen inzwischen, dass die „Kombination von Verhaltenstherapie und Pharmakotherapie nicht besser als Verhaltenstherapie alleine" sei (a. a. O. , S. 63).

Beachtlich erscheint, dass in dem Standardwerk zur Pharmakotherapie im Kindes- und Jugendalter (Nissen, Fritze & Trott, 1998) die psychotherapeutische Behandlung zuerst ausgeführt wird und betont wird: *„Bei älteren Kindern und Jugendlichen mit schweren und anhaltenden Denk- und Handlungszwängen ist eine psychotherapeutische Langzeitbehandlung erforderlich. Dabei sollte eine tiefenpsychologische Therapie immer verhaltenstherapeutische und eine verhaltentherapeutische Behandlung immer psychodynamische Aspekte einbeziehen."* (a.a.O., S. 525).

Noch eindeutiger erscheint jedoch die Indikation einer Kombinationstherapie von Pharmakotherapie und Psychotherapie, wobei unter dieser „psychologische Psychotherapie", sowohl eine von der Grundorientierung Psychoanalyse als auch eine von der Grundorientierung Verhaltenstherapie oder Gesprächspsychotherapie getragene Psychotherapie gemeint sein sollte.

3.1.3 Zusammenfassung

Das Miteinander von Leib und Seele als Erkenntnistradition der Medizin (Dualismus) ergibt eine zumindest doppelseitige Verständnis- und Behandlungsstrategie: Substanzen können dem Organismus zugefügt werden, Substanzen können durch (veränderte) Lebensführung im Organismus gebildet werden, volle Funktionstüchtigkeit des Organismus ist nur herstellbar, wenn die „richtigen" Substanzen am richtigen Ort in der richtigen Menge gebildet bzw. verfügbar sind. Je nach Selbstverständnis des Patienten und Ausmaß des Leidens kann eine medizinische Zugangsweise, die Therapie vom Primat der Körperstrategie ausgehend zu gestalten, ein guter Einstieg sein.

3.2 Verstehend systemische Sicht: Konflikttheorie/Psychoanalyse/Tiefenpsychologie

Zwei große Denk- und Forschungssysteme versuchen die Not menschlicher Seelenstörungen „systematisch" begreifbar zu machen oder in den Griff zu nehmen: Psychoanalyse und Verhaltenstherapie sind beide klassisch nach dem Wissenschaftsverständnis einer Systemsicht⁴ entwickelt worden. Dies soll keine „Abwertung" darstellen, ganz im Gegenteil: systematisch vorzugehen ermöglicht uns eine Menge Ohnmacht zu bewältigen, gibt uns Erklärungs(Psychoanalyse)- und Änderungs(Verhaltenstherapie)-Macht.

3.2.1 Christoph - der junge Mann, der sein Erbe verrauchte

Christoph, einziger Sohn aus sehr reichem Elternhaus, erbte den Reichtum seiner Eltern als er 9 Jahre alt war, da sie mit einem Privatflugzeug zusammen abgestürzt waren. Mit 18 hatte er Zugriff auf sein Vermögen. Als Internatsschüler und Vollwaise bewältigte er diese Vergangenheit oberflächlich gesehen zunächst gut. Allerdings war sein hoher Konsum an Haschisch mit einem großen Freundeskreis, den er „bewirtete", auffällig. „Jetzt wird es mir bald gelingen, mein Erbe zu verrauchen", meinte er nicht nur scherzhaft. Völlig unverständlich für ihn waren einige seiner Verhaltensnöte, die er zunehmend entwickelte bis er mit 19 bei mir auftauchte: unter diesen waren ein schwerer Waschzwang, die Angst jemanden zu überfahren und der immer wieder auftauchende Zwangsgedanke, er könne vergessen haben, seine Hose anzuziehen, stünde nun vielleicht mit nacktem Unterleib beim Geldabheben in der Bank.

Den Zugang zu seinem Zwangsverhalten konnte ich gewinnen, da ich seine Struktur des „unerbittlichen Selbstprüfens" als Bestandteil meiner Professionalität kenne, anerkenne und zwanglos zu nutzen vermag. Angstbewältigung meinte in dieser Therapie, die für den Bereich der Handlungszwänge eine erfolgreiche Verhaltenstherapie war, einen langen Weg der Auseinandersetzung mit den Zwangsgedanken, die sich weit hartnäckiger hielten als die beiden Handlungszwänge. Christoph praktizierte sozusagen „Selbstprüfung" in krankhafter Karrikatur.

Selbstprüfung ist eine intellektuelle Tätigkeit. Sie steht in der jüdisch-christlichen Tradition und hatte dort über die Jahrhunderte vor allem die Funktion dem Menschen in seinem spirituellen Bedürfnis dadurch zu helfen, dass seine Hoffart, sein Hochmut, die Gefahr seines „sich Überhebens" gebannt werden sollte durch das Wissen um unsere „Sündhaftigkeit", unser „allzumal der Gnade mangeln", das uns auf die ersehnte (im Ablass erkaufte, in der Reformation geschenkte) göttliche Gnade angewiesen sein lässt.

Chaostheoretisch war dies vielleicht der zentrale „Attraktor" abendländischer Kultur. Freud rätselte lange über den „Todestrieb" und über das „Unbehagen in der Kultur" und auch nach ihm wird immer wieder mit Konzepten der „Sublimierung als Kulturgrundlage" davon ausgegangen, dass erst die „Zivilisierung animalischer Triebhaftigkeit" unsere menschlichen Qualitäten entfalten könne.

Es ist an der Zeit umzudenken. Eine vor allem von Watzlawik popularisierte Einsicht besagt: man kann immer sagen ein halbes Glas Wasser ist halb voll oder halb leer. Oder um gleich ein anderes, klassischeres Denken zu zitieren, das das Menschliche dieses Problems sehr tief auslotete: „An sich ist nichts

---

⁴ Vergleiche Fußnote 2.

gut oder Böse, das Denken macht es erst dazu." (Shakespeare). Jahrhunderte lang betrachteten wir die Seite der „halbleeren" Menschlichkeit, der Niedrigkeit und Bosheit des Menschen als vorrangig und eine Kultur des Hassens wurde nur von Demagogen gebraucht. Misstrauisch wurde lieber davon ausgegangen, dass zumindest der Mensch „an sich" eben doch eine böse, egoistisch egomanische Bestie des Denkens sei.

Heute ist es an der Zeit, Selbstprüfung so anzuwenden, wie sie immer auch gemeint war: als jene menschliche Fertigkeit, die das Gute zu identifzieren vermag, als „Potenzsichtigkeit", als Ressourcenorientierung.

Im Kontext der Tagung, auf der diese Ideen vorgetragen wurde, hatte ich die folgende Übung an den Anfang gestellt. Ich nannte sie: „Wir basteln uns einen Zwang". Ich bat die Teilnehmenden sich einzeln an eine frühe Schuld zu erinnern und sich ein „Schuldminderungsritual" auszudenken, dessen „angstmindernde" Funktion sie in der Imagination ausspielen und genießen sollten. Exemplarisch führte ich dann mit einer der so „Zwangserkrankten" ein kleines Interview. Letztlich entdeckten wir die Verletzung durch Gewalttätigkeit und Ohnmacht in dem dort gewonnenen Beispiel.

Zur Kultur des Hassens gehört es, diese starke Emotion so zulassen zu können, dass sie sich auf das Hassenswerte richtet. Dies sind niemals die Mitmenschen sondern stets „nur" deren Taten. Und so können/dürfen wir Lüge, Gewalt, Missbrauch und den ganzen Katalog der Straftaten, den der österreichische Literat Franzobel[5], seine Figur Werner Semmelrath auswendig lernen (und zitieren) lässt, hassen, sollten jedoch verstehen, dass auch diese Taten zur Schöpfung gehören, und sehr wohl in uns selbst (vertraute) Wurzeln haben. Wichtiger jedoch als diese Wurzeln des Hassenswerten in uns sind die Wurzeln der Güte, der Demut, des Lachens, der Ehrlichkeit, der menschlichen Qualitäten, die uns zu recht all das Niedere und Hassenswerte als „unmenschlich" brandmarken lässt.

Die Aufklärung verwies auf die Möglichkeiten des menschlichen Geistes sich Wege aus selbstverschuldeten Zwängen erarbeiten zu können. In diesem Sinne muss jede Psychotherapie aufklärerisch sein. Ganz besonders in der Arbeit mit Zwangskranken steht die Frage nach der Willensfreiheit stets im Raum. Sie leiden darunter, dass sie tun, was sie nicht wollen. Und dieses Ungeheuerliche ist zugleich stets eine Paradigma für ihre in Selbstverdächtigung ängstlich angedachte „Ungeheuerlichkeit". In Christophs Leben war der Verlust der Eltern das Ereignis, das er in der Therapie tief durchreflektierte als „Ergebnis seines magischen Mörderwunsches als Kleinkind". Wobei beim heutigen Verbreitungsgrad tiefenpsychologischer Sichten fragwürdig ist, ob dies die populärpsychoanalytische Reflexion eines trauernden Pubertierenden war, der sich lieber als „Täter" denn als „Opfer eines Schicksalsschlages" sehen wollte, oder tatsächlich ein tiefsitzender psychodynamisch wirkender Konflikt aus frühen Tagen. Erst sehr langsam konnte er seine Angst, sich „schuldig" sehen zu müssen, dadurch bearbeiten, dass er diese Angst zunächst einmal offen aussprach und dann langsam als aufdringlichen Gedanken zurückzuweisen lernte.

---

[5] In dem schrecklichen Roman Scala Santa, der teils wie eine Abschrift aus Akten von Familiengerichtsverfahren oder Prozessen um Kindesmissbrauch zu lesen ist.

3.2.2 Die Selbstprüfung, eine Aufklärungsstrategie. System-Sicht, Verstehend: Zwänge als Ergebnis (unbewussten) Konfliktes – Psychoanalyse

Die erste deutschsprachige Monographie zum Thema der Zwangssyndrome im Kindes- und Jugendalter (Knölker, 1987) betonte noch, dass „Psychotherapie, besonders dann, wenn sie mit verhaltenstherapeutischen Techniken kombiniert wurde" die wichtigste Behandlunsgmethode war. Es waren dabei Verhaltenstherapie, Gesprächspsychotherapie und tiefenpsychologisch orientierte Einzeltherapie eingesetzt worden (a.a.O., S. 86).

Im psychodynamischen Fallbuch von Schulte-Markwort, Diepold und Resch (1998) werden zwei Zwangskranke als Fälle vorgestellt (S. 67 ff.). Knölker (1998) beschreibt eine chronische rezidivierende Zwangsstörung in der Adoleszenz anhand eines 15jährigen Gynasiasten und Koch (1998) die Zwangsstörung eines 16jährigen Mädchens. Beide Falldarstellungen sind offen für die Integration pharmakologischer, psychodynamischer und verhaltentherapeutischer Vorgehensweisen bzw. dokumentieren deren Miteinander. Beide könnten also im strengen Sinne keine „Richtlinienpsychotherapie" sein, da innerhalb dieser solche Integration ausdrücklich ausgeschlossen wird. Eine bereits 1957 durchgeführte analytische Therapie mit einem zwanghaften Jungen (Gondor, 1984) beschreibt die Rolle der Therapeutin als diejenige, die dem Kind durch das Angebot eines echten Verständnisses die Möglichkeit eröffnet, seine Selbstprüfung, auch als Selbstquälerei, zu identifizieren und sodann einzugrenzen. Reinelt (1976) beschrieb eine Maltherapie mit einem jugendlichen Zwangsneurotiker, in welcher er die analytische Problemsicht verdeutlichte: *„erleben sie (die Kinder, CMH) nun diese Epoche der motorischen Expansion (2.-3. LJ, CMH) schuldhaft, wenn laufend Ermahnungen, Tadel und Bitten aktives Handeln und Denken als böse und destruktiv empfinden lassen, dann kommt es zur Verdrängung, insbesondere aggressiver Impulse. Hinter der Fassade des über-angepassten Kindes brandet eine zügellose, chaotische ‚Unterwelt', deren Quellen in aggressiven und sexuellen Trieben wurzeln."* (a.a.O., S 274-275). Er ließ den Buben malen, verzichtete weitgehend auf Deutungen und konnte beobachten wie der 13Jährige sich in 55 Sitzungen emanzipierte.

Gegenwärtig wird mit dem Versuch einer operationalisierten psychodynamischen Diagnostik (Arbeitskreis OPD, 2. Auflage, 1998) ein Zugang zur psychodynamischen Beschreibung von Störungsbildern gewählt, der die analytisch-ätiologischen Konzepte im Hegelschen Sinne „aufheben" (bewahren, ausgestalten und auf neuem Niveau bestätigen) soll. Betrachten wir daher kurz die klassische Darstellung zum analytischen Verständnis der Zwangsstörung.

„Zwangshandlungen und Zwangsgedanken sind als Abwehrmechanismen gegen unbewußte Impulse zu verstehen. Entscheidend ist die anale Phase (zweites bis drittes Lebensjahr), in welcher die Sauberkeitserziehung eine wesentliche Rolle spielt ... Typisch für diese Zeit ist die sogenannte 'Trotzphase', in der die Grenzen der Selbstbestimmung des Kindes ausgetestet werden. Überzogene Sauberkeitsanforderungen der Eltern und übertrieben strenge Erziehung können Aggressionen und Frustrationen beim Kind hervorrufen. Werden diese Konfliktsituationen nicht adäquat verarbeitet, können belastende Ereignisse im späteren Leben zum Ausbruch von neurotischen Kompensationsmechanismen führen. So wird zum Beispiel der Waschzwang als 'symbolisches Reinwaschen von schuldhaft erlebten Sexual- und Aggressionswünschen' interpretiert" (Benkert & Lenzen-Schulte, 1997, S. 84).

Die Autoren selbst sind keine Psychoanalytiker, ja sie betonen gleich im Anschluss: „*Obwohl die Zwangspatienten unter Umständen hinsichtlich anderer Symptome von einer psychoanalytischen Psychotherapie profitierten, gelten die Zwangshandlungen bzw. Zwangsgedanken selbst als ausgesprochen resistent gegen psychoanalytische Interventionen. Dies ist mit ein Grund dafür, warum die Zwangskrankheit letztlich für viele Jahrzehnte als unheilbares Leiden galt.*" (a.a.O., S. 85).

Hält man aber die Ausführungen eines ausgewiesenen, gegenwärtigen Psychoanalytikers zu den entsprechenden Konzepten zur Entstehung der Zwangsstörung dagegen (Schuster, 1998), so findet man zwar Differenzierungen, jedoch auch volle Bestätigung: „*Auch die moderne Psychoanalyse hält an der klassischen Ansicht fest, dass in den neurotischen Kompromißbildungen der Zwangsneurose hauptsächlich anal-sadistische Triebabkömmlinge sowohl ihren Ausdruck finden wie auch gleichzeitig abgewehrt werden ... Als hervorragender Austragungsort für die innerpsychischen Kämpfe erweisen sich die Denkvorgänge, selbst dort, wo es objektiv um tatsächliche Handlungsabläufe zu gehen scheint. Entscheidend für das Ausbrechen einer Zwangsneurose und deren Verlauf sind Faktoren, die Einfluß – bewußt oder unbewußt – auf die relative Stärke der einzelnen Komponenten der unbewußten Konflikte und damit auf die anal entstellte Welt des ödipalen Szenarios nehmen können.*" (a.a.O., S. 33/34).

Der oben angesprochene Fall Johannes (2.1.1), würde sich auch hervorragend zur Illustration dieses Konzeptes eignen. Der zwangskranke Junge sagte in etwa (Textverdichtung/Umschreibung hier natürlich von mir): „Ich finde es arschig, dass mein an colitis ulcerosa leidender Vater, der Herr Doktor, meine Mutter und mich zwingt, um ihn Angst zu haben und ich mich so weder abgrenzen noch auflehnen kann. So habe ich immer ein schlechtes Gewissen und denke ich muß ...."

3.2.3 Zusammenfassung

Das Erkenntnissystem der Psychoanalyse versucht spekulativ dem Verständnis der (unsichtbaren) inneren Wirkzusammenhänge auf die Spur zu kommen. Diese Selbstprüfung stellt eine der grundlegenden Ressourcenorientierungen dar. In einer aufklärerischen Tradition stehend, wird hierbei das jüdisch-christliche Menschenbild transportiert (ausgehend von einer psychosexuellen Entwicklungstheorie). Angst auszuhalten und beunruhigende Situationen mit Konfliktfähigkeit, Ambuiguitätstoleranz usw. durchstehen zu können gehört ebenso zum Zielbild des „durchanalysierten" Patienten, wie dessen „Glück-Genuss-und Arbeitsfähigkeit".

Für die psychotherapeutische Arbeit mit Christoph gab mir solche „Aufklärung" eine Art „Spielwiese", ein Übungsfeld für mögliche Werthorizonte und „Selbstgestaltungen" und konnte daher effektiv sein. Bei Erwachsenen Zwangspatienten ist (fast) immer an der Entstehungsstelle der Zwangsstörung ein „kritisches Lebensereignis" nachzuweisen. Jugendliche entwerfen quasi täglich neue Selbstbilder, um jeweiligen Konflikterfahrungen angemessen zu begegnen. Christoph konnte sich schließlich dahin entwickeln, unschuldig dem Verlust der Eltern nachzutrauern und dann verantwortlich und achtsam ihr Erbe anzutreten.

3.3 Erklärend systemische Sicht: Behaviorales System

Alle Gutmeinenden wollen fördern und fordern hierbei Zustimmung zu ihren „guten Absichten". So war es naheliegend, dass Lernforscher, die entdeckten, wie man Affen unterrichten oder Ratten neurotisieren kann auch die Herausforderung annahmen, Kinder in ihrem Verhalten zu ändern.

3.3.1 Carl – mein Herz brennt auch

Der damals 14jährige Sohn eines Sanitärkaufmanns und einer kaufmänischen Angestellten gab an: „Ich habe früher viel kontrolliert, wo andere sagen, das ist mir egal. In letzter Zeit habe ich darüber nachgedacht und frage mich, ob ich nicht etwas falsch mache?" Sein drei Jahre jüngerer Bruder T. ist unauffällig, Carl meint „manchmal vergleiche ich mich mit T. und dann denke ich schon, dass ich zu viel kontrolliere. Aber dann denke ich wieder, ich kann das machen, wie ich will."

Die Eltern berichten, dass Carl sehr viel Zeit mit Zwangsverhalten verbringe: stundenlang prüfe er, ob die Bleistifte richtig liegen ehe er mit den Hausaufgaben beginnt – und auch im Verlauf der Arbeit kontrolliere er ständig. Er selbst ergänzt durch anschauliche Schilderungen. Er betont, dass solche zwanghaft wiederholten Verhaltensweisen in mehreren und verschiedenen Formen in seinem Leben vorkommen. „Am schlimmsten ist, dass ich manchmal denke: 'ach schau, das musst Du jetzt gar nicht mehr so kontrollieren' und kurze Zeit darauf bemerke ich, dass ich dafür etwas anderes begonnen habe, genau zu kontrollieren."

Gebeten genauer zu beschreiben, wie es mit seinen Zwängen sei, berichtet Carl freimütig und genau: „Ich spüre so eine Aufregung, bin aber auch neugierig oder etwas ängstlich – und dann weiß ich, ich muss wieder kontrollieren. Das ist eigentlich die Hauptsache, dass ich etwas kontrolliere, was es dann ist, das hat gewechselt. Aber in der letzten Zeit ist es fast immer Angst vor Feuer, ich muss in der Küche kontrollieren, auch die Nachttischlampe ist eine Zeitbombe, wenn ich sie vergesse."

Die Behandlung verlief als „Spieltherapie" – wir inszenierten ängstigende Situationen, verdeutlichten im Spiel die emotionale Bedeutung von Zwangsreaktionen und erprobten dann inkompatibles Alternativverhalten. Dass dabei eine pharmakologische Parallelbehandlung nicht stattfand, war nicht „prinzipiell" begründet, sondern pragmatisch in der kritisch-ablehnenden Sicht der Eltern und der Tatsache, dass die Zwangssymptomatik auch alleine mit psychologischer Intervention angegangen werden konnte. Der Prozess war getragen von meiner klientenzentrierten Grundorientierung (Hockel, 2001b), auch wenn sie in der Beschreibung ihres strategischen Ablaufes eine Verhaltenstherapie war.

3.3.2. Fördern und fordern, die Verhaltensänderungsstrategie. System-Sicht, Erklärend: Zwänge als Lernergebnis- Verhaltentherapie

Naiv gilt dies fördern und fordern wollen, als „gute Absicht", die jedem Elternteil, jedem Dienstleister, jedem Helfer und jeder helfenden Profession zugrunde liegt. Gut gemeint ist jedoch noch lange nicht gut gemacht. Diese erschreckende Grundwahrheit ist im Feld der Psychotherapie sehr beachtenswert. Ärztliche Complianceklagen, vorschnelles Gerede vom ‚Widerstand der Patienten', denunziatorische Umgangsweisen mit ihrem (angeblichen) ‚Krankheitsgewinn' und andere Hinweise hätten eigentlich immer schon alle Förderer reflexiv die Frage nach ihrer Machtmotivation sich stellen lassen müssen.

Psychotherapie ist zweifellos auch „Verhaltenslernen". Wenn das Lehren jedoch so einfach wäre, würden Schulen geliebte Freizeitpaläste sein, nämlich Lernorte für Menschen, die in Freiheit und somit in Freizeit lernen. Schulen (und unter dem Gesichtspunkt ihrer zunehmenden „Verschulung" auch Universitäten) sind jedoch gefürchtete Orte vielfältiger Qualen. „Chancenverteilung", „Akkumulation von Bildungskapital" – der Stress, der das Auswahlsystem Schule kennzeichnet, lässt sich differenziert analysieren. Hier geht es um die richtige Strategie zu fördern und darum die richtigen Wertungen zu fordern. Gerade bei Zwangserkrankten, die durch das Wuchern der Tätigkeit des Wertens gekennzeichnet sind, ist dies zu beachten.

Ein Beispiel förderlicher und zugleich fordernder Zwangsbehandlung von Erwachsenen durch Verhaltenstherapie gibt Röper (1994). In der Verhaltenstherapie werden inzwischen alle dem jeweiligen Theoretiker/Praktiker zugänglichen psychotherapeutischen Heuristiken eingemeindet, indem sie in eine systemische Sicht integriert und zur Anwendung übernommen werden. Diese Art der Nutzung von Wissen, unabhängig von ihrer Herkunft, scheint alte Tradition aller Heiler-berufe. Das gültige Hauptkonzept der Verhaltenstherapie bei Zwangserkrankungen ist die Konfrontation (mit Desensibilisierung) bei Reaktionsverhinderung.

Röper (1994) baut hierauf auf und entnimmt der Entwicklungspsychologie einerseits und der Personzentrierung andererseits zwei zentrale Elemente:
- emotionale Lerngeschichte: „Was für ein Selbst- und Weltbild konstruierte der später von Zwangsängsten Betroffene?" (S. 15),
- wie wirken Entwicklungskrisen der Selbst-Stufenordnung bei der Behandlung von Zwängen?

Sie bezieht sich auch auf Butollo und Höfling (1984), welche bei der Bearbeitung von chronischen Ängsten die biografische Arbeit als eines der fünf Arbeitsprinzipien des Therapiekonzepts vom Erfahrungsorientierten Lernen (ELT) kennzeichnen. Das Stufenkonzept der Selbstentwicklung, wie es Kegan (1986) auf der Grundlage einer personzentrierten Persönlichkeitstheorie darstellt, weist sich in ihrer Arbeit als äußerst fruchtbar aus. Röper beschreibt, wie sich jeweils Komplikationen im Therapieprozess dadurch auflösen bzw. fruchtbar gestalten lassen, dass auf die entwicklungspsychologische Verständnisebene gegangen wird.

Lernen ist eine Änderung von Verhalten (bzw. Wissen) durch die Wahrnehmung von Veränderungen in der Umwelt, dies Lernen hat von Anfang an eine biografische Einbettung und Bedeutungsentwicklung. Deegener (1990) widmet aus seiner schwerpunktmäßig psychoanalytischen Sicht das Kapitel 6 seines Lehrbuchs der Kinder- und Jugendlichenpsychotherapie der Theorie und Therapie von Zwangsphänomenen. Er zitiert ausführlich Wolpe, 1972:

„Gewöhnlich erkennt man, dass kompulsives oder anderes Verhalten, auf welches Verhaltenstherapie angewandt werden könnte, in neurotischer Angst wurzelt, welche in der Regel zunächst dekonditioniert werden sollte. Erst dann kann das zwanghafte Verhalten verschwinden, ohne dass ihm besondere Aufmerksamkeit gewidmet werden müsste. Andererseits ist, selbst wenn die Aversionstherapie erfolgreich zur Beseitigung eines Zwanges führt, die Dekonditionierung von Angst trotzdem noch nötig. Ein weiteres

Bestehenbleiben der neurotischen Angst kann eine Basis für eine Symptomverschiebung sein. Vor einigen Jahren zum Beispiel konsultierte mich eine Frau, deren zwanghaftes Essen mittels Aversionstherapie überwunden worden und die danach äußerst depressiv geworden war. Ihre neurotischen Angstgewohnheiten waren nicht beseitigt worden, und die Depression war offensichtlich Ergebnis der Tatsache, dass man sie der angstreduzierenden Aktivität des Essen´s beraubt hatte." (Wolpe in Deegener, 1990, S. 411).

Was inzwischen vom Paradigma der Aversionstherapie als dem Musterbild der Verhaltenstherapie zu halten ist, haben dankenswerter Weise Grawe, Donati und Bernauer (1994) klargestellt: „Unserer Ansicht nach liegen die meisten referierten Anwendungsformen aversiver Behandlungstechniken jenseits der Grenze des ethisch Vertretbaren ... Man kann sich beim Studium dieser Untersuchungen des Eindrucks nicht erwehren, dass hier das Recht von Patienten auf die bestmögliche Behandlung nicht ernstgenommen und auch sonstige Wertfragen in unverantwortlichem Maße außer acht gelassen wurden." (a.a.O., S. 394).

Denkt man darüber nach, wie Zwänge gelernt werden und verlernt werden können, so muss die Würde des jeweils betroffenen Menschen geachtet bleiben. Das Erlernen eines Zwangsverhaltens wird allgemein als das Ergebnis von sich wiederholenden und verfestigenden Angst-Vermeidungsritualen erklärt. Dabei kann der Zusammenhang zu Art und Inhalt der ursprünglichen Angst vollkommen verloren gehen.

Beispiele für Therapien mit Zwängen von Kindern liefern Schaefer und Millmann (1984), unter anderen eine von Adams (1984), der auch psychotherapeutische Strategien präsentiert. Seine Vorgehensweise kann man sehr gut als „kognitive Verhaltenstherapie" kennzeichnen, obwohl sie aus dem Jahr 1973 stammt. Hersen (1984), zeigte bereits 1968, wie auf der Grundlage einer guten Beziehung (nach 6 Monaten 1 x die Woche analytischem Umgang) eine klassisch verhaltenstherapeutische Technik wirkte, welche die angstabwehrenden Rituale als Vorstellungsinhalte in eine Hierarchie brachte und abarbeitete. Einen Jugendlichen mit Zwangsgedanken („eine Frau wird vergewaltigt werden") und darauf gegründeten zwanghaften Kontrollhandlung behandelte Döpfner (1997) erfolgreich mit kognitiver Verhaltenstherapie. Die Behandlung eines Jugendlichen mit Angst vor BSE und Waschzwang durch Hastenrath und Döpfner (2000) illustriert die familienorientierte und einzeltherapeutische Expositionsbehandlung.

Zwänge und Tics können begriffen werden als Angst bezogen, als angstbannende Rituale und in Spannungssituationen erworbene Gewohnheiten. Angst ist immer wertorientiert oder wertorientierend. Die zu bewältigende Wirklichkeit und die hierbei Handeln strukturierenden Werte fordern eine große Menge beschreibbarer, anzielbarer „Fertigkeiten". Die wesentlichste Fertigkeit im Umgang mit Wertungen liegt im Spannungsfeld der angstfrei positiven Selbstbewertung hin zur selbstkritisch akzeptierten negativen Selbstbewertung. „Sich Fehler erlauben können" ohne in einen beliebigen Wertrelativismus zu verfallen, ist ein sehr anspruchsvolles Teilziel jeder Kinderpsychotherapie und Kinderpsychotherapieausbildung.

Caspar (1996a, b) gibt mit seinem Handwerkszeug der psychotherapeutischen Plananalyse eine Möglichkeit vor, mit welcher Werte, hier identifiziert als Pläne, in ihrer verhaltenssteuernden Macht visualisiert und in Verhaltensketten ausgedröselt werden können. Hall (1995) hatte viele Jahre mit „values clarification" in einem nichttherapeutischen Umfeld deutlich zu machen versucht, wie sehr Werte das jeweilige Verhalten bestimmen.

Reinecker (1994) kommt in der zweiten Auflage seines Zwangbuches im Kontext mit den theoretischen Rätseln im Umfeld der Zwangserkrankung a) auf die Bedeutung von **Unsicherheit und Zweifel** zu sprechen, b) fragt sich dann, wie es Bilder schaffen „**aufdringlich**" zu werden und betont schließlich c) *„Zwangsstörungen werden durchaus mit einer gewissen Berechtigung als Untergruppe von Angststörungen betrachtet ... Trennen müssen wir uns vermutlich von der Hoffnung auf eine **einheitliche** Beschreibung emotionaler Prozesse bei Zwängen..."* (a.a.O., S.150/151). Und für die Behandlung weist er aus, dass Konfrontation und Reaktionsverhinderung so anspruchsvoll mehrdimensionale Handlungsmöglichkeiten sind, dass eine Reduktion in einer rein behaviorale Konfrontation eine Fiktion sein muss: *„auch im Verfahren der Konfrontation spielt die Auseinandersetzung mit Gedanken, Erwartungen und Befürchtungen eine entscheidende Rolle."* (a.a.O., S. 152/153). *„Wichtig ist insbesondere eine Veränderung der **Bewertung**, nämlich der Wahrscheinlichkeit, der Verantwortlichkeit und der Schuld. Diese Aspekte stellen zentrale nosologische Merkmale der Zwangsproblematik dar"* (Reinecker, a.a.O., S. 152).

Grawe (1998) illustriert sein Verständnis psychologischer Therapie mit der Darstellung der erfolgreichen Therapie eines 23jährigen Patienten mit einem schweren Waschzwang (a.a.O., S. 659 ff.), der meiner Auffassung nach nicht nur verhaltenstheoretisch erklärt, sondern auch konfliktdynamisch verstanden wurde. So berichtet die (fiktive) Therapeutin: *„Die fachgerechte Durchführung der In-vivo-Exposition beim Patienten zuhause in Anwesenheit seiner Eltern erwies sich als sehr potente Interventionsmethode. Die unmittelbaren Effekte dieser Methode gingen weit über eine Habituation der Ängste hinaus. Der Patient erlebte während dieser Exposition schmerzhafte Emotionen, deren Erleben einerseits einen kathartischen Effekt hatte und ihn andererseits an seine zugrundliegenden traumatischen Erlebnisse und die damit verbundenen Gefühle heranführten. Somit wurde eine Emotionsverarbeitung in die Wege geleitet, die durch sein Zwangsverhalten, das als Schutz- und Verarbeitungsmechanismus betrachtet werden kann, jahrelang verhindert wurde."* (Grawe, 1998, S. 688).

3.3.3 Zusammenfassung

Systeme können sich als Erkenntnissysteme auf das sichtbare Verhalten gründen, dann werden sie behavioral genannt, sind auf Beobachtung und Experiment, auf empirische Forschung angewiesen und in ihrer therapeutischen Wirksamkeit als Verhaltenstherapie begriffen.

In der Rollenverteilung „Experte" und „Patient", also analog zur klassisch ärztlichen Heilertradition, gestaltet der Verhaltenstherapeut den Lernweg des Hilfesuchenden. So lautet quasi die Instruktion für die Patientin: *„Ihre Aufgabe ist es, sich in diesem Prozeß von mir führen zu lassen und ihren aktiven Beitrag zu leisten, indem Sie z.B. Notizen/Aufzeichnungen anfertigen, die uns wichtige Informationen geben"* (Lakatos, Reinecker, 1999, S. 40). Zwangsverhalten wird z.B. als „Schutz- und Verarbeitungsmechanismus" erklärt und durch einzuübendes neues Verhalten ersetzt.

3.4 Erkenntnisleitende Sicht: Strukturen – Chaostheorie. Emotion als Attraktoren – Gesprächspsychotherapie

„Struktur" ist nach Rombach (1981) ein Begriff, der sich grundsätzlich auf Prozesse bezieht. Grob gesagt sind Strukturen „Gestalten von Prozessen" – eine Melodie wird als Niederschrift von Noten systemisch begriffen – als Struktur kann sie nur in der Zeit, als Prozess gehört werden. „Verlaufsgestalten" ist einer der hierher gehörigen Arbeitsbegriffe. Gegenwärtig ist es wohl mehr als Mode für das Selbstverständnis von Psychotherapie die mathematischen und übergreifenden Denkmodelle der Chaostherie heranzuziehen. Erste Gesamtdarstellungen (Kriz, 1992; Ciompi, 1997) deuten die Fruchtbarkeit dieses zukünftigen Weges an. Sowohl in der Klientenzentrierten Konzeption, als auch in der Gestalttherapie ist diese Sicht zumindest bei einigen der Vertreter dieser Richtungen, geborgen.

3.4.1 Jakob – Ich darf meiner Mutter keine Sorgen machen

Ein Auszug aus der Fallbezogenen Darstellung zum Thema Angstbewältigung beschreibt Jakob (Hockel, 2001b): „Jakob war eines der Kinder, das mir wegen Zwängen vorgestellt wurde. Ein Scheidungs-Einzelkind, das bei der bemühten, für einen 12Jährigen etwas ältlich wirkenden Mutter lebte. Er hatte die „Angewohnheit" entwickelt, alles abzuwischen, was er berührte, seine Schulsachen in exakt bestimmte Anordnungen zu bringen und Sammelobjekte („Ich sammle Indianerfiguren …") täglich neu millimetergenau aufzustellen. Im sonstigen Sozialkontakt (in der Schule und bei der Vorstellung in meiner Praxis) wirkte er selbstsicher und ruhig. Die Exploration seiner Gedanken bei den Zwangshandlungen verdeutlichte schnell ein immer wiederkehrendes Muster, das am ehesten zu beschreiben ist durch eine implizite Selbstinstruktion: „Ich darf Mutter keine Sorgen machen …". Wir begannen eine Therapie, die ich auf maximal 20 Sitzungen veranschlagt hatte. Um den Bericht kurz zu machen: Schmutz, Unordnung und Veränderung waren für den sensiblen und sich der aufopfernden Liebe der Mutter gewissen Knaben solch grauenhafte Gegner geworden, dass er sie täglich zu bannen hatte: der „Schmutz" seiner ersten „feuchten Träume" (Ejakulationen im Schlaf), die Unordnung seines vergnügt-selbstsicheren Schülerdaseins und die mögliche Veränderung in den Regalen (die die Familiengeschichtliche Veränderung – Trennung vom Vater ebenso wie die drohende Änderung „Mutter findet neuen Partner" zu symbolisieren vermochte) – sie wurden abgewehrt.

Wir begannen in den Therapiestunden (die bei Kindern sinnvoll auch „Spielstunden" genannt werden können) in Rollenspielen die jeweils ängstigenden Gedanken ausdrücklich herbeizurufen – und innerhalb des Spieles war es klar, dass die Reaktion (das angstbannende Ritual) verhindert wurde. Angstbewältigung hieß hier, sich ausführlich klar zu machen, dass Schmutz lebenswichtig ist und dass Samen kein „Dreck" ist. Angstbewältigung war ein mehrfaches Rollenspiel mit einem „Chaosschüler", der in dem Wust seiner Schulsachen wühlend immer die klügsten Antworten und besten Leistungen findet. Angstbewältigung war das Wühlen in der beim Sandkasten stehenden „Belebungsmaterialkiste", in welcher Indianer und Soldaten ebenso zu finden sind wie Mickey Mouse, Batman oder Tarzan – sie alle hatten ihren Ort – ohne eine Ordnung zu haben.

Jakobs Therapie dauerte nur 16 Stunden, dann hatte er seine Zwangshandlungen eingestellt. Mit der neuen Selbstinstruktionsformel „Mutter freut sich mit meiner Veränderung" und der Strategie sich auftauchenden Angstimpulsen neugierig zuzuwenden („wovor warnt mich dies Gefühl jetzt?") bei gleichzeitigem verinnerlichtem Reaktionsverbot: „Ich wische nicht, ordne nicht zweifach und gewähre Veränderungen ihren Lauf" konnte er, der lustige, Grenzen testende Pubertierende werden, der in ihm gesteckt hatte." (Hockel, 2001 b).

3.4.2. Die Einfühlung eine Bündnispartnerstrategie. Struktur-Sicht, Begleitend: Zwänge sind Sackgassen der Selbstentfaltung – Klientenzentrierte Psychotherapie

Mit dem Konzept der Personzentrierung ist nicht nur ein Interaktionsmodell (eine Person zentriert sich auf die andere) gemeint, sondern ebenfalls ein Menschenbild: jede Person ist ein einmaliger, irreversibler Seins- und Sinnprozess. Jeder Mensch stellt nicht nur eine Frage ans Sein, sondern ist eine Frage (Rombach, 1988). Jeder ist eine Melodie und ein „Selbst im Werden". „Der menschliche Mensch" (Rombach, 1987) bildet die „fully functioning person" ab, mit welcher Rogers das Zielbild eines Menschen entwarf, dessen Selbstgestaltung dem Attraktor „organismische Selbstregulation" zu entsprechen vermochte. Klientenzentrierung ist als strategische Orientierung für Psychotherapie festgelegt auf die Rolle des „Begleiters", mit Rogers zu sprechen, die des „Lernerleichterers" (Fascilitator).
C.R. Rogers entdeckte durch achtsames Nachdenken und empirisches Forschen den zentralen Attraktor seelischer Gesundheit und benannte ihn als organismische Selbstregulation (Rogers, 1942; 1959). In personzentrierter Sicht kann Zwang als jene Form der Inkongruenzerfahrung beschrieben werden, in welcher als bedeutsam erlebte Werte zwar innerhalb der Selbststeuerung wahrnehmbar sind, sich „zu Wort melden", in der Alltagsbewältigung jedoch nicht stets als handlungsleitende Werte geachtet werden können. Angst äußert sich als Inkongruenz und schränkt so die organismische Selbstregulation ein.

Kinder mehr als Jugendliche leben im Spiel, sie erfüllen die staatlich verordnete Zwangsarbeit ihrer Selbstqualifikation (Schulpflicht) je nach dem, wie sie elterliche Leistungsmotivation und -Unterstützung erleben und sie erkranken schneller ganzheitlich. Kinder und Jugendliche werden von Störungen radikaler als Erwachsene verstört – sind damit jedoch auch schneller erreichbar, wenn sich die Therapeuten kompetent im Beziehungsaufbau und in kindspezifischer Kommunikation wissen.
Kinder machen ihre heilsamen Erfahrungen im Spielerleben, wie ich dies ausführlich am Beispiel der Depression eines 11 Jährigen darstellte (Hockel, 1996). Das Spielerleben des Kindes ist jener Erfahrungsraum, in welchen der Kinder- und Jugendlichenpsychotherapeut hineinwirkt. Die Beschreibung des Angsterlebens in der personzentrierten Psychotherapie (Nemeskeri, 1992) verdeutlicht sehr schön, was ich meine mit dem Prozess der Angstbewältigung.

Kompetent gestaltet kann dieser Prozess von jenen Kinder- und Jugendlichenpsychotherapeuten werden, die das Handwerkszeug kind- und spielzentrierter Beziehungsgestaltung beherrschen – ein Anspruch, den mit Kindern und Jugendlichen arbeitende Ärzte (*„Rapport herstellen"*) oder Verhaltenstherapeuten ebenso erheben (*„Selbstverständlich hat der Beziehungsaufbau gerade in der ersten Phase der Therapie im Zweifelsfall immer den höheren Stellenwert vor inhaltlichen Gesichtspunkten ... in einer solchen Atmosphäre der Wertschätzung ..."* Lakatos & Reinecker, 1999, S. 39) wie er in der Kinderanalyse klassische Grundforderung ist (*„Ich benahm mich ungefähr so wie ein Kinofilm oder ein Unterhaltungsroman, der keine andere Absicht hat, als seine Zuschauer oder Leser an sich zu locken und der sich zu diesem*

Zweck auf die Interessen und Bedürfnisse seines Publikums einstellt. ... Aufgabe war hier nur die Schaffung einer Bindung..." Anna Freud, 1927, in: Freud, 1983, S. 21).

Angstbewältigung meint natürlich zuallererst die einfühlsame, achtsame Wahrnehmung von Angst und deren Mitteilung. Mit einem Menschen teilen ist tatsächlich der Kernsinn des Wortes mitteilen: wir stellen Gemeinsamkeit der Information her. Mit dem Konzept der „Einfühlung" ist nicht nur eine Wahrnehmungszentrierung (eine Person zentriert sich auf die Emotionen einer anderen) gemeint, sondern auch ein Interaktionsmodell. Dies ist in der Konzeption der Personzentrierung am meisten ausgearbeitet worden und ist die Grundlage der Gesprächspsychotherapie. Damit wird deutlich, dass gerade dies Paradigma besonders gefordert wird durch die Zwangserkrankung.

Zwänge können als jene Form der Inkongruenzerfahrung beschrieben werden, in welchen als bedeutsam erlebte Werte zwar dem Selbst-Ideal (Selbstbild) zugestanden werden, im Selbstkonzept jedoch nicht leistbar erscheinen.

2.4.3 Zusammenfassung

Kinder- und Jugendlichenpsychotherapeuten sind Bündnispartner ihrer in Entwicklung befindlichen Klienten. Angstbewältigung durch Einfühlung zu erarbeiten bedeutet eine Selbstgestaltung zum „professionellen Mitmenschen", sie erfordert eine Haltung der Achtsamkeit die vermutlich selbst die zentralste Wirkdimension der Psychotherapie darstellt, da sie die Ausbildung in der Kompetenz zur Gestaltung sicherer Beziehungen umfasst.

Wer die Beziehung zu einem Psychotherapeuten aufnimmt indem er eine entsprechende Institution aufsucht, macht damit eine (neue) Beziehungserfahrung. Das Modell Arzt-Patient ist nur ein denkmögliches Beziehungsmodell für die analoge Struktur: Psychotherapeut-Klient. Die Strategie des Psychotherapeuten ist beschreibbar durch die Kategorien der Selbstaktualisierung und der Förderung von Selbstkongruenz. Mit dem Konzept des Therapeuten als Bündnispartner für die Entfaltung organismischer Selbstregulation wird dies zusammenfassend in den Blick genommen.

3.5 Erkenntnisleitende Sicht: Strukturen-Prozessorientierung, Gestaltherapie

Wie können wir unserer selbst sicher sein? Selbstsicherheitstrainings sind solange Schauspielschulen, solange sie nur jenes Rollenverhalten antrainieren, das der jeweiligen sozialen Umwelt vor allem geschuldet erscheint. Das Konzept der „Identität", dessen Verlaufsgestalt in der Authentizität, der Echtheit zu erkennen ist, sagt uns etwas über unsere Möglichkeit mit uns selbst zum Frieden kommen zu können. Selbstzufrieden sein zu können in einer Anmut und Würde „aufhebenden" somit beinhaltenden Weise macht eine Ganzqualität aus, die wir nur an wenigen Menschen zu beobachten vermögen. Oft wird dies gleich als „Erleuchtung" oder „Weisheit" überhöht betrachtet. Dabei können wir die ganz alltägliche Berechtigung uns unserer Intuition anzuvertrauen und aus ihr heraus zu handeln meist auch als solche Erfahrung von Selbstzufriedenheit beschreiben.

Versuchen wir die Einzelentscheidungen unseres Lebens, unseres Alltagsverhaltens vor der Folie, dem Hintergrund unserer Biografie und/oder unseres „Charakters" zu verstehen, so stellt sich immer wieder diese bohrende Frage nach der Ganzheit. Das Figur-Grund-Verhältnis provoziert innere Spannungen: sind wir die vollendenden oder die ‚nichts fertig machenden'? Sind wird die unwandelbaren oder die ‚stets anderen'? ‚Aus einem Guß' sein wollen als Zielvorstellung für Authentizität und Lebens- bzw. Selbstzufriedenheit ist ein starker Anreiz. Sich konsistent in seinen Entscheidungen, kongruent in seinem Verhalten zu erleben kann als ein Kennzeichen psychischer Gesundheit gesehen werden. Damit ist auch die Grundlage für unser Kontaktverhalten angesprochen. Das Kontinuum des selbstreflexiven und spontanen Daseinswissens, einer Selbstgewissheit, eines Gespürs für den Augenblick wird im gestalttherapeutischen Begriff der „awareness" und des „awareness-Kontinuums" gefasst. Psychotherapie ist Begegnung – und diese findet in solch lebendigem Wandel statt.

3.5.1 Monika – Ich muss meinen Kopf unter Wasser stecken und mich ertränken

Extreme Trennungsängste (die auch eine Schulverweigerung beinhalten) und der Denkzwang „wenn ich schwimmen gehe, muss ich den Kopf unter Wasser stecken und mich ertränken", führen dazu, dass die Mutter das erwünschte Kind, das sie von Geburt an allein erzog, vorstellt. Die Diagnose war damals Neurose mit vorherrschender Zwangssymptomatik, ICD 9: 300.3, heute würde man von einer Zwangsstörung mit vorwiegenden Zwangsgedanken sprechen: F42.0.

Dem Erstgespräch folgten zunächst 5 probatorische Sitzungen mit Monika, danach eine erste Phase von 9 Sitzungen mit zwei Terminen pro Woche. Danach entspannt sich die Schulverweigerung (Monika besucht wieder den Unterricht) und eine Phase kontinuierlicher Begleittherapie mit der Mutter beginnt (in diesem Fall wurde die Begleittherapie mit der Mutter durch eine Therapeutin geleistet). Die Arbeit mit der Mutter umfasst 15 Sitzungen, die Therapie mit Monika wird mit unterschiedlicher Stundenfrequenz (8-14-tägig, teils Pausen) 8 Monate fortgesetzt und mit der 29. Sitzung abgeschlossen. Die Mutter hatte in dieser Zeit den leiblichen Kindsvater als Partner verloren (Trennung von dem verheirateten Mann) und erkannte, dass sie Monika eine „normale" Familienkonstellation nur ermöglichen können würde, wenn eine institutionelle Betreuung ihr gleiche Erfahrungsbasis wie anderen Kindern bereitstellte – die Mutter suchte einen Internatsplatz für Monika. Um hier in einer anderen Darstellungsweise mein Konzept von Behandlungsstrategien offen zu legen, stelle ich den Fall in Abb. 6 (s. nächste Seite) dar.

Die eindringlichste Erfahrung in dieser Therapie lag in der Nutzung der Handpuppen durch Monika. Hier erging es mir wie Petzold (1987), der eine Kinderpuppe analog zum Spiel des kleinen Patienten bespielend entdeckte: „ein Supergefühl" (a.a.O., S. 442).

In den Ausbildungskursen versuche ich Echtheit erfahrbar zu machen. Selbstverständlich scheint es wie ein Witz, wenn Echtheit als Verhaltensdimension lehr- und lernbar gedacht wird. Doch können wir Authentizität tatsächlich beobachten und sie auch übend vertiefen. Es geht um gelebte Wahrhaftigkeit angesichts einer extrem komplexen Aufgabenstellung: „Helfer" sein zu wollen als Profession, als Beruf verlangt nicht nur naiven „guten Willen", sondern auch eine Selbstverpflichtung. Für mich ist die Verhaltensdimension der Echtheit nicht vorrangig eine „Erlaubnisdimension" (die zwar auch vorkommen kann, z.B. Therapeut meint „Kind heute bin ich ganz matschig, können wir was leichtes spielen?") sondern eine Verpflichtungsdimension: die Therapeuten müssen in jedem Moment sicher sein, dass sie unverstellt aus therapeutischer Motivation heraus handeln.

Monika – ein Fall von Zwangsgedanken – Übersicht

a: Therapieziele	b: Intervention	c: Verlauf und Ergebnis
1. Phase: Diagnostische Sicherheit Beziehungsaufbau	Exploration/Anamnese Sceno & Spielbeobachtung Freie Spielstunde	Kind: von Anfang an sehr offen, zeigt eigene Verzweiflung. Spielt gerne, sehnt sich nach Symptomreduktion („Will in die Schule, will keine Angst vorm Schwimmen haben").
2. Phase (Monica): Schulbesuch wieder ermöglichen, Trennungsangst abbauen, Zwangsgedanken „austrocknen"	Spieltherapie Hypnotherapeutische Induktion der Gestaltung des inneren Konfliktes mit Handpuppen	M. spielt zunächst Regelspiele (2 Stunden die Woche!), diese werden jedoch von Handpuppen begleitet, die dann nach und nach immer lebendiger die inneren Konflikte von M. ausagieren
2. Phase **parallel**: Arbeit mit Mutter Loslassen der Mutter ermöglichen durch Überwinden des Schuldgefühls („Ich machte den Fehler mir mit dem Kind ein Lustobjekt und Ersatzpartner zu schaffen ...")	Einzelgesprächspsychotherapie durch eine erfahrene Erziehungsberaterin und Mutter	M´s Mutter beginnt mit Selbstanklagen, die jedoch „äußerlich" wirken, arbeitet sich dann jedoch zur Trauer und schließlich zur Betroffenheit durch das zu verantwortende bisherige „Fehlverhalten" durch.
3. Phase: Selbstwahrnehmung und Selbstachtung von M. stärken Unabhängigkeitswünsche („ich will schwimmen können") unterstützen (Eventuell auch durch reale Lösung aus dem Nahbereich der Mutter – Internat)	Zielorientierte Kinderpsychotherapie Gestaltungsangebot: die Zwangsgedanken malen Anfrage an Mutter: Eventuell M. in ein Internat entlassen	In den Spielstunden, die nun (parallel zum wieder aufgenommenen Schulbesuch) 1 mal wöchentlich, dann 14tägig sind, spielt M. intensive Rollenspiele. Das Bild der Zwangsgedanken macht ihr die Dynamik von Abschied/Trennung bewusst. Ehe der Th. den Impuls geben kann, fragt die Mutter, ob es wohl richtig sei, wenn sie M. in ein Internat geben würde.

Abb. 6: Monica – ein Fall von Zwangsgedanken – Übersicht.

3.5.2 Das Echt-sein – eine Begegnungsstrategie; Struktur-Sicht. Konfrontierend: Zwänge sind Kontaktverlust zwischen Figur und Hintergrund – Gestalttherapie

Die strategische Orientierung auf Authentizität ist ein Grundpfeiler der Klientenzentrierung. Zugleich beobachtete ich viele (und sah es auch bei mir selbst) personzentrierte Therapeuten, denen die „Ohnmachtserfahrung", welche das langmütige, katalytische Begleiten als Therapiestrategie auch mit sich bringt, über die Grenze ihrer persönlichen Tragfähigkeit ging. Manche betrachteten irgendwann auch die einfühlbaren, verstehbaren und verbalisierbaren Leiden als „unwesentlich" gegenüber den, durch die permanente Reflexion dieses Elends übersehenen im Hintergrund ahnbaren Möglichkeiten. „Das Elend ist dann unwesentlich, wenn es erkennbar auch als Selbstverrat begriffen werden darf, dann ist es wesentlicher am Hintergrund zu arbeiten." Diese Vorgehensweise wurde ruppig von Therapielehrenden wie Fritz

Perls (1969) verdeutlicht, wenn er manches langatmige Bemühen von Patienten zu ihrer Klarheit zu kommen als Irrweg und/oder „mind fucking" abwies und stattdessen auf andere Figur/Grundkonstellationen, auf andere Hintergründe hindeutete. „Die Umkehrbarkeit von Figur/Grund ist die Wurzel der Veränderlichkeit des Lebens" (Polster & Polster, 1975, S. 44).

Arbeitet man mit Zwangskranken, dann kann es leicht geschehen, dass Diskussionen um die Frage nach dem Grad der Vernünftigkeit von „Vorsicht" angezielt werden. Natürlich sind wir als Psychotherapeuten nicht professionell „unvorsichtig", jedoch können wir leichthin unterscheiden zwischen dem Gedanken an eine Gefahr und einer wirklichen Gefahr. Wir werden daher solche Diskussionen nicht führen, sondern einfühlsam unterlaufen durch die Ansprache der jeweils vom Patienten in die Diskussion eingebrachten Emotionen.

Der Ausgangspunkt eines Zwanges wird immer wieder in der Dimension „Angstbewältigung" gesehen, obwohl genauere Analysen längst aufgewiesen haben, dass die häufig am Anfang stehenden „aufdringlichen Gedanken" als solche nicht unbedingt ängstigend sind. Sie können gegen eine Vielzahl von Tabus verstoßen (meist allerdings gegen Gewaltverzicht, Gottesfurcht, Sexuelle Integrität). Aufdringliche Gedanken können im Erleben stets als „Figur" gesehen werden, die dazu neigt, jeden „Hintergrund" zu verdrängen, sich sozusagen „Bildfüllend" ins Erleben zu drängen. Was ängstigend wirkt ist diese Tendenz „das Regime zu übernehmen", die Person auszufüllen und „schuldig werden" zu lassen oder, wie in analytischen Texten beschrieben, „die Autonomie-Beweis-Not", die gegenüber der Macht des Zwanges entsteht. Demgegenüber bezieht Gestalttherapie immer Position: „Schuld ist von Menschen gemacht. Sie ist organismisch", hält Simkin 1978 fest (S. 54).

In der Gestalttherapie wurde einiges zum Gesichtspunkt der Echtheit beigetragen. Wer Gesprächspsychotherapie als eine Methodologie der „Papageientherapie", der wiederholenden Rückverbalisation von Texten kennen lernte, der lernte zwar nur eine Karikatur der Gesprächspsychotherapie kennen – aber mancher verstand eben nur dies. Und für die so sich „im Stich gelassen" wahrnehmenden hatte die Gestalttherapie durch ihren anderen, auf die Differenz von Figur und Grund basierenden, polarisierenden, aktiven, Kontakt-zentrierten und Awareness als Seiltänzerkriterium vorgebenden Weg bzw. Anspruch viel zu bieten.

Was jedenfalls Zwangskranke betrifft, so kann die Strategie der Exposition bei Reaktionsverhinderung immer auch als eine konfrontative Strategie beschrieben werden, in welcher die Wahrnehmung des Patienten insistierend auf die ängstigenden Handlungen/Gedanken zentriert wird – bei gleichzeitiger Reaktionsverhinderung. Der Zwangsinhalt wird zur Figur erklärt und der lebensgeschichtliche Hintergrund (der meist aufweist, dass die Entstehung des dominierenden Zwangsinhaltes mit persönlich sinnvollen, angstbewältigenden Erfahrungen der Vergangenheit verknüpft sind) muss dem gegenüber erst aktualisiert werden. Im Handbuch der Gestalttherapie (Fuhr, Sreckovic & Gemmler-Fuhr, 1999) wird zwar das Stichwort „Zwang" im Register nicht aufgeführt, bei der Betrachtung von „Gestalttherapie mit neurotischem Leid" (Eidenschink & Eidenschink, 1999) führen die Autoren jedoch ausdrücklich an: „.... Zwangssysmptomatiken ... darüber werden wir im folgenden Artikel nichts schreiben". Sie explizieren dann jedoch (auf der Grundlage von Staemmler & Bock, 1987) eine Konzeption von Bedürfnis und eines auf diese zentrierten therapeutischen Prozesses, der vor allem vom Therapeuten verlangt, dass der Therapeut „die passenden Antworten im Dialog mit dem Klienten findet und die therapeutische Arbeit als eine versteht in der auch er sich verändern muss" (a.a.O., S. 709-710).

Zinker (1987) hat in sehr anschaulicher Weise das Kontinuum eines zwanglosen Daseins, die Erlebenswellen im Zyklus von Gewahrsein, Erregung und Kontakt und deren mögliche Unterbrechungen betrachtet. Vor diesem Hintergrund fällt es leicht Zwangsstörungen als Unterbrechungen dieser Zyklen zu verstehen und in authentischer Begegnung dazu zu ermutigen, sich dem Fluss des Geschehens (dem Aufwallen von Angst und deren Vergänglichkeit) anzuvertrauen. Buttollo und Maragkos (1999) beschrieben die Strategie der Gestalttherapie bei Ängsten als eine mehrphasige Therapie, welche verhaltenstherapeutische Vorgehensweisen mit gestalttherapeutischer Beziehungsgestaltung verknüpft. Sie weisen beiläufig darauf hin, dass ihre Angstbehandlungen auch die Zwangsverhaltenskomponente sehr deutlich dreduziert.

3.5.3 Zusammenfassung

Zwangsgedanken können als Verlust des „Awareness-Kontinuums", als Abbruch des Schwingens zwischen „Vordergrund-Wahrnehmung" und „Hintergrund-Gefühlen" verstanden werden. Im Prozess der aktualisierenden Begegnung mit einem stets schwingenden, authentischen Modell kann der Jugendliche seine Selbstgestaltung kontinuierlich weiter entwickeln und seine Beweglichkeit als Bestandteil kongruenter Identität annehmen lernen.

4. Zusammenfassung: Fünf Strategien

Psychotherapie wird sich weiter entwickeln, die psychotherapeutische Behandlung von Zwängen erfordert ein Verständnis der Störung, das es erlaubt mit Ursachen (Ängste, Konflikte, Inkongruenzen) zu konfrontieren und eine psychotherapeutische Kompetenz/eine Beziehungsgestaltung, die es möglich macht (eingeschliffene) Reaktionen zu verhindern (Vertrag, Behandlungssetting, gemeinsames inkompatibles Alternativverhalten).

Jede psychotherapeutische Grundorientierung (medizinisch-pharmakologisch, analytisch, behavioral, klientzentriert) hat hierfür ihre Theorie und Behandlungsmethodik, dort wo diese sich gegeneinander abgrenzen verfehlen sie den Patienten wohl eher, wo jedoch die einzelnen Perspektiven als Orientierungsrahmen für „Strategien" therapeutischen Vorgehens gesehen werden, kann eine fallspezifische Psychotherapie praktiziert werden. Werden die Grundorientierungen wirklich „orientierend" verstanden, ergeben sich nicht verschiedene, konkurrierende Berufsträger (Arzt, Psychoanalytiker, Verhaltenstherapeut, Gesprächspsychotherapeut, Gestalttherapeut) sondern eine verantwortliche Psychotherapie mit zumindest drei möglichen Grundorientierungen und zumindest fünf das „Behandeln" organisierenden Strategien.

Die Strategien: Selbstprüfung, Annehmen, Echtheit, Wärme, Fördern/Fordern organisieren das erlernte Verhalten des Therapeuten. Könnten wir heute Psychotherapieausbildungen „am grünen Tisch" auf einem „leeren Blatt" zu planen beginnen, so wäre die Ausbildung in allen fünf Strategien, einschließlich der drei epochalen erkenntnistheoretischen Zugänge (Substanz-Sicht, System-Sicht, Struktur-Sicht) und basierend auf einer der therapeutischen Grundorientierungen (medizinisch, analytisch, behavioral, klientenzentriert) zu forden.

Literatur:

Adams, P.L. (1984). Eine dynamische, realistische und fokussierte Psychotherapie bei Zwängen von Kindern. In: Ch. Schaefer & H.L. Millman (Hrsg.), *Kompendium der Psychotherapie in Kindheit und Pubertät* (S. 34-40). Frankfurt am Main: Fachbuchhandlung für Psychologie.

Ambühl, H. & Heininger Haldimann, B. (1998). Psychotherapie bei Zwangsstörungen aus der Perspektive einer allgemeinen Psychotherapie. In: Hansruedi Ambühl (Hrsg.), *Psychotherapie der Zwangsstörungen* (S. 96-114). Stuttgart: Georg Thieme Verlag.

Anderson, H. (1999). *Das therapeutische Gespräch – Der gleichberechtigte Dialog als Perspektive der Veränderung.* Stuttgart: Klett-Cotta.

Arbeitskreis OPD (Hrsg.) (1998). *Operationalisierte Psychodynamische Diagnostik – Grundlagen und Manual* (2. korrigierte Auflage). Bern Stuttgart Wien: Hans Huber.

Asendorpf, J. (1999). *Keiner wie der Andere – Wie Persönlichkeitsunterschiede entstehen* (2. durchgesehene und aktualisierte Auflage). Dreieich: Edition Wötzel.

Baer, L. (1993). *Alles unter Kontrolle. Zwangsgedanken und Zwangshandlungen überwinden.* Bern Stuttgart Wien: Hans Huber.

Benkert, O. & Lenzen-Schulte, M. (1997). *Zwangskrankheiten. Ursachen – Symptome – Therapien.* München: Beck.

Butollo, W. & Höfling, S. (1984). *Behandlung chronischer Ängste und Phobien.* Stuttgart: Enke.

Butollo, W. & Maragkos, M. (1999). Gestalttherapie und empirische Forschung. In: R. Fuhr, M. Sreckovic & M. Gremmler-Fuhr (Hrsg.), *Handbuch der Gestalttherapie* (S. 1091-1120). Göttingen: Hogrefe-Verlag für Psychologie.

Caspar, F. (1996). *Beziehungen und Probleme verstehen. Eine Einführung in die psychotherapeutische Plananalyse.* Bern: Hans Huber.

Caspar, F. (Hrsg.) (1996). *Psychotherapeutische Problemanalyse.* Tübingen: DGVT-Verlag.

Ciompi, L. (1997). *Die emotionalen Grundlagen des Denkens – Entwurf einer fraktalen Affektlogik.* Göttingen: Vandenhoeck & Ruprecht.

Crombach, G. (1998). Bedingungsmodell zur Entstehung der Zwangsstörung aus verhaltenstheoretischer Sicht. In: G. Lenz, U. Demal & M. Bach (Hrsg.), *Spektrum der Zwangsstörungen, Forschung und Praxis* (S. 7-18). Wien New York: Springer.

Däumling, A. (1969). Zum Berufsbild des Klinischen Psychologen. In: E. Duhm (Hrsg.), *Praxis der Klinischen Psychologie* (Bd. I, S. 31ff.). Göttingen: Hogrefe.

Deegener, G. (1990). *Grundlagen der Psychotherapie bei Kindern und Jugendlichen.* Weinheim: Beltz.

Döpfner, M. (1993a). Tics. In: H.-C. Steinhausen & M. von Alster (Hrsg.), *Handbuch Verhaltenstherapie und Verhaltensmedizin bei Kindern und Jugendlichen* (S. 161-185). Weinheim: Beltz.

Döpfner, M. (1993b). Zwangsstörungen. In: H.-C. Steinhausen & M. von Alster (Hrsg.), *Handbuch Verhaltenstherapie und Verhaltensmedizin bei Kindern und Jugendlichen* (S. 267-318). Weinheim: Beltz.

Döpfner, M. (1997). Verhaltenstherapeutische Behandlung eines Jugendlichen mit Zwangsstörungen. In: G. Neuhäuser, F. Petermann & M.H. Schmidt (Hrsg.), *Kindheit und Entwicklung* (Bd. 6, S. 90-97). Göttingen: Hogrefe.

Döpfner, M. (2000a). Diagnostik und funktionale Analyse von Angst- und Zwangsstörungen bei Kindern und Jugendlichen – Ein Leitfaden. In: G. Neuhäuser, F. Petermann, U. Petermann & M.H. Schmidt (Hrsg.), *Kindheit und Entwicklung* (Bd. 9H3, S. 143-160). Göttingen: Hogrefe.

Döpfner, M. (2000b). Zwangsstörungen. In: F. Petermann (Hrsg.), *Lehrbuch der klinischen Kinderpsychologie und -psychotherapie* (4.vollst. überarbeitete und erweiterte Auflage, S. 271-290). Göttingen: Hogrefe.

Döpfner, M. & Breuer, B. (1997). Zwangsstörungen. In: F. Petermann (Hrsg.), *Fallbuch der klinischen Kinderpsychologie* (S. 85-108). Göttingen: Hogrefe.

Döpfner, M., Lehmkuhl, G., Heubrock, D. & Petermann, F. (2000). Diagnostik psychischer Störungen im Kindes- und Jugendalter. In: M. Döpfner, G. Lehmkuhl & F. Petermann (Hrsg.), *Leitfaden Kinder- und Jugendlichenpsychotherapie* (Bd. 2). Göttingen: Hogrefe.

Ecker, W. (1995). *Kontrollzwänge und Handlungsgedächtnis.* Regensburg: W. Roderer.

Eidenschink, K. & Eindenschink, H. (1999). Gestalttherapie mit neurotischem Leid. In: R. Fuhr, M. Sreckovic & M. Gremmler-Fuhr (Hrsg.), *Handbuch der Gestalttherapie* (S. 689-714). Göttingen: Hogrefe.

Emmelkamp, P.M.G., Boumann, T.K. & Scholing, A. (1993). *Angst, Phobien und Zwang.* Göttingen: Verlag für angewandte Psychologie.

Emmelkamp, P.M.G. & van Oppen, P. (2000). *Zwangsstörungen.* Göttingen: Hogrefe.

Fiedler, P. (2000). *Integrative Psychotherapie bei Persönlichkeitsstörungen.* Göttingen, Bern, Toronto, Seattle: Hogrefe.

Forschungsgutachten (1991). siehe: Meyer u.a.

Francis, G. & Gragg, R.A. (1996). *Childhood Obsessive Compulsive Disorder.* Thousand oaks, California: Sage.

Freud, A. (1983). *Einführung in die Technik der Kinderanalyse.* Frankfurt am Main: Fischer Taschenbuch Verlag.

Fuhr, R., Sreckovic, M. & Gremmler-Fuhr, M. (Hrsg.) (1999). *Handbuch der Gestalttherapie.* Göttingen: Hogrefe.

Gardner, R.A. (1984). Wechselseitiges Geschichtenerzählen mit einem zwanghaften Jungen. In: Ch. Schaefer & H.L. Millman (Hrsg.), *Kompendium der Psychotherapie in Kindheit und Pubertät* (S. 49-53). Frankfurt am Main: Fachbuchhandlung für Psychologie.
Gondor, L.H. (1984). Phantasie-kommunikation mit einem zwanghaften Jungen. In: Ch. Schaefer & H.L. Millman (Hrsg.), *Kompendium der Psychotherapie in Kindheit und Pubertät* (S. 53-55). Frankfurt am Main: Fachbuchhandlung für Psychologie.
Gosciniak, H.-Th., Osterheider, M. & Volk, S. (1998). *Angst – Zwang – Depression.* Stuttgart, New York: Georg Thieme.
Grawe, K. (1998). *Psychologische Therapie.* Göttingen, Toronto, Zürich: Hogrefe.
Grawe, K., Donati, R. & Bernauer, F. (1994). *Psychotherapie im Wandel. Von der Konfession zur Profession.* Göttingen, Toronto, Zürich: Hogrefe.
Hall, B.P. (1995). *Values shift – A guide to personal an organizational Transformation.* Rockfort, MA:: Twin Ligths Publishing.
Hersen, M. (1984). Verhaltenstherapie bei einem phobischen Jungen mit Zwangsverhalten. In: Ch. Schaefer & H.L.Millman (Hrsg.), *Kompendium der Psychotherapie in Kindheit und Pubertät* (S. 56-59). Frankfurt am Main: Fachbuchhandlung für Psychologie.
Hockel, C.M. (1977). Die Kinder. In: Herder Verlag (Hrsg.), *Das grosse Buch der Familie* (S. 163-234). Freiburg, Basel, Wien: Herder.
Hockel, C.M. (1996). Das Spielerleben als Entwicklungsraum. In: C. Boeck-Singelmann et al. (Hrsg.), *Personzentrierte Psychotherapie mit Kindern und Jugendlichen* (Bd. 1, S. 155-177). Göttingen, Bern, Toronto, Seattle: Hogrefe.
Hockel, C.M. (1999). Gesprächspsychotherapie – ein wissenschaftlich anerkanntes Verfahren. Bonn: Deutscher Psychologen Verlag.
Hockel, C.M. (2001a). Kindeswohl – Ein Konzept, das Entwicklung von Identität, Kompetenz für Begegnung und Maßstäbe für (personzentrierte) Kooperation integriert. In: C. Iseli-Bolle u.a. im Auftrag der GwG, ÖGwG, SGG (Hrsg.), *Identität – Begegnung – Kooperation, Personen/Klientenzentrierte Psychotherapie und Beratung an der Jahrhundertwende* (S. eingereicht). Köln: GwG-Verlag.
Hockel, C.M. (2001b). Angstbewältigung und ein Fall von Zwangserkrankung im Jugendalter. In: C. Boeck-Singelmann et al. (Hrsg.), *Personzentrierte Psychotherapie mit Kindern und Jugendlichen* (Bd. 3, S. NN). Göttingen, Bern, Toronto, Seattle: Hogrefe.
Hoffmann, N. (1998a). Phänomenologie der Zwangsstörungen. In: H. Ambühl (Hrsg.), *Psychotherapie der Zwangsstörungen* (S. 1-11). Stuttgart: Georg Thieme.
Hoffmann, N. (1998b). *Zwänge und Depressionen. Pierre Janet und die Verhaltentherapie.* Berlin, Heidelberg: Springer.
Kaminski, G. (1970). *Verhaltenstheorie und Verhaltensmodifikation – Entwurf einer integrativen Theorie psychologischer Praxis am Individuum.* Stuttgart: Ernst Klett.
Kasper, S. (1997). *Depresion – Angst – Zwang, Serotonin-Spektrumerkrankungen.* Wiesbaden: Deutscher Universitäts Verlag.
Katschnig, H. (1998). Was ist aus der guten alten Zwangsneurose geworden? In: G. Lenz, U. Demal & M. Bach (Hrsg.), *Spektrum der Zwangsstörungen, Forschung und Praxis* (S. I-X). Wien, New York: Springer.
Kegan, R. (1986). *Die Entwicklungsstufen des Selbst* (engl. Original 1982). München: Peter Kindt.
Knölker, U. (1987). *Zwangssyndrome im Kindes- und Jugendalter.* Göttingen: Vandenhoeck & Ruprecht.
Knölker, U. (1998). 'Mir kann keiner helfen' – Chronisch rezidivierende Zwangsstörung in der Adoleszenz. In: M. Schulte-Markwort, B. Diepold & F. Resch (Hrsg.), *Psychische Störungen im Kindes- und Jugendalter. Ein psychodynamisches Fallbuch* (S. 67-77). Stuttgart, New York: Georg Thieme.
Koch, E. (1998). 'Es ist alles so schmutzig' – Zwangsstörung eines 16jährigen Mädchens. In: M.Schulte-Markwort, B. Diepold & F. Resch (Hrsg.), *Psychische Störungen im Kindes- und Jugendalter. Ein psychodynamisches Fallbuch* (S. 78-83). Stuttgart, New York: Georg Thieme.
Kriz, J. (1992). *Chaos und Struktur. Systemtheorie.* (Bd. 1). München: Quintessenz.
Lakatos, A. & Reinecker, H. (1999). *Kognitive Verhaltentherapie bei Zwangsstörungen – Ein Therapiemanual.* Göttingen, Toronto, Zürich: Hogrefe.
Laurent, J. & Potter, K.I. (1998). Anxiety-Related Difficulties. In: T.S.Watson & F.M. Gresham (Hrsg.), *Handbook of child behavior therapy* (pp. 371-392). New York: Plenum Press.
Lenz, G., Aigner, M. & Bankier, B. (1998). Pharmakotherapie bei Zwangsstörungen. In: G. Lenz, U. Demal & M. Bach (Hrsg.), *Spektrum der Zwangsstörungen, Forschung und Praxis* (S. 57-68). Wien, New York: Springer.
Lenz, G. & Demal, U. (1998). Epidemiologie, Symptomatik, Diagnostik und Verlauf der Zwangsstörung. In: G. Lenz, U. Demal, M. Bach (Hrsg.), *Spektrum der Zwangsstörungen, Forschung und Praxis* (S. 1-6). Wien, New York: Springer.
Lenz, G., Demal, U. & Bach, M. (Hrsg.) (1998). *Spektrum der Zwangsstörungen, Forschung und Praxis.* Wien, New York: Springer.
Leuzinger, M. (1980). *Kognitive Prozesse bei der Indikation psychotherapeutischer Verfahren,* Bericht Nr. 12. Zürich: Abteilung Klinische Psychologie der Universität.
Lopez-Ibor, Jr. J.J. & Fernandez-Cordoba, E. (1967). La monoclorimipramina en enferoms psiquiatricos resistentes a otros tratamientos. *Actas Luso-Espanoles de Neurologia, Psiquiatria y Ciencias Afines, 26, 2,* 119-147.
March, J.S. & Mulle, K. (1998). *OCD in Children an Adolescents. A Cognitive-Behavioral Treatment Manual.* New York: The Guilford Press.
Merton, R.K. (1980). *Auf den Schultern von Riesen – Ein Leitfaden durch das Labyrinth der Gelehrsamkeit.* Frankfurt am Main: Syndikat.
Meyer, A.-E., Richter, R., Grawe, K., Graf v. d. Schulenburg, J.-M. & Schulte, B. (1991). *Forschungsgutachten zu Fragen des Psychotherapeutengesetzes – im Auftrag des Bundesministeriums für Jugend, Familie, Frauen und Gesundheit.* Hamburg: Universitäts-Krankenhaus Hamburg-Eppendorf.
Milby, J.B., Robinson, S.L. & Daniel S. (1998). Obsessive Compulsive Disorders. In: R.J. Morris & T.R. Kratochwill (Eds.), *The practi-*

ce of child therapy (third edition, S. 5-47). Needham Heigts, MA: Allyn & Bacon.

Morris, R.J. & Kratochwill, T.R. (Eds.) (1998). *The Practice of Child Therapy* (third Edition). Boston, London: Allyn & Bacon.

Nemeskeri, N. (1992). Von einem das Auszug das Fürchten zu lernen – Angst als Chance in der Psychotherapie. In: P. Frenzel, P.F. Schmid & M. Winkler (Hrsg.), *Handbuch der Personzentrierten Psychotherapie* (S. 327-337). Köln: Ed. Humanistische Psychologie.

Nissen, G., Fritze, J. & Trott, G.-E. (1998). *Psychopharmaka im Kindes- und Jugendalter*. Ulm, Stuttgart, Jena, Lübeck: Gustav Fischer.

Oaklander, V. (1991). *Gestalttherapie mit Kindern und Jugendlichen* (6.Auflage). Stuttgart: Klett-Cotta.

Perls, F.S. (1969). *Gestalt-Therapie in Aktion*. Stuttgart: Klett-Cotta.

Perls, F.S. (1987). *Das Ich, der Hunger und die Aggression* (4. Auflage). Stuttgart: Klett-Cotta.

Perls, F.S., Hefferline, R.F. & Goodmann, P. (1987). *Gestalttherapie – Wiederbelebung des Selbst* (4. Auflage). Stuttgart: Klett-Cotta.

Perls, F.S., Hefferline, R.F. & Goodmann, P. (1988). *Gestalt-therapie, Lebensfreude und Persönlichkeitsentfaltung* (4. Auflage). Stuttgart: Klett-Cotta.

Petzold, H. (1987). Puppen und Puppenspiel in der Integrativen Therapie mit Kindern. In: H. Petzold & G. Ramin (Hrsg.), *Schulen der Kinderpsychotherapie* (S. 427-489). Paderborn: Junfermann.

Peurifoy, R.Z. (1993). *Angst, Panik und Phobien*. Bern, Göttingen, Toronto, Seattle: Hans Huber.

Polster, E. & Polster, M. (1975). *Gestalttherapie – Theorie und Praxis der integrativen Gestalttherapie*. München: Kindler.

Reinecker, Hans S. (1994). *Zwänge. Diagnose, Theorien und Behandlung* (2. Auflage). Bern, Stuttgart, Wien: Hans Huber.

Reinelt, T. (1976). Maltherapie mit einem jugendlichen Zwangsneurotiker. In: G. Biermann (Hrsg.), *Handbuch der Kinderpsychotherapie* (Bd. 3, S. 274-284). München Basel: Ernst Reinhardt..

Remschmidt, H. & Schmidt, M.H. (1994). *Multiaxiales Klassifikationsschema für psychische Störungen des Kindes und Jugendalters nach ICD-10 der WHO*. Bern, Stuttgart, Wien: Hans Huber.

Rogers, C.R. (1942). *Counseling and Psychotherapy*. Boston: Houghton Mifflin Comp.

Rogers, C.R. (1959). A theory of therapy, personality and interpersonal relationship, as developed in the client-centered framework (Deutsch 1987). In: S. Koch (Eds.), *Psychology, a study of science* (Bd. 3, S. 184-256). New York: McGraw-Hill.

Rogers, C.R. (1977). *Therapeut und Klient*. München: Kösel.

Rogers, C.R. (1987). *Eine Theorie der Psychotherapie, der Persönlichkeit und der zwischenmenschlichen Beziehungen* (Engl.Original: 1959). Köln: GwG-Verlag.

Rogers, C.R. (1991). Rogers, Kohut und Erikson – Eine persönliche Betrachtung über einige Ähnlichkeiten und Unterschiede (Engl. 1985 Kongressbeitrag). In: J.K. Zeig (Hrsg.), *Psychotherapie – Entwicklungslinien und Geschichte* (S. 299 - 313). Tübingen: Deutsche Gesellschaft für Verhaltenstherapie.

Rombach, H. (1981). *Substanz, System, Struktur, Zwei Bände*. (Bd. 1-2). Freiburg München: Karl Alber.

Rombach, H. (1987). *Strukturanthropologie. Der menschliche Mensch*. Freiburg München: Karl Alber.

Rombach, H. (1988). *Über Ursprung und Wesen der Frage*. Freiburg München: Karl Alber.

Ronen, T. (2000). *Kognitive Verhaltentherapie mit Kindern – Wege zur Selbstkontrolle bei Störungen der sozialen und emotionalen Entwicklung*. Bern, Stuttgart, Toronto: Hans Huber.

Röper, G. (1994). Die entwicklungspsychologische Perspektive in der verhaltenstherapeutischen Behandlung von Zwängen. *Praxis der Klinischen Verhaltensmedizin und Rehabilitation, 7 H25*, 15-22.

Rothenberger, A. (1991). *Wenn Kinder Tics entwickeln. Beginn einer komplexen kinderpsychiatrischen Störung*. Stuttgart, New York: Gustav Fischer.

Salkovskis, P.M., Ertle, A. & Kirk, J. (2000). Zwangsstörungen. In: J. Margraf (Hrsg.), *Lehrbuch der Verhaltenstherapie* (2. vollständig überarbeitet und erweiterte Auflage, Bd. 2, S. 61-85). Berlin: Springer.

Salkovskis, P.M. & Warwick, H.M. (1988). Cognitive therapy of Obsessive-compulsive disorder. In: C. Perris, I.M. Blackburn & H. Perris (Eds.), *Cognitive Psychotherapy — Theory and Practice*.

Schaefer, Ch.E. & Millmann, H.L. (1984). *Kompendium der Psychotherapie in Kindheit und Pubertät*. Frankfurt/Main: Fachbuchhandlung Psychologie, Verlagsabteilung.

Schmidtchen, S. (2001). *Allgemeine Psychotherapie für Kinder, Jugendliche und Familien*. Stuttgart, Berlin, Köln: Kohlhammer.

Scholz, A. & Rothenberger, A. (2001). *Mein Kind hat Tics und Zwänge*. Göttingen: Vandenhoeck & Ruprecht.

Schulte-Markwort, M., Diepold, B. & Rech, F. (Hrsg.) (1998). *Psychische Störungen im Kindes- und Jugendalter. Ein psychodynamisches Fallbuch*. Stuttgart, New York: Georg Thieme.

Schuster, P. (1998). Psychoanalytische Konzepte zur Entstehung der Zwangsstörung. In: G. Lenz, U. Demal & M. Bach (Hrsg.), *Spektrum der Zwangsstörungen, Forschung und Praxis* (S. 27-34). Wien, New York: Springer.

Schwartz, J.M. & Beyette, B. (1997). *Zwangshandlungen – und wie man sich davon befreit*. Frankfurt/Main: Wolfgang Krüger.

Seel, N.M. (2000). *Psychologie des Lernens*. München, Basel: E. Reinhardt.

Simkin, J.S. (1978). *Gestalttherapie*. Wuppertal: Jugenddienst-Verlag.

Staemmler, F.-M. & Bock, W. (1987). *Neuentwurf der Gestalttherapie. Ganzheitliche Veränderung im therapeutischen Prozeß*. München: Pfeiffer.

Süllwold, L., Herrlich, J. & Volk, S. (1994). *Zwangskrankheiten – Psychobiologie, Verhaltenstherapie, Pharmakotherapie*. Stuttgart: Kohlhammer.

Tausch, R. (1960). *Gesprächspsychotherapie*. Göttingen: Hogrefe.

Ulrike, S., Crombach & G. Reinecker, H. (1996). *Der Weg aus der Zwangserkrankung. Bericht einer Betroffenen für ihre Leidensgefährten.* Göttingen: Vandenhoeck & Ruprecht.
Watson, T.S., Sterling, H.E. (1998). Habits and tics. In: T.S. Watson & F.M. Gresham (Eds.), *Handbook of child behavior therapy* (pp. 431-450). New York: Plenum Press.
Wolpe, J. (1972). *Praxis der Verhaltentherapie* (Englisches Original 1969). Bern, Stuttgart, Wien: Hans Huber.
Zinker, J. (1987). *Gestalttherapie als kreativer Prozeß.* Paderborn: Junfermann.

EMDR in der Therapie
mit psychisch traumatisierten Jugendlichen

Oliver Schubbe

Der erste Teil des Beitrags fasst den Stand der Forschung zu EMDR zusammen. Der zweite Teil beschreibt ein paar allgemeine Aspekte der Traumatherapie mit Jugendlichen und der dritte die Anwendung von EMDR bei Jugendlichen in Verbindung mit einer manualisierten Vorgehensweise nach Dr. Ricky Greenwald. EMDR ist keine neue Therapierichtung, sondern ein schulenergänzendes Zusatzverfahren; und so ist die hier vorgestellte Möglichkeit, EMDR bei Jugendlichen anzuwenden, nur eine von vielen, die sich allerdings bewährt hat.

Der steile Weg von EMDR zur wissenschaftlichen Anerkennung war von Anfang an von großer Begeisterung und heftigen wissenschaftlichen Kontroversen begleitet. Shapiros erste Berichte (1989a, 1989b) mit Darstellungen der Vorgehensschritte beschrieben bedeutsame Besserungen der Posttraumatischen Belastungsstörung (PTBS) nach einer einzigen Sitzung „Eye Movement Desensitization" (EMD). Auf dem Hintergrund, dass PTBS bis dahin als schwer behandelbar und die Behandlungsmethoden als langwierig, anstrengend und begrenzt wirksam galten (Solomon, Gerrity & Muff, 1992), stieß EMDR zunächst auf skeptische Zurückhaltung. Zu diesem Zeitpunkt gab es nur noch eine weitere Wirksamkeitsstudie zur Therapie von PTBS, in der Peniston (1986) 45 Sitzungen Entspannung und Systematische Desensibilisierung plus Biofeedback mit einer Kontrollgruppe ohne Therapie verglichen und nur bei einzelnen Symptomen[1] von PTBS einen signifikanten Rückgang festgestellt hatte. Im Jahr der ersten Untersuchung von Francine Shapiro wurden noch drei weitere Untersuchungen zur Behandlung von PTBS veröffentlicht, von denen keine auch nur annähernd vergleichbare Behandlungserfolge berichten konnte.
• Brom et al. (1989) verglichen tiefenpsychologisch fundierte Therapie mit Hypnotherapie und Systematischer Desensibilisierung. Nach durchschnittlich 16 Sitzungen fanden sie bei allen drei Methoden bei ca. 60% der Probanden geringe bis mittlere Behandlungseffekte.
• Cooper & Clum (1989) verglichen Flooding mit dem Behandlungskonzept der Veterans Administration und fanden nach 6 bis 14 Sitzungen geringe Verbesserungen, bei einer Abbruchquote von 30%.
• Keane et al. (1989) untersuchten ebenfalls Flooding mit einer Kontrollgruppe auf Warteliste und konnten nur geringe Verbesserungen feststellen.

Beachtung schenkte die Fachöffentlichkeit den Ergebnissen von Shapiro (1989a) jedoch erst, als ihr Doktorvater Joseph Wolpe ihre Arbeit mit einer Anmerkung über seine eigenen Erfolge ergänzte (Shapiro, 1989b) und eine eigene EMD-Falldarstellung veröffentlichte (Wolpe & Abrams, 1991). Nachdem er 1991 auf einem Jahrestreffen der „Association for the Advancement of Behavior Therapy" EMD als einen wichtigen Meilenstein bezeichnet hatte, kam es zu einer Flut von Einzelfallstudien[2] und kritischen Replikationsstudien. Gerade die Tatsache, dass in vielen dieser Fälle bereits nach der ersten Sitzung eine deut-

---
[1] Albträume, Muskelanspannung, Angst.
[2] Eine Auflistung enthält Shapiro (1995).

liche Erleichterung auftrat, schürte die Kritik, EMD maße sich eine höhere Wirksamkeit als die wissenschaftlich viel besser untersuchten kognitiv-verhaltens-therapeutischen Verfahren an (z.B. Herbert & Meuser, 1995). Shapiro entkräftigte dieses Argument damit, dass zu dieser Zeit noch kein einziges Verfahren zur Behandlung von PTBS ausreichend mit Kontrollgruppendesigns untersucht war, wie die Literaturrecherche von Solomon et al. (1992)[3] belegt.

Mittlerweile hatte Francine Shapiro gemerkt, dass viele Therapeutinnen in den Untersuchungen ihrer Methode von ihrem ursprünglichen Vorgehen abwichen. Sie würdigte die Komplexität ihres Vorgehens, indem sie die prozessgeleiteten Elemente ausformulierte und diese mit dem Wort „reprocessing" dem Namen hinzufügte (Shapiro, 1991b). Sie erweiterte ihr Ausbildungscurriculum um sorgfältig angeleitete und supervidierte Therapieübungen in Kleingruppen und empfahl dieses supervidierte Training als Mindestvoraussetzung für die therapeutische und wissenschaftliche Anwendung (Shapiro, 1991a) – ein Standpunkt, der durch spätere Forschungsergebnisse bestätigt wurde (Greenwald, 1995a, 1996). In der Zwischenzeit wichen die veröffentlichten Wirkungen von EMD und EMDR deutlich voneinander ab, wahrscheinlich aufgrund der, durch die Ergänzungen erreichten Unterschiede dieser beiden Verfahren (Greenwald, 1994b, 1996). Dies führte zu einer Spaltung zwischen den nun sehr gut in EMDR ausgebildeten Therapeuten, die ihrer positiven Erfahrung vertrauen konnten, und den angemessen kritischen Wissenschaftlern, die von den vorliegenden empirischen Daten nicht zu überzeugen waren. Nach acht kontrollierten Studien wurde EMDR als Behandlungsmethode vom Berufsverband amerikanischer Psychologen (APA) anerkannt und das Lehrbuch zu EMDR veröffentlicht (Shapiro, 1995). Gleichzeitig wurde die von Dr. Francine Shapiro unabhängige Fachgesellschaft EMDRIA (EMDR International Association) gegründet, um einheitliche Richtlinien zur Lehre und Anwendung von EMDR zu schaffen.

EMDR als Behandlungsstandard für PTBS

Seit dem Literaturüberblick von Solomon et al. (1992) sind bis heute nur vier randomisierte Vergleichsuntersuchungen mit Kontrollgruppendesign zur Behandlung von PTBS mit anderen Verfahren als EMDR veröffentlicht worden – ausgenommen pharmazeutischer und Biofeedback-Studien:

- Richards et al. (1994) kombinierten Exposition in sensu und in vivo bei hauptsächlich einfach-traumatisierten Kindern über eine Behandlungsdauer von 50 bis 120 Stunden mit dem Ergebnis, dass 80% danach nicht mehr die Kriterien für PTBS erfüllten.
- Marks et al. (1998) kognitive Umstrukturierung mit Behandlungsdauer von 50 bis 120 Stunden führte ebenfalls zu 80% erfolgreicher Therapie.
- Foa et al. (1999) und Tarrier et al. (1999) untersuchten 8 Sitzungen mit täglichen Hausaufgaben mit dem Ergebnis von 50 bis 60% Remission von PTBS.
- Tarrier et al. (1999) 16 Sitzungen entweder Exposition in sensu oder kognitiver Therapie führte bei 50 bis 60% zu Besserung.

---

[3] Solomon et al. (1992) fanden in der Literatur lediglich sechs psychotherapeutische Studien und bewerteten alle als methodisch begrenzt.

Im Vergleich zu diesen Ergebnissen ergaben alle Untersuchungen zu EMDR, mit im zivilen Bereich traumatisierten Probanden – bis auf eine, eine Remissionsrate von 77 bis 100% nach drei 90-minütigen Sitzungen. (Allen et al., 1999; Maxfield & Hyer, im Druck; Spector & Read, 1998).

Mittlerweile kann EMDR auf Grund von 14 randomisierten Untersuchungen mit Kontrollgruppendesign als Behandlungsstandard für PTBS gelten:
• 1995 wurde EMDR von unabhängigen Gutachtern der APA[4] in die Liste empirisch validierter Verfahren als „wahrscheinlich wirksam" für PTBS im zivilen Bereich aufgenommen (Chambless et al., 1998).
• Nach Beurteilung weiterer Studien zu EMDR folgte die Anerkennung nach Richtlinien der ISTSS[17] von EMDR als effektiv für PTBS.
• Die umfangreiche Metaanalyse aller psychologischen und pharmakologischen Therapien von PTBS von Van Etten & Taylor (1998) schloss: „Die Resultate der derzeit vorhandenen Untersuchungen legen nahe, dass EMDR wirksam für PTBS ist, und dass es effektiver als andere Therapien ist."

Vergleich mit anderen Behandlungsmethoden für PTBS

EMDR wurde mit verschiedenen anderen Therapiebedingungen verglichen: (1) Kontrollgruppe auf Warteliste (Rothbaum, 1997; Wilson et al., 1995, 1997), (2) Versorgungsstandard der US-amerikanischen *Veteran Administration* (Boudewynss & Hyer, 1996; Jensen, 1994), (3) Entspannung mit Biofeedback (Carlson et al., 1998), (4) Entspannung (Vaughan et al., 1994), (5) Aktives Zuhören (Scheck et al., 1998), (6) einzeltherapeutische Verfahren (z.B. Exposition, kognitiv, tiefenpsychologisch; Marcus et al., 1997), (7) Expositionsverfahren (Vaughan et al., 1994; Ironson et al., im Druck), (8) Kombinationen aus Expositions- und kognitiven Verfahren (Devilly & Spence, 1999; Lee & Gavriel, 1998).

Alle Wirksamkeitsstudien zur PTBS-Behandlung, die mit Kriegstraumatisierten durchgeführt wurden, weisen methodische Mängel auf. In den Untersuchungen zu PTBS im zivilen Bereich war EMDR durchgängig wirksamer als alle Kontrollbedingungen außer bei Devilly & Spence (1999). Devilly und Spence stellten in ihrem Vergleich von EMDR mit einem „Trauma Treatment Protokoll (TTP)" mit EMDR eine niedrigere Remissionsquote fest. TTP ist eine Mischung aus in vivo und in sensu Exposition, kognitiver Umstrukturierung und Stress-Impfungs-Training. Das Protokoll wurde von den Untersuchern selbst entwickelt. Shapiro betont, dass die Effektivität dieses Protokolls in anderen Studien repliziert werden und Konfundierungen (mangelnde Randomisierung, nicht standardisierte psychometrische Messungen) wie in der Deville und Spence Studie dabei vermieden werden sollten. Exposition erwies sich als ähnlich wirksam wie Stress-Impfungstraining und wirksamer als unterstützende Gespräche und Warteliste (Foa et al., 1991, 1999). Exposition und kognitive Therapie zeigten vergleichbare Erfolge und waren Entspannungsverfahren gegenüber überlegen (Marks et al., 1988). Zahlreiche Untersuchungen haben gezeigt, dass 77 bis 90% der Probanden nach EMDR im Unterschied zu vorher kein PTBS mehr haben. Die anderen Studien, die EMDR mit kognitiv verhaltenstherapeutischen Ansätzen vergleichen, fanden EMDR teil-

---

[4] APA: American Psychological Association. In diese Liste wurden nur EMDR, Exposition und Stress-Impfungstraining nach Meichenbaum aufgenommen.
[5] ISTSS: International Society for Traumatic Stress Studies.

weise überlegen und teilweise ebenso wirksam (Ironson et al., in Druck; Lee & Gavriel; Rogers et al., 1999; Vaughan et al., 1994).

Die Metaanalyse aller Behandlungsformen von PTBS von Van Etten & Taylor (1998) zeigte EMDR, Verhaltenstherapie und SSRIs als wirksamste Verfahren. Van Etten und Taylor schlossen, dass EMDR die effizienteste Therapieform ist, da die Studien zeigten, dass man mit EMDR die gleiche Wirkung in einem Drittel der Zeit erzielen kann, verglichen mit kognitiv verhaltenstherapeutischen Verfahren.

Die Schwierigkeit beim direkten Vergleich von Behandlungstechniken liegt darin, dass es sich häufig um wechselnde Behandlungsprotokolle handelt. Das Vorgehen mit EMDR ist seit 1991 weitgehend gleich geblieben (Anwendung standardisierter Untersuchungselemente, begrenztes Maß an direkter Aufmerksamkeit und Exposition, freie Assoziation, kognitive Umstrukturierung, verschiedene Methoden bilateraler Stimulation) und seit 1995 ist das Standardprotokoll für den Therapieverlauf veröffentlicht (Shapiro, 1995). Im Gegensatz dazu haben sich kognitiv-verhaltenstherapeutische Behandlungsabläufe sehr stark verändert und kontinuierlich neue Elemente in ihre Protokolle einbezogen. Shapiro führt hierfür die Studie von Foa et al. (1991) als Beispiel an, bei der während der ersten Evaluation von Expositionsbehandlung bei, im zivilen Bereich Traumatisierten zusätzlich zu in vivo Exposition eine 90-minütige in sensu Exposition und tägliche Hausaufgaben mit in sensu Exposition durchgeführt wurden. 25 Stunden Exposition führten hier zu einer 55%-igen Remission der PTBS. In der anschließenden erneuten Überprüfung des Protokolls von Foa (Tarrier et al., 1999) wurden 16 einstündige Sitzungen durchgeführt, wobei für einige Teilnehmer ein spezifisch hierarchischer Ansatz eingeführt wurde und die Hausaufgaben herausgenommen wurden. Auch diese Studie führt zu einer 50%-igen Remissionsrate von PTBS. Die einzige andere Vergleichsstudie von einem unabhängigen Forscherteam, die sich mit reiner Exposition beschäftigt (Marks et al., 1998) ergänzte die Exposition in sensu während der Sitzungen mit zusätzlich in vivo Exposition und täglichen Hausaufgaben mit einer Gesamtzeit von 112 Stunden Exposition und fand danach eine Remission von PTBS bei 80% der Probanden. Die Untersuchungen zur Wirksamkeit kognitiver Therapie (Foa et al., 1991; Marks et al., 1998; Tarrier et al., 1999) benutzten jeweils unterschiedliche Therapieprotokolle, ebenso wie die fünf Studien zu kognitiv-verhaltenstherapeutischen Verfahren (Devilly & Spence, 1999; Echeburua et al., 1997; Foa et al., 1999; Glynn et al., 1999; Marks et al., 1998).

Basiert EMDR auf einem neuen Prinzip?

Nachdem sich EMDR insgesamt als eine wirksame Therapie für PTBS erwiesen hat, stellt sich nun die Frage, welche Komponenten des Verfahrens zu dieser Wirkung führen. In der Zusammenfassung der ISTSS-Richtlinien[6] heißt es: „Der Forschungsstand legt nahe, dass EMDR für PTBS eine effektive Behandlung ist. Ob die Effektivität nun darin besteht, dass es sich um eine neue Variante der Expositionstherapie handelt (mit einigen Zutaten der kognitiven Therapie) oder ob es auf neuen Prinzipien basiert ist unklar" (Shalev, Foa, Keane & Friedman, 2000, S. 366). Shapiro bezeichnet diese Frage als besonders wichtig, da es sich bei EMDR eher um unterbrochene als um andauernde Exposition im

---

[6] ISTSS: International Society for Traumatic Stress Studies.

Zusammenhang freier Assoziation handelt. Das sei den Prinzipien und der Praxis von Expositionsverfahren vollkommen entgegengesetzt.

Jede Therapiemethode besteht aus einer Reihe von Elementen, deren relative Gewichtung und Interaktion miteinander erst einmal nicht bekannt sind. Zur Beantwortung dieser Fragen sind Komponentenanalysen notwendig.

In der einzigen Komponentenanalyse mit PTBS-diagnostizierten Probanden zur Evaluation des original „EMD" Protokolls (Shapiro, 1989a) war die Komponente Augenbewegungen notwendig, um positive Behandlungserfolge zu erzielen. Bei fünf von sechs Beteiligten führten die Augenbewegungen zur Verringerung von subjektivem Stress und reduzierten das Ausmaß psycho-physiologischer Erregung. Die jetzige Version von EMDR wurde mit einer ganzen Reihe klinischer Elemente verfeinert. Deswegen ist zu vermuten, dass EMDR auch ohne Augenbewegungen bleibende therapeutische Effekte haben könnte.

Die Komponentenanalysen, die bisher mit EMDR durchgeführt wurden, zeigen sowohl in Gruppen- als auch in Einzeluntersuchungen, dass die Augenbewegungen für den Erfolg der Therapie mit EMDR wichtig sind, allerdings weist Shapiro darauf hin, dass diese Studien größtenteils mit methodischen Fehlern behaftet sind. Als ein wesentliches Problem nennt Shapiro, dass in der Placebogruppe häufig alternative Stimuli dargeboten werden, die in der Praxis auch schon seit Jahren erfolgreich im Zusammenhang mit EMDR angewendet werden. Vor diesem Hintergrund sei es dann nicht verwunderlich, dass keine Unterschiede zwischen Kontroll- und Experimentalgruppe gefunden würden. Ein Beispiel ist die Untersuchung von Pitman (1996), in der die Bedingung EMDR mit Augenbewegungen mit der Bedingung „Blickfixierung mit bilateraler Handbewegung des Therapeuten" verglichen wurde. Gegen eine so gewählte Kontrollgruppe sprechen auch die Ergebnisse von Corbetta et al. (1998), der beim Vergleich der Bedingungen bilateraler Augenbewegungen und Blickfixierung mit peripher bilateraler Aufmerksamkeit eine 80%-ige Überlappung von Hirnaktivitäten feststellte. Dies stimmt mit der Hypothese überein, dass Aufmerksamkeits- und okulo-motorische Prozesse auf neuronaler Ebene eng verknüpft sind.

Eine Hypothese über die Wirkung der Augenbewegungen bei EMDR ist, dass „sie die Lebhaftigkeit belastendender Bilder verringern, indem sie die Funktion des visuell-räumlichen Zentrums des Ultrakurzzeitgedächtnisses unterbrechen und so die Intensität der Emotionen, die mit diesem Bild assoziiert sind, verringern. Demnach müssten auch andere visuell-räumliche Aufgaben therapeutisch wertvoll sein." (Andrade et al. ,1997, S. 209). Andrade konnte diese Hypothese in einer Reihe von Untersuchungen bestätigen. Es zeigte sich, dass die Augenbewegungen den anderen dualen Aufmerksamkeitsbedingungen bei der Wirkung auf Bildhaftigkeit und Intensität autobiografischer Bedingungen überlegen sind, während der Effekt auf, im Labor induzierte Erinnerung bei allen Bedingungen gleich ist (Andrade, 1997).

Lohr et al. konnten diese Beobachtung in einer Untersuchung mit Phobikern replizieren. Die Augenbewegungen waren nur dann für die Wirksamkeit von EMDR notwendig, wenn es sich um autobiografische Erinnerungen handelte (Lohr et al., 1997). Diese Befunde sind sehr bedeutsam, da es sich bei ätiologischen autobiografischen Erinnerungen um einen wesentlichen Bestandteil der Diagnose PTBS handelt und außerdem die Unterscheidung zwischen autobiografischen Erinnerungen und konditionierten Reaktionen erleichtert wird (siehe de Jong et al., 1999; Shapiro, 1995, im Druck).

Oliver Schubbe

Die Anwendung von EMDR bei Jugendlichen

Greenwald (in press-b) vergleicht in einer Untersuchung von 29 männlichen Jugendlichen mit Störungen des Sozialverhaltens, die zu diesem Zeitpunkt alle stationär oder teilstationär untergebracht waren und drei Sitzungen EMDR bekamen, mit einer randomisierten Kontrollgruppe. Die Gruppe, die drei Sitzungen EMDR erhielt, verzeichnete einen deutlichen und signifikanten Rückgang der von Erinnerungen ausgelösten Stresssymptomatik sowie eine Tendenz zur Remission posttraumatischer Symptome. Noch bei der Nachuntersuchung 2 Monate nach Therapieende zeigte diese Gruppe signifikant weniger Verhaltensprobleme als die Kontrollgruppe. Diese Ergebnisse sprechen für die Anwendung von EMDR zur traumaorientierten Therapie bei männlichen Jugendlichen im Alter von 10-16 und die Hypothese, dass wirksame Traumaarbeit bei dieser Population Störungen des Sozialverhaltens verringert.

Familiensystem und Traumatogramm

Jugendliche wachsen in einem Familiensystem oder einem professionellen Betreuungssystem auf, welches seinerseits in das soziale Netz der Gemeinde mit seinem Helfersystem eingebettet ist. Zur Darstellung der jeweiligen Systeme sind Genogramme und Soziogramme geeignet, in welche die häufigsten Attribute von Systemen eingetragen werden, die besonders anfällig für Traumatisierungen von Kindern sind oder bereits systemische Traumafolgen zeigen:
• eine zentralistische oder patriarchale Machtstruktur,
• geringe Transparenz/Vernebelungen, belastende Geheimnisse (geringe Fähigkeit zur Integration systeminterner Information),
• gestörte emotionale Bindung zu potenziell schützenden Erwachsenen,
• hohe Loyalitätsbindung zu traumatisierenden Erwachsenen,
• zentripedales System mit rigiden Außengrenzen verhindert alternative Beziehungen für Täter und Opfer (z.B. Hilfsangebote, welche die kindlichen Bedürfnisse erkennen, sowie für das Kind, Hilfe holen zu können),
• Scham nach innen, Ausgrenzung und Misstrauen gegenüber Fremdem (geringe Fähigkeit des System zur Integration von systemfremder Information).

Posttraumatische Symptome, die eine Funktion im System haben und dadurch immer wieder sekundär verstärkt werden, können nicht individuell gelöst werden – auch nicht durch EMDR. Hier sind systemische Interventionen vorrangig geboten.

Entwicklung der emotionalen Selbstregulation und Verhaltenssteuerung

Der Austausch von Information zwischen den Gehirnhälften und die Synchronisation der Gehirnhälften ist von frühester Kindheit an zur Entwicklung der emotionalen Selbstregulation und zum Umgang mit Verhaltensimpulsen notwendig.
Der Verlust der Fähigkeit, die Intensität von Gefühlen und Handlungsimpulsen zu steuern, ist für Kinder die weitreichendste Folge traumatischer Belastungen. Die innere Selbstregulation ist dann besonders

gestört, wenn eine sichere Bindung zu den Eltern fehlt. Wenn die innere Selbstregulation nicht ausreicht, den inneren Zustand erträglich zu machen, versuchen Kinder, diesen mit Hilfe von äußerem Verhalten zu regulieren. Hierzu zählen aggressive und selbstschädigende Handlungen, Essstörungen und Sucht. Die Fähigkeit zur Steuerung innerer Zustände beeinflusst wiederum das Selbstbild wie auch das Bild von Anderen und der Welt.

Das MASTR-Therapiemanual nach Ricky Greenwald

MASTR steht für „Motivation" – „Adaptive Skills" (Kompetenzen) und „Trauma Resolution" (Traumabearbeitung) und beschreibt den strukturierten Einsatz von EMDR mit Jugendlichen in der Version nach Dr. Ricky Greenwald (1999, 2000). Das geschilderte Vorgehen kann unabhängig von stationärer Unterbringung, schulischer oder häuslicher Umgebung eingesetzt werden, obwohl eine solche Einbindung vorteilhaft ist. Eine äußere Verpflichtung, die Sitzungen zu besuchen, ist hilfreich. Der Ablauf ist strukturiert, angeleitet und relativ kurz (ungefähr 2 bis 6 Monate). Eine Therapiestunde pro Woche reicht aus. MASTR ist ein traumazentrierter Ansatz (Greenwald, in press-a), der sich auf die Annahme stützt, dass traumatische Erfahrungen sowohl zur Entwicklung wie auch zur Aufrechterhaltung von Störungen des Sozialverhaltens im Jugendalter beitragen (Greenwald, in press-b). Es besteht aus drei sich überschneidenden Phasen: Motivation, Kompetenztraining und Traumabearbeitung, jeweils unter Einbeziehung von EMDR. Sicher verläuft die tatsächliche Behandlung nicht immer nach Plan. Je nach der Person des Therapeuten, des Klienten und je nach Situation entstehen vielfältige Variationen. Das Manual kann aber trotzdem als Vorbild und Richtschnur dienen. Die Inhalte des Manuals stammen aus den Workshops und Veröffentlichungen von Ricky Greenwald aus den Jahren 1997, 1999, 2000 und in press-a.

1 Motivationsentwicklung im Erstgespräch

Ziele: Beziehungsaufnahme, Anamnese, Beginn der Behandlungsplanung

1.1 Klären der Vorbedingungen

- Tonbandaufnahme, „damit ich meine Arbeit besser machen kann."
- Vertraulichkeit – Regeln und spielerischer Kurztest, ob die Regeln verstanden wurden
- Regeln: Niemand muss sprechen, Signal für Redestopp vereinbaren
- Vorerfahrung mit Beratern und Therapeuten und Möglichkeiten, mich richtig einzuschätzen
- „Woran werde ich erkennen, wenn Du ärgerlich oder sauer sein solltest?"
- „Gib mir ein paar Sitzungen um herauszufinden ob es etwas gibt, woran Du arbeiten willst"

1.2 Grundinformation/Perspektiven/Geschichte

- „Ich ziehe es vor, Menschen persönlich kennen zu lernen, anstatt ihre Akte zu studieren, und mir auf diese Weise eine eigene Meinung zu bilden."
- „Buchstabiere für mich bitte Deinen Namen, Geburtstag und Alter."
- Lieblingsfarbe, Lieblingsessen, Lieblingsmusik, schulische Vorlieben/Abneigungen
- Freunde (viele, ein paar, keine, ein bester Freund?)

- Sind die Freunde gut in der Schule, rauchen oder trinken sie, nehmen sie Drogen, kommen sie in Schwierigkeiten?
- „Was unternimmst Du mit Deinen Freunden?"
- Andere Lieblingsaktivitäten und Kompetenzen
- „Welches Tier wärst Du gerne?"
- Drei Wünsche
- Magische Wand – was wäre dahinter anders?
- Quelle der Probleme (innen, außen, Details) & Lösungen (Was bräuchtest Du?)

Entwicklungsgeschichte
- Alter der Mutter bei der Geburt des Jugendlichen
- Drogenkontakt (incl. Tabak, Alkohol, illegale Drogen, auch vor der Geburt)
- Geburtsgewicht
- Probleme vor oder bei der Geburt
- Temperament
- Alter der Bewältigung wichtiger Entwicklungsaufgaben
- Geschichte körperlicher Erkrankungen, Verletzungen und Behandlungen
- Geschichte von Kopfverletzungen (Schlag, Bewusstlosigkeit, einschlägige Symptome)
- Soziale Entwicklung (schüchtern, viele Freunde etc.)
- Schulische Entwicklung
- Gegebenenfalls Geschichte der Konflikte mit dem Gesetz

Familie
- Genogramm / Traumatogramm
- Veränderungen der Familienzugehörigkeit (auch zu Pflegefamilien)
- Familiengeschichte zu Suiziden, psychiatrischen Erkrankungen, Suchtverhalten, Therapiegeschichte

Traumata/Verluste
- Erinnerung an das Stoppsignal
- Vorgabe von Beispielen für mögliche traumatische Erfahrungen
- Alter und Belastungsgrad zu jeder traumatischen Erfahrung erheben

2 Überprüfen der Therapiemotivation

Ziele: Bestimmung persönlicher Ziele, Verpflichtung auf die Therapie

2.1 Zukunftsfilme

Gutes Ende
- Das Alter in 10 Jahren erfragen
- Rahmengeschichte erzählen, ein Video zu holen und anzusehen
- Geschichte auf dem Video von der Geburt bis heute; gutes Kind, schlechte Entscheidungen, die Folgen bringen Schwierigkeiten mit sich
- Geschichte auf dem Weg zum guten Ende und das Ergebnis in 10 Jahren
- Details des guten Endes erfragen (Bild, Gedanke, Gefühl, dazu Augenbewegungen)

- Die einzelnen Stationen auf dem Weg zum guten Ausgang erarbeiten
- Den inneren Film von heute bis zum guten Ende starten und mit Augenbewegungen begleiten

Schlechtes Ende
- Vorstellung vom schlechten Ende mit Details erarbeiten und mit dem Satz „Das ist es nicht wert," verbinden
- Die Vorstellung, dass sich das Problemverhalten auf die Dauer nicht lohnt mit Augenbewegungen begleiten

2.2 Verpflichtung auf die Therapie

Wie groß ist die innere Neigung in jeder Richtung?
- 0-10 zum guten Ende
- 0-10 zur Fortsetzung des momentanen Verhaltens

Stärken und Hindernisse
- Wettspiel-Metapher: „Worauf würdest Du setzen?"
- Stärken
- Hindernisse

Behandlungsplan
- Vermittlung eines adäquaten Störungsmodells, z. B. des Stressmodells
- „Leuchtet Dir das ein?"
- Arbeit daran, innerlich stärker zu werden, um die Ziele zu erreichen
- Beziehungsdefinition: Therapeut als Coach oder Trainer
- Warnung, dass es schwer und langweilig werden kann - wie Liegestützen
- Therapieergänzende Maßnahmen zur Stärkung (je nach bedarf z.B. Anti-Stress-Training, Nahkampfkurs, Sportkurs)
- Überprüfung der Motivation: „Willst Du wirklich daran arbeiten?"

3 Kompetenztraining

Ziele: Selbstwahrnehmung, Selbstkontrolle, geringere Provozierbarkeit

3.1 Aggressions-Frühwarnsystem
- Metapher von der Aggression als Einbrecher: „Willst Du vorbereitet sein oder überrascht werden?"
- Benenne die einzelnen Stufen der Eskalationsleiter der Aggression
- Wiederhole diese Stufen in Zeitlupe und mit Augenbewegungen

3.2 Entscheidungen haben Folgen
- Auswahl einer typischen provozierenden Alltagssituation
- Herausarbeiten des problematischen Entscheidungspunktes und des schlechten Endes. Herleiten der Schlussfolgerung: „Das lohnt sich nicht."
- Besprechen den Ablauf des Films mit schlechtem Ende (Provokation, eigene Reaktion, eigene Handlungswahl, schlechte Folge. Schlussfolgerung: „Das lohnt sich nicht."
- Innerer Film mit offenem Ende – frage, wie er ausgegangen ist

- Bespreche das gute Ende und welche Entscheidung zum guten Ende führt
- Innerer Film mit guter Entscheidung und gutem Ende
- Innerer Film mit offenem Ende, aber der guten Wahl folgt das gute Ende und der schlechten Wahl das schlechte Ende
- Innerer Film mit offenem Ende so lange wiederholt, bis er zwei Mal hintereinander gut ausgeht
- Wiederhole diesen Ablauf mit anderen provozierenden Situationen

3.3 Schutz vor Provokationen

Vorbereitung
- Wenn Du Dich provozieren lässt, wer hat die Kontrolle, Du oder er?

Phantasiespiel
- Wähle den Gegner und eine typische provokative Situation
- Initiiere das Phantasieren einer Comicbuch-Szene, die mit der provokativen Situation beginnt
- Fantastischen Ausgang der Comicbuch-Szene und die dort auftauchende Lösung erfragen
- Inneren Comicfilm initiieren und mit Augenbewegungen begleiten
- Mehrfache Wiederholung des inneren Comicfilms

Trennwände
- Wähle eine typische provokative Situation
- „Warum provoziert jemand, weil Du es verdienst oder weil er sich selbst innerlich unwohl fühlt?"
- „Was könnte bewirken, dass seine schlechten Gefühle bei ihm bleiben, anstatt auf Dich überzuspringen?"
- „Woraus wäre es gemacht? Wie könnte der Schutz wirksam werden?"
- Imagination z. B. einer Trennwand zwischen dem Jugendlichen und dem Provokateur
- Innerer Film mit Augenbewegungen – frage nach dem Ausgang
- Mehrfache Wiederholung mit variierten Methoden und Situationen

Vorbild
- Wähle ein Vorbild, das der Situation gewachsen wäre
- Wie würde dieses Vorbild handeln?
- Innerer Film von der Handlung des Vorbildes mit Augenbewegungen
- Frage, was passiert ist und überprüfe, ob es konstruktiv ist
- Führe in die Vorstellung, in die Rolle des Vorbildes schlüpfen zu können
- Innerer Film des Jugendlichen in die Rolle des Vorbildes, mit Augenbewegungen
- Frage, was passiert ist und überprüfe, ob es konstruktiv ist
- Innerer Film, es selbst so zu können, mit Augenbewegungen
- Frage, was passiert ist und überprüfe, ob es konstruktiv ist

4 Traumabearbeitung

Ziele: Erweiterung der emotionalen Verarbeitungskapazität; Verarbeitung von Verlust- und Traumafolgen

4.1 Vorbereitung
- Erklärung von EMDR: Geschichte, Wirkung, Vorgehen etc.

- Begründung für EMDR: Verletzung (Trauer, Wut, Stress etc.), erhöhter Stress, erhöhte Provozierbarkeit
- Warnung, es könnte anstrengend oder langweilig werden
- Wahl des Ausgangsthemas für die erste EMDR-Sitzung mit einem Ereignis, das erst kurz zurückliegt und gering belastet

Risiken/Ängste
- Stopp heißt Stopp
- Emotionale Offenheit nach der Sitzung, Abschluss der Sitzung im ausgeglichenen Zustand
- Wie lief es für andere Jugendliche?
- Übe bewusstes tiefes Atmen zur Beruhigung
- Sicherer-Ort-Übung
- Tresor-Übung
- Kompetenzen zur Stabilisierung

4.2 Anwendung des EMDR-Protokolls zur Bearbeitung einer kurz zurückliegenden und nur gering belastenden Erfahrung

- Kurz das Einverständnis erfragen: „Stress macht es schwieriger, sich selbst zu beruhigen und auftauchende Angst zu kontrollieren."
- Wahl des Ausgangsthemas für EMDR
- Durchführung des EMDR-Protokolls für kurz zurückliegende Traumatisierungen; inneren Film und belastendste Situation bearbeiten
- Verfolge keine schwer traumatischen Themen, sondern kehre gegebenenfalls wieder zum gewählten Ausgangsthema zurück
- Verwende bei Bedarf Kognitives Einweben
- Setze den Prozess bis zur Lösung fort
- Übe bei Bedarf neue bewältigungsrelevante Kompetenzen ein
- Abschluss mit Sicherem Ort, Tresor oder anderer stabilisierender Imagination
- Überprüfe, ob sich der Jugendliche in der Lage fühlt, die Sitzung zu verlassen

4.3 Anwendung des EMDR-Protokolls zur Bearbeitung traumatischer Erfahrungen oder von Verlusterfahrungen

- Überprüfe, ob der Jugendliche EMDR schon für weniger belastende Ereignisse gut für sich nutzen kann
- Erinnere an Stress und erhöhte Provozierbarkeit als häufige Folge traumatisierender Erfahrungen.
- Wiederhole den Sicheren Ort
- Wähle das Ausgangsthema
- Installiere die Vorstellung eines Sicherheitswerkzeugs
- Durchführung des EMDR-Standardprotokolls bis zur Lösung
- Verwende bei Bedarf Kognitives Einweben oder andere Möglichkeiten des Therapeutischen Einwebens
- Übe bei Bedarf neue bewältigungsrelevante Kompetenzen ein
- Abschluss mit Sicherem Ort, Tresor oder anderer stabilisierender Imagination
- Überprüfe, ob sich der Jugendliche in der Lage fühlt, die Sitzung zu verlassen

Das hier dargestellt manualisierte Vorgehen soll nicht darüber hinwegtäuschen, dass wir uns als Therapeuten angesichts schwerer Traumatisierungen und deren Ausdruck im Verhalten von Jugendlichen sehr hilflos und ohnmächtig fühlen können. Genauso wie ein Plan für den Notfall immer schon rechtzeitig vorbereitet sein sollte, bevor der Notfall eintritt, ist es auch in der Therapie nützlich, einen gut vorbereiteten Plan für die Therapie zu haben, um sich den eigenen Gefühlen und denen des Klienten öffnen zu können.

Es genügt meiner Ansicht nach jedoch nicht, die therapeutische Sicherheit aus dem präsenten Kontakt mit den eigenen Gefühlen und sorgfältig vorstrukturierten Möglichkeiten therapeutischen Handelns zu beziehen. Ebenso wichtig erscheint mir die Pflege und Tragfähigkeit des beruflichen Netzwerks, in dem wir uns selbst Anregungen, Unterstützung und Hilfe holen können – einschließlich der eigenen Supervision, der berufspolitischen, ökonomischen und arbeitsrechtlichen Absicherung, um uns von der in diesem Arbeitsfeld so häufigen sekundären Traumatisierung jederzeit angemessen erholen zu können.

Literatur:

Allen, J.G., Keller, M.W. & Console, D.A. (1999). *EMDR: A closer look.* New York: Guilford Press.

Andrade, J., Kavanagh, D. & Baddeley, A. (1997). Eye-movements and visual imagery: A working memoryapproach to the treatment of post-traumatic stress disorder. *British Journal of Clinical Psychology, 36,* 209.223.

Bates, L.W., McGlynn, F.D., Montgomery, R.W. & Mattke, T. (1996). Effects of eye-movement desensitisation versus no treatment on repeated measures of fear of spiders. *Journal of Anxiety Disorders, 10,* 555-569.

Brom, D., Kleber, R.J. & Defares, P.B. (1998). Brief psychotherapy for posttraumatic stress disorder. *Journal of Consulting and Clincal psychology, 57,* 606-612.

Brown, K.W., McGoldrick, T. & Buchanan, R. (1997). Body dysmorphic disorder: Seven cases treated with eye movement desensitisation and reprocessing. *Behavioural & Cognitive Psychotherapy, 25,* 203-207.

Boudewyns, P.A. & Hyer, L.A. (1996). Eye movement desensitisation and reprocessing (EMDR) as treatment for post-traumatic stress disorder (PTSD). *Clinical Psychology and Psychotherapy, 3,* 185-195.

Chambless, D.L., Baker, M.J., Baucom, D.H., Beeutler, L.E., Calhoun, K.S., Crits-Christoph, P., Daiuto, A., DeRubeis, R., Detweiler, J., Haaga, D.A.F., Bennett Johnson, S., McCurry, S., Mueser, K.T., Pope, K.S., Sanderson, W.C., Shoham, V., Stickle, T., Williams, D.A. & Woody, S.R. (1998). Update on empirically validated therapies. *The Clinical Psychologist, 51,* 3-16.

Cooper, N.A. & Clum, G.A. (1989). Imaginal flooding as as supplementary treatment for PTSD and in combat veteran: A controlled study. *Behavior Therapy, 20,* 381-391.

Corbetta, M., Akbudak, E. Conturo, T.E., Snyder, A.Z., Ollinger, J.M., Drury, H.A., Linenweber, M.A., Petersen, S.E., Raichle, M.E., Van Essen, D.C. & Shulman, G.L. (1998). A commen network of functional areas for attention and eye movements. *Neuron, 21,* 761-773.

De Jongh, A. & Ten Broeke, E. (1998). Treatment of choking phobia by targeting traumatic memories with EMDR : A case study. *Clinical Psychology and Psychotherapy, 5,* 1-6.

De Jongh, A., Ten Broeke, E. & Renssen, M.R. (1999). Treatment of specific phobias with eye movement desensitization and reprocessing (EMDR): Protocol, empirical status, and conceptual issues. *Journal of Anxiety Disorder, 13,* 69-85.

Devilly, G.J. & Spence, S.H. (1999). The relative efficacy and treatment distress of EMDR and a cognitive behavioural trauma treatment protocol in the amelioration of post traumatic stress disorder. *Journal of Anxiety Disorder, 13,* 131-157.

Fensterheim, H. (1996). Eye movement desensitisation and reprocessing with complex personality pathology: An integrative Therapy. *Journal of Psychotherapy Integration, 6,* 27-38.

Feske, U. & Goldstein, A.J. (1997). Eye movement desensitization and reprocessing treatment for panic disorder: A controlled outcome and partial dismantling study. *Journal of Consulting and Clinical Psychology, 36,* 1026-1035.

Foa, E.B., Dancu, C.V., Hembree, E.A., Jaycox, L.H., Meadows, E.A. & Street, G.P. (1999). A comparison of exposure therapy, stress inoculation training, and their combination in reducing posttraumatic stress disorder in female assault victims. *Journal of Councelling and Clinical Psychology, 67,* 194-200.

Foa, E.B., Rothbaum, B.O., Riggs, D. & Murdoch, T. (1991). Treatment of post traumatic stress disorder in rape victims: A comparison between ccgnitive-behavioral procedures and counselling. *Journal of Consulting and Clinical Psychology, 59,* 715-723.

Grant, M. & Threlfo, C. (in press). EMDR in the treatment of chronic pain. *Journal of Clincal Psychology.*

Greenwald, R. (1994b). Eye movement desensitization and reprocessing (EMDR): An overview. *Journal of Contemporary Psychotherapy, 24,* 15-34.

Greenwald, R. (1995a). Evaluating Shapiro's stance on EMDR training. *OnLine Journal of Psychology, 1,* 130-134. Modem 209-271-9025.
Greenwald, R. (1996). The information gap in the EMDR controversy. *Professional Psychology: Research and Practice, 27,* 67-72.
Greenwald, R. (1997, July). *EMDR for adolescents with disruptive behavior disorders. Full-day workshop presented at the annual meeting of the EMDR International Association,* San Francisco.
Greenwald, R. (1999). *Eye movement desensitization and reprocessing (EMDR) in child and adolescent psychotherapy.* Northvale, NJ: Jason Aronson.
Greenwald, R. (2000). A trauma-focused individual therapy approach for adolescents with conduct disorder. *International Journal of Offender Therapy and Comparative Criminology, 44,* 146-163.
Greenwald, R. (in press-a). Motivation – Adaptive Skills – Trauma Resolution (MASTR) therapy for adolescents with conduct problems: An open trial. *Journal of Aggression, Maltreatment, and Trauma.*
Greenwald, R. (in press-b). The role of trauma in conduct disorder. *Journal of Aggression, Maltreatment, and Trauma.*
Heber, R., Kellner, M. & Yehuda, R. (in press). Salivary cortisol levels and the cortisol response to dexamethasone before and after EMDR: A case report. *Journal of Clinical Psychology.*
Herbert, J.D. & Mueser, K.T. (1992). Eye movement desensitisation: A critique of evidence. *Journal of Behavior Therapy and Experimental Psychiatry, 23,* 169-174.
Ironson, G.I., Freund, B., Strauss, J.L. & Williams, J. (in press). A comparison of two treatments for traumatic stress: A pilot study of EMDR and prolonged exposure. *Journal of Clinical Psychology.*
Keane, T.M., Fairbank, J.A., Cadell, J.M. & Zimering, R.T. (1998). Implosive (flooding) therapy reduces symptoms of PTSD in Vietnam combat veterans. *Behavior Therapy, 20,* 245-260.
Korn, D.L. & Leeds, A.M. (in press). Preliminary evidence of efficacy for EMDR resource development and installation in the stabilization phase of treatment of complex posttraumatic stress disorder. *Journal of Clincal Psychology.*
Lazrove, S. & Fine, C.G. (1996). The use of EMDR in patients with dissociative identità disorder. *Dissociation, 9,* 289-299.
Lee, C. & Gavriel, H. (1998). *Treatment of post-traumatic stress disorder: A comparison of stress inoculation training with prolonged exposure and eye movement desensitzation and reprocessing.* Proceedings of the World Congress of Behavioral and Cognitive Therapies, Acapulco.
Lohr, J.M., Tolin, D.F. & Kleinknect, R.A. (1995). Eye movement desensitization of medical phobias: Two case studies. *Journal of Behavior Therapy and Experimental Psychiatry, 26,* 141-151.
Marcus, S.V., Marquis, P. & Sakai, C. (1997). Controlled study of PTSD using EMDR in an HMO setting. *Psychotherapy, 34,* 307-315.
Marks, I.M., Lovell, K., Noshirvani, H., Livanou, M. & Trasher, S. (1998). Treatment of posttraumatic stress disorder by exposure and /or cognitive restructuring: A controlled study. *Archives of general Psychiatry, 55,* 317-325.
Maxfield, L. & Hyer, L.A. (in press). The relationship between efficacy and methodology in the treatment of PTSD with EMDR. *Journal of Clinical Psychology.*
Muris, P., Merkelbach, H., van Haaften, H. & Nayer, B. (1997). Eye movement desensitization and reprocessing versus exposure in vivo. *British Journal of Psychiatry, 171,* 82-86.
Nadler, W. (1996) EMDR: Rapid treatment of panic disorder. *International Journal of Psychiatry, 2,* 1-8.
Paulsen, S. (1995). Eye movement desensitization and reprocessing: Its cautious use in the dissociative disorders. *Dissociation, 8,* 32-44.
Peniston, E.G. (1986). EMG biofeedback-assisted desensitisation treatment for Vietnam combat veterans post-traumatic stress disorder. *Clinical Biofeedback Health, 9,* 35-41.
Pitman, R.K., Orr, S.P., Altman, B., Longpre, R.E., Poire, R.E. & Macklin, M.L. (1996). Emotional processing during eye movement desensitization and reprocessing therapy of Vietnam veterans with chronic post-traumatic stress disorder. *Comprehensive Psychiatry, 37,* 419-429.
Richards, D.A., Lovell, K. & Marks, I.M. (1994). Post-traumatic stress disorder: Evaluation of a behavioural treatment program. *Journal of Traumatic Stress, 7,* 669-680.
Rogers, S., Silver, S., Goss, J., Obenchain, J., Willis, A. & Whitney, R. (1999). A single session, controlled group study of flooding and eye movement desensitisation and reprocessing in treating posttraumatic stress disorder among Vietnam war veterans: Preliminary data. *Journal of Anxiety Disorder, 13,* 119-130.
Rothbaum, B.O. (1997). A controlled study of eye movement desensitization and reprocessing for posttraumatic stress disordered sexual assault victims. *Bulletin of the menninger Clinic, 61,* 317-334.
Shalev, A.Y., Friedman, M.J., Foa, E.B. & Keane, T.M. (2000). Integration and summary. In: E.A. Foa, T.M. Keane & M.J. Friedman (Eds.), *Effective treatments for PTSD: Practice guidelines from the International Society for Traumatic Stress Studies* (pp. 359-379). New York: Guilford Press.
Shapiro, F. (1989a). Efficacy of the eye movement desensitisation procedure in the treatment of traumatic memories. *Journal of Traumatic Stress Studies, 2,* 199-223.
Shapiro, F. (1989b) Eye movement desensitisation: A new treatment for post-traumatic stress disorder. *Journal of Behavior Therapy and Experimental Psychiatry, 20,* 211-217.
Shapiro, F. & Forrest, M. (1997). *EMDR.* New York: Basic Books.
Solomon; S.D., Gerrity, E.T. & Muff, A.M. (1992). Efficacy of treatments for posttraumatic stress disorder. *Journal of the American*

Medical Association, 268, 633-638.
Spector, J. & Read, J. (1998). The current status of eye movement desensitisation and reprocessing (EMDR). *Clinical Psychology and Psychotherapy, 6,* 165-174.
Tarrier, N., Pilgrim, H., Sommerfield, C., Faragher, M.R., Graham, E. & Barrowclough, C. (1999). A randomised trial of cognitive therapy and imaginal exposure in the treatment of chronic posttraumatic stress disorder. *Journal of Counseling and Clinical Psychology, 67,* 13-18.
Van der Kolk, B.A., Greenberg, M., Boyd, H. & Krystal, J. (1985). Inescapable shock, neurotransmitters, and addiction to trauma: Toward a psychobiology of posttraumatic stress. *Biological Psychiatry, 20,* 314-325.
Van Etten, M.L. & Taylor, S. (1998). Comparative efficacy of treatments for posttraumatic stress disorder: A meta-analysis. *Clinical Psychology & Psychotherapy, 5,* 126-144.
Vaughan, K., Armstrong, M.F., Gold, R., O´Connor, N., Jenneke, W. & Tarrier, N. (1994). A trial of eye movement desensitisation compared to image habituation training and applied muscle relaxation in post-traumatic stress disorder. *Journal of Behavior Therapy & Experimental Psychiatry, 25,* 283-291.
Wilson, S.A., Becker, L.A. & Tinker, R.H. (1995). Eye movement desensitization and reprocessing(EMDR) treatment for psychologically traumatized individuals. *Journal of Consulting and Clinical Psychology, 63,* 928-937.
Wilson, S.A., Becker, L.A. & Tinker, R.H. (1997). Fifteen-month follow-up of eye movement desensitisation and reprocessing (EMDR) treatment for PTSD and psychological trauma. *Journal of Consulting and Clinical Psychology, 65,* 1047-1056.
Wolpe, J. & Abrams, J. (1991). Post-traumatic stress disorder overcome by eye movement desensitisation: A case report. *Journal of Behavior Therapy and Experimental Psychiatry, 22,* 39-43.

Funktionalisierung und Ablehnung – Stilisierung und Verbesserungswut. Wie Jugendliche sich in ihrem Körper erleben.

Lydia Reichhart

Jugendliche stehen ihrem Körper aufgrund der sich ausformenden Geschlechtsidentität und der Sexualität in anderer Weise gegenüber als Erwachsene. Die Körperwahrnehmung scheint erhöht. Sie erleben innerhalb der relativ kurzen Zeitspanne von einigen Jahren eine relativ große körperliche Veränderung, die psychisch verarbeitet werden muss. Dies ist generationsübergreifend so. Ferner führt die zur Adoleszenz gehörende normale narzisstische Entwicklungsphase ohnehin zur verstärkten Beschäftigung mit dem eigenen Körper. Auch dies ist in traditionellen tiefenpsychologischen Entwicklungspsychologien nichts Neues. Nur die Art, mit dem eigenen Körper umzugehen, scheint heute verändert. Piercing oder extremes Body-Building und Tättowierungen sind zum Beispiel relativ neu hinzu gekommener Ausdruck der körperlichen Beschäftigung mit der eigenen Person.

Neben dieser Entwicklungsbesonderheit sind Jugendliche genauso wie die Erwachsenen den gesellschaftlichen Grundströmungen zur Körperlichkeit ausgesetzt oder davon beeinflusst. In diesem Verständnis steht die Körperlichkeit immer schon in dialektischem Verhältnis mit der näheren und weiteren Umwelt.

So will ich mich in mehrfacher Weise der Thematik nähern:
1. Es sollen Aspekte gesellschaftlicher Auffassungen zu Leiblichkeit und Körper beleuchtet werden und es folgt
2. ein kurzer philosophischer Abriss über die Begriffe Leiblichkeit und Körper, so wie ich sie in meiner Arbeit verstehe.
3. folgen Gedanken zum spezifisch jugendlichen Körpererleben und
4. sollen Ansätze von „Identitätsarbeit" als „Leibarbeit" in der Psychotherapie mit Jugendlichen beschrieben werden.

1. Aspekte gesellschaftlicher Auffassungen zu Leiblichkeit und Körper

Traditionell wurde in unserer abendländischen Kultur das Körperliche aus philosophisch-religiöser Sichtweise geringschätziger angesehen als das Geistig-Seelische. Die platonische Trennung von Körper einerseits und Geist und Seele andererseits und die Gewichtung des Kognitiven seit Decartes haben unsere Gesellschaft geprägt. Von daher ist von einer langjährigen Entfremdung vom Körper in Religion und Lebenspraxis auszugehen. Askese, Zucht etc. sollten quasi unter Nicht-Beachtung des Körperlichen die geistig-seelische Vervollkommnung des Menschen fördern. Dies war Jahrhunderte lang Erziehungsprinzip und wirkt m.E. immer noch in unserem Bewusstsein. Kognitiv-intellektuelle Fähigkeiten werden im Allgemeinen höher bewertet als körperliche, es sei denn wir, haben es mit Leistungssportlern zu tun. Andererseits hat es auch schon immer ein tieferes Volks-Wissen um Leib-Seele-Zusammenhänge gegeben, sei es in einigen Richtungen der Heilkunst, vor allem der Naturheilkunde oder auch banal in unserer

Alltagssprache, die eigentlich eine sehr „leibliche" Sprache ist: Wir ver-stehen, hand-eln, be-greifen, sitzen etwas aus, etwas geht nicht, wir sind bewegt, herz-lich, er-starrt, etc. Dieses Wissen scheint uns nicht verloren gegangen zu sein. Das Bewusstsein für das Leibliche wächst schon seit längerem, was sich in den Trends zur gesunden Ernährung, aber auch der Vermehrung von Körper- und Entspannungsverfahren jeglicher Art verdeutlicht.

In der münsterländischen Kleinstadt, in der ich lebe, gibt es in einer Buchhandlung alleine 5 Titel zum Atem, vom „Tao des Atems" bis zur „Atemtechnik". Dies spricht für ein Bedürfnis, sich mit dem eigenen Leib „anzufreunden," der Entfremdung entgegenzuwirken, denn andererseits scheint der Körper „machbar", wie noch nie zuvor. In seiner Definition und Erfassung sind wir weit gekommen. Wir kennen unsere Organe und deren Funktion, wir sind in der Lage mit immer feineren und besseren Messinstrumenten die Zusammenhänge bis in die Gene zu erforschen. Das hat Vorteile. Durch medizinische Fortschritte können wir heute viele Krankheiten besser bekämpfen. Aber die Grenzen des Machbaren werden immer weiter hinausgeschoben, diese Illusionen des Menschenmöglichen nehmen zu, die Warnungen davor auch. Trotzdem tun wir so, als könnten wir Empfängnis, Krankheit, Vergänglichkeit und Alter „in den Griff" bekommen.

Auch das soziale Element spielt eine große Rolle. Wir vergleichen uns mit „Körperstandards". Wir kennen die weltweiten Anzeigenkampagnen, in denen mit gut aussehenden, jungen, schönen Frauen- und Männerkörpern Produkte verkauft werden. Der Körper wird gestylt, damit er in ein bestimmtes Lebensgefühl passt. Er wird zum Objekt des Gestaltens, zum Objekt der eigenen Machbarkeit, von dem das Selbstwertgefühl dann mit abhängt. Wir versuchen, unseren Körper zu verbessern, um erfolgreicher, schöner und besser zu erscheinen. Geduldige Aufmerksamkeit auf den Reichtum und die innere Differenziertheit leiblicher Phänomene ist eine Kunst, an die heute mühsam in Leib- und Atemtherapien anzuknüpfen versucht wird.

2. Die Begriffe „Leib" und „Körper":

Leib ist letztlich nicht definierbar, wird aber oft im Gegensatz zum Körper als umfassender verstanden. Bewusstes Leiberleben wird gleich gesetzt mit bewusstem Selbsterleben als das von Innen heraus gespürte, dass Da-Sein, Ausdruck und Orientierung in einem ist, etwa vergleichbar mit der von Heinrich von Kleist im Marionettentheater geschilderten Qualität des körperlichen Seins von Innen her. Wenn wir in unserem Leib sind, sind wir in unserem Selbst, was immer das wiederum sei. So viel könnte man vorsichtig sagen: Leib meint die Integration von Körper, Seele, Geist, spricht den Menschen in seiner Ganzheit an, sodass er zu diesem Selbst wird, das da gemeint ist, wobei nach altem gestalttheoretischem Grundsatz das Ganze immer mehr ist als die Summe der Teile und durch Analyse nur spärlich erfasst werden kann. *„Wir sind eben keine geistigen Entitäten, die nur zufällig in einem biologischen Körper realisiert sind, sondern leibhaftige Menschen, deren Selbst wesentlich durch die Art und Weise bestimmt wird, in der körperliches Sein von innen, also als Leiblichkeit gespürt wird."* (Jung, 1994).

Diese Auffassung spricht dafür, dass eine analytisch fixierende Definition des Leiblichen nicht möglich ist. Man kann das Leibliche letztlich nicht „dingfest" machen, nicht endgültig erfassen. Dem Erfassen des Leibes scheint vielmehr das Spüren und Sinnen als Empfindung immanent: *„Ein sinnenhaftes Tun, das* *dann nach-gedacht werden kann, in einer Nachdenklichkeit, die das eigenleiblich Gespürte nicht verliert. Nur so erschließen sich subjektive Erfahrungen von Leiblichkeit, erlebe ich das Faktum, dass Leiblichkeit mir niemals völlig zugänglich ist, niemals ganz in meiner Kontrolle steht, wie die Manifestationen des Unbewussten, aber auch die Vorgänge von Leiden, Altern und Sterben deutlich machen."* (Petzold, 1989).

Dieses Zitat zeigt, wie schwierig es ist, Leibliches zu erfassen, zu benennen, zu beschreiben. Spür- und Empfindungsqualitäten sind andere als Denk- und Sprachqualitäten. Ich möchte Sie einladen, sich nach diesen theoretischen Ausführungen, sich ganz einfach als „Sitzender" zu spüren. Was ist dieses Spüren? Sie können Ihre Aufmerksamkeit auf die Stellen ihres Körpers lenken, die mit dem Stuhl oder dem Boden in Berührung sind. Wie ist das ? – Jetzt nehmen Sie Ihren Atem wahr. Wie ist es jetzt? Haben Sie einen Impuls, Ihre Haltung zu verändern? Wie ist es jetzt? Eine ganz einfache Übung – in Ihrem Sitzen, als Sitzende zu spüren. .... Etwas ganz einfaches, alltägliches bewusst werden zu lassen. ... Dieses so Einfache scheint in der Psychotherapie ebenso banal wie ungewöhnlich, aber andererseits geht es in der psychotherapeutischen Arbeit um die Erweiterung des Bewusstseins über sich Selbst und die Achtsamkeit für die kleinen, unscheinbaren Dinge kann hierbei etwas sehr Wesentliches sein.

Wenn Sie einen Jugendlichen zu solchen Übungen anregen, werden Sie sehr schnell auf Unverständnis stoßen. Man braucht dann oft ein „Spürseil", z.B. den Atem, die Berührung des Körpers mit dem Boden oder der Sitzfläche oder die Vorstellung, z.B. in Gedanken durch den Körper zu wandern. Nun, Sie werden unterschiedliche Empfindungen haben, wenn Sie sich im Sitzen spüren. Wenn ich Sie bitten würde, diese mitzuteilen, merken Sie vielleicht, wie schwierig es sein kann, Empfindungsbereiche in Sprache zu übersetzen und wie sehr Sie hier nach Worten suchen, wenn Sie das Eigenleibliche verständlich machen wollen. Gesten und Bilder liegen dem Ausdruck des Erspürten oft näher. Das Spüren kann man in die Bewegung umsetzen, die Bewegung in ein Wort, das Leibliche symbolisiert sich somit quasi, wird zu einer Möglichkeit der Erkenntnis.

Der Begriff des Körpers wurde bisher als materialisierter Aspekt des Leibes betrachtet. Es gibt jedoch noch eine andere Sichtweise:

Gendlin beschreibt in seinem Focusing-Ansatz bewusst den materiell gemeinten Körper, der *„von innen her schon immer in Wechselwirkung mit der Umwelt also nie Neutrum ist und die ganze Komplikation des menschlichen Daseins aufnimmt, der auch schon ein Wissen, um den nächsten Schritt implizieren oder entwerfen kann, auch wenn er noch nicht da ist."* Gendlin meint, es gibt im Körper ein „Sein-Wissen", quasi eine körperliche Weisheit, die er als „felt-sense" zu fassen versucht. Es geht aber um den materialisierten Körper, der *„sitzt auf einem Sessel und sein Gewicht ist da und er schwitzt, weil es zu heiß ist, und er atmet die Luft ein und isst ... Der Körper lebt, der Körper erlebt und lebt die Situation, in der wir sind."* (Gendlin & Wiltschko, 1999, S. 38, 91).

Wir haben es also hier mit einem umfassenden, integrativen Verständnis des Körpers zu tun. Von meiner Ausbildungs- und Erfahrungstradition her bin ich persönlich dem Leibbegriff näher, den ich wegen seiner offenen und integrativen Ganzheitlichkeit gerne verwende und auch hier verwende, wenn ich diese integrative Betrachtungsweise besonders meine. Mit diesem Begriff stoße ich aber in meiner therapeutischen Arbeit auf Befremdung, sodass ich immer mehr aus Verständigungsgründen dazu übergehe, den

Begriff „Körper" zu verwenden, der mehr das Materialisierte des Leibes anspricht, jedoch nicht darauf verharrt oder beschränkt bleibt.

3. Gedanken zum spezifisch jugendlichen Körpererleben

Jugendliche stehen in der Umwelt und sind davon beeinflusst. Sie müssen sich abgrenzen und integrieren. Merleau-Ponty sagt, seinen Leib spüren, heißt auch, dass man spürt, wie er für andere aussieht (1964, zit. nach Petzold 1988, S. 303). Jugendliche vergleichen sich wahrscheinlich im Prozess der Identitätsfindung noch mehr als Erwachsene mit anderen Menschen. Sie möchten in der Regel anders sein als die Erwachsenen, auch körperlich anders. Jugendliche wollen sozial und sexuell anziehend sein, den eigenen Standort einnehmen und anerkannt werden. Dies scheint heute schon wesentlich schwieriger als früher, zumal alle Jugendkulturen sofort vermarktet werden. Der Leib ist als „social body" (Petzold, 1988, S. 303) von Geburt an durch Mimik, Gestik, Körpersprache sozial determiniert und soll sich quasi in der Adoleszenz individuieren. Aber wie? Während früher die „Cordhose mit Schlag" die Erwachsenen noch in Aufregung brachte, ist dies heute wohl nur noch durch extremeres Piercing und Tätowierung möglich. Die Abgrenzung von der älteren Generation scheint heute mehr als früher mit wirklichen körperlichen Veränderungen verbunden werden zu müssen. Darüber hinaus scheint interessant, dass die gesamtgesellschaftliche Orientierung am schlanken, fitten, schönen Körper auch über die Peer-groups hinweg erhalten bleibt.

Ich möchte zwei Formen m.E. weit verbreiteten Körpererlebens ansprechen, die den psychotherapeutischen Alltag bestimmen, in die Arbeit mit Jugendlichen hineinwirken und die sich ergänzen:
1. **Das Nicht-Wahrnehmen des Körpers bis hin zu seiner Ablehnung.** Dazu gehört:
   - Die Funktionalisierung des Körpers mit dem Versuch der Eliminierung des Störenden.
   - Die Zusammenhangslosigkeit zwischen Lebensweise, psychischem und Leiberleben.
   - Die Ablehnung des Körpers.

Wir obliegen der Illusion, unseren Körper „in den Griff" zu bekommen, zum Funktionieren bringen zu können und das möglichst lebenslang. Unwohlsein, Schmerzen oder körperliche Einschränkungen werden als störend wahrgenommen. Das ist verständlich. Wir wollen alle schmerzfrei sein. Wir haben einfach den Wunsch, dass wir körperlich funktionieren. Wenn das mal nicht so sein sollte, haben wir in unserer schnelllebigen Zeit wenig Muße und Geduld, um uns um Zusammenhänge zwischen Atemnot, Kopfschmerzen, Übelkeit und unserer Lebensform zu kümmern. Erwachsene greifen schnell zu Schmerz- und Beruhigungstabletten und Alkohol. Jugendliche zu Drogen, Medikamenten und Alkohol. Bis zu einem gewissen Ausmaß mag das alles legitim sein. Aber es ist auch eine Gefahr dabei. Es ist nicht nur eine Umgangsform mit unserem Körper, sondern eine Umgangsform mit uns selbst. Wir versuchen, das körperlich Störende zu eliminieren, aber nicht nur das Körperliche ist betroffen, sondern auch die damit verbundenen Gefühle, mit denen wir nicht zurechtkommen, die vielleicht nicht angenehm sind und die dann immer mehr ins Vorbewusste oder Unbewusste verschwinden. Mit der so notwendig gewordenen und praktizierten Unterdrückung liegt die Gefahr der weiteren Betäubung auf der Hand. Jugendliche sind am Beispiel der betäubenden Umgangsform der Erwachsenen mit sich selbst hier vielleicht mehr verführt, gefährdet. Aber nicht nur das. Sie erleben durch die enormen organischen Veränderungen, wie Wachstum, Veränderungen der Körperproportionen, Entwicklungen der Geschlechtsreife, Veränderungen der Stimme, einen Wandel, der irritiert und psychisch integriert werden muss. Scheu, Scham und Verunsicherung sind auch heute noch verbreitete Leitaffekte der Jugend. Dazu kommt die Schwierigkeit, sich darüber mitteilen zu können. Über eine bestimmte Zeitspanne hinweg scheint in ihrem Erleben alles unverbunden, nebeneinander her existierend, verwirrend. Adoleszente Entwicklungen sind zudem durch die Vielfalt und Unübersichtlichkeit der Postmoderne noch zusätzlich kompliziert. Ich glaube, dass Jugendliche es unter der Wirkung von solch verwirrenden und unübersichtlichen Prozessen sehr viel schwerer als Erwachsene haben, Zusammenhänge zwischen seelischem und körperlichem Erleben herzustellen. Im Bereich der psychosomatischen Symptombildungen sind die Essstörungen bei Jugendlichen am stärksten vertreten. Das Seelische verkörpert sich auf eindrucksvolle Weise, verdrängen sich ins Leibliche hinein, ohne dass ein bewusster Zusammenhang hergestellt werden kann. Junge Frauen scheinen sich sehr mit der Leiblichkeit „in den Augen der anderen" mit dem Identitätsaspekt des „me" im Sinne G.H. Meads zu beschäftigen. Die Notwendigkeit individueller Identitätsfindung scheint blockiert, der Wunsch nach **eigener Autonomie**, nach Anerkennung, Sexualität, wird nicht mehr wahrgenommen, sondern nur noch den „unvollkommenen Körper", den es zu ändern gilt und der in seiner jetzigen Form völlig abgelehnt wird. Anorexie ist ja eine **extreme** Form der körperlichen Ablehnung und damit der Selbst-Ablehnung. Neben dieser Selbst-Ablehnung möchte ich noch zu einem anderen Aspekt kommen, der damit zusammenhängt:

2. **Die Kultivierung des Körpers.** Dies ist das andere Ende der Unakzeptanz des Körpers so wie er ist, nämlich eine Stilisierung, die zu einer fixierenden „Über-Wahrnehmung" alles Körperlichen führt, im Extremfall zu einer Verbesserungswut: sich nicht zufrieden geben zu können, mit dem was ist; der Versuch, von den Vorstellungen her sich zu formen, ohne Annahmebereitschaft des eigenen Körpers, gesellschaftlichen Standards, wie sie uns durch Werbung suggeriert werden, anheim fallen. Jugendliche sind hier nicht anders als Erwachsene. In ihre Abgrenzungsprozesse scheint mir jedoch der reale, materialisierte Körper als Stilisierungsobjekt heute mehr einbezogen zu werden als früher. Nicht nur die Kleidung, sondern der Körper muss mit gestylt werden, um im sensiblen Prozess zwischen Anpassung und Eigenständigkeit die eigene Position finden zu können. Hierzu scheinen Jugendliche durch die Fixierung auf das Körperliche besonders prädestiniert, was sie in extremeren Ausprägungen aber besonders empfänglich für narzisstische Übertreibungen macht. Auch mag die postmoderne Verunsicherung mit dem ständigen Wechsel der Lebensformen und der damit verbundenen Unsicherheit dazu beitragen, dass mehr auf das was man zur Zeit „hat" – den eigenen Körper – rekrutiert wird. Dieses „Objekt" ist noch eines der wenigen, die dem gestaltenden Eigeneinfluss zugänglich sind, wenn in anderen Lebensbereichen die Wirkungen des eigenen Handelns nicht mehr den erhofften sicheren Erfolg bringen. So kann man heute weder mit sicheren und bleibenden Berufs- und Partneraussichten rechnen, den eigenen Körper meint man dagegen „sicher" besitzen und gestalten zu können.

4. Identitätsarbeit als Leibarbeit in der Psychotherapie mit Jugendlichen

In der psychotherapeutischen Arbeit mit Jugendlichen geht es um Identitätsfragen, um Identitätsaufbau und -differenzierung in Abgrenzung vom Elternhaus. In diesem Zusammenhang möchte ich Leiblichkeit verstehen als die Art und Weise, in der die biologisch vorgegebene Körperlichkeit von Jugendlichen angenommen, bewusst und integriert wird. Dazu gehört, eine „Beziehung zum eigenen Leib zu entwickeln, d.h. seinen Körper/Leib wahrzunehmen, be-greifen, erfahren und verstehen lernen, in seiner Geschichtlichkeit, in seiner Sozialität, in seiner Sprachlichkeit, in seiner Schönheit – letztlich seiner Subjekthaftigkeit" (Petzold, 1988, S. 306). Diese umfassende Auffassung beschreibt – vielleicht etwas idealisiert, aber in der Tendenz stimmig, durch Empfindung, Erfahrung und Erkenntnis gewonnene Bewusstheit der eigenen Persönlichkeit. Zu diesen komplexen Prozessen gehört die Auseinandersetzung mit Eigen- und Fremdwahrnehmungen des Körpers, mit körperlichen Veränderungen, mit Zuschreibungen und Bewertungen, gesellschaftlichen Normen und Werten und mit biografisch erfahrenen leiblich erlebten Beziehungen. Es sei daran erinnert, dass der Körper von Anfang an in Interaktion mit der Umwelt steht, sodass die Geschichte leiblich mit repräsentiert wird. In Abgrenzung von den Kindheitsbeziehungen sind Jugendliche als „social body" nicht nur auf sich selbst, sondern auch auf andere und auf die Welt der Sachbezüge quasi „leiblich" gerichtet. Wie können Jugendliche in einen Bewusstseinsprozess über sich selbst kommen, der sie ganz, von ihrem Leib her mit einbezieht? Sie leben in den gleichen oder entwicklungsbedingt verstärkten Zwängen und Auffassungen wie die Erwachsenen über Funktionalisierung und Stilisierung des Körpers. Das achtsame Erspüren leiblicher Phänomene in ihrer Differenziertheit ist bei Jugendlichen eher nicht üblich. Jugendliche leben tendenziell wie viele Erwachsene in der beschriebenen Nicht-Wahrnehmung und Stilisierung ihres Körpers, wobei das Letztere eine Variante des Ersten ist. In Extremausprägungen lehnen sie ihren Körper ab, zerstören, „verbessern" unendlich oder werten sich ab. Die Entfremdung vom Körper an sich ist aber auch gesellschaftliches Phänomen.

Wie können psychotherapeutisch sinnvolle Zugänge über das Leiberleben erschlossen werden, das den Jugendlichen zu größerer Bewusstheit ihrer Selbst verhelfen kann? Eigentlich ist Therapie immer Leibtherapie, wenn wir Leib im umfassenden Sinne – wie bisher – verstehen. Wir sind genau wie unsere jugendlichen Patienten immer leiblich anwesend. Nur machen wir es uns nicht immer bewusst. Wir richten unsere Achtsamkeit in der Regel zu selten auf körperliche Empfindungen. Möglicherweise sind sich Jugendliche aufgrund der entwicklungsbedingten Besonderheiten manchmal ihrem Körper bewusster als ihre TherapeutInnen. Ich möchte Aspekte meiner Arbeit mit Jugendlichen darstellen, den Leib bewusster mit einzubeziehen. Dazu gehört:
1. Die therapeutische **Nutzung der leiblichen Gegenübertragung**, darauf gegründet und davon ausgehend,
2. die Einbeziehung der **Leibsprache** in die Therapie,
3. direkte **Übungen** zum Körpererleben im Sinne der Ermöglichung eines Erfahrungsfeldes.

1. Als leibliche Gegenübertragung bezeichne ich die durch die Jugendliche in mir ausgelöste leibliche Resonanz. Der Begriff der „leiblichen Resonanz" wurde von Metzmacher und Zaepfel (1996, 2002) innerhalb der Integrativen Therapie in den letzten Jahren als ein Aspekt der Gegenübertragung so genannt; auch der psychoanalytischen Therapie ist er unter dem Terminus der somatisierten Gegenübertragung bekannt. Wie kann man nun diese Phänomene verstehen und für die Therapie greifbarer machen? Die Würdigung und Wahrnehmung unserer leiblichen Resonanz hängt sehr vom Bewusstsein unserer eigenen leiblichen Empfindungsfähigkeit als TherapeutInnen ab. Es ist aber auch etwas, was uns allen vertraut ist. Uns kann in der Therapiestunde kalt, heiß, unruhig, übel, warm werden, usw. Das wären dann

ziemlich gravierende Leibempfindungen. Oft stellen sich diese Phänomene spontan ein. Manchmal sind sie gekoppelt mit Fantasien und Gedanken oder mit Gefühlen. Manchmal haben wir aber auch nur bloße Empfindungen, die im vorsprachlichen Bereich etwas über die Jugendliche mitteilen, was noch gar nicht benannt werden kann und die wir selber noch gar nicht so detailliert ausdrücken könne. Ich möchte Sie zu diesem letztgenannten Komplex zu einer Übung einladen, welche orientiert ist am Focusing nach Gendlin (1999):

> Vielleicht nehmen Sie sich einen Moment Zeit und denken an Ihre Therapien zuhause und lassen sich einen Jugendlichen einfallen, mit dem Sie zur Zeit ein Problem haben, wo Sie merken, dass da etwas schwierig ist, wo eine offene Frage ist ...
> Dann stellen Sie einfach dieses Problem zunächst beiseite..
> Wir wollen jetzt versuchen, in die Mitte unseres Körpers zu kommen. Die Mitte kann der Bauch- oder Brustraum sein. Sie können sich entweder direkt dort einfinden oder in ihrer Vorstellung von den Füßen aus über die Knie in dort hingehen. Für manche ist das leicht, für andere schwer. Nehmen Sie sich etwas Zeit in die Mitte ihres Körpers zu kommen. Sie spüren ihre Füße. Ihre Knie. Die Mitte. Wie ist es dort? Spüren Sie, was dort ist. Nehmen Sie es so, wie es ist.
> Wenn jetzt irgendwelche störenden Gedanken kommen, die Sie hindern, sich in ihrer Mitte wahrzunehmen, stellen Sie diese einfach beiseite. Sie können jetzt immer besser in ihrer Mitte sein und sich dort einspüren.
> Jetzt erinnern Sie sich an Ihren Klienten und lassen ihr inneres Bild auftauchen ...
> Schauen Sie, was dazu kommt. Eine Empfindung vielleicht in ihrer Körpermitte. Verweilen Sie einen Moment dabei. Spüren Sie dieser körperlichen Empfindung nach. Denken Sie nicht gleich: Das ist das und das. Sondern gehen Sie wieder zu dieser Körperempfindung zurück.
> Versuchen Sie, einen Namen zu finden. Das kann auch ein Bild sein oder eine Geste.
> Fragen Sie Ihren Körper auf abwartende/vorsichtige Art: Passt das?
> Warten Sie ein wenig. Vielleicht kommt noch was, vielleicht nicht.
> Dann bleiben Sie bei dem Wort oder der Geste.
> Vielleicht sagt Ihnen das etwas? Vielleicht haben Sie ein anderes neues tieferes, aus ihrem Körper kommendes Verständnis hinzugewonnen?
> Falls dies nun nicht der Fall sein sollte, betrachten Sie diese Vorgehensweise zur Ergründung der leiblichen Resonanz als eine Übung. Sie bietet die Möglichkeit, aus einer Körperempfindung heraus über vielleicht Geste, vielleicht inneres Bild, vielleicht Wort zu mehr Bewusstsein zu kommen.

2. Dieser Weg der Empfindung, Benennung und kognitiven Einbindung ist eine Möglichkeit der Körperarbeit. Man kann auch aus der direkten Körperempfindung heraus in eine Bewegung, eine Geste, ein inneres Bild, ein Wort kommen. Dies ist auch in der Arbeit mit den Jugendlichen anwendbar. Voraussetzung der Leibarbeit mit dem Jugendlichen ist m.E. unsere leibliche Resonanz als Gegenübertragungsphänomen im geübten und umfassend verstandenen Sinne. Sie führt dann als eine Basis der tiefenpsychologisch orientierten Psychotherapie zu weiterem methodisch-geleiteten Vorgehen, von dem ich hier nur einiges mitteilen kann. Dies kann einmal die Bewusstwerdung der Körpersprache sein, was wir ja alle kennen und womit wir umgehen. Man nimmt die Körpersprache des Gegenübers auf, man spricht sie an.

Die Leibsprache kann aber auch angeschaut und angespürt werden durch die Arbeit mit kreativen Medien. Eine Jugendliche mit Essstörungen gestaltet aus Tonerde ihren Körper. Dabei spürt sie das Material, ihre Hände und den Gestaltungsprozess. Es ist hilfreich, wenn die Augen geschlossen sind, um das Spüren in sich hinein und in das Material zu erleichtern. Ihr Gebilde ist dünn, ohne Geschlechtsmerkmale, zerbricht mehrfach während der Gestaltung. Sie traut sich kaum, genügend Tonerde zu nehmen. Es entsteht ein Gebilde wie ein Bild ihrer selbst, dass nun anschaulich geworden ist. Das leiblich wahrgenommene innere Bild wird durch die Gestaltung materialisiert, nach Außen gesetzt. Es spricht für sich, ist aber auch damit dem weiteren therapeutischen Dialog geöffnet. Eine solche Leibsprache ist immer unmittelbar und direkt. Sie kann vermitteln, was viele Worte manchmal nicht ausdrücken können.

Eine Gruppe von 14-jährigen Jungen malt nach diversen Gruppengesprächen über Sexualität, Austausch der Kenntnisse aus Talk-Shows und heimlich geguckten Fernseh-Pornos hierzu, Bilder von sich als ideale Männer. Es kommen muskulös aufgebaute Gestalten mit übergroß gezeichneten Geschlechtsorganen heraus. Über diese Bilder, die Sichtweise des Körpers des Mannes und der Frau, konnte dann weiter gearbeitet werden. Dies sind nun 2 Beispiele für die Verdeutlichung von Leiberleben durch kreative Medien.

Ein weiterer Zugang können einfache Körperhaltungen sein, mit denen die Möglichkeit der Leibsprache bewusster genutzt werden können. Ich arbeite sehr viel im Stehen. Zunächst werden die Füße durch Stampfen, Kreisen, Massieren u.ä. „erwärmt". Jetzt spürt man sie. Dann wird eine bestimmte Haltung geübt, die das Niederlassen im Stehen ermöglicht, die Verbindung zum Boden verstärkt. Ein Gespür für das Stehen bekommen. ... Gesten, Worte, vielleicht eine Bewegung dafür finden Alleine Stehen, den Boden unter den Füßen spüren und sich aufrichten. Diese Haltung einzuüben und mit psychischen Inhalten und Bedeutungen zu füllen. Wieder dasselbe: Aus dem Tun, dem Erspüren des Tuns und dem Benennen zu größerer Klarheit kommen. Ich stehe hier, ich kann stehen, ich stehe in der Ausbildung, ich stehe meiner Mutter, meinem Vater, meinen Geschwistern gegenüber. Ich kann aufgerichtet stehen bleiben. Ich stehe zu meiner Meinung, ich stehe zu meinem Bedürfnis, ich stehe zu meinen Interessen, etc. So kann Leibsprache mit Bedeutung gefüllt werden. Autonomie als eine Entwicklungsaufforderung der Adoleszenz hat sehr viel mit Stehen im oben beschriebenen Sinne zu tun.

Es schließt sich aus einer solchen Arbeit dann manchmal ein Rollenspiel an. Als Therapeutin kann ich mich neben die Jugendliche stellen, oder hinter sie oder nah oder weiter weg. ... Wir stehen jetzt hier zusammen. Sie sehen, die Möglichkeiten sind vielfältig. Wichtig ist mir, dass alle Methodik sich auf dem Hintergrund störungsbedingter und prozessrelevanter Überlegungen, sowie der Übertragungs-Gegenübertragungsdynamik einfindet. Aus meinem Leibempfinden, das ich als Gegenübertragungsgefühl auf die Jugendliche sehe, fällt mir etwas Leibliches ein. Die Jugendlichen finden jeweils dann ihren Umgang damit. Sie füllen ihr Stehen in dieser Therapiestunde mit ihrer speziellen Bedeutung. Leibarbeit als Identitätsarbeit heißt für mich, den Leib als Ort der Identität bewusst „Mit-Sein" zu lassen, Erfahrungen zu vermitteln, die psychisches Erleben zum Leiberleben machen und Leiberleben zum psychischen Erleben.

Dabei sind einfache Übungen den komplexeren vorzuziehen. Je einfacher die Haltung ist, umso genauer kann sich eingespürt werden. Natürlich kann man auch Stimme und Atem hinzunehmen, z.B. die sichere/unsichere Stimme im Stehen. Sich selbst zuzuhören. Oder das Gehen mithilfe von Imaginationen. Gehen wie eine Königin, z.B. oder wie jemand, der was zu sagen hat. Der Kreativität im Aufspüren des Leibsprachlichen sind keine Grenzen gesetzt. Fruchtbar kann z.B. auch die bewusste Arbeit im Sitzen sein. Ein eher depressiver Jugendlicher kam hierbei mit seinem Bedürfnis nach Bequemlichkeit und Versorgung in Kontakt, worüber sich dann eine weitere Auseinandersetzung entwickelte. Widerstände wurden schnell deutlich. Lieber sich so halb hinlegen, bequem bleiben, sich nicht anstrengen, auch nicht für sich selbst. Durch sein bewusstes Erspüren der Körperhaltung und seines Befindens wird ihm dies deutlich und er kann sich entscheiden, ob er seine Haltung so belässt oder nicht. Er kann sich eine bequeme Haltung suchen und eine anstrengende und aus beiden Haltungen seine Assoziationen mitteilen.

Es wird je nach Eigenerfahrung und Therapeutenausbildung methodische Unterschiede geben. Ich komme persönlich immer mehr zu der Erkenntnis: Je weniger, desto besser. Wir sind versucht, dem Bedürfnis nach Quantität Vorrang zu geben. Aber komplexere und vielfältigere Übungen oder zu viele hintereinander bieten eher die Gefahr, etwas „machen" zu wollen als die Möglichkeit, wirklich etwas körperlich zu empfinden. Eigentlich braucht unser Körper zur Empfindung keine „action".

Die Leibsprache ist grundsätzlich bei allen Leibphänomenen nutzbar. Ob sie nutzbar gemacht werden kann, hängt wie alle psychotherapeutischen Interventionen von prozesshaft-diagnostischen Indikationsstellungen ab. Sie ist eine Frage des Zeitpunkts. Arbeit mit der Leibsprache ist unmittelbar und direkt. Sie erfordert nach meiner Erfahrung eine gute und tragfähige therapeutische Beziehung, in der schon Vertrauen aufgebaut werden konnte, zumal bei Jugendlichen der Leib oft sehr schambesetzt ist. Gleichzeitig ist durch die Leiberfahrung im oben beschriebenen Sinne sehr viel mehr Evidenz erlebbar, als dies durch ausschließlich emotionale und kognitive Sprache möglich ist.

3. Die Übungen zum Körpererleben betreffen den therapeutisch-experimentellen Raum. Hier gibt es die verschiedensten Möglichkeiten. Ich arbeite mit Übungen aus der Atemtherapie von Middendorf und aus dem chinesischen Hui Chi Gong, sowie anderen meditativ leibtherapeutischen Verfahren. Wesentlich ist dabei, eine dem Jugendlichen und dem therapeutischen Prozess adäquate Übung zu geben. Dies kann auch eine ganz individuelle Übung für diese besondere Jugendliche sein, die aus der gemeinsamen Arbeit heraus entsteht.

In diesem Sinne ist Arbeit mit dem Leib Identitätsarbeit. Dabei können alle Aspekte wichtig werden: Bewegung, Haltung, Atem, Stimme. Arbeit mit dem Leib ermöglicht über Empfindung, Benennung, Bewusstwerdung und Gestaltung Erkenntnisgewinnung über sich selbst. Experimente erweitern Erfahrungsräume. Wir können leiblich etwas Seelisches ausdrücken und über eine Veränderung des Leiblichen kann sich Seelisches mit verändern.

Leibhaftig heißt in einer älteren Bedeutung laut Duden Herkunftswörterbuch: lebend, lebendig. In diesem Sinne wünsche ich Ihnen eine lebendige Arbeit.

Literatur:
Jung, M. (1994). Im Leib sein, heißt: in der Welt sein. *Integrative Therapie, 2*, 256.
Gendlin E.T. & Wiltschko, J. (1999). *Focusing in der Praxis* (Reihe: Leben Lernen 131). München: Pfeiffer.
Metzmacher, B. & Zaepfel, H. Hrsg.)(1996). *Therapeutische Zugänge zu den Erfahrungswelten des Kindes von heute*. Paderborn: Jungfermann.
Petzold, H. (1989). Therapie vom Leibe her. *Editorial Zeitschrift Integrative Therapie, 1*.
Petzold, H. (1988). *Integrative Bewegungstherapie* (Bd. I und Bd. II). Paderborn: Jungfermann.

Warum es gut sein kann, böse Menschen schlecht zu behandeln! Coolness-Training® [1] (CT) für gewaltbereite Kinder und Jugendliche – ein Konzept zur konfrontativen Pädagogik

Reiner Gall

„Als wir in der Nähe der Metzgergasse handgemein wurden, blieben gleich ein paar Leute stehen und sahen unserem Handeln zu. Wir hieben einander in den Bauch und ins Gesicht und traten mit den Schuhen gegeneinander. Nun hatte ich für Augenblicke alles vergessen, Kampfrausch beglückte mich, und wenn Weber auch stärker war als ich, so war ich flinker, klüger, rascher, feuriger. Wir wurden heiß und schlugen uns wütend. Als er mir mit einem verzweifelten Griff den Hemdkragen aufriß, fühlte ich mit Inbrunst den Strom kalter Luft über meine glühende Haut laufen. Und im Hauen, Reißen und Treten, Ringen und Würgen hörten wir nicht auf, uns weiter mit Worten anzufeinden, zu beleidigen und zu vernichten, mit Worten, die immer glühender, immer törichter und böser, immer dichterischer und phantastischer wurden. Und auch darin war ich ihm über, war böser, dichterischer, erfinderischer. Sagte er Hund, so sagte ich Sauhund. Rief er Schuft, so schrie ich Satan. Wir bluteten beide, ohne etwas zu fühlen, und dabei häuften unsere Worte böse Zauber und Wünsche, wir empfahlen einander dem Galgen, wünschten uns Messer, um sie einander in die Rippen zu jagen und darin umzudrehen, wir beschimpften einer des anderen Namen, Herkunft und Vater.

Es war das erste und einzige Mal, daß ich einen solchen Kampf im vollen Kriegsrausch bis zum Ende ausfocht, mit allen Hieben, allen Grausamkeiten, allen Beschimpfungen. Zugesehen hatt' ich oft und mit grausender Lust diese vulgären, urtümlichen Flüche und Schandworte angehört; nun schrie ich sie selber heraus, als sei ich ihrer von klein auf gewohnt und in ihrem Gebrauch geübt. Tränen liefen mir aus den Augen und Blut über den Mund.

Die Welt war herrlich, sie hatte einen Sinn, es war gut zu leben, gut zu hauen, gut zu bluten und bluten zu machen.

(Hermann Hesse, Kinderseele, 1920)

Vielleicht werden Sie, liebe Leserin oder Leser, durch den, von Hermann Hesse beschriebenen, lustvollen Kriegsrausch an eigene Kindheitserfahrungen erinnert. Mir passierte es jedenfalls hin und wieder, dass Konflikte mit anderen Jungen mit einer „Klopperei", so nannten wir im Ruhrgebiet die handgreiflichen Auseinandersetzungen zwischen Kindern und Jugendlichen, geregelt wurden. Lust empfand ich dabei nie. Eher hatte ich, genau wie mein Gegner, Angst. Niemand wusste, wer siegen würde. Ging ich als Sieger hervor, wurde ich gefeiert und zum Helden ausgerufen. Erlitt ich eine Niederlage, so wurden die Wunden geleckt und die Schlüsse daraus gezogen, wobei dem Sieger natürlich unfaires, unredliches Verhalten, unterstellt wurde.

---

[1] Das Coolness-Training (CT) wurde vom Institut für Sozialarbeit und Sozialpädagogik (ISS, Frankfurt a.M.) beim Deutschen Patent- und Markenamt in München als Markenname geschützt. ISS-lizensierte AAT-Trainerinnen und Trainer erarbeiteten u.a. für das CT Qualitätsstandards (vgl. Weidner, Kilb & Kreft [1997]. Gewalt im Griff.).

In dem Stadtteil, in dem ich groß geworden bin, einer Bergarbeiter-Siedlung, waren diese Hauereien normal. Die Ursachen für die handgreiflichen Auseinandersetzungen waren höchst unterschiedlich. Beleidigungen, Regelverstöße oder Meinungsverschiedenheiten in Spiel- und Wettkämpfen gaben dafür häufig Anlass. Im überschaubaren Territorium unserer Straße hatten wir selbstverständlich äußere Feinde, die von der Nachbarstraße, mit denen wir häufig Straßenwettkämpfe im Fußball austrugen, die mit schönster Regelmäßigkeit in „Kloppereien" endeten.

Die Eltern, Nachbarn und Lehrer waren über die Kloppereien, die manchmal auch mit echten Blessuren endeten, nicht begeistert. Aber sie wurden von den Erwachsenen auch nicht dramatisiert.

Später, als wir Jugendliche waren, Jungen und Mädchen erste Beziehungen knüpften, kamen die Hauereien seltener vor. Man traf sich an der Straßenecke und saß auf der Stange bei Frau K. 15-20 Jugendliche waren keine Seltenheit. Wir waren laut, hinterließen Abfall und zerstörten unabsichtlich mehr als einmal den Zaun und das Gartentor von Frau K. Sie und die anderen Nachbarn waren nicht begeistert, wenn wir abends Lärm machten. Aber sie dramatisierten die Angelegenheit auch nicht.

Zu wirklichen Auswüchsen kam es nicht, weil die Anwohner regelmäßig, in für uns nicht nachvollziehbaren Intervallen, heftig und lautstark intervenierten. Die Sprache der Erwachsenen war glasklar und eindeutig. „Wenn ... dann ... Formulierungen" wurden von uns Jugendlichen schnell begriffen und wir hatten nicht die geringsten Zweifel, dass „dann" auch geschah. Im Ergebnis führte es dazu, dass wir uns für einige Tage „verdrückten" und einen anderen Treffpunkt aufsuchten. Übergriffe vonseiten der Erwachsenen gab es nie, denn sie beherrschten Konfliktrituale und Eskalationsstufen. Sie waren für uns Kinder und Jugendliche eindeutig und klar und was besonders wichtig war, viele von ihnen waren uns sogar sympathisch. Die Erwachsenen übten auf uns eine persönliche soziale Kontrolle aus, ohne zur Hilfenahme von Ordnungshütern oder abstrakten, technischen Systemen der Überwachung.

Diese Erwachsenen mussten die Jugendlichen auch nicht vertreiben. Sie verfügten über eine konfrontative Grundhaltung, die ihnen ermöglichte, in schwierigen Situationen jederzeit das „Drehbuch" und die Führung zu übernehmen.

Diese Erwachsenen mussten nicht dramatisieren, weil sie gegenüber Kindern und Jugendlichen Experten der Grenzziehung waren und in schwierigen Situationen über einen Glauben an das „gute Ende" verfügten. Und um Grenzziehung und den Glauben an ein gutes Ende geht es in der Auseinandersetzung mit gewaltbereiten Kindern und Jugendlichen.

Seither hat sich gesellschaftlich viel geändert. Insgesamt sind die Widersprüche größer geworden. Trotz aller Offenheit und liberalen Entwicklung, zeichnen sich die Möglichkeiten Jugendlicher gleichzeitig durch eine Verknappung aus. Sowohl die angemessene **Sicherung einer materiellen Basis**, als auch die **Entwicklung dauerhafter und belastbarer Beziehungen**, sind für viele Kinder und Jugendliche nicht mehr selbstverständlich.

Die Verlockungen der modernen Gesellschaft mit ihren erweiterten Informations- und Konsummöglichkeiten prägen den Jugendalltag. Diese Verlockungen können jedoch nur „genossen" werden, wenn Ausgrenzungserfahrungen nicht zum bestimmenden Merkmal des Lebens werden. Der Verdrängungswettbewerb in den Bildungsabschlüssen, Arbeitslosigkeit und zerrüttete Familien können Jugendliche schnell an den Rand der Gesellschaft bringen. Für junge Menschen kann die Widersprüchlichkeit zwischen Liberalisierung und Verknappung tragisch sein.

Kinder und Jugendliche werden heute von Eltern und Pädagogen erzogen, die Erziehung zwischen den Extremen der Gleichgültigkeit und totalem Verständnis verwirklichen. Die Kinder sollen sich zu selbstbewussten, starken und durchsetzungsfähigen Persönlichkeiten, aber auch verantwortungsbewussten und kooperativen Erwachsenen entwickeln (vgl. Dannenbeck, 1990, S. 7). Sie sollen ehrgeizig und gleichzeitig rücksichtsvoll sein. Sie sollen sich bescheiden, wo die Konsumwelt Schrankenlosigkeit predigt. Sie sollen reif und erwachsen werden, wo der Kult der ewigen Jugendlichkeit die Freizeitgesellschaft dominiert, (vgl. Münchmeier, 1990, S. 117-122) und dies möglichst ohne größeren elterlichen Arbeitsaufwand.

Die in der Zeichnung dargestellten Eltern haben sich entschieden ihren Sohn gemeinsam „groß zu ziehen".

Vielen Eltern ist entgangen, dass Erziehung Schwerstarbeit geworden ist, bei der Konsequenz, Verlässlichkeit und Liebe gefordert sind. Kinder werden von Eltern erzogen, die die „Freunde ihrer Kinder" sind und nach dem Slogan „for ever young" leben. Es sind Eltern, die sich weigern ihren Kindern wie Erwachsene gegenüberzutreten und ihre Unzulänglichkeiten hinter einem zweifelhaften Bequemlichkeitsliberalismus verstecken müssen. Diese Eltern entziehen sich der erzieherischen Verantwortung. Regel- und Normenverletzungen durch Kinder und Jugendliche werden nicht mit Konfrontation und Grenzziehung beantwortet, sondern ignoriert und geflissentlich übersehen. Die Verantwortung wird an die so genannten Fachleute delegiert. Der Rektor einer Grundschule berichtete, dass Eltern ihr Kind anlässlich der Einschulung mit den Worten vorstellten: „Ich hoffe, dass Sie meinen Sohn erziehen werden, denn Sie haben es ja studiert!"

Diese nichterzogenen, orientierungslosen Kinder sind unser Problem. Da sie nichts zu verlieren haben, gelten ihnen Regeln und Normen nur wenig. Es sind die Kinder, die tagsüber weitgehend autark ohne Einfluss von Erwachsenen ihre Alltagsentscheidungen treffen und sich am Abend den familiären Zwängen unterordnen sollen. Es sind die Kinder, die sich von klein auf mit aversivem Verhalten gegenüber ihren Eltern durchsetzen. Sie unterlaufen mit Ignoranz, Quengeln, Schlagen, Schrei- und Wutanfällen die Anordnungen, Aufträge und Normensetzungen der Eltern und übertragen die erfolgreichen Muster auf alle Lebensbereiche. Spätestens im Alter der Kinder von 12-13 Jahren, haben die Eltern dieser Kinder ihre Interventionsberechtigung endgültig abgegeben (vgl. Landscheidt, 1998).

Von den Gleichaltrigen werden diese Kinder häufig abgelehnt, weil sie nur wenig schulisches Wissen aufweisen und kaum soziale Verhaltensweisen oder Empathie erlernt haben. Häufig erzeugen sie Angstgefühle, die mit falschen Feedbacks („du bist beliebt, ich finde dich toll") beantwortet werden. Auf dem

Hintergrund der Alltagslüge der grenzenlosen Beliebtheit entwickeln sich diese Kids zu „aggressiven Ego-Monstern", die nicht in der Lage sind zu warten oder zu verzichten. Nicht selten kommt im Coolness-Training nach einer Konfrontation von Kindern die Rückmeldung: „So hat aber noch keiner mit mir geredet."

Grenzziehung bedeutet Normverdeutlichung und zwar in dem Moment, wo das unerwünschte Verhalten geschieht. Grenzen sind zu ziehen, wo Gefahren drohen, wo Menschen geschädigt werden und wo das gesellschaftliche Leben dies erfordert (Weidner, 1999).

Wir Erwachsene haben durch fehlende Grenzziehung ermöglicht, dass sich Kinder und Jugendliche Rechte und Territorien angeeignet haben, die ihnen nicht zustehen. Beispiele hierfür sind das Kleinkind, dass sich den Fernseher ohne Erlaubnis der Eltern einschaltet, die 10-jährigen Jungen, die ungeniert auf der Straße rauchen, die Jugendlichen, die öffentlich vor Publikum einen Bauwagen beschädigen und im Omnibus einen „korrekten Abzug" (räuberischer Erpressung) machen.

Eltern und Pädagogen haben in ihrem Bemühen, sich diese Territorien wieder anzueignen, oft eine zweifelhafte Rolle gespielt. So entstand z.B. bei vielen Pädagogen eine verstehende und leider nur allzu oft entschuldigende Pädagogik, die den jungen Leuten jedwede Form der Regel- und Normenverletzungen nachsah, wenn die individuelle Sozialisation nur schwierig genug war.

Peter Schneider sprach in seinem Aufsatz „Erziehung nach Mölln" (Kursbuch „Deutsche Jugend", 1993, S. 131-141) von dem Sozialhelfer, der während einer Talkshow im ärmellosen Hemd, mit deutlich dünneren Oberarmen neben dem „Star des Abends", dem gewaltbereiten Jugendlichen saß, und mit Schulterklopfen und leichten Püffen stolz das erreichte Vertrauensverhältnis vorführte. Schneider führte weiter aus:

„Die Erklärer reden sich um Kopf und Kragen, wenn sie uns weismachen wollen, die Untaten seien eine direkte und logische Folge sozialer Deprivation, gar Ausdruck einer Protestbewegung; von arbeitslosen Jugendlichen sei nun einmal die Einsicht nicht zu verlangen, daß es sich nicht gehört, ausländische Frauen und Kinder zu verbrennen oder Obdachlose mit Baseballschlägern den Schädel zu zertrümmern."

Die Auseinandersetzung mit dem Thema Gewalt gipfelte in der Formel „Gewalt ist geil". Hier wird die Verharmlosung der Ereignisse und der Ansatz einer entschuldigenden Pädagogik vorauseilend implementiert. Diese Erklärung ist falsch, grenzt die Opfer aus und biedert sich tendenziell an die Täter an. Selbst Heitmeyer spricht in seinen Forschungen von einem rauschartigen Erleben, das Jugendliche in der Auseinandersetzung ergreift.

Die Anteilnahme am Sozialisationsschicksal gewaltbereiter Jugendlicher, gehört zum Selbstverständnis aller Pädagogen. Es wird in der pädagogischen Ausbildung an den Fachhochschulen und Universitäten gelehrt. Das berufliche Handeln ist von Akzeptanz, Empathie, Emanzipation und Kompetenzförderung geprägt. Eine konfrontative Pädagogik und deren ritualisierte Grenzziehung ist kein Thema. Sie wird eher als repressiver Erziehungsstil verworfen.

Konzepte der Grenzziehung und Konfrontation sind jedoch nicht für die netten Nachbarkinder gedacht, sondern zielen auf die Jungen und Mädchen, die den Pädagogen die Sorgenfalten ins Gesicht treiben. Diese Kids praktizieren Unterdrückung und produzieren Opfer und Abhängigkeiten. Pädagogische Freundlichkeit und Milde interpretieren diese Kinder als Schwäche. Mit Empathie alleine sind diese Kinder und Jugendlichen nicht zu bewegen, diesen eingeschlagenen Pfad zu verlassen (Weidner, 1999).

Ebenso ist die Auseinandersetzung mit den Tatfolgen, vor allem für das Opfer, nicht Bestandteil des pädagogischen Curriculums. Gleichwohl liegt hier für die Pädagogen der Schlüssel für den Zugang zu den Tätern, denn die Opferperspektive ist im Umgang mit gewaltbereiten Jugendlichen von besonderer Bedeutung, weil sie für Gewalttäter **das Tabu-Thema** darstellt.

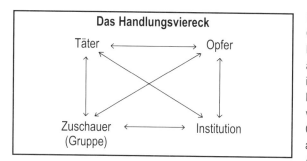

Im Handlungsviereck von **Täter, Opfer, Gruppe und sozialer Kontrollinstanz (Einrichtung)**, die alle auf ihre spezifische Weise und in vernetzter Form für die Bedingungen der Gewaltereignisse verantwortlich sind, werden im Coolness-Training (CT) Verhaltensalternativen erarbeitet. **Ursachen, Auslöser und Gelegenheiten** werden Gegenstand der Analyse des gewalttätigen Verhaltens von Kindern und Jugendlichen. Oberstes Ziel ist hierbei die **Opfervermeidung**.

Täter (vgl. Weidner, 1993) – hauptsächlich Jungen – eigene Opfererfahrungen – zeichnen sich durch ein niedriges Selbstwertgefühl aus – leben in einer „Achterbahn" aus Rambo und Versager – weisen große Empathiedefizite auf – haben sich für die Option Gewaltausübung entschieden – „arbeiten" auf dem Hintergrund einer falschen Hypothese – leben mit der Alltagslüge der unermesslichen Beliebtheit – das Opfer wird zur Tankstelle des eigenen Selbstbewusstseins – Berauschen sich am Machtanspruch und der Unterwerfungsidee – sind Profis im Inszenieren von Unterwerfungsanlässen – sind Experten in der Verharmlosung und Legitimierung ihrer Taten.

Opfer – tragen zur Geheimhaltung bei, weil sie Angst vor den Tätern haben – schämen sich, Opfer zu sein – verfügen nicht über ausreichenden Selbstschutz – tragen häufig zur Entstehung und

Verschärfung bei, indem sie sich immer wieder durch Körpersprache „anbieten" – sind nicht in der Lage in Konfliktsituationen ein eigenes Drehbuch zu schreiben – befürchten, nicht ernst genommen zu werden – befürchten, Einschränkungen hinnehmen zu müssen.

Gruppe – ist häufig von Angst und Hilflosigkeit gelähmt – begünstigt häufig als Beobachter die Faktoren „Auslöser und >tyrannische< Gelegenheiten" – verfügt nicht über ein Handlungskonzept, ein Drehbuch.

Sozialisationsinstanz (Institution) – Pädagogen werden von den Tätern und häufig auch von den Opfern, vom Geschehen ausgegrenzt – Problemverleugnung und Verdrängung seitens der Pädagogen – mangelnde Vernetzung der Pädagogen (die Jugendlichen sind die einzigen die vernetzt sind).

Konfrontative Pädagogik ist „Geführte Gruppeninteraktion", letztlich klassische soziale Kontrolle im Gewand der peer-group-education. In diesem Prozess ist die >Gruppe der Gleichen< im Idealfall der eigentliche Machtfaktor. Im CT wird vom Gruppenleiter ein Gruppenprozess initiiert, der „lediglich" Verhaltensänderung herbeiführen soll. Es geht nicht um Persönlichkeitsveränderungen im Sinne eines therapeutischen Ansatzes.

Von manchen Pädagogen wird die peer-group-education vor allem unter negativen Vorzeichen (schlechter Einfluss) wahrgenommen. Zahlreiche Kinder und Jugendliche sind jedoch in der Lage, ihre Mitschülerinnen und Mitschüler positiv zu beeinflussen und verantwortungsvoll untereinander Streit zu schlichten. Sie verstehen es mindestens genauso gut, wenn nicht besser, Opfern und Tätern ihre Hilfe anzubieten, um die aktuellen Konflikte zu lösen. Intervention und Streitbeilegung wird zu einer Leistung von SchülerInnen für SchülerInnen. Sie lernen Konflikte konstruktiv zu lösen, ohne auf Erwachsene angewiesen zu sein. Kinder und Jugendliche sind dabei nicht Problemverursacher, sondern Problemlöser.

Die 6 Grundannahmen des CT

- Niemand hat das Recht, den Anderen zu beleidigen, auszugrenzen oder zu verletzen. Geschieht dies dennoch, erfolgt Konfrontation.
- Wir akzeptieren Konfrontation.
- Wir unterstützen Konfrontation.
- Gewalt und Aggressionen werden als menschliches Verhalten zur Kenntnis genommen, jedoch nicht akzeptiert. Dieser >menschliche< Anteil ist durch Regeln und Normen zu kultivieren.
- Auch Kindern und Jugendlichen wird eine Verantwortung für ein friedfertiges Miteinander in Gruppe und Schulklasse zugemutet.
- Die **wohlwollende** Konfrontation der Teilnehmer mit den eigenen unangenehmen Aspekten ihres Verhaltens, ist ein wesentliches Mittel im Training.

Der methodische Rahmen

1. Wir setzen Verhaltensstandards fest und machen deutlich, welche Art von Verhalten erwünscht, bzw. nicht erwünscht ist. Die Teilnehmer des Trainings erhalten Rituale als Hilfe.
„Niemand hat das Recht, den Anderen auszugrenzen, zu beleidigen oder zu verletzen. Geschieht dies dennoch, erfolgt Konfrontation."
Mit diesem Satz definieren wir zu Beginn des Trainings unseren zivilisatorischen Standard des Zusammenlebens.
- Die Erfahrung aus den Trainings zeigt, dass sich der soziale Alltag aggressiver Kinder und Jugendlicher durch Unberechenbarkeit und Unvorhersehbarkeit auszeichnet. Sie brauchen daher in besonderer Weise klare und eindeutige Orientierungen.
- Opfer lernen für schwierige Situationen ihr eigenes Drehbuch zu schreiben.
- Scheinbar unbeteiligte Dritte, die s.g. >Sehleute< entwickeln eine Kultur des Hinschauens und trainieren das friedfertige Einmischen, ohne heimliche securities zu werden.

2. Wir setzen früh Grenzen und intervenieren auch bei scheinbaren Kleinigkeiten.
Gewalt beginnt oft im Kleinen. Sie beginnt in Gewohnheiten, Vorurteilen und in Rollenerwartungen und Rollenzuweisungen. Sie entwickelt sich weiter über Verspotten, Missachten und Demütigen, bis hin zu offenen Formen von Gewalt, wie Zwingen, Einschüchtern, Drohen und Misshandeln.
Wir intervenieren bereits bei scheinbar kleinen Anlässen. Die Aufforderung eines Gymnasiasten der 7. Jahrgangsstufe, während einer Vertrauensübung, den Außenseiter der Klasse fallenzulassen, wird von uns als Anlass zur Konfrontation genommen. Der Schüler muss für seine sprachliche Unbedachtheit die Verantwortung übernehmen. Ich bin mir sicher, dass der ausgegrenzte Schüler niemals fallengelassen worden wäre. Vielmehr sollte die Äußerung den Schüler demütigen und Missachtung deutlich machen.

3. Wir begeben uns nicht in die rationale Aufklärungs- und Moralisierungsfalle, in die Pädagogen bei Regel- und Normenverletzungen immer wieder hinein laufen.
Die „Erziehung zum Guten" wird in der Schule durch Information und Aufklärung per Unterrichtseinheiten angestrebt. Die meist rationale Argumentation erreicht jedoch nicht die unbewussten und emotionalen Aspekte der Regel- und Normenverletzung. Die Argumentation bewirkt bei den Schülerinnen und Schülern keine Verhaltensänderungen. Die einsetzende Moralisierungsschleife, die vor allem mit >Pädagogenphrasen< inszeniert wird (*„ich bin wirklich enttäuscht von dir!"* – *„hast du denn überhaupt nichts gelernt?"* – *„aus welchem Elternhaus kommst du eigentlich?"*), führt ebenso wenig zum Ziel. Sie verstärkt lediglich die >Abschottungs- und Bunkermentalität< der Schülerinnen und Schüler.

Um Verhaltensänderungen zu ermöglichen, muss die Befindlichkeit und das subjektive Unbehagen des Jugendlichen zum Ausgangspunkt der pädagogischen Interventionen gemacht werden. Der Ausgangspunkt ist oftmals die alltägliche Regel- und Normenverletzung.

4. Wir haben Spaß und Freude miteinander und nähern uns dabei dennoch dem schwierigen Thema Gewalt.

In der Antike glaubten die Menschen, die Seele hätte ihren Sitz im Zwergfell. Eine Annahme, die einen Hauch von Wahrheit beinhaltet, wenn man Humor als ein wichtiges Lebenselixier begreift. Im CT haben wir Spaß miteinander. Wir suchen den Zugang zu den Kindern und Jugendlichen über „Bauch und Kopf". Ein CT, das für Schülerinnen und Schüler ausschließlich belastend ist, wird keine Erfolge erzielen können. Das Curriculum bietet zwischenmenschliche Experimente, Spaß, Unterhaltung und Erkenntnisgewinn. Das Experimentieren versteht sich im Sinne der lateinischen Bedeutung „experimentare" als Versuchen und Erproben. Niemand wird gezwungen oder gedrängt. Angstbesetzte Themen werden in spielerischer Weise sichtbar gemacht. Die Methoden stammen zu einem großen Teil aus der Spiel-, Interaktions- und Theaterpädagogik. Die Visualisierung der Ereignisse und der Befindlichkeit der Jugendlichen, bringt die Trainer oft in die Nähe eines Regisseurs, der Schauspieler zu motivieren hat.

5. Konfrontation – Jemandem die Stirn bieten.

Bei Regel- und Normverstößen erfolgt sofortige Konfrontation. Fälschlicherweise wird Konfrontation immer als lärmendes, lautes Spektakel verstanden. Es kann zwar laut werden, aber die leise Konfrontation, die nachdenklich stimmt und betroffen macht, ist häufig die Erfolgreichere.

Konfrontieren ist das Gegenüberstellen von Personen, Meinungen, Denkweisen und Sachverhalten. Im lateinischen bedeutete „confrontare", Stirn gegen Stirn zusammenstellen.

Das folgende Beispiel zeigt eine solche Konfrontation zwischen Grundschulkindern.

In einer 4. Klasse einer Grundschule bearbeiteten wir anhand eines Textes, der den Tagesablauf eines Mädchens schilderte, das Thema Gefühle. Was sind schöne und was sind unangenehme Gefühle? Im ersten Schritt sollten die Schülerinnen und Schüler lediglich diese Differenzierung vornehmen. Während die Trainerin den Text vorlas, hatten die Kinder die Gelegenheit, immer wieder zu unterbrechen und die Gefühle zu benennen. Es folgte der Transfer auf den häuslichen und schulischen Alltag. Die Kinder benannten Situationen, in denen sie ähnliches erfuhren. M., ein freundlicher und lieber türkischer Schüler beschrieb sein unangenehmes Gefühl, wenn er von S., einem deutschen Schüler, in Macker-Manier provoziert wird. Er habe dann Angst vor S. Dies könne er ihm aber nicht sagen. Lieber versuche er ihm auszuweichen.

Zunächst brachte ich beide Jungen in direkten Kontakt. Ich bat S., die provokante, Angst verursachende Situation im Kreis darzustellen. Leicht verlegen, bewegte sich S. breitbeinig und mit gestelzter Brust auf M. zu. M. beschrieb sein Gefühl der Unsicherheit und Verlegenheit und sprach mich dabei an. Ich forderte M. auf mit S. direkt zu sprechen und gab ihm folgende Worthilfen. „.... wenn Du so vor mir stehst, dann habe ich Angst vor dir." Weitere Schüler berichteten von ähnlichen Situationen mit S. und vollzogen das gleiche Ritual. Nachdem der 3. Schüler S. die Rückmeldung gab, war dieser kreidebleich geworden und war tief betroffen.

Diese Art von Konfrontation kannte S. nicht. Seine Mitschülerinnen und Mitschüler reagierten bisher mit ausweichendem Verhalten oder mit Widerstand. Beides entsprach seinem Selbstbild, das nach Macht und Anerkennung suchte. Die Kinder hinterfragten jedoch seine Selbstwahrnehmung und offenbarten, dass sich seine Macht und Anerkennung auf Bedrohung stützte. Er war nicht sehr beliebt.

Bei allen Kindern herrschte tiefe Betroffenheit. Ich fragte, wie wir S. bei diesem Problem helfen könnten. Einige Kinder meinten, man könne sich ja bei ihm entschuldigen, denn man wollte ihn nicht verletzen. Andere waren froh, dass dies endlich einmal gesagt werden konnte.

Die angemessene Reaktion zeigte D., ein weiterer „Held" in der Klasse. Er ging zu S., nahm ihn in den Arm und tröstete ihn und war selbst den Tränen nahe.

Alle Anwesenden trafen eine Vereinbarung. S. bemühte sich zukünftig weniger bedrohend zu sein. Sollte es trotzdem wieder geschehen, versprachen die anderen Kinder, ihn an die Vereinbarung zu erinnern.

5.1. Formen der konfrontativen Intervention
Regel- und Normverletzungen, die sich öffentlich ereignen, werden auch öffentlich verhandelt!

Wir halten nichts von >Vier-Augen-Gesprächen< zwischen Lehrer und Schüler nach dem Unterricht, oder von >Sonderterminen< beim Schulleiter, wo dem Übeltäter die Leviten gelesen werden. Zu oft tischen die Übeltäter ihren Mitschülern neue Legenden über ihr cooles Auftreten auf. Es sind ja keine Zeugen anwesend.

Kinder und Jugendliche, die während unseres Trainings öffentlich in der Gruppe gegen Regeln und Normen verstoßen, müssen sich öffentlich in der Gruppe dafür rechtfertigen und die Verantwortung übernehmen.

Im Umgang mit Kindern und Jugendlichen sind wir klar, eindeutig und ehrlich. Längst überfällige Wahrheiten über Schülerinnen und Schüler oder ganze Gruppen sollten klar ausgesprochen werden. Die Resistenz der jungen Leute gegen derartige Interventionen sollten sie nicht unter- und die Fragilität nicht überschätzen. Die Kids vertragen mehr als wir glauben. Das Opfer und die scheinbar unbeteiligte Gruppe sind die wichtigsten Adressaten für die Rechtfertigungen und Legitimationen der Täter. Sie erweisen sich nach einiger Zeit als die wichtigste Korrekturinstanz.

Das Prinzip der öffentlichen Verhandlung ist ausgesetzt, wenn es sich um eine eindeutige Straftat handelt. Normverletzungen, die kriminelles Handeln beinhalten, sind Angelegenheit der Polizei. Auch für den schulischen Bereich gilt daher „Ermittlungsarbeit ist Polizeiarbeit". Die Schulleitung hat im Einzelfall zu entscheiden, ob der Vorfall mit 'pädagogischen Mitteln' noch zu bearbeiten ist.

Wird die Konfrontation mit der Tat oder dem Fehlverhalten angenommen, erfolgt die Auseinandersetzung über die Legitimation und Rechtfertigung.

Nimmt der Übeltäter die Konfrontation an, entsteht eine Auseinandersetzung. Es kommt Bewegung ins Spiel. „Ein Wagen, der steht, ist nicht zu lenken." Setzt er sich jedoch in Bewegung, kann man Richtungen einschlagen. In der Auseinandersetzung mit Kindern und Jugendlichen ist dies >die halbe Miete< und die

Gegenüberstellung endet fast immer mit einer akzeptablen Regelung zwischen allen Beteiligten. Zuvor werden vom Täter jedoch standardisierte, stereotype Ausreden vorgeschoben, um die eigene Verantwortung herabzusetzen. Viele Täter entwickeln eine systematische Strategie zur Vermeidung von Schuldgefühlen und der Übernahme der Verantwortung für ihre Taten.

„Ich hab' ja nur Spaß gemacht." – „Die Anderen haben es auch getan!" – „Ich konnte nichts dafür, da war er selber schuld!" – „Ich musste so reagieren, es war eine Frage der Ehre!"

Wird die Konfrontation mit der Tat nicht angenommen, wird die Verweigerung zum Thema der Auseinandersetzung.

Tritt diese Phase ein, so wird vom Trainer die gewohnte Entfernung von Nähe und Distanz überschritten. Trainer und „Täter" sitzen sich face to face gegenüber, in jedem Fall näher als üblich. Der Trainer moralisiert nicht, sondern macht die Verweigerung der Tatkonfrontation zum Thema.

Wird auch diese Konfrontation verweigert, hilft ein „Dolmetscher"

Der Täter verweigert jede Kontaktaufnahme und schweigt: Es gibt 2 Formen der Herangehensweise: Ein Freund oder ein einflussreiches Klassenmitglied übernimmt die Aufgabe des so genannten „Dolmetschers". Er wiederholt Wort für Wort die Sätze des Trainers. Dies kann absurdes Theater werden.

Eine weitere, mildere Form der Konfrontation mithilfe eines „Dolmetschers" besteht darin, dass er mit dem Täter außer Reichweite der Gruppe geht, um sich den Sachverhalt ohne Publikum erklären zu lassen. Das Ergebnis wird später in der Gruppe entweder vom „Dolmetscher", oder besser, vom Täter erläutert.

Wird auch diese Auseinandersetzung verweigert, wird, wenn möglich, das Opfer um ein Feedback gebeten. Das Opfer erhält im Idealfall Stärkung durch die Gruppe.

Das Opfer sitzt unmittelbar vor dem Täter und berichtet über seine Empfindungen, die während der Tat vorherrschten. Das Opfer beschreibt detailliert die Leiden, Schädigungen, Abscheu und Schmerzen. Hierzu gehört eine strategische Überlegenheit des Trainers. Das Opfer kann nur einbezogen werden, wenn sichergestellt ist, dass es von der Gruppe gestützt wird. Es wäre verhängnisvoll, wenn das Opfer zusätzlich verletzt oder gar traumatisiert würde. Die strategische Überlegenheit beinhaltet, dass die Annahmen unseres zivilisatorischen Standards von der Gruppe nicht grundsätzlich infrage gestellt wird.

Die indirekte Konfrontation

Neben der direkten und unmittelbaren Konfrontation, besteht die Möglichkeit der indirekten Konfrontation. Das Beispiel aus einem Coolness-Training in einer Gesamtschule macht dies deutlich.

12 Jahre alt, Schüler einer Gesamtschule, 7. Jahrgangsstufe, durch Übergewicht, Stottern und unkoordiniertem Bewegungsablauf ein dankbares Opfer, erhielt von seinen Mitschülern zusätzlich zu den „körperlichen Strafen", regelmäßig zutiefst beleidigende >Kurzmitteilungen<. Im Coolness-Training berichtete er in der Gruppe davon und brachte einige Schriftstücke mit. Auch wenn er es äußerlich cool nahm, bedrückte es ihn doch außerordentlich. Ich gab ihm den Auftrag, alle Mitteilungen in ein Heft zu kleben und zu sammeln. Ich versprach ihm, dass wir gemeinsam in der Gruppe über eine „spektakuläre Aktion" nachdenken würden. Die Tatsache, dass er erstmals mit Unterstützung das Drehbuch selbst schreiben konn-

te, versetzte ihn zugleich in Angst und Euphorie. Geplant war, die Kurzmitteilungen auf DIN A 3-Format zu ziehen, unangemeldet in die Klasse zu gehen und die „Autoren" zu bitten, sich ihren Werken zuzuordnen. Die Information über die „Aktion" drang durch eine undichte Stelle nach außen zu den Briefeschreibern. Schlagartig versiegte die Quelle.

Der „heiße Stuhl"

Der „heiße Stuhl", wurde von Weidner für das Anti-Aggressivitäts-Training in der Jugendstrafanstalt Hameln entwickelt. Im Coolness-Training wurde er den schulischen Verhältnissen angepasst. Für Jugendliche, die dem s.g. „Gewaltadel" angehören und Wiederholungs- und Mehrfachtäter sind, stellt der „Heiße Stuhl" eine außerordentliche Belastung dar. Die Konfrontationen zum Tathergang, zu den Vermeidungsstrategien und den Opferfolgen, aber auch die Provokationstests, sind extrem hart und belastend.

Im schulischen Rahmen, ist der klassische „heiße Stuhl" bis zum Alter von ca. 12 Jahren unangemessen. Die Konfrontationen und Provokationstests werden für jüngere Schülerinnen und Schüler sanfter, abgemilderter und ritualisierter gestaltet. Hingegen kann man älteren Schülerinnen und Schülern je nach Bedeutsamkeit der Regel- und Normverletzung „heiße Stühle" durchaus zumuten, vorausgesetzt sie stimmen dieser Vorgehensweise zu. Der Wille zur Auseinandersetzung ist hierbei bedeutsam.

Der betroffene Schüler wird in die Mitte eines Stuhlkreises gesetzt. Dort hat er sich der Gruppe zu stellen und Rechenschaft für sein negatives Verhalten abzulegen. Ziel ist es, die Neutralisierungs- und Rechtfertigungsstrategien des dissozialen Verhaltens abzuschwächen und Schuldgefühle und Empathie zu wecken.

6. Die curricularen Faktoren des Coolness-Trainings (CT).
Eine Handreichung für die Arbeit mit Kindern und Jugendlichen zum Umgang mit schwierigen Situationen

Lernziele	Lerninhalte	Methoden/Medien
1. Wahrnehmung aggressiver Gefühle, mit körperlichen Empfindungen (Herzklopfen, gerötete Haut, Anschwellung von Adern), Wahrnehmung von Nähe mit allen Sinnen.	Gewalt fasziniert, verschafft rauschartige Zustände, Gewalt ist geil. Kennenlernen der Existenz von Aggressionen als natürlichen Persönlichkeitsanteil.	Körperbetonte, sportliche Spiele. Kämpfen als pädagogische Disziplin (Müller, 1994); Kämpfen nach Regeln, Stunts, Erlebnispädagogische Projekte.
2. Erkennen der eigenen Befindlichkeit in Konflikten, Wahrnehmung eigener Täter/Opferdispositionen.	Selbstexploration als Täter und Opfer. Das Mittel: die Visualisierung von Erfahrungen und Befindlichkeiten.	Fragebogen, Rollenspiele, Interaktionspädagogische Übungen, Partnerinterviews, Statuen-Theater, Stunts.

Lernziele	Lerninhalte	Methoden/Medien
3. Erkennen der eigenen persönlichen Möglichkeiten, Erkennen der eigenen Stärken und Schwächen, sich selbst akzeptieren.	Auseinandersetzung mit positiven und negativen Persönlichkeitsanteilen.	Partnerinterviews, Rollenspiel, Konfrontation im heißen Stuhl (Weidner).
4. Akzeptanz eigener begrenzter Kommunikation, Individuelle Voraussetzungen für Kommunikation. Erkennen vieler subjektiver Wahrheiten.	Ich-Botschaften, Du-Botschaften, Beziehungs-, Inhalts- und Gefühlsaspekt erkennen, Wahrnehmungseinschränkungen durch Launen, Projektionen, Kommunikation in Stresssituationen.	Interaktionspädagogische Übungen, Non-verbale Kommunikation, das Eisbergmodell (Hagedorn, Besemer), Rollenspiele.
5. Interesse an gemeinsamen Zielen, Wecken von gegenseitigem Interesse und Akzeptanz.	Modelle von Kooperationen in Schulklassen und Gruppen, Beispiele zur Stärkung der Gruppenkohäsion, peer-group-education.	Arbeit in Kleingruppen, Kooperationsspiele, Vertrauensübungen, gemeinsame Aufgaben.
6. Aushalten erster leichter Konfrontationen, zum Problem bekennen, Erkenntnisgewinn nicht alleine zu sein.	Visualisierung von Befindlichkeiten in Gruppen (Themen: Sexismus, Rassismus, Macht und Ohnmacht, Gewalt und Adultismus) (Creighton/Kivel).	Rollenspiel, Interaktionspädagogische Übungen, Methoden der Visualisierung.
7. Erkennen von Rollenverhalten, Rollenzuweisungen und Rollenerwartungen.	Visualisierung von männlichen und weiblichen Rollenbildern, die Rolle als Kind, Jugendlicher, Erwachsener, Funktionsträger.	Analyse der Verhaltensweisen durch Rollentausch, Rollenspiel, Texte, Befragungen, Rollen im Hoch- und Tiefstatus (Johnstone).
8. Aushalten von Provokationen, Erhöhung der Frustationstoleranz, kreative, lockere Reaktion auf Anmache.	Hierarchisierung von Empfindlichkeiten (Beleidigungen, Schimpfworte, Rempeleien, Provokationen). Was bringt dich auf die Palme?	Übungen gegen Anmache, Gruppen-Klassengespräche, Rollenspiele, Konfrontationsübungen, belastende Situationen werden möglichst realistisch gestellt. Boalsches Theater (Boal).
9. Reduzierung der Feindlichkeitswahrnehmung.	Strukturen menschlicher Begegnung kennenlernen (Rituale, Territorien, Nähe u. Distanz).	Interaktionsspiele, Rollenspiele, Stunts, Körpersprache, Konfrontationsübungen.
10. Sinnvolles Verhalten in Bedrohungssituationen.	Gewaltvermeidung durch aktive Kommunikation, aus der Rolle des Opfers ausbrechen.	Rollenspiele und szenische Darstellung belastender, bedrohlicher Situationen, Forum-Theater, Stunts, Deeskalationsstrategien, eigenes Drehbuch.
11. Verbesserung der Körperwahrnehmung, (Physiologische und psychologische Hintergründe).	Entspannungsverfahren, Ruhe- und Stilleerfahrung.	Atemübungen, Traum/Fantasiereisen, Meditationsübungen, Entspannung nach Jacobsen.
12. Erkennen widersprüchlicher Signale und Anforderungen der Erwachsenen, Akzeptanz der eigenen Verantwortung, Erkennen der eigenen Möglichkeiten.	Informationen über die Bedingungen des Aufwachsens in unserer Gesellschaft (Veränderung der Jugendphase, Individualisierung, Pluralisierung).	Befragung, Karikaturen, Comics, Referat.

7. Es geht im Coolness-Training um:

Aggression und Gewalt – Wahrnehmung eigener Täter/Opferdispositionen – Grenzen setzen – Kooperation und Gemeinsamkeit in der Gruppe – Wahrnehmung und Kommunikation – Peergroup-Education – Vertrauen, Offenheit – Konflikte lösen – Verhalten in Bedrohungssituationen – Deeskalation – Körpersprache – Akzeptanz eigener Stärken und Schwächen – Umgang mit Fremden, Rollen, Normen, Werten.

8. Folgende Methoden werden angewendet:

Interaktionspädagogische Übungen und Spiele – Rollen/Theaterspiel/Szenische Darstellungen – Boalsches Theater – sportliche körperbetonte Spiele – action und stunts – Methoden der Entspannung – Visualisierung von Befindlichkeiten in Gruppen (Themen: Sexismus, Rassismus, Macht, Adultismus, Gewalt) – Selbstexploration als Täter und Opfer – Befragung nach Stärken und Schwächen – Provokationstests – Konfrontation auf dem heißen Stuhl.

9. Wann werden wir in Schulen und Jugendeinrichtungen tätig?

Um ein länger andauerndes, konfrontatives Coolness-Training (3-5 Monate, 2-3 Schulstunden pro Woche) in Schulklassen und Jugendgruppen durchführen zu können, müssen die Bedingungen stimmen. Schulen und Jugendeinrichtungen müssen bestimmte Voraussetzungen erfüllen, bzw. Bedingungen akzeptieren.

- Das CT ist keine „medikamentöse Eingabe", die zukünftig alle Konflikte verhindert. Es ist ein Angebot an Lehrer und Lehrerinnen, sich neue, erweiterte Zugänge zu ihrer Klasse zu erschließen. Die Teilnahme der Pädagogen und der Wille zur dauerhaften Begleitung der neuen Prozesse, ist grundsätzlich Voraussetzung zur Durchführung des Trainings.
- Zwischen Schülerinnen/Schülern sowie den Lehrkräften muss zumindest im Ansatz ein belastbares Verhältnis bestehen, das auf gegenseitigem, wohlwollendem Interesse begründet ist. Das Training scheiterte immer dann, wenn sich bei den Schülerinnen und Schülern der Eindruck eines neuen „pädagogischen Tricks" vonseiten der Lehrerinnen und Lehrer aufdrängte. Die Einschätzung ihrer Beziehung zu ihrer Klasse, ist für die Lehrkräfte ein wichtiger Aspekt. Wir verwenden dabei ein Bild, das von Faller, Kerntke und Wackmann geschaffen worden ist. Wir analysieren gemeinsam das emotionale Bankkonto zu den Schülerinnen und Schülern. Das Bild eines Kontos mit einer SOLL- und HABEN-Seite, auf dem sich ständig Kontenbewegungen ereignen, ist dabei sehr hilfreich.
- Die Schülerinnen/Schülern müssen eine Mindestmotivation für das Training haben. Erfahrungsgemäß stellt dies keine nennenswerte Hürde dar. „Alles ist besser als Schule".
- Für die Schülerinnen und Schüler muss klar sein, worum es thematisch geht und dass möglicherweise neue Anforderungen und Zumutungen auf sie zukommen. Die jugendspezifische Interpretation von „Cool-Sein" meint Durchsetzung, Souveränität, Erfolg und Sicherheit. Aus dieser Grundannahme ergibt sich bei den Jugendlichen manchmal eine falsch interpretierte Faszination für das Coolness-Training.

10. Im Coolness-Training ist die Interventionsberechtigung von besonderer Bedeutung.

Die Trainer haben im Coolness-Training nicht das Recht die Widerstände der Teilnehmer niederzuwalzen. Die Teilnahme ist immer freiwillig. Im konfrontativen Umgang mit den Kindern und Jugendlichen benötigen die Coolness-Trainer daher mehrere Interventionsberechtigungen.

1. Die grundsätzliche Bereitschaft der Einrichtung (Schule – Jugendhaus) zur Durchführung des Trainings mit seinen besonderen Prinzipien.
2. Die Bereitschaft der Gruppe oder Klasse, das Training mitzumachen.
3. Das Einverständnis der Eltern, die im Rahmen eines Info-Abends zum Thema Gewaltprävention informiert und auf die besonderen Inhalte des CT hingewiesen werden.
4. Die situative Interventionsberechtigung des Teilnehmers oder der Teilnehmerin unmittelbar vor der Konfrontation.

Die situative Interventionsberechtigung des Teilnehmers/der Teilnehmerin nimmt neben dem Einverständnis der Eltern, eine bedeutsame Stellung ein. Keiner der Teilnehmer ist verpflichtet, mit uns zusammenzuarbeiten. Das Angebot ist eine freiwillige Maßnahme. Richterliche Auflagen spielen im CT keine Rolle.

Die Schülerinnen und Schüler wissen jedoch, dass wir uns in bestimmten Situationen konfrontativ verhalten und für sie belastend sein können. Es besteht daher für Jeden die Möglichkeit, wenn es zu viel wird, auszusteigen. Übungen, kleine Experimente und Konfrontationen werden sofort beendet, wenn es von den jungen Leuten klar und deutlich formuliert wird. Für das Coolness-Training gilt:

> „Kinder und Jugendliche können nicht immer tun, was sie wollen,
> aber sie müssen wollen, was sie tun."
> J. Piaget

11. Was geschieht in einer CT-Sitzung?

Bevor es in Schulklassen zu einem länger angelegten Coolness-Training kommt hat im Vorfeld ein intensiver Informations- und Klärungsprozess stattgefunden.

- Im Vorlauf wird zunächst den Pädagogen und Pädagoginnen der Schule das Coolness-Training vorgestellt. Die Ziele, Methoden und konfrontativen Besonderheiten werden theoretisch und praktisch vorgestellt. Die beteiligten Lehrkräfte beschreiben möglichst konkret den Handlungsbedarf für die Schulklasse. Entweder liegen gehäuft Konfliktlagen vor (Mobbing, Ausgrenzung, Gewalt) oder es geht um Prävention. Die Klassenlehrer und Klassenlehrerinnen analysieren gemeinsam mit den CT-Trainern ihr Verhältnis zu den Schülerinnen und Schülern. Das Kollegium entscheidet sich bewusst für das Coolness-Training.
- Im zweiten Schritt werden die Schülerinnen und Schüler der beteiligten Schulklassen über das Training informiert. Die CT-Trainer schaffen eine Grundmotivation. Bereits in dieser Phase machen wir deutlich, dass wir mit Zumutungen aufwarten. *„Wir werden viel Spaß miteinander haben, aber ihr werdet auch merkwürdige und schwierige Aufgaben zu bewältigen haben. Z.B. wollen wir viel von Euch wissen, dazu benötigen wir von jedem Einzelnen die Erlaubnis zur Neugierde. Geht davon aus, dass wir möglicherweise alles Wissen gegen Euch verwenden werden. Überlegt Euch gut ob ihr mit uns 'arbeiten' wollt."* Die Klasse entscheidet sich bewusst für das Coolness-Training.
- Im nächsten Schritt werden die Eltern informiert. Dies ist insbesondere für die problematischen Phasen bedeutsam. Wenn bei der Hierarchisierung der Empfindlichkeiten, die sexistische Provokation zum Thema wird, ist es unvermeidlich mit den unerwünschten Worten zu arbeiten. Eltern sollten hierüber Bescheid wissen. Ebenso können Tränen fließen. Coolness-Training ist nicht immer lustig. Konfrontationen bei Normverstößen sind für alle Beteiligten belastend. Die Eltern stimmen dem Training bewusst zu.

Wenn sich alle Beteiligte darüber klar sind, was auf sie zukommt, beginnt das Training. Die erste Trainingseinheit ist besonders wichtig. „Was nicht gut beginnt, endet auch nicht gut". Folgende Aspekte müssen den Schülerinnen und Schülern deutlich werden.
- **Was ist Coolness?**
- **Wie gehen wir miteinander um?**
- **Wie sollten wir miteinander umgehen?**
- **Was bedeutet Konfrontation?**

Kinder und Jugendliche haben hinsichtlich der Frage was cool ist, eine völlig andere Perspektive als wir. Cool sind die neuesten modischen Errungenschaften, Musikvideos und Filme. Cooles Verhalten in schwierigen Situationen z.B. bei Provokationen, wird nur von sehr wenigen assoziiert.

Wir verdeutlichen unsere Definition mit dem Mittel der Provokation. Die Trainer überschreiten für einen überschaubaren Zeitraum bewusst die Grenzen. Schultaschen werden ausgeschüttet. Mützen, die während des Trainings nicht getragen werden dürfen, fliegen durch den Raum. Dem einen Schüler wird die Brille abgenommen, dem anderen die Schuhriemen oder Klettverschlüsse geöffnet.

Der Schüler ist zunächst konsterniert, reagiert dann aber ausweichend bis aggressiv. Der CT-Trainer hat die Lacher immer auf seiner Seite. Deshalb ist es besonders wichtig, den Provozierten mit Würde und Anstand zurückzuholen. „Ich habe dich ausgewählt weil ich den Eindruck hatte, dass du für diesen Provokationstest stark und selbstbewusst genug bist."

Auswertung:
- War das jetzt cool?
- Wäre deine Reaktion eine andere, wenn ich kein Pädagoge, sondern ein Mitschüler wäre?
- Was wäre, wenn ich das 3, 4, 5 mal gemacht hätte?

Spätestens in dieser Phase wird unser Leitsatz bedeutsam.
Niemand hat das Recht, den anderen zu beleidigen, zu verletzen oder auszugrenzen. Geschieht dies dennoch, erfolgt Konfrontation.
Was Konfrontation bedeutet wird sehr schnell während der ersten Kampfspiele deutlich.

Eine häufige Übung zu Beginn ist die „**Lizenz zur Neugierde**". Es handelt sich um die Visualisierung von Meinungen, Denkweisen, Erfahrungen die für die Kinder und Jugendlichen bedeutsam sind.

Wir möchten möglichst viel über die Lebenswelt der Teilnehmerinnen und Teilnehmer erfahren, ohne übliche Sozialarbeiterfragen zu stellen.

Durchführung:
Frage: Alle, die in Deutschland geboren sind, gehen in die Mitte.
Dort 2-3 Sekunden stehenbleiben.
Spieldauer 5-10 Minuten
Zunächst sind die Fragen amüsant und informativ. Sie sollen Spaß machen und gleichzeitig informieren.
- in Oberhausen geboren bist
- mehr als 2 Sprachen sprichst

- verliebt bist,
- Fragen über Fragen. ....

Die Visualisierung zu den Fragenkomplexen Sexismus, Rassismus, Macht und Ohnmacht, Rollen von Mann und Frau (Jungen und Mädchen) wird zu einem späteren Zeitpunkt während des Trainings durchgeführt, wenn eine Vertrauensbasis erarbeitet worden ist. In dieser Phase werden die Fragen belastender und jeder muss sich entscheiden ob er antwortet.
Geh schweigend in die Mitte, wenn du
- schon mal schwarz gefahren bist,
- schon mal geklaut hast,
- vor dem 12. Lebensjahr geraucht hast,
- Ärger bekommst, wenn du schlechte Schulnoten nach Hause bringst,
- schon einmal jemanden verprügelt hast (verprügelt worden bist),
- das Gefühl hast, dass deine Eltern nicht genügend Zeit für dich haben.
- etc.

Die Kinder und Jugendlichen lieben diese Visualisierungen. Manches muss nach den Visualisierungen aufgearbeitet werden. In jedem Fall entsteht bei den Teilnehmern ein Bedürfnis zu reden.

Mit einer anderen Form der Visualisierung werden Klassenstrukturen sichtbar gemacht.
    Wir stellen so viel Stühle wie Teilnehmer in eine Reihe auf. Es entsteht ein Zahlenstrahl z.B. von 1-25. Die Schülerinnen und Schüler ordnen sich auf diesem Zahlenstrahl ein, indem sie folgende Frage beantworten:
„Wie groß schätzt Du Deinen Einfluss in der Klasse ein?".
Bei jüngeren Schülern lautet die Frage: Wie sehr hören die anderen auf Dich?"
Bist Du sehr einflussreich, so sitzt Du in den vorderen Rängen 1-5.
Ist Dein Einfluss eher durchschnittlich, so plazierst Du Dich irgendwo in der Mitte.
Bist Du der Ansicht, Dein Einfluss sei mehr als gering, so wirst Du auf den Plätzen 20-25 sitzen.
    Es ist immer wieder beeindruckend wie realistisch sich fast alle Teilnehmer einschätzen. Die weniger einflussreichen Außenseiter sitzen in den hinteren Rängen und sind in der Lage ihren Status genauestens zu analysieren. Sie werden ermuntert, ihre unangemessene Position aufzugeben und sich in die vorderen Positionen zu setzen.
    Die Mehrheit der Klasse sitzt in der Mitte und schätzt ebenso realistisch die eigenen Möglichkeiten ein. Allerdings bleibt diese Mehrheit immer deutlich unterhalb ihrer tatsächlichen Einflussmöglichkeiten. Die Trainer verfolgen in dieser Phase die Stärkung des peer-group Einflusses.
    Auf den Plätzen 1-5 sitzen mit schönster Regelmäßigkeit die „Mackertypen", also Jungen. Mit der Wahl ihrer Position nähern sie sich durchaus der Realität an. Allerdings sind sie mehrheitlich nicht in der Lage bzw. wollen nicht über ihre Position reflektieren. Sie sprechen einfach nicht darüber, was sie bewogen hat, die vorderen Sitzplätze einzunehmen. Aus ihrer Sicht verständlich, denn sie müssten dann öffentlich darüber sprechen, dass sich ihr Einfluss häufig auf unredliche Methoden stützt. Dies wäre für diese Jungen ein bedeutsamer Statusverlust.

Kämpfen als pädagogische Disziplin, Kampfspiele sind im CT bedeutsam. Wir signalisieren den Schülerinnen und Schülern hinsichtlich ihrer Kraft, ihrer Geschicklichkeit und ihres Durchsetzungsvermögens unsere Akzeptanz. Aggressionen sind ein natürlicher Bestandteil des Lebens. Sie sind jedoch nicht akzeptabel wenn dabei Opfer produziert werden.

Mit den Kampfspielen werden Regeln transportiert.

„Achtet auf das Gesicht des Mitspieler, ob Lust, Spaß, Schmerz erkennbar ist. Beendet das Spiel wenn dabei Schmerz und Unlust erkennbar wird oder der Partner das Ende signalisiert. Spätestens während der ersten Kampfspiele ereignen sich Regel- und Normverletzungen. Manche aus Unachtsamkeit andere wiederum bewusst und in voller Absicht. Beim s.g. **Elefantenspiel** glaubte ein Schüler einem anderen ins Gesicht spucken zu können.

In diesem Spiel wird die Gruppe geteilt. Die Mitglieder der Gruppe A sitzen auf dem Boden, haken sich unter, leisten passiven Widerstand. Die Teilnehmer der Gruppe B versuchen die Gruppe A aufzulösen. Es entsteht ein totales Durcheinander. Johlend und kreischend ringen die Jungen und Mädchen um den Erfolg. Krafteinsatz, Ziehen und Zerren ist erlaubt, solange beide Seiten einverstanden sind.

Der Spucker wurde für sein Verhalten konfrontiert. Er musste sich öffentlich erklären und die Angelegenheit mit seinem Opfer bereinigen. Der Schüler wartete mit stereotypen Ausreden auf, um seine Verantwortlichkeit zu mindern. In diesem Fall erhielt das Opfer Unterstützung durch die Mehrheit der Klasse, die von der Spuckerei ziemlich angewidert war. Schließlich entschuldigte er sich in aller Form.

Andere Kampfspiele verdeutlichen die Rituale der Begegnung zwischen Gruppen. Hier geht es nicht mehr nur um Regeln. In der Übung „**Territorium suchen**" werden 4-er oder 5-er Gruppen, deren Mitglieder untergehakt durch den Raum gehen, aufgefordert, sich ihr Territorium anzueignen. Wie besetzt man Räume, was machen dabei Aggressionen aus? Wann setzen Aggressionen ein? Spielt die Nähe und Distanz eine Rolle in der Eskalation? Welche Bedeutung haben Blickkontakte und Körpersprache? All diese Aspekte werden in dieser Übung in Teilschritte zerlegt und überschaubar gemacht.

Eine besondere Art Kompetenztraining, stellen die nicht alltäglichen Trainingseinheiten zur Konzentration, Kreativität und Reaktionsschnelligkeit dar. Die Übungen aus der Spiel- und Theaterpädagogik sind amüsant aber nicht einfach und verbreitern das Reaktionsspektrum der Teilnehmerinnen und Teilnehmer.

Jeder Termin des Coolness-Training ist strukturiert in
1. Warming-up,
2. Kampf- und Bewegungsspiele,
3. Inhaltlicher Schwerpunkt,
4. Cool-down (Entspannung).

Wichtig ist, dass zum Ende einer CT-Einheit alles geklärt ist und nicht unerledigtes Konfliktpotenzial das soziale Klima belastet.

Im CT geht es um:
• die Verfestigung eines ziviliatorischen Standards der Friedfertigkeit,
• die Stärkung der Kompetenz der peer-group für schwierige Situationen,
• die Stärkung der Opfer,
• die Sensibilisierung der Täter.

Literatur:
Besemer, C. (1993). *Mediation, Vermittlung in Konflikten.*
Boal, A. (1976). *Theater der Unterdrückten.* Frankfurt a.M.
Creighton A. & Kivel, P. (1993). *Die Gewalt stoppen.* Mülheim: Verlag a.d. Ruhr.
Dannenbeck, C. (1990). Was ist Eltern wichtig? *Dji bulletin. 90 (16).*
Faller, K., Kerntke, W. & Wackmann, M. (1996). Konflikte selber lösen. *Mediation für Schule und Jugendarbeit,* 8-13.
Hagedorn, O. (1994). *Konfliktlosten.* Berlin.
Johnstone, K. (1993). *Improvisation und Theater.* Berlin.
Johnstone, K. (1996). *Theaterspiele.* Berlin.
Landscheidt, K. (1998). Die Behandlung aggressiver/oppositioneller Kinder: *Heft 44 des Landesinstitutes für Schule und Weiterbildung.* Soest.
Müller, B. (1994). *Gewaltprävention im und durch Sportunterricht. Konstruktiv handeln Basistexte zur Grundschulausstellung zur Verminderung von Gewaltbereitschaft.* Berliner Institut f. Lehrerfort- und Weiterbildung und Schulentwicklung.
Münchmeier, R. (1994). Von den Schwierigkeiten des Aufwachsens. Kind, Jugend und Gesellschaft. *Zeitschrift für Jugendschutz 94, 4,* 117-122.
Schneider, P. (1993). *Kursbuch Deutsche Jugend.*
Stadt Oberhausen (1997). *Dokumentation des Arbeitskreises Jugendorientierung 1992-1996.*
Weidner, J. (1999). *Alte und neue Herausforderungen der Jugendhilfe.* Redemanuskript.
Weidner, J. (1993). *Anti-Aggressivitäts-Training für Gewalttäter.* Bonn.
Weidner, J., Kilb, R. & Kreft, D. (1997). *Gewalt im Griff* (Bd 1). Weinheim, Basel.

Zeichnungen:
Michael Hüter, Karikaturist, 1997-2000, Bochum.

III. Ressourcenorientierte Identitätsarbeit in der Psychotherapie mit Jugendlichen

Was brauchen Jugendliche im Zeichen des postmodernen sozialen Wandels?

Franz Resch

Einleitung

Therapeutische Moden halten uns in Atem. Fragen nach Effektivität und Effizienz jagen beziehungsorientierte Therapieverfahren, ein moderner Kontextualismus betont die Bedeutung situativer Gegebenheiten gegenüber der biografischen Gewordenheit. Wir leben in einer Zeit hoher Gegenwartsbezogenheit.

Die Skepsis, ja ablehnende Haltung gegenüber psychodynamischen Gedanken und Ansätzen im Bereich einer von den empirischen Neurowissenschaften dominierten Psychiatrie ist nicht nur das Ergebnis einer wissenschaftlichen Präzisierung des Zugangs zur Welt – wie immer von den entsprechenden Vertretern der Neuro- und Biowissenschaften hervorgehoben wird – sondern es ist auch eine zutiefst von Wertsetzungen und Unterschieden des Menschenbildes geprägte Vorurteilhaftigkeit erkennbar. Sosehr wir selbst eine unkritische und wissenschaftsfeindliche Haltung mancher Vertreter der Tiefenpsychologie beklagen, zeichnet sich doch am Horizont eine Gesprächsbasis zwischen den unterschiedlichen Wissenschaftsdisziplinen ab: Eine Reihe von psychodynamischen Prozessen findet in modernen Forschungsstrategien der Neuropsychologie und Bildgebung neurobiologische Entsprechungen. Eine moderne Psychodynamik zeigt sich durchaus mit empirischen Forschungsansätzen kompatibel. Trotzdem wird sie immer wieder als altmodisch belächelt. Dahinter liegt offenbar auch eine Skepsis gegenüber historischen Zusammenhängen und der Soziologie der Wissenschaft, eine Betonung von Flexibilität, Anpassung und Wandel sowie ein positivistisches Kalkül von Wahrheit, so als gäbe es keine Zeitgebundenheit unseres Handlungswissens. Nicht jeder neurobiologische oder neuropsychologische Befund, der uns heute zur Leitlinie unseres Handelns wird, wird auch noch unter anderen Gesichtspunkten in 50 Jahren handlungsleitend sein. Gerade Psychiatrie und Psychotherapie sind an der Grenze zwischen Natur- und Geisteswissenschaften angesiedelt und es wäre fatal den geisteswissenschaftlichen Teil der Psychiatrie gegenüber den Naturwissenschaften zu opfern.

Psychodynamik ist im besten Sinne unmodern, weil sie die Wirkung von persönlicher Geschichte auf die Gegenwart untersucht, weil sie die Kontinuität und Tiefe von wichtigen Beziehungen zum Inhalt hat und damit die Bedeutung von emotionalen Wurzeln für die psychische Entwicklung des Kindes hervorhebt. Dies kann in einer Zeit der Vergötterung von Flexibilität und Wandel zu Friktionen führen. Psychodynamik betont auch die Wichtigkeit von Sprache in einer Welt der Bilder und sie legt Wert auf die Subjektivität des Menschen gegenüber einem „main-stream" der Verobjektivierung von Gefühlen und Beziehungen. Psychodynamik betont die individuelle Zeit, das persönliche Erleben und die narrative Konstruktion von Bedeutungen im zwischenmenschlichen Kontext. Und gerade deshalb ist Psychodynamik zwar unmodern, aber umso bedeutsamer.

Zwei moderne Denkrichtungen tragen die Gefahr der Kurzschlüssigkeit in sich, die einer Manipulierbarkeit des Menschen Vorschub leisten können:
1. Die voreilige Annahme, dass menschliches Verhalten und psychische Störungen einem genetischen Determinismus unterliegen, kann zu voreiligen eugenischen Überlegungen führen. Die Annahme, dass es die Gene sind, die uns unglücklich und verstört, kontaktarm und wütend machen, birgt die Gefahr in sich, dass Wünsche nach einer Manipulation des Erbgutes laut werden. Durch genetische Eingriffe sollte das psychische Unglück aus der Welt geschafft werden. Ich nenne dies den *biogenetischen Kurzschluss*.
2. Eine zweite Denkrichtung beschreibt den Menschen als kontextuell determiniert durch Umgebungsvariablen, durch situative Manipulation und Sachzwänge gelenkt. Auch wenn verschiedene soziale Systeme Rahmenbedingungen des persönlichen Handelns bilden, gibt es doch individuelle Unterschiede des Erlebens und Verhaltens, die nicht durch einen kontextuellen Determinismus wegdiskutiert werden sollten. Einen solchen kontextuellen Determinismus durch Sach- und Systemzwang nenne ich den *soziogenetischen Kurzschluss*.

Beide wissenschaftlichen Kurzschlüsse legitimieren eine Passivierung, Entsubjektivierung und Manipulierbarkeit des Individuums unter dem Primat der Ökonomie. Darin sehe ich eine große Gefährdung unseres Umgangs mit Jugendlichen. Es gilt, die Individualität und Subjektivität wieder mehr in den Vordergrund zu stellen.

Was brauchen Jugendliche im Zeichen des postmodernen Wandels? Diese Frage kann erst nach einer intensiven Beschäftigung mit dem Emotionssystem beantwortet werden. Die nähere Erörterung von Motiven, Handlungsbereitschaften und des biografischen Weiterwirkens bisheriger Erlebnisse durch Prägung, Internalisierung von Erfahrung und Lernprozesse macht eine ausführliche Auseinandersetzung mit dem Emotionssystem notwendig.

Zur Emotion

Emotionen bilden eine fundamentale Ausdrucksmatrix des Menschen. Emotionen stellen auch die wesentliche Entscheidungsgrundlage menschlichen Handelns dar. So besitzen Gefühle eine doppeldeutige Wirkung nach innen und außen. Sie bringen innere Zuständlichkeit zum Ausdruck und stellen diesen Ausdruck als Information in der zwischenmenschlichen Interaktion zur Verfügung. Emotionen sind mit kognitiven Prozessen als Teile eines körpernahen Entscheidungssystems untrennbar verbunden.

Affekte nennen wir jene angeborenen psychobiologischen Reaktionsformen, die sich aus Reflex- und Instinktprogrammen im Rahmen der phylogenetischen Entwicklung herausgebildet haben. Im Affektsystem werden Signal- und Handlungskomponente abgekoppelt und durch einen Bewertungsprozess miteinander in Beziehung gesetzt. Auf diese Weise entsteht der Freiheitsgrad einer Handlungsentscheidung. Affekte erzeugen Dringlichkeit und unter Einbeziehung des Erfahrungswissens und neuer kreativer Lösungsvorschläge, können schließlich passende Handlungsentwürfe umgesetzt werden. Der Begriff der Emotion bezieht sich sowohl auf die Ausdruckskomponente wie die Erlebniskomponente afffektiver

Zuständlichkeit: Während affektive Grundtönungen über die Lebensspanne hinweg relativ konstant bleiben, werden Emotionen durch die zunehmende Ausdifferenzierung expressiver Komponenten (z.B. Mimik) und kognitiver Bewertungsschritte (z.B. Perspektivenübernahme oder Selbstreflexion) immer mehr ausgestaltet. Denken und Fühlen sind also nur künstlich zu trennen.

Jedes Ereignis, das als Reiz den Wahrnehmungsapparat erreicht, wird in einer ersten Bewertung einem Filterungs- und Abstraktionsvorgang unterzogen. Dadurch kommt es zur Fokussierung, Selektionierung und Hervorhebung bestimmter Reizaspekte anhand eines vorbestehenden Wertmaßstabes von Reaktionsbereitschaft. Aus primär neutralen Reizeinflüssen werden dadurch erste bedeutungsvolle Informationen. In diesem ersten Bewertungsschritt (Bewertung erster Ordnung) wird eine subjektive Bedeutsamkeit des wahrgenommenen Ereignisses vermittelt. Daraus folgend entstehen rasche Veränderungen der aktionalen Bereitschaft, physiologische und neurohumorale Veränderungen, die mit Erregungsprozessen (Arousal) und selektiven Einflüssen auf das Hormonsystem im Sinne einer Stressantwort (des Hypophysen-Nebennieren-Systems) einhergehen. Somatisch expressive Komponenten, die in Gesichtsausdruck, Körperhaltung etc. ihren Niederschlag finden, sind ebenfalls Teil der affektiven Reaktion. Die beschriebenen Veränderungen münden schließlich in ein Monitorsystem, wo sie mit den Informationen der kognitiven Verarbeitungsprozesse von Wahrnehmung, Gedächtnis und Denken integriert werden. In diesem Monitorsystem entsteht nach Lewis (2000) eine emotionale Interpretation, die als Bewertung zweiter Ordnung im Sinne einer Bedeutungsgebung wirksam wird. So werden Motive, Erfahrungen und aktuelle Umweltbeurteilungen integriert und schließlich eine möglichst angemessene Verhaltensantwort gefunden. Die Bewertung zweiter Ordnung hat Rückwirkungen auf die Bewertung der ersten Stufe, indem sie dort den Bewertungsmaßstab und die affektive Zuständlichkeit der Eintrittspforte beeinflusst. Durch die Erzeugung eines emotionalen Zustandes mit bestimmter Tönung der Wahrnehmung wird auch der Aufmerksamkeitsfokus gesteuert.

Affekte und die daraus hervorgehenden Emotionen stellen ein primäres Motivationssystem dar. Sie lösen subjektiv Betroffenheit aus und führen zur Aktualisierung von Handlungsbereitschaften. Eine weitere Funktion ist die Regulation der Interaktion. Schon das frühe Wechselspiel zwischen Eltern und Kindern findet wesentlich über den Austausch von Affekten statt. Das Kind kann Affekte in angeborener Weise imitieren und beantworten. Über den Affektaustausch entsteht die Möglichkeit einer ersten Informationsübermittlung von Mensch zu Mensch. Über die Affekte finden Spiegelungen der eigenen Befindlichkeit in anderen Menschen statt. In der Mimik der Bezugsperson findet das Kind seine eigene Befindlichkeit dargestellt und kann somit den eigenen inneren Zuständen im Austausch mit wichtigen Bezugspersonen eine subjektive Bedeutung in der Interaktion verleihen. Über den wechselseitigen Austausch von Emotionen entsteht ein implizites Gefühlswissen, das im Sinne einer sozioemotionalen Differenzierung (Buck, 1999) noch durch den späteren verbalen Dialog über Emotionen (Papoušek, 1994) verstärkt und vermehrt wird.

Affekte beeinflussen auch die Gedächtnisbildung. Alles, was aktiviert wird und somit Betroffenheit auslöst, bleibt eher im Gedächtnis haften als affektiv Unbedeutendes. Affekte dienen auch der supramodalen Integration, in dem jede Information über unterschiedliche Sinneskanäle schließlich in die Einheitlichkeit einer Bewertung durch das Affektsystem mündet. Die Vielfalt von Sinnesreizen erhält durch den Eingang in den Kanal affektiver Bewertung eine eindimensionale handlungsorientierte Ordnung. Nicht zuletzt beeinflussen Affekte auch durch die Einheitlichkeit ihrer Empfindungsqualität die Bildung von Identität. Das emotionale System und das Selbstsystem sind untrennbar miteinander verbunden (siehe Resch et al., 1999a).

Was bringt das Kind in die Entwicklungsphase der Adoleszenz mit?

Unter einer biografischen Perspektive spielen die kindlichen Entwicklungslinien, die sich in einer „Disposition" für das spätere Verhalten bündeln, eine wichtige Rolle. Unter dem Begriffspaar „nature or nurture" kommt man immer wieder auf das Problem einer Wechselwirkung angeborener und umweltbedingter Entwicklungsfaktoren zu sprechen. Welche Wechselwirkungen zwischen kindlichem Temperament und umweltbedingten Sozialisationsfaktoren der familiären Umgebung lassen sich beschreiben?

Temperament kann man als konstitutionelle individuelle Differenzen der Aktivität, Reaktivität und Selbstregulation in den Domänen Emotionalität, Motorik und Aufmerksamkeit definieren (Resch et al., 1999b, modifiziert nach Rothbarth et al., 1995). Eine am Temperamentskonzept orientierte Betrachtungsweise der Entwicklung von Persönlichkeit ist als Konstitutionslehre zur Rechtfertigung rassistischer Ideologien missbraucht worden und daher bis in die jüngste Zeit in Misskredit geraten (Schmeck, 2001). Neubelebungen des Temperamentskonzeptes erfolgten durch angloamerikanische Wissenschaftler, die das Temperament eher mit Verhaltensstil gleichsetzen. Die Renaissance des Temperamentansatzes begann mit Alexander Thomas und Stella Chess (1977). Diese beschrieben bei Kindern folgende Stilmerkmale des Verhaltens: Aktivität, Regelmäßigkeit, Annäherung und Vermeidung, Anpassungsvermögen, senorische Reizschwelle, Stimmungslage, Intensität der Reaktion, Ablenkbarkeit und Ausdauer. In Verlaufsuntersuchungen konnten 40% der untersuchten Kinder als „einfach" klassifiziert werden. Dieses unkomplizierte Temperament ging mit einer hohen Regelmäßigkeit der biologischen Funktionen, einer freudigen Annäherung an unbekannte Menschen, einem guten Anpassungsvermögen in neuen situativen Bedingungen und einer ausgeglichenen, vorwiegend positiven Stimmungslage einher. 15% der Kinder wurden als „slow to warm up" bezeichnet, da sie auf neue Situationen eher mit Vermeidung reagierten und ein niedriges Aktivitätsniveau zeigten, bis sie sich schließlich der Situation angemessen verhalten konnten. Etwa 10% der untersuchten Kinder hatten ein „schwieriges" Temperament. Dieses war durch die Unregelmäßigkeit biologischer Funktionen, Vermeidungsreaktionen angesichts neuer Situationen, ein langsames Anpassungsvermögen an Veränderungen und eine hohe Reagibilität sowie vorwiegend negative Stimmungslage gekennzeichnet. Die Restgruppe von 35% konnte keiner der drei ersten Kategorien sicher zugeordnet werden. Von Kritikern der Temperamentstheorie wird immer wieder die mangelnde Zeitstabilität der Faktoren ins Treffen geführt. Neuere Untersuchungen (Novosad & Thoman, 1999) konnten immerhin eine Stabilität der Faktoren Aktivität und Annäherung/Vermeidung über 5 Jahre finden. Neuere Einteilungen beziehen sich auf Gray (1982) und Rothbarth (1995) sowie das Persönlichkeitsmodell von Cloninger (1999).

Alle diese Konzepte gehen davon aus, dass das kindliche Verhalten durch zwei reziprok wirksame neurobehaviorale Regulationssysteme gesteuert wird: Das behaviorale Inhibitionssystem (BIS) und das behavioral aktivierende System (BAS). Beiden Systemen werden unterschiedliche cerebrale Strukturen zugeordnet (siehe Resch et al., 1999b; Schmeck 2001). Die behaviorale Inhibition ist durch Ängstlichkeit und Irritation gegenüber neuen Anforderungen gekennzeichnet. Das behaviorale Inhibitionssystem zeigt hohe

Sensitivität für Bestrafung und Nichtbelohnung und wird durch andere Angststimulatoren ebenfalls aktiviert. Es scheint vorwiegend mit den Transmittern Serotonin und Noradrenalin in Verbindung zu stehen. Demgegenüber zeigt das „behaviorale Aktivierungssystem" eine erhöhte Sensitivität für Belohnung. Dieses System ist durch antizipatorisches Interesse, Suche nach Neuem, exploratives Verhalten und Aktivierungsvorgänge der Motorik gekennzeichnet. Das Aktivierungssystem gilt als selbststimulatorisches System, das auf zwei Weisen inhibitorisch kontrolliert zu werden scheint: Einerseits erfolgt eine Kontrolle über das behavioral inhibitorische System, wobei dieses bei Erziehung und Grenzensetzung und bei der Entwicklung von Empathie und der Gewissensbildung eine Rolle spielen könnte. Selbstreflexive Emotionen wie Scham, Peinlichkeit und Schüchternheit scheinen mit der behavioralen Inhibition einherzugehen. Ein zweiter Kontrollmechanismus des Aktivierungssystems ist durch aktive Aufmerksamkeitssteuerung im Rahmen selbstregulatorischer Prozesse gegeben. Dadurch gelingt eine bewusste inhibitorische Kontrolle von Impulsen. Dieser Mechanismus entwickelt sich erst im Laufe des Kindesalters, sodass das behavioral inhibitorische System die frühe primäre Regulation darstellt. Grundsätzlich können wir zwei Formen von übersteigerter Reagibilität (Irritabilität und Distress) annehmen. Eine Form der Irritabilität geht mit einer erhöhten Aktivierung des behavioral inhibitorischen Systems einher und zeigt sich in Angst vor Neuem und sozialer Scheu, was das Risiko von Rückzugsverhaltensweisen in sich birgt. Eine andere Form der Irritabilität findet sich im Auftreten vermehrt negativer Emotionen bei Verhaltenseinschränkung und Grenzensetzung. Bei solchen Kindern sind die Leitaffekte Wut und Dysphorie, das Risiko zur Entwicklung aggressiver Verhaltensweisen scheint erhöht. Rubin und andere (1998) beschreiben, dass bei der Entwicklung von aggressiven Verhaltensweisen neben Temperamentsfaktoren auch Einflüsse des Geschlechts und Erziehungseinflüsse eine Rolle spielen: Negative Erziehungseinflüsse scheinen bei Jungen mit dysreguliertem Temperament vermehrt negative Auswirkungen zu besitzen.

Nach den Kenntnissen der modernen Säuglingsforschung ist die affektive Reagibilität aber nicht allein angeboren (Dornes, 1993, 1997a). Das Kind entwickelt sich in einer interaktionellen Matrix. Wir fassen die Selbstwerdung des Kindes als einen Weg von außen nach innen, von der Interaktion zum inneren Konstrukt derselben auf. Schon von Natur aus bedarf der Mensch eines sozialen Rahmens für seine Entwicklung. Das Kind ist in ein Gefüge zwischenmenschlicher Beziehung eingebettet, die eine wesentliche Voraussetzung für das körperliche Gedeihen, das Selbstverständnis und die Entwicklung des inneren Weltbildes darstellen (Resch et al., 1999a). Unter dem Begriff „affect attunement" (Stern, 1985) kann verstanden werden, dass von der Mutter auf bestimmte Gefühlsäußerungen des Kindes differenziert geantwortet wird, wobei die Antwort stärker oder schwächer ausfällt als der kindliche Ausdruck. So kann die Mutter affektive Äußerungen des Kindes spiegelnd beeinflussen, variieren, stimulieren oder dämpfen. Wenn Bezugspersonen auf das Kind unsensibel reagieren oder in unberechenbarer Weise mit eigenen wechselnden Verhaltensweisen den kindlichen Affektausdruck beantworten, kann dies negative Einflüsse auf die Affektregulation des Kindes haben (Harris, 1994). Die Selbstregulation des Kindes wird wesentlich durch die Bezugspersonen mitbeeinflusst. Unter dem Begriff des „social referencing" wird verstanden, dass kleine Kinder bei Konfrontation mit interessanten, aber Unsicherheit erzeugenden Objekten, ihre Bezugsperson anschauen und entsprechend deren Gesichtsausdruck reagieren: Kommuniziert die Mutter einen Angstaffekt, fürchtet sich auch das Kind, lächelt sie, beginnt das Kind neugierig fortzufahren (siehe Dornes). Über das Phänomen des „social referencing" werden affektive Zustände kommuniziert, wodurch

Desaktualisierung, Bedeutungsgebung und emotionale Reagibilität beim Kind mitgeprägt werden. Eltern besitzen nach Papoušek (1994) eine intuitive Kompetenz, die es ihnen ermöglicht, sich auf das Kind einzustellen und gemäß seinen emotionalen Bedürfnissen zu reagieren. Automatisch verändern Eltern ihre Stimmlage, modulieren die Intonation und bringen ihr Gesicht auf die richtige Distanz von etwa 20 cm von Kopf zu Kopf. Mütterliche Feinfühligkeit hat nach Grossmann (1987) einen entscheidenden Einfluss auf die Qualität der kindlichen Bindung an die Mutter. Die Bezugsperson ist in der Lage dem Aufmerksamkeitsfokus des Kindes zu folgen, vom Kind vorgegebene Handlungsstränge aufzugreifen. Die feinfühlige Bezugsperson vermeidet es, immer die Interaktion zu dominieren. Mütterliche Intrusivität dem Säugling gegenüber (übertriebene Eindringlichkeit) oder abweisende Reaktionen können zu Beziehungsstörungen führen. Vor allem depressive Verstimmungen bei Bezugspersonen können sich auf diese Weise negativ auf das Selbstgefühl und die selbstregulatorischen Aktivitäten des Kindes auswirken. Unter dem Begriff der Bindung ist die besondere Art einer affektiv getragenen, sozialen Beziehung zwischen dem Kind und einer bevorzugten, von anderen unterschiedenen Bezugsperson, die als stärker, wissender und beschützend angesehen wird, hervorzuheben (siehe Literatur bei Bowlby, 1969; Siegel 1999). Wichtig ist, dass Bindung nicht eine Eigenschaft des Kindes oder der Bezugsperson allein darstellt, sondern eine zwischenmenschliche Qualität kennzeichnet, die von zwei Interaktionspartnern – dem Kind und einem Erwachsenen – getragen wird. Bindungsmuster zeigen im Kindesalter eine relativ hohe Stabilität. Unsichere Bindungsmuster scheinen mit bestimmten Verhaltensauffälligkeiten vermehrt einherzugehen (siehe Resch et al., 1999).

Wichtig in diesem Zusammenhang erscheint der Begriff der „Passung" zwischen dem Individuum und seiner sozioemotionalen Umwelt (Zentner, 1998). Nicht allein die Erlebnisbereitschaften und Verhaltensweisen einer Bezugsperson, aber auch nicht allein das Erleben und Verhalten des Kindes lösen negative Entwicklungstendenzen aus. Die Persönlichkeitsentwicklung des Kindes bis zum Jugendlichen ist ein komplexer Prozess bidirektionaler Wechselwirkungen zwischen angeborenen Erlebnis- und Verhaltensbereitschaften. Ein Mangel an Passung zwischen dem Individuum und der Umwelt erscheint in seinen negativen Auswirkungen bedeutsamer als isolierte, externe oder interne Einzelfaktoren. So wird verständlich, warum in manchen Familien ein Kind optimale Entwicklungsbedingungen vorfindet, während ein anderes sich von seinen Eltern nicht angenommen fühlt. Die Passung zwischen Kind und Bezugsperson drückt sich in positiven Beziehungsmustern aus. Mangelnde Passung bewirkt einen reduzierten affektiven Austausch, ein misslingendes affektives Attunement und ist durch aneinander vorbeigerichtete Bedürfnisse gekennzeichnet. Wenn Eltern und Kinder keine „gemeinsame Wellenlänge" finden, kann dies auch ohne grobe Traumatisierungen nachhaltige Entwicklungsbeeinträchtigungen des Selbst nach sich ziehen. Wir gehen davon aus, dass psychosoziale Resonanzphänomene und die Feinabstimmung der interaktionellen Prozesse in der Persönlichkeitsentwicklung des Menschen eine fundamentale Rolle spielen (Resch & Parzer, 2000).

Selbstsystem und Symptomgenese

Im Folgenden soll ein individualpsychologisches Modell der Symptomgenese im Jugendalter vorgestellt werden. Das aktuelle Selbst steht in Wechselwirkung mit seiner Umwelt. Traumatisierende Umweltfaktoren können über repetitive negative Einflüsse auf das Emotionssystem eine zunehmende

Vulnerabilität der Affektregulation bewirken. Solche Vulnerabilitäten selbstorganisatorischer und selbstregulatorischer Aktivitäten erzeugen einen Kompensationsdruck im aktuellen Selbst. Zur Aufrechterhaltung der Anpassungsfunktion kann das Selbst in der Auseinandersetzung mit seiner Umwelt, Risikoverhaltensweisen an den Tag legen. Solche Risikoverhaltensweisen kommen beispielsweise in Leistungsverweigerung, Störungen des Essverhaltens, Drogeneinnahmen oder aggressiven Tendenzen zum Ausdruck. Risikoverhaltensweisen sind nicht per se Ausdruck einer psychischen Störung, vielmehr stabilisieren sie das Selbst, erhöhen jedoch die Gefahren körperlicher Schädigung oder negativer Resonanzen im Umfeld, wodurch die Gefahr neuerlicher Traumatisierungen wächst. Das Selbst des Jugendlichen befindet sich damit in einem Teufelskreis zwischen Vulnerabilität einerseits und den Anforderungen einer zunehmend überfordernden Umwelt andererseits. Gerade bei traumatisierten Jugendlichen kennen wir diesen Mechanismus einer sich selbstverstärkenden Anpassungsproblematik. Emotionale Vernachlässigung, Gewaltanwendung und sexuelle Übergriffe in der Kindheit können zu Verhaltensauffälligkeiten führen, die wiederum beim Jugendlichen das Risiko erhöhen, neuerlicher Gewalttätigkeit oder sexuellen Übergriffen ausgesetzt zu sein. Unter einem solchen Druck kann das Selbst dekompensieren und eine psychopathologische Symptomatik (z.B. Depersonalisation oder Depression) entwickeln. Symptome haben aber nicht nur den Charakter einer Dekompensation des Selbst, sie besitzen auch intrinsische kompensatorische Effekte. Symptome können zur Problemlösung in intentionalen Konflikten zwischen Wollen und Nichtwollen, Wollen und Dürfen vermitteln. Symptome können als Schutz vor Selbstdemütigung und Selbstentlarvung dienen. Symptome können auch als interpersonales Agens kompensatorisch wirksam werden. So können Symptome als Signal und Ruf wirken, Schutz vor Übergriffen ermöglichen, Wünsche durchsetzen und eine manipulative Kraft entfalten. Wir können also die Feststellung treffen, dass psychopathologische Symptome für das adoleszentäre Selbst Sinn machen. Die Weiterentwicklung wird jedoch nicht selten durch eine solche Symptomatik eingeschränkt oder negativ beeinflusst. Risikoverhaltensweisen und psychopathologische Symptome sind als Ausdruck einer Vulnerabilität des Selbst zu werten (siehe auch Resch et al., 1999a), wobei sie zugleich positive und negative Wirkungen auf das Selbst entfalten.

Säkuläre Trends psychosozialer Störungen

Studien zur Häufigkeit psychischer Auffälligkeiten nach dem 2. Weltkrieg (Rutter & Smith, 1995) legen den Schluss nahe, dass vor allem soziale Regelübertretungen und Kriminalität in den letzten 50 Jahren eine eklatante Steigerung bereits in jungen Lebensaltern zu verzeichnen haben. Alkoholkonsum als psychosoziales Problem zeigt ebenfalls seit den 50er Jahren des letzten Jahrhunderts einen Anstieg, wobei gegen Ende des Jahrhunderts ein Plateau erreicht wurde. Der Missbrauch illegaler Drogen zeigt uneinheitliche Verläufe. Es besteht jedoch kein Grund sich beruhigt zurückzulehnen. Immer mehr Jugendliche machen im Rahmen ihres Explorationsverhaltens Erfahrungen mit Drogen. Bezüglich depressiver Verstimmungen gibt es mehrere Hinweise, dass ein Anstieg gerade bei Jugendlichen zu verzeichnen ist. Es scheint, dass von der Zunahme depressiver Verstimmungen vor allem männliche Individuen stärker betroffen sind als weibliche. Bei Essstörungen zeigen sich in den letzten 60 Jahren ebenfalls Aufwärtstrends. Bulimie wird als umschriebenes Störungsbild seit den 70er des 20. Jahrhunderts Jahren systematisch untersucht. Eine Reihe von Studien hat erhöhte Inanspruchnahmezahlen für die Behandlung ausgewiesen. Es gibt ganz klare Geschlechtsunterschiede, wobei sich Kriminalität überwiegend bei jungen Männern findet, bei Drogen- und Alkoholgebrauch scheint der Anstieg an Konsumenten nicht zuletzt durch zunehmende Einnahme bei jüngeren Individuen erklärbar zu sein. Auch illegale Drogen werden überwiegend von Adoleszenten eingenommen. Depressive Störungen kommen im Jugendalter häufiger bei Mädchen als bei Jungen vor. Essstörungen zeigen sich vorwiegend bei Mädchen und jungen Frauen (siehe Übersicht bei Rutter & Smith, 1995). Unsere klinische Inanspruchnahme zeigt immer mehr Jugendliche mit strukturellen Störungen im Sinne einer Borderline-Symptomatik (Brunner et al., 2001) und affektiven Regulationsstörungen mit Selbstverletzungstendenzen (Resch, 2001).

Welche Erklärungsversuche können wir für diese zeitlichen Trends liefern? Es erschiene unlogisch eine Verschlechterung der Lebensbedingungen in den letzten 50 Jahren als Begründung anzunehmen, da ja gerade nach dem 2. Weltkrieg die äußeren psychosozialen Rahmenbedingungen sich im europäischen und angloamerikanischen Raum verbessert haben. Auch körperliche Krankheiten können psychische Probleme nach sich ziehen. Nur sind die Gesundheitsbedingungen in den Ländern nach dem Krieg eher besser geworden. Wir müssen gesellschaftliche Implikationen in subtileren Einflussnahmen suchen.

Der erste Blick fällt auf die Broken-Home-Situation, auf Gewalt in den Familien, Alkoholismus, Streit unter den Eltern und sexuelle Übergriffe. Diese dramatischen Brüche des Mikroklimas wurden von Forschern der Entwicklungspsychopathologie in ihren negativen Auswirkungen vielfach erkannt und wissenschaftlich belegt (Cicchetti & Toth, 1995; Luthar et al., 1997). Trotz einer zunehmenden Zahl alleinerziehender Elternteile und einer nachweislich erhöhten Gefährdung des emotionalen Dialogs in solchen Ein-Eltern-Konstellationen erklärt die Broken-Home-Situation nur einen Teil der Verhaltenstrends der nächsten Generation. Ich möchte im Folgenden versuchen, eine Erklärung in subtilen Veränderungen des emotionalen Dialogs zwischen der Erwachsenengeneration und den Kindern zu suchen. Einige Qualitäten der postmodernen Kultur sollen als gesellschaftliche Rahmenbedingungen definiert werden und schließlich der Versuch unternommen werden, den Anstieg psychosozialer Probleme darüber plausibel zu machen:

Der Ausdruck Postmoderne ist eigentlich unglücklich gewählt. Er legt nahe, dass die Entwicklung der Moderne sich überholt hat und bildet damit so etwas wie einen Sackgasseneffekt ab. Zahlreiche Denker haben den Begriff „Postmoderne" im Anschluss an den französischen Philosophen Liotard benutzt, der ihn seinerseits von amerikanischen Soziologen übernahm (Kuhlmann, 1994). Der Begriff Postmoderne besagt, dass das Konzept der Moderne heute nicht mehr die selbe Evidenz besitzt wie noch zu Beginn des Jahrhunderts. Nunmehr ist nicht mehr eine Stilrichtung das Kriterium der Mode, der geistigen und ästhetischen ebensowenig wie der Alltagsmode. Es sind verschiedene Stilrichtungen zulässig, auch wenn sie sich gegenseitig ausschließen. Mode ist heute mehr der Flickenteppich, die „Patchwork"-Konstellation. Widersprüche sind vorprogrammiert. Die Maximen der postmodernen Herausforderung sind folgende:

> Das zentrale Motiv des Postmodernismus ist jenes einer mit grundsätzlichen Dissenzen rechnenden Pluralität (Billmann-Mahecha, 1997). Kausales Denken hat sich zugunsten eines kybernetischen Netzwerksdenkens dezentriert. Die Relativität von Erkenntnissen, Geltungsbereichen und die Unbestimmtheit des Wissens tritt in den Vordergrund. So sehr wisssenschaftlich gesehen Unvorhersehbarkeit und Zufall innerhalb von definierten Rahmenbedingungen gültig und interessant erscheinen, ist doch in Alltagsentscheidungen der Verlust an Entscheidungssicherheit und Vorhersagemöglichkeiten, der Verlust an Einheitlichkeit für das Individuum schmerzlich (Resch, 1999). Wieviel Relativität, Flexibilität, Unsicherheit, Momenthaftigkeit und Undurchschaubarkeit ver-

kraftet der Mensch ohne Identitätsdiffusion, erlernte Hilflosigkeit oder beziehungsgefährdende Irritation? Wie viel Sachzwängen und wie viel Systemdruck kann er standhalten? Können wir als Menschen überhaupt leben ohne Berechenbarkeit, ohne Gewohnheit und Ritual?

Die postmoderne Maxime fordert allerhöchste psychosoziale Kompetenz von der nächsten Generation. Der Zivilisationsprozess fordert, dass emotionales Verhalten einem Höchstmaß an Selbstkontrolle unterliegt. Das Erleben von Flexibilität und die Wahl aus der Vielfalt kann nur durch selbstbewusste, gefestigte Persönlichkeiten erfolgen. Wenn nun aber Eltern mit ihren Kindern unter dem gegenwärtigen Alltagsdruck in Ohnmachtsgefühle, Hoffnungslosigkeit oder Hilflosigkeit verfallen, dann stören solche Beeinträchtigungen der Befindlichkeit bei Bezugspersonen das emotionale Mikroklima. Verunsicherte, überreizte, frustrierte und depressive Eltern können nicht angemessen auf die emotionalen Bedürfnisse ihrer Kinder eingehen. Überforderte Eltern zeigen damit das Syndrom der „kalten Schulter", das bei den Kindern wiederum einen Mangel an sozioemotionaler Differenzierung bewirkt und zur Beeinträchtigung des Selbstwertes und strukturellen Defiziten führt. Solche Kinder sind beziehungshungrig und egozentrisch, fordernd und emotional bedürftig. Auf diese Weise gelingt es immer weniger, der nächsten Generation jene Selbstsicherheit zu verleihen, die zur Bewältigung von Flexibilität und Globalität notwendig wäre! Schlimmstenfalls könnte die postmoderne Verunsicherung des adulten Individuums sich in einer fatalen emotionalen Deprivation der zukünftigen Generation äußern.

Was können wir als Therapeuten zur Unterbrechung des Teufelskreises beitragen? Vor allem gilt es, die Jugendlichen nicht nur nach nosologischen Kriterien einzuteilen, sondern sie in ihrer Gesamtanpassung im Rahmen ihres sozialen Umfeldes wahrzunehmen. Anpassungskrisen von Jugendlichen dürfen nicht nur unter nosologischen Gesichtspunkten, sondern müssen auch in ihrer entwicklungsdynamischen Komplexität betrachtet werden. Ein Grundprinzip der Therapie muss sein, dass Tiefe und Dauer der therapeutischen Beziehung als Voraussetzung für jede Form einer Psychotherapie Betonung finden. Abbildung 1 (s. nächste Seite) gibt einen Überblick über therapeutische Beeinflussungsmöglichkeiten auf dem Boden einer bindungsähnlichen Beziehung. Es genügt nicht, Symptomkosmetik zu betreiben. Therapeuten müssen in kritischen Lebenssituationen auch akute Hilfestellungen für die Jugendlichen und ihre Familien leisten. Psychopathologische Syndrome können auch das Leben in einer unerträglichen Umwelt anzeigen. Verhaltensmuster und Weltbilder, die in einer beispielsweise angsterzeugenden Umwelt richtig und angemessen waren, können nach Änderung der Lebenssituation dysfunktional sein und einem Wandel durch neue Beziehungserfahrungen entgegenstehen. Innere Konflikte und vor allem strukturelle Defizite können die therapeutische Beziehung gefährden. Diese gilt es daher primär zu sichern. Nur in einer gesicherten Gegenwart und im Lichte einer Zukunftsidee kann die Vergangenheit therapeutisch bewältigt werden!

Was können wir gesellschaftlich zu einer Lösung der Probleme tun? Worin liegen die größten Herausforderungen für die künftige Entwicklung unserer Kinder? Liegen sie nicht in der Gefahr einer emotionalen Entdifferenzierung, die durch noch so große kognitive Bildung und Ausbildung nicht kompensiert werden kann? Wir benötigen neue Wertsetzungen jenseits der Ökonomie, die den Menschen nicht nur den Begriffen der Nützlichkeit und Brauchbarkeit zuordnen. Wir brauchen neue Beziehungskulturen und neue Maßstäbe der kindlichen Erziehung, die sich auf eine zunehmende emotionale Differenzierung konzen-

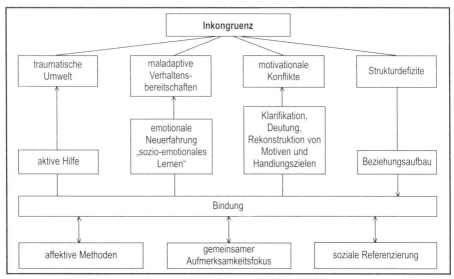

Abb. 1: Therapie bei jugendlichen (modif. nach Grawe, 2000 und Resch et al., 1999a).

trieren. Kognitive Frühförderung ist gesamtgesellschaftlich akzeptiert. Für emotionale Frühförderung gilt dies nicht im gleichen Ausmaß. Neue Leitfiguren der Jugendlichen wären nicht der mutige Einzelkämpfer oder Gladiator, der ja nur identifikatorische Leitfigur individueller Unsicherheit darstellt, sondern neue Leitfigur wäre der Navigator, der die Orientierung trotz eines sternenlosen Himmels behält. Der gordische Knoten unserer Jetztzeit kann nicht mehr zerschlagen, sondern muss entflochten werden. Nicht ideologische Engstirnigkeit, sondern Lebenskunst ist gefragt, nicht gnadenloser Opportunismus und Konkurrenzkampf, sondern Besonnenheit und Mut zum Verzicht zugunsten von Fürsorge und Selbstfürsorge. Aufseiten der Erwachsenen führt das zur Notwendigkeit, Kindern mehr Zeit und Geduld zu widmen, auch wenn diese Kinder uns lästig, fordernd und unwillig erscheinen. Das heißt nicht, dass sich Eltern alles gefallen lassen, sondern es heißt in Dialog zu treten, Konflikte nicht zu scheuen, für Jugendliche auch „Reibebaum" zu sein. Raum geben, durch Grenzensetzen Spielräume schaffen, emotional besetzte Erfahrungsräume ermöglichen; Macht nicht zum eigenen Vorteil, sondern zur Sicherung der Entwicklungsbedingungen des Kindes zu nützen. In diesen Bildern und Gedankensplittern spiegelt sich eine lebbare und erfreuliche Zukunft für Kinder und Jugendliche.

Wir müssen wieder einen neuen Zeitbegriff, eine neue Langsamkeit entdecken und die hässliche Rückseite der Effizienz entblößen. Denn Effizienz kann auch zeitraffend und druckerzeugend sein, statt zu entlasten: Immer besser, immer schneller, immer reibungsloser zu funktionieren erzeugt nicht Freiheit, sondern eher Knechtschaft. Effizienz kann auf diese Weise auch einebnen, denn die rasche und bedingungslose Wunscherfüllung erzeugt oft nicht neue Wünsche, sondern eine innere Leere.

Freiräume des Staunens und Innehaltens müssen immer wieder erkämpft werden. „Zeit haben" ist das Stichwort: Wir sind die Spiegel, in denen unsere Jugendlichen ihre eigenen Sorgen und Passionen erkennen und verstehen wollen. Sind wir nur blinde Spiegel, ungeduldig, selbstsüchtig und lustlos, dann wird auch die nächste Generation in ihrem Gefühlsleben düster und dumpf bleiben. Die postmodernen Herausforderungen bieten eine Chance zur tiefgreifenden Veränderung, auch für uns. Es kommt nicht nur auf unser Wissen, sondern auf unsere Haltungen und Wertschätzungen an. Woran wir glauben ist entscheidend. Die Werte sind es, nicht die Fakten. In meiner Arbeit zu „Entwicklungspsychopathologie und Gesellschaft" habe ich gesagt (Resch, 1999), dass wir uns mit den Emotionen des Menschen viel intensiver beschäftigen müssen, mit seinen Wünschen, Hoffnungen, untergründigen Motiven und Passionen, mit seinen Empfindlichkeiten und mit den Grenzen seiner Gefühlszustände, in denen alles Handeln sich vollzieht. Denn wir werden als Gesellschaft nicht durch unser Wissen überleben oder zugrundegehen, sondern unsere Werte und Haltungen werden darüber entscheiden. Wir werden uns intensiv mit unserem emotionalen Urgrund beschäftigen müssen, weltweit, in Wissenschaft, Kunst, Technologie und Alltagsleben, oder wir werden einer kalten Selbstzerstörungslogik unser Informationsnetzwerke zum Opfer fallen. Eine emotionale Wende von Kognition und technologischer Machbarkeit, zu Wertschätzungen für das menschliche Dasein jenseits der Ökonomie, ist überfällig. Als Therapeuten von Kindern und Jugendlichen dürfen wir uns der postmodernen Wertediskussion nicht entziehen.

Literatur:

Billmann-Mahecha, E. (1997). Werteverfall der Jugend-Analyse eines Deutungsmusters. *Zeitschrift für Individualpsychologie, 22,* 79-90.
Bowlby, J. (1969). *Attachment and loss: Volume 1. Attachment.* New York: Basis Books.
Brunner, R., Parzer, P. & Resch, F. (2001). Dissoziative Symptome und traumatische Lebensereignisse bei Jugendlichen mit einer Borderline-Störung. *Persönlichkeitsstörungen – Theorie und Therapie, 5,* 5-13.
Buck, R. (1999). The biological affects: A typology. *Psychological Revue, 106,* 301-336.
Cicchetti, D. & Toth, S.L. (1995). A developmental psychopathology perspective on child abuse and neglect. *Journal of the American Academy of Child and Adolescent Psychiatry, 34,* 541-565.
Cloninger, C.R. (1999). *Personality and psychopathology. American Psychopathological Association Series.* Washington, London: Amerian Psychiatric Press.
Dornes, M. (1993). *Der kompetente Säugling.* Frankfurt a.Main: Fischer.
Dornes, M. (1997). *Die frühe Kindheit. Entwicklungspsychologie der ersten Lebensjahre.* Frankfurt a.Main: Fischer.
Grawe, K. (1998). *Psychologische Therapie.* Göttingen: Hogrefe.
Grawe, K. (2000). *Psychologische Therapie* (2. korrigierte Auflage). Göttingen: Hogrefe.
Gray, J.A. (1982). *The neuropsychology of anxiety.* Oxford: Oxford University Press.
Grossmann, K. (1987). Die natürlichen Grundlagen zwischenmenschlicher Bindungen. Anthropologische und biologische Überlegungen. In: C. Niemitz (Hrsg.), *Erbe und Umwelt. Zur Natur von Anlage und Selbstbestimmung des Menschen* (S. 200-235). Frankfurt a.Main: Suhrkamp.
Harris, P.L. (1994). The child's understanding of emotion: Developmental change and the family environment. *Journal of Child Psychology and Psychiatry, 35,* 3-28.
Kuhlmann, A. (Hrsg.) (1994): *Philosophische Ansichten der Kultur der Moderne. Philosophie der Gegenwart.* Frankfurt: Fischer-Taschenbuch.
Lewis, N.D. (2000). Emotional self organization at three time scales. In: N.D. Lewis & I. Cranitz (Eds.), *Emotion, development and self organization.* Cambridge: Cambridge University Press.
Luthar, S.S., Burack J.A., Cicchetti D. & Weiß J.R. (Eds.) (1997). *Developmental psychopathology.* Cambridge: Cambridge University Press.
Novosad, C. & Thoman, E.B. (1999). Stability of temperament over the childhood years. *American Journal of Orthopsychiatry, 69, 4,* 457-464.
Papousek M. (1994). *Vom ersten Schrei zum ersten Wort: Anfänge der Sprachenentwicklung in der vorsprachlichen Kommunikation.* Bern: Huber.
Resch, F. (1999). Entwicklungspsychopathologie und Gesellschaft. *Persönlichkeitsstörungen – Theorie und Therapie, 4,* 173-184.
Resch, F. (2001). Zu Klinik und Therapie der Automutilation (*Ärzteblatt* in press).
Resch, F. et al. (1999a). *Entwicklungspsychopathologie des Kindes- und Jugendalters. Ein Lehrbuch* (2. überarbeitete Ausgabe). Weinheim: Psychologie-Verlags-Union.
Resch, F. & Parzer P. et al. (1999b). Zur Störung der Persönlichkeitsentwicklung. *Persönlichkeitsstörungen – Theorie und Therapie, 3,* 49-52.
Resch, F. & Parzer, P. (2000). Therapierelevante Beiträge zur klinischen Emotionsforschung. In: S.K.D. Sulz & G. Lenz (Hrsg.), *Von der Kognition zur Emotion* (S. 111-136). München: CIP-Medien.
Rotbarth, N.K, Posner, M.I. & Hershey, K.L. (1995). Temperament, attention and developmental psychopathology. In: D. Cicchetti & D.J. Cohen (Eds.), *Developmental psychopathology* (pp. 315-340). New York: Wiley.
Rubin, K.H., Hastings, P., Chen, X., Stuart, S. & McNickol, K. (1998). Interpersonal and maternal correlates of aggression, conflict and externalizing problems in traddlers. *Child Dev., 69,* 1614-1629.
Rutter, M. & Smith, D.J. (Eds.) (1995). *Psychosocial disorders in young people. Time trends and their courses.* New York: Wiley and Suns.
Schmeck, K. (2001). Temperament und Charakter – Grundlagen zum Verständnis von Persönlichkeitsstörungen. *Persönlichkeitsstörungen – Theorie und Therapie, 5,* 14-20.
Siegel, D.J. (1999). *The developing mind. Toward a neuropsychology interpersonal experience.* New York, London: Guilford Press.
Stern, D. (1985). *The interpersonal world of the infant.* New York: Basis books.
Thomas, A. & Chess, S. (1977). *Temperament and development.* New York: Bruhner/Marzel. Deutsche Veröffentlichung (1980), *Temperament und Entwicklung.* Stuttgart: Enke.
Zentner, M.R. (1998). *Die Wiederentdeckung des Temperaments. Eine Einführung in die Kindertemperamentsforschung. Geist und Psyche.* Frankfurt a.Main: Fischer.

Ressourcenorientierung in der Psychotherapie mit Kindern und Jugendlichen – Ein sinnvolles Konzept im Spannungsfeld zwischen Anregung, Anspruch und Überforderung

Bruno Metzmacher & Helmut Zaepfel

Einleitung

Ressourcenorientierung ist als therapeutischer Wirkfaktor – schulenübergreifend – in aller Munde. In diesem Sinn wirkt ressourcenorientiertes Denken und Handeln wie eine Art „Zauberwort" (dgvt 3/96), das es der Psychotherapie ermöglicht, sich aus den Fesseln einer krankheitsorientierten Behandlungspraxis zu befreien. „Schatzsuche statt Fehlerorientierung" (Schiffer, 2001) bzw. ein saluto- statt pathogenetischer Blick auf die Problemlagen der Klienten wird vorgeschlagen.

Für uns ist der Ressourcengedanke dann in Diagnostik und Therapie hilfreich, wenn er in dem Spannungsfeld von Defizit und Ressource, Schutz- und Risikofaktor sowie Verwundbarkeit (Vulnerabilität) und psychosoziale Widerstandskraft (Resilienz) entwickelt wird. Was Ressourcen sind, scheint auf den ersten Blick klar. Kommt man dem Begriff näher, wird er rasch unübersichtlich und mehrdeutig. Von dieser Doppelgesichtigkeit und Unschärfe des Konzepts wollen wir zunächst berichten, weil es zu Missverständnissen im Umgang mit dem Ressourcengedanken führen kann. Sodann wollen wir die Mehrdeutigkeit des Konzepts positiv wenden, indem wir zwei Facetten therapeutisch-diagnostischer Ressourcenorientierung beschreiben: Wir erörtern zum einen Forschungsbefunde zum Thema Schutz- und Risikofaktoren in der Entwicklung von Kindern und Jugendlichen und wie diese therapiepraktisch nutzbar gemacht werden können. Zum andern wollen wir den Beitrag tiefenpsychologisch fundierter Ressourcenmodelle für eine allgemeine Psychotherapie von Kindern und Jugendlichen skizzieren. Er scheint uns vor allem darin zu liegen, dass der Praktiker das, was Ressourcen sind, verstärkt unter einem interaktionellen wie einem lebensgeschichtlichen Aspekt zu betrachten und zu handhaben vermag.

I. Schattenseiten des Konzepts der Ressourcenorientierung

So wertvoll die Perspektive der Ressourcenorientierung ist, so sehr läuft sie, wie jedes neue Paradigma Gefahr, durch kritiklose Übertreibung steril zu werden. So finden sich in der einschlägigen Literatur z.B. kaum kritische Hinweise auf die Doppelgesichtigkeit dieses Modells. Im Folgenden wollen wir die Mehrdeutigkeit dieses Konzepts und gewisse Schieflagen in der Diskussion um dieses Modell am Beispiel von 6 Stichworten beschreiben:

1. Ressourcenorientierung als Abgrenzungskonzept im Streit der therapeutischen Schulen.

Der Aspekt der Ressourcenorientierung ist ein „Kind" kurzzeittherapeutischer Ansätze, wie sie vor allem im Umfeld von Verhaltens- und Hypnotherapie, sowie systemischer Familientherapie entwickelt wurden.

Es sieht einen „kompetenten Klienten" vor, der in einer Weise angeleitet werden soll, dass er den Therapeuten möglichst rasch überflüssig macht. Dies geschieht, sehr vereinfacht formuliert, dadurch, dass der Klient von einer „Problem-" in eine „Lösungstrance" versetzt wird, und zwar indem die Selbsthilfepotenziale des Klienten aktiviert werden. Im Wörterbuch der Psychotherapie (Stumm & Pritz, 2000) finden wir unter dem Stichwort *„Ressourcen"* – aus hypnotherapeutischer Perspektive – die folgende Maxime: „Hineinführen in ressourcenarme Zustände („Problemzustände") dient primär nur zur Informationsgewinnung oder Kontrastierung, der Aufmerksamkeitsfokus liegt im positiven Potenzial" (Mende, 2000, S. 596).

Im Abgrenzungsstreit der Schulen wird der Ressourcengedanken hingegen ideologiekritisch verwendet. Er soll zu einer Demokratisierung des therapeutischen Prozesses beitragen, und zwar indem die Rolle des Psychotherapeuten entmystifiziert wird. Die Fixierung auf den defizitären Klienten stabilisiere das Image des idealisierten, omnipotenten Therapeuten. Der therapeutische Ort soll unter der Flagge des Ressourcenmodells zu einer durch und durch weltlichen Dienstleistungs- und Serviceeinrichtung werden, an dem kooperativ-partnerschaftliches Lernen stattfindet (Stichwort: Kundenorientierung).

Diese Kritik zielt vor allem auf analytisch-tiefenpsychologische Ansätze. Sie scheint uns da berechtigt, wo analytisch-tiefenpsychologische Therapie von Kindern und Jugendlichen:
- die „reine analytische Langzeitbehandlung" als Prototyp therapeutischen Handelns hochzuhalten versucht und kurzzeittherapeutische Ansätze als eine letztlich verkümmerte Form tiefenpsychologischen Arbeitens bewertet;
- praktisch-systemischen Lebensweltbezug eher vermeidet;
- eine Diagnostik betreibt, die den Heranwachsenden und seine Bezugspersonen nur durch den Filter einer pathologiezentrierten Diagnostik betrachtet;
- praktisches Handeln und Üben in der Psychotherapie als bloßes Agieren bewertet;
- entwicklungspsychologischen und persönlichkeitstheoretischen Modellen folgt, die sich weigern, auf moderne Konzepte empirisch-klinischer Entwicklungspsychologien Bezug zu nehmen.

Die Kritik wird da ungenau, wo sie neuere Entwicklungen ausblendet, die sowohl innerhalb der klinisch orientierten analytischen Kinderpsychotherapie (vgl. z.B. Biermann, 1994; Schulte-Markwort u.a., 1998; ferner Fürstenau, 2001) als auch tiefenpsychologisch fundierter Ansätze der Kinder- und Jugendlichenpsychotherapie stattgefunden haben. So wurde im Umfeld der Integrativen Therapie nach Petzold ein Modell integrativer Kinder- und Jugendlichenpsychotherapie (Metzmacher, Petzold & Zaepfel, 1996a, 1996b) entwickelt.

Letztere enthält fokale, kurzzeittherapeutische Elemente, bezieht sich systemisch auf die Lebenswelt der Klienten und arbeitet mit einem Beziehungsmodell, das die Bedeutung des Übertragungsgeschehens relativiert, indem es den Therapeuten als realen, Antwort-gebenden Dialogpartner vorsieht. Der Ressourcengedanke ist für diesen Ansatz zentral, weil Petzold (1997) zufolge, Ressourcen alles sind, was Identitätsentwicklung stärkt. Danach entsteht das Selbst- und Weltvertrauen von Kindern und Jugendlichen nur unter einem „Sinndach", das von mindestens 4 gesunden „Säulen" getragen wird: materielle Grundsicherung, wertebezogener Innenhalt, Solidaritätserfahrung und leibliche basierte Erfahrung von Anerkennung und Wertschätzung.

Wie Kinder und Jugendliche diese „Säulen der Identität" entwickeln, darüber sollte sich der tiefenpsychologisch arbeitende Praktiker zum einen bei empirisch fundierten Theorien der Entwicklung kundig machen. Andererseits kann er auf bestimmte Traditionslinien der analytischen Kinder- und Jugendlichenpsychotherapie zurückgreifen, die mit dem Namen Winnicott verbunden sind und die den Ressourcengedanken schon dachten als dieser Begriff noch gar nicht existierte. Winnicotts spieltherapeutische Überlegungen (vgl. 1973, 1976, 1987) entwerfen für Kinder Übergangs- und Experimentierräume, die das Einüben kreativer, ergebnisoffener und zweckfreier Spielformen ermöglicht. Ziel ist nicht primär konfliktorientierte, sondern ich-stärkende, dialogische Beziehungsarbeit. Therapie ist nach Winnicott (1974) die Bereitstellung haltgebender und fördernder Umwelten, in denen dialogische Spielerfahrung eine spezifische Form von Stressbewältigung und Wirksamkeit vermitteln. Die dadurch entstehende „seelische Haut" erzeugt ein Grundgefühl der Unversehrtheit und des Innenhalts.

Das Konzept des freien Spiels ist ein integraler Bestandteil tiefenpsychologisch fundierter Kinderpsychotherapie. Es lässt sich im Rahmen einer allgemeinen Kinder- und Jugendlichenpsychotherapie (Schmidtchen, 2001), je nach Indikation, u.a. mit verhaltenstherapeutischen Formen des halbstandardisierten Rollenspiels und des kognitiven Trainings verbinden.

So betrachtet sollte der Ressourcenbegriff nicht schulisch vereinnahmt werden, zumal es Schattenseiten des systemisch-verhaltenstherapeutischen Ressourcenbegriffs gibt, die wir im Folgenden andeuten möchten.

2. Kritische Anmerkungen zum systemisch-verhaltenstherapeutischen Ressourcenkonzept

Kurzzeittherapeutische Ansätze betonen, dass sie, bei aller Lösungsorientierung, nicht die Probleme der Klienten in Gestalt von Defiziterleben und Trauma bagatellisieren wollen. Genau dies findet aber statt, wenn man unterschlägt, dass z.B. stark multimorbid erkrankte Menschen über Lernschemata und interaktionelle Skripts verfügen, in denen so etwas wie *Ressource* entweder gar nicht vorkommt oder gänzlich anders konnotiert wird als vom ressourcenfreundlichen Therapeuten offeriert. Ressourcenaktivierende Methoden dieser Ansätze greifen häufig nicht, wenn sie auf Klienten angewandt werden, die für die Wahrnehmung „innerseelischer und sozialer Ressourcen" nahezu „blind" sind und für die das in Frage stehende Problemverhalten „unproblematisch", weil psychohygienisch effizient ist. Eine sich selbstverletzende Jugendliche z.B. könnte ihr Selbstverletzungsverhalten als hochwirksame Ressource erleben, weil das Selbstbild der „schmerztoleranten `Ritzerin'" das Gefühl von Kontrolle und Macht über innerseelische und interaktionelle Abläufe ermöglicht. Darüber hinaus ist es ihr gänzlich fremd, Hilfe anders denn als „übergriffige Form der Abhängigkeit" zu verstehen. Diese Jugendliche wird vermutlich einen Bindungs- und Interaktionsstil praktizieren, der über lange Zeit kein verlässliches Arbeitsbündnis mit dem lösungsorientierten Psychotherapeuten zustande kommen lässt. Die lösungsorientierte Selbstdarstellung des Therapeuten mag in ihren Augen nur eine besonders raffinierte Maske der Erwachsenen sein, sie unter soziale Kontrolle zu bringen. Eine undialektische Handhabung der Ressourcenperspektive kann im Therapeuten einen Erfolgsdruck erzeugen, der per Übertragung beim Klienten als „Genesungsdruck" ankommt. Letzteres vermutlich um so stärker, je ausschließlicher der Therapeut nur dieses eine Behandlungsmodell vertritt.

Ein psychodynamisches Verständnis der Ressourcenaktivierung kann dem entgegenwirken, weil es die übertragungsspezifischen und interaktionellen Aspekte der Ressourcenorientierung stärker zu berücksichtigen vermag.

3. Der technizistisch-wertfreie Charakter des Ressourcenkonzepts

Der Ressourcenbegriff ist in seiner Bedeutung hochgradig milieu- und kontextabhängig. In der Scene der Computer-Kids werden andere Kenntnisse und Fertigkeiten verlangt als in der „Streetball-Scene" oder unter den „Turkish Power Boys", bei denen z.B. die Fähigkeit, sich souverän innerhalb bestimmter Beleidigungsrituale zu bewegen, eine ausgesprochene Ressource darstellt (Tertilt, 1997, S. 157 ff.). Gruppenkohärenzgefühle gibt es somit sowohl bei der Mafia wie bei den Skinheads. Psychische Gesundheit im Sinne des salutogenetischen Denkens ist in der „Kultur des neuen Kapitalismus" (Sennett, 1998) durchaus vereinbar mit sozialer Rücksichtslosigkeit (soziale Piraterie), Skrupellosigkeit, ja Kriminalität. Empirische Studien, die die intrapsychischen Kompetenzen erfolgreicher Unternehmerpersönlichkeiten untersuchten, ergaben u.a., dass „Fair play" und Bindungsstreben keine notwendigen Bedingungen für die Stabilisierung des Kohärenzsinns sind. Die „wahren Sieger" und „Modernisierungsgewinner" leiden nicht am Fehlen langfristiger Bindungen, ihnen genügen spezifische innerseelische Ressourcen. Im Gegenteil: Sich zurückziehen zu können, ohne die Angst zu haben, allein und isoliert zu sein, ist eine Grundvoraussetzung für kreative Lösungen (vgl. Schiffer, 2001, S. 61 ff.).

Hieraus folgt: Das Konzept der Ressourcenorientierung macht keine Vorschläge für ein gutes Leben im moralischen Sinne. Ressource ist danach alles, was dazu befähigt, in einem bestimmten Lebensmilieu soziale Anerkennung zu finden, die wiederum das Gefühl von Wirksamkeit und Selbstwert erzeugt. Diese nutzentheoretische Ressourcenperspektive, „gut ist, was nützt und stark macht", enthält allerdings eine Menschenbildannahme, die im schlimmsten Fall die sozialdarwinistische Einstellung beinhaltet, die besagt „Ressource ist das, was im alltäglichen Überlebenskampf fit macht." „Schädigende Auswirkungen meines Handelns – für mich und/oder andere – sind mir zwar nicht gleichgültig, aber sie hindern mich nicht."

Aus klinischer Perspektive erscheint es uns unerlässlich, dass Psychotherapeuten, die sich des Ressourcenkonzepts bedienen, die Menschenbildannahmen reflektieren, die diesem zugrunde liegen. Dies kann bedeuten, dass sie in einen Wertekonflikt mit dem Ressourcenkonzept ihres Klienten geraten können, der Teil der therapeutischen Auseinandersetzung werden kann. Der Ressourcengedanke sollte, wie eingangs erwähnt, mit dem Pol der Defizit- und Problemorientierung zusammengedacht werden. Zerfällt diese dialektische Spannung, z.B. zwischen Saluto- und Pathogenese durch eine Überbetonung des Aspekts der „Schatzsuche", verkommt der lösungsorientierte Ansatz unversehens zu einer „Therapie light", einer Abart des amerikanischen „positive thinking", das den Klienten mit seiner „Genesungseuphorie" missioniert. Diesen Entwicklungen haftet eine gegenwartsspezifische Neigung an, die Last und Gebrechlichkeit des Menschen in Gestalt von Angst, Hoffnungslosigkeit, Schmerz und Tod möglichst rasch aus der Wahrnehmung zu nehmen. Eine angemessene „Defizitorientierung" wird vor diesem Hintergrund wieder als die Fähigkeit rehabilitiert, einen Klienten auch in Situationen begleiten und aushalten zu können, wo die Sicht auf die Ressource verstellt ist, von ihrer kurzfristigen Aktivierung ganz zu schweigen.

Fazit:

Lösungsorientierte, kurzzeittherapeutische Ansätze thematisieren mit Recht die zu ausgeprägte Pathologiezentrierung konventioneller Psychotherapie, wobei sie vor allem analytisch-tiefenpsychologische Ansätze meinen. Sie schütten jedoch dann das „Kind mit dem Bade aus", wenn sie die „blinden Flecke" in ihren eigenen Ressourcenmodellen übersehen. Als Korrektiv und Ergänzung bieten sich tiefenpsychologische fundierte Ressourcenkonzepte an, die wir weiter unten diskutieren werden.

4. Ressourcenorientierung als Legitimationsinstrument zur Durchsetzung von Rationalisierungsmaßnahmen im Gesundheitswesen

Wir leben in einer hochindustrialisierten und -technologisierten Welt, deren oberstes Wirkprinzip die *Effektivität* ist. Dieses Prinzip setzt sich sowohl im Alltag unseres Zusammenlebens, wie auf der politischen Bühne, so auch im Gesundheitswesen, durch.

Darüber sind z.B. alle, die u.a. kassenfinanzierte Psychotherapie betreiben u.a. durch andauernde und völlig unverhältnismäßige Unterbezahlung persönlich informiert und betroffen.

Aber auch in anderen Bereichen sprechen die Zahlen für sich, wie etwa in der Kinder- und Jugendpsychiatrie: So betrug die durchschnittliche Aufenthaltsdauer in der Elisabeth-Klinik, Kinder- und Jugendpsychiatrie in Dortmund im Jahr 1980 ca. 8 Monate. Im Jahre 1998 wurde in Westfalen-Lippe (östl. NRW) um die Verlängerung einer – von den Krankenkassen angesetzten – durchschnittlichen Aufenthaltsdauer von 34 Tagen gekämpft. De facto liegt sie derzeit bei ca. 5-6 Wochen.

Es ist zu befürchten, dass sich mehr und mehr „amerikanische Verhältnisse" auch bei uns etablieren, dass nämlich die KJP hauptsächlich zur Akutversorgung und Krisenintervention „verordnet" wird. Entwicklungsstörungen, die eine längere und kontinuierliche stationäre, wie auch ambulante Behandlung brauchen, werden entlassen. Aber wohin?

Wenn sich da Finanzexperten im Gesundheitswesen „freuen", wenn ihre „Maßnahmen" zu schlankeren, sprich kostengünstigeren Ergebnissen führen, tragen sie letztendlich zur Verschleierung und Unterschlagung von Wirklichkeit bei. Die so im Gesundheitswesen erwirtschafteten „Gewinne" werden unversehens zu höheren Kosten in der Jugendhilfe, im Polizei- und Gerichtswesen, wie auch in der organischen Medizin. Solche Entwicklungen zwingen den Praktiker, ob er dies für indiziert hält oder nicht, möglichst schnell möglichst viel zu bewirken. *„Gras wächst nicht schneller, wenn man daran zieht"* heißt es so schön. Manche Behandlung im stationären Bereich kommt diesem Versuch allerdings gleich.

Die Fallzahlmessungen in Beratungsstellen als Qualitätssicherungsmerkmal weisen in ähnliche Richtung, genauso wie zu erwartenden Einsparungen bei der kassenfinanzierten ambulanten PT. Zwei Drittel aller Behandlungen, so Sigusch (1997) seien letztlich Palliativbehandlungen, d.h. nicht heilend, sondern allenfalls lindernd.

Fazit:

Durch die Verknappung und den Abbau von wirtschaftlichen, zeitlichen und personalen Ressourcen im Gesundheitswesen, wie auch in der Jugendhilfe entstehen mehr und mehr Legitimationsprobleme bei der inhaltlichen Begründung und Bewertung von verkürzten und „verschlankten" Hilfsmaßnahmen. Da scheint es nicht unbegründet, danach zu fragen, ob und welchem Ausmaß die postulierte Ressourcenorientierung zur Rationalisierung von steigendem Kostendruck und sinkenden Budgets im Gesundheitswesen missbraucht wird.

Mit den folgenden beiden Stichworten diskutieren wir die Janusköpfigkeit des Ressourcenkonzepts am Beispiel jugendlicher Lebensstilpraktiken und überforderter erzieherischer Systeme.

5. Coolness oder die Doppelgesichtigkeit von Bewältigungsstilen

Der rasche soziale Wandel führt zu einer Vielfalt neuer kindlich-jugendlicher Subkulturen mit rasch wechselnden Trends und Moden und damit zu einer enormen Vielfalt möglicher Lebensstiloptionen, zwischen denen es sich ständig zu entscheiden gilt. Mit dem Konzept des **Sozialen Sinnverstehens** haben wir versucht, diese Veränderungsdynamik für die Psychotherapie mit Kindern, Jugendlichen und ihren Bezugssystemen, methodisch zugänglich zu machen (Metzmacher & Zaepfel, 1996; Zaepfel & Metzmacher, 1996, 1998, 1999). **Soziales Sinnverstehen** ist der verstehenden Soziologie entlehnt und auf die Praxis der Psychotherapie angewandt, konsequent ressourcenorientiert, indem es u.a.

> „die alltäglichen Bewältigungsleistungen rekonstruiert, mit denen Kinder und Jugendliche sich ihre subkulturellen Sinn-Nischen basteln, ihre „kleinen Fluchten und das Abenteuer" gleich um die Ecke organisieren und wie sie alle erdenklichen Produkte der Konsum- und Medienwelt mit eigenen seelisch-sozialen Bedeutungen versehen, sie umgestalten, neu erfinden und darüber ihren eigenen Lebenstext schreiben (a.a.O., 1998, S. 44).

Das „Lebensstilsurfen" bedarf nun spezifischer Einstellungs- und Bewältigungsmuster, um für den Heranwachsenden überschaubar zu bleiben. Das hört sich manchmal wie folgt an:

> „Wir sind unfassbar, das ist unser Geheimnis. Wir kommen mit dieser falschen Welt besser zurecht als eure Psychologengeneration, die die Welt der Werbung als das Reich des Bösen enttarnt hat. Die endlos über Konzepte diskutiert, pädagogisch darauf einzugehen. Wir dagegen schalten einfach um oder gerade deswegen ein. Die Werbung ist Teil unsere Sozialisation. Wir sind sie gewöhnt und weitgehend immun gegen sie. „Werbewirkung endet im Geldbeutel."

> „Wir haben es einfach, wie kaum jemand und werden davon überfordert. Wir wollen behütet sein und frei. Wir sind hemmungslos verklemmt, unglaublich weltoffen, schön intelligent, unrealistisch und faul. Wir glauben an Gott und die geklauten Nieren im Krankenhaus."
> (König, 1993)

Das klingt „cool" und markiert eine Form emotionaler Distanziertheit und Dissidenz den Medien und dem Marktgeschehen gegenüber. Dieser Begriff der „coolness" wird mittlerweile als positive Attidüde und Einstellung inflationär verwendet. Am Ende der neunziger Jahre war Kohl *cool*, ebenso wie die PDS oder die jungen Liberalen. Auch für Sondermodelle beliebter Automarken und sogar bei Finanzierungsmodellen von Banken wurde mit der Bezeichnung >cool< die Aura einer selbstbewussten Modernität und Stilisiertheit heraufbeschworen.

Das Bedeutungsfeld von „kalt" bleibt undefiniert, aber wirksam. „Umgangssprachlich wird der Begriff >Kälte< genutzt, um eine Temperatur zu beschreiben, bei der Menschen frieren. Als Metapher verwendet, beschreibt >Kälte< das zwischenmenschliche Klima in modernen Massengesellschaften." (Poschardt, 2000, S. 9)

Am Phänomen der **Coolness** lässt sich das Doppelgesicht von ressourcenorientierten Bewältigungsstilen veranschaulichen:

Cool-Sein beschreibt dann einen *dysfunktionalen Bewältigungsstil*, im Sinne einer Abwehrtätigkeit, wenn er die Handhabung von anstehenden Entwicklungsaufgaben erschwert oder verhindert. Dies ist z.B. dann der Fall, wenn „cool-Sein" mit einer Art chronischer Konfliktvermeidung und illusionärer Selbst- und Fremdwahrnehmung einhergeht.

Cool-Sein als *funktionale Bewältigungshaltung* (Coping) beinhaltet hingegen eine Art individuellen Reizschutz: z. B. „nicht verführt werden zu können, wenn man es nicht will. Es heißt, nicht verletzt werden zu können, wenn man es nicht will. Es heißt, Kontrolle als Schutz und Schutz als Kontrolle zu verstehen, so wie Alpinisten und Polarforscher, die sich mit Schutzbekleidung die tödliche Kälte vom Leibe halten, um sich in ihr bewegen zu können" (Poschardt, 2000, S. 11).

Der Ressourcenbegriff ist somit wie jeder Sachverhalt schillernd und januskopfig, weil hochgradig kontextabhängig. Was in der einen Situation „cooles Verhalten" ist, wird in einer anderen als gänzlich „uncool" abqualifiziert.

6. Schule und Familie als Risikofaktor oder als Ressource?
Das Modernisierungsdilemma der Sozialisation

Manches deutet inzwischen darauf hin, dass Kinder in der modernisierten Gesellschaft nicht nur viel früher ihr eigenes Leben, sondern auch ihre Erziehung selbst in die Hand nehmen. Schon früh geraten sie in Prozesse des Aushandelns unterschiedlicher Interessen, in denen sie die Vielfalt und Verschiedenheit individueller und kollektiver Perspektiven erleben und sich erstreiten müssen (Stichworte: Patchwork-Familien, hoher Ausländeranteil in Schulklassen, „der große Bruder" im Familienclan, subkulturelle Milieus, Freizeit- und Konsumgewohnheiten, etc.). Solche „selbstsozialisatorischen" Prozesse eröffnen eine Fülle neuer Lernchancen, und zwar für Kinder, Jugendliche und auch Erwachsene. Gleichwohl sind sie natürlich an Kompetenzen gebunden, die erworben werden wollen und müssen. Die selbstständigen Begegnungskulturen von Kindern hängen vom Reichtum der Gelegenheiten ab, die ihnen ihre soziale Umwelt zur Verfügung stellt. Wie entscheidend die Förderung von Lernstilen und die Entwicklung eines basalen Weltwissens ist, darüber informieren z. B. die Bücher von Elschenbroich (2001) und Martenstein (2001). Elschenbroich hat das Bedürfnis, über Kinder nicht nur in Skandalkategorien zu sprechen und möchte den Alarmmeldungen über Gewalt, Vernachlässigung etc. positives Phantasieren entgegensetzen, denn: „wer sich nichts mehr vormacht, der hat nichts mehr vor sich" (Eschenbroich, 2001, S. 35).

Gleichwohl hat aber die verstärkte Tendenz zur Selbsterziehung auch ihre Schattenseite, wie z. B. Krappmann (in: Rathmayr, 1999, S. 26) berichtet: Am Beispiel von Aushandlungsprozessen in Schulpausen bei 750 Schülern und Schülerinnen an einer Berliner Gesamtschule zeigte sich, „dass diese 10- 12jährigen Kinder in mehr als der Hälfte der Aushandlungen die Sicht der anderen Seite übergingen, rüde ablehnten oder mit Zwang wegfegten, bzw. sich unterwarfen, ohne etwas entgegenzusetzen. Der strittige Charakter vieler Aushandlungen war daran abzulesen, dass fast in der Hälfte aller Aushandlungen Beteiligte angeschrieen, weggestoßen, verhöhnt, geknufft oder gar geschlagen wurden." „Wenn unter diesen Kindern oft auch in Freundschaften die Perspektive der Gegenseite nicht in Betracht gezogen wurde ... häufig Gefühle missachtet oder auch physische Gewalt angewendet wurde und sich nur in jeder zehnten Aushandlung *argumentative Eigenbemühungen* entdecken ließen, dann heißt das, dass **soziales Lernen und entwicklungsfördernde Interaktion** in der sozialen Kultur dieser Schule nicht oder nicht im nötigen Ausmaß stattfinden." (Rathmayr, 1999, S. 26).

Die Schilderungen von Kindern und Jugendlichen über ihre schulischen Verhältnisse sind z. T. alarmierend, sodass die Schule selbst bisweilen mehr als **Risikofaktor** denn als Möglichkeitsraum in der Entwicklung von Kindern und Jugendlichen betrachtet wird (vgl. Gaschke, 2001). Hinzukommt, dass **Selbstbehauptung** zu einer durchaus zwiespältigen sozialen Schlüsselkompetenz(Ressource) wird, wenn sie aus der Not unzureichender Erziehungsbemühungen der Erwachsenen, die Tugend einer Selbstbestimmung ohne erkennbare Begrenzung und Bereitschaft zur Selbstverpflichtung macht:

> „Wir lernen in der Schule viel mehr, als im Lehrplan steht, und die Statistik des ständig sinkenden Bildungsniveaus Glauben machen will. Wir lernen die heute übliche Form des Zusammenlebens. Der Erziehungsauftrag an uns wird zwischen Eltern ohne Zeit und überforderten Lehrern hin- und her geschoben, wir gewinnen Freiraum in diesem Chaos und der gefällt uns. Wir verwildern in diesem Vakuum dessen Ränder aus Watte sind und dessen Grenzen wir uns selbst setzen."

(König, 1993, S. 3)

Hier entsteht das, was Rathmayr (1999) das **„Modernisierungsdilemma der Sozialisation"** nennt: Familien und Schulen haben einerseits durch die Modernisierung der Kindheit erheblich an Sozialisationskompetenz eingebüßt, andererseits wird die Kultur der Gleichaltrigen bzgl. sozialer Lernerfahrungen durch die **soziale Umwelt**, wie sie sich in Familien, Schule und gesellschaftlicher Öffentlichkeit *faktisch* darstellt, nicht nur unzureichend unterstützt, sondern häufig genug *aktiv* behindert.

Viele **Eltern** sind verunsichert über die (Aus-)Wirkungen modernisierter Kindheitsverläufe und -aktivitäten. Sie sollen differenzierte Konsumgüterabwägungen vornehmen, sich in der Sprache der Medien- und Computerwelt bewegen und Antworten auf zunehmend argumentationssichere Kinder und Jugendliche finden, wenn es um das „handling" und „mangement" von Gefühlen in immer „bunter" werdenden sozialen Beziehungen geht (Beck-Gernsheim, 1998).

Die alltägliche „Identitätsarbeit" (Keupp, 1997, 1999, 2002) von Kindern und Jugendlichen macht diese in wichtigen Belangen zu **Experten im Alltag** mit ihren erwachsenen Bezugspersonen. Damit wird auch Elternschaft zu einer sich ständig wandelnden Entwicklungsaufgabe, die Eltern viel Unsicherheitstoleranz abverlangt. Hierauf weist Keupp (in diesem Band) deutlich hin, wenn er sagt:

> „Erwachsenwerden ist ein Projekt, das in eine Welt hineinführt, die zunehmend unlesbar geworden ist, für die unsere Erfahrungen und unsere Begriffe nicht ausreichen, um eine stimmige Interpretation oder eine verlässliche Prognose zu erreichen. Für diese Welt existiert kein Atlas, auf den Erwachsenen zurückgreifen könnten, um Heranwachsenden ihren möglichen Ort und den Weg dorthin erklären zu können. Insofern sind sie zunehmend auch selbst überfordert, Jugendlichen überzeugend zu vermitteln, worauf es für ein gelingendes Leben ankommt."

(Keupp, 2002)

Da fragen sich viele Eltern und Experten zu Recht:
• Welches Weltwissen benötigen Kinder und Heranwachsende, um in sich ein Gefühl der „Lesbarkeit der Welt" zu entwickeln?
• Welcher Erziehungsphilosophie soll ich folgen; derjenigen, die mir sagt, dass „Dreijährige just beim Eintritt in den Kindergarten hart an der Entwicklung ihres Ich-Bewusstseins arbeiten" (Gaschke, 2001), die die Eltern, unter Absage an die 68er Pädagogik, auf Pflichtbewusstsein, Disziplin und Selbstkontrolle einschwören möchte? Eine solche Haltung setzt auf ein möglichst frühes Erwachsenwerden (vgl. hierzu auch die Aussagen der Kanzlergattin, Frau Schröder-Köpf, wie sie jüngst in den Medien zu vernehmen war). Oder soll ich den Kindern möglichst lange Zeit für die Ausgestaltung und Erkundung ihrer

Eigenrealität zur Verfügung stellen, und zwar wie lange?
- Wo gilt es, mit welchen Mitteln, sinnvoll Grenzen zu setzen, und dies vor dem Hintergrund bisweilen entgrenzter Alltagsanforderungen, insbesondere bei alleinerziehenden und berufstätigen Müttern?
- In welcher Weise gilt es diese neuen Kompetenzen von Heranwachsenden anzuerkennen und zu fördern, ohne das Generationenverhältnis umzukehren?
- Was braucht es jeweils im Einzelfall, um die Abwägung von Risken und Potenzialen entwicklungsfördernd zu gestalten, und dabei nicht nur endlos zu argumentieren, sondern auch zu handeln?

- Wie gelingt es uns Kinder- und Jugendlichpsychotherapeuten, die Vorstellung einer *hinreichend guten Zukunft* aufrecht zu erhalten und zu vermitteln (Metzmacher & Zaepfel, 1996)?
- „Was können und sollen Therapeuten von Jugendlichen lernen" (du Bois, in diesem Band)?
- Mit welchen Mitteln bewältigen wir selbst den Verlust von Sicherheiten in persönlichen und beruflichen Bereichen und wie wirkt sich das auf unsere Arbeit mit Kindern und Jugendlichen aus?

Keine Frage: Wer auf diese Fragen produktive Antworten zu entwerfen vermag, dem werden neue Lebensführungsressourcen zuwachsen. Vermutlich werden dies aber jene Erziehungsmilieus sein, die nach dem Armuts- und Reichtumsbericht der Bundesregierung (2001) eher auf der Sonnenseite liegen und die neben dem materiellen auch noch über ein kulturelles Lebensstilkapital verfügen. Letzteres scheint dabei insofern von ausschlaggebender Bedeutung zu sein, weil es darüber entscheidet, in welcher Weise Kinder das Lernen lernen. Für Problemfamilien gilt jedoch eher das umgekehrte „Matthäusprinzip": „Wer nicht hat, dem wird genommen". In diesem Fall werden Kinder zu Armutsrisken dieser Familien (vgl. z.B. Hanesch u.a., 2000).

Fazit:
Das Stichwort vom *Modernisierungsdilemma der Sozialisation* legt den Akzent auf gesellschaftlich „schiefe", Ressourcen- bzw. sozialstrukturelle Mangellagen, die keine ausreichende Unterstützung und Geborgenheit vermitteln (vgl. z.B. Fraser, 2001). Vertreter der Ressourcenorientierung müssen diesen Sachverhalt knapper werdender sozialer Ressourcen mitdenken, weil sie ansonsten – möglicherweise ungewollt – eine neoliberalen Haltung unterstützen, für die es nurmehr individuell zu verantwortendes Scheitern und Elend gibt. Die „Kleinunternehmer in Sachen Lebensführung", zu denen Kinder und Jugendliche zu werden gezwungen sind, bedürfen einer ausreichenden gesellschaftlichen „Anschubfinanzierung" in Gestalt von geschützten Lernfeldern, in denen noch zweckfreie Spiel- und Bindungserfahrungen möglich sind. Fehlen diese, weil die Gesellschaft sich zunehmend aus ihrer erzieherischen Verantwortung zurückzieht, bestehen erhebliche „Konkursrisken". In jedem Fall müssen sich unsere „Kleinunternehmer" für ihre Lebensstilentwicklung ein seelisch-interaktionelles „Nervenkostüm" zulegen, das in der Lage ist „aus Unsicherheit Freude zu beziehen". Stresstheoretisch ist damit gemeint, dass sie Entwicklungsaufgaben eher als Anregung und Herausforderung denn als Belastung oder gar Bedrohung erleben sollten, wollen sie seelisch gesund bleiben. Hierzu bedürfen sie zum einen innerseelischer Fertigkeiten, Ressourcen zu entwickeln, zu konservieren und je nach Belastungslage passgenau zu reaktivieren. Zum andern sollten sie über interaktionelle Fähigkeiten verfügen, um soziale und ökologische Ressourcenlagen ausfindig zu machen, sie zu nutzen und wenn möglich, zu ihrem Bestand beitragen.

Mehrfach gehandicapte Kinder verfügen über diese Fähigkeiten in nur eingeschränktem Maße. Kinder- und Jugendlichentherapie, und zwar schulenübergreifend, hat u.a. das Ziel, diesen Kindern und Jugendlichen dabei zu helfen, so viel Selbstvertrauen in ihre eigene Wirksamkeit zu vermitteln, dass sich für sie neue soziale Anschlussmöglichkeiten ergeben. Voraussetzung hierfür ist, dass für den Heranwachsenden wieder der Möglichkeitssinn wach wird, indem elementare Fragen wie
„wer bin ich, was kann ich, wer liebt mich, was habe ich erreicht, wohin soll ich, will ich, darf ich?" eine positivere Antwort erfahren als bislang gewohnt (Resch, 1999).

Faktoren, die die Entstehung eines solchen positiven Kraft- und Zielfeldes begünstigen, werden in der klinisch-empirischen Entwicklungspsychologie *protektive Faktoren* genannt. Ressourcenaktivierende Methoden haben zum Ziel, möglichst viele solcher Faktoren verfügbar werden zu lassen. In diesem Sinn sind diese Methoden aus keinem therapeutischen Ansatz mehr wegzudenken.

Im Folgenden werden wir beispielhaft skizzieren, in welcher Weise die Forschung zu protektiven und Risikofaktoren therapiepraktisch genutzt werden können. Andererseits werden zugleich die Grenzen rein deskriptiver Ressourcenerfassung deutlich.

II. Modelle der Ressourcenerfassung und -bestimmung

1. Deskriptive Modelle der Ressourcenbestimmung

Die beschreibende Erfassung von Ressourcen ermöglicht uns zunächst einen Überblick über das jeweilige Spektrum von potenziell entwicklungsfördernden Möglichkeiten eines Menschen und seines Lebensfeldes. Petzold nennt die folgenden *Basiskategorien* von Ressourcen:
- *Personale Ressourcen* (Gesundheit, Vitalität, persönliche Souveränität, Intelligenz, Bildung, Willenskraft etc.),
- *Soziale Ressourcen* (Familie, Freunde, KollegInnen, Beziehungen etc.)
- *Materielle Ressourcen* (Haus- und Grundstücksbesitz, Beteiligungen, Geld, etc.)
- *Professionelle Ressourcen* (berufliche Position, Fachwissen, Berufserfahrung, etc.)

(1997, S. 435 ff.)

Entwicklungspsychologische Feldforschung (vgl. u.a. Oerter et al., 1999; Opp et al., 1999; Resch, 1996; Petzold, 1996; Schmidtchen, 2001) hat diese **Schutzfaktoren**, die den Prozess der Gesundheits- und Krankheitsentwicklung bei Kindern, Jugendlichen und Erwachsenen maßgeblich beeinflussen (Abb. 1), nach Egle, Hoffmann (2000) wie folgt konkretisiert.

- Dauerhafte gute Beziehung zu mindestens einer primären Bezugsperson,
- Großfamiliäres Zusammenleben, kompensatorische Elternbeziehungen, Entlastung der Mutter,
- Gutes Ersatzmilieu nach frühem Mutterverlust,
- Hohe Intelligenz,
- Robustes, aktives und kontaktfreudiges, „annäherungsorientiertes" Temperament,
- Internale Kontrollüberzeugungen,
- Sicheres Bindungsverhalten,
- Soziale Förderung,
- Verlässlich unterstützende Bezugsperson(en) im Erwachsenenalter,
- Geringe Risikogesamtbelastung,
- Jungen sind vulnerabler als Mädchen.

Abb. 1: Zusammenfassung gesicherter biografischer Schutzfaktoren im Hinblick auf die Entstehung psychischer und psychosomatischer Krankheiten.

Diesen Schutzfaktoren stehen nun die folgenden **Risikofaktoren** für die Entstehung von psychischen und psychosomatischen Krankheit bei Kindern und Jugendlichen gegenüber:

- Niedriger sozio-ökonomischer Status,
- Schlechte Schulbildung der Eltern,
- Arbeitslosigkeit,
- Große Familien und sehr wenig Wohnraum,
- Kontakte mit Einrichtungen der „sozialen Kontrolle (z.B.Jugendamt),
- Kriminalität oder Dissozialität eines Elternteils,
- Chronische Disharmonie,
- Mütterliche Berufstätigkeit im 1. Lebensjahr,
- Unsicheres Bindungsverhalten nach 12./18. Lebensmonat,
- Psychische Störungen der Mutter/des Vaters,
- Schwere körperliche Erkrankung der Mutter/des Vaters,
- Chronisch-krankes Geschwister,
- Alleinerziehende Mutter,
- Autoritäres väterliches Verhalten,
- Verlust der Mutter,
- Scheidung, Trennung der Eltern,
- Häufig wechselnde frühe Beziehungen,
- Sexueller und/oder aggressiver Missbrauch,
- Schlechte Kontakte zu Gleichaltrigen,
- Altersabstand zum nächsten Geschwister weniger als 18 Monate,
- Längere Trennung von den Eltern in den ersten 7 Lebensjahren,
- Hohe Risiko-Gesamtbelastung,
- Jungen sind vulnerabler als Mädchen.

EGLE & HOFFMANN (2000, S. 20 f.)

Abb. 2

Für die Praxis der Kinder- und Jugendlichenpsychotherapie ist nun ein weiterer Konkretisierungsschritt notwendig, damit das Wissen um protektive Faktoren zu einem therapeutischen Wirkfaktor wird. In diesem Sinn hat Metzmacher (2001) eine Fragebogenentwurf für Eltern/Bezugspersonen entwickelt, um mit diesen gemeinsam praktische Ressourcenerhebung zu betreiben. Auszüge aus diesem Fragebogen sind auf Abb. 3 und Abb. 4 (s. nächste Seite) enthalten.

Mit diesem Fragebogen wird den Eltern, bzw. Bezugspersonen des Kindes/Jugendlichen, von Beginn an vermittelt, dass in der psychologischen Diagnostik und Therapieplanung nicht nur die Konflikte, Störungen und Defizite im Zentrum der Aufmerksamkeit stehen. Es wird eine *salutogenetische Perspektive* eingeführt.

Eltern/Bezugspersonen können, bzw. sollen auf diese Weise *aktiv mitarbeiten* und werden als Experten für ihr Kind angesprochen. Es wird ihnen per Fragebogen ermöglicht, selbst eine *Perspektivveränderung* durch die Übernahme einer *ressourcenorientierten Sichtweise* einzunehmen.

Dieser Fragenbogen erlaubt bzw. erfordert eine ganz am Einzelfall orientierte Ressourcenbestimmung, womit auch zugleich die Grenzen deskriptiver Modelle deutlich werden.

Fragebogen zur Erfassung von Ressourcen bei Kindern und Jugendlichen (für Eltern/Bezugspersonen)

Mithilfe dieses Fragebogens sollen die positiven Möglichkeiten Ihres Kindes erfasst werden, um sie für die psychologische Diagnostik und Therapieplanung zu nutzen.

I. Personale Ressourcen

1. attraktive persönliche Eigenschaften	2. Fähigkeiten und Fertigkeiten	3. Interessen
sympathische Ausstrahlung, positive Temperaments- und Wesensmerkmale, wie Lebendigkeit, Humor, Hilfsbereitschaft, Taktgefühl, u.a.	Intelligenz, Kreativität, Introspektions- und Ausdrucksfähigkeit, kommunikative Kompetenz, motorische, künstlerische, (medien) technische, u.a. Fertigkeiten, Kohärenzsinn, Bewältigungressourcen, u.a.	bevorzugte Tätigkeiten und Objekte, Neigungen, Lernmotivation, Selbstwirksamkeitsüberzeugung, u.a.

1. Positive Beziehungen innerhalb des familiären Zusammenlebens	2. Positive Beziehungen außerhalb des familiären Zusammenlebens

II. Soziale Ressourcen

1. Finanzielle Situation der Familie / des Bezugssystems	2. Qualität von Wohnraum und Umgebung
3. Materieller Status des Kindes/ Jugendl. im Gleichaltrigenmilieu	4. Ausbildungs- und Zielperspektiven

Abb. 3.

I. 2. Fähigkeiten und Fertigkeiten
(A intelligenz, B Schulleistung, C Kreativität, D Motorische Fertigkeiten, E Technische Fertigkeiten)
F Bewältigungsressourcen

Fragen:
1. *Bei welchen Gelegenheiten bringt Ihr Kind* **Optimismus** *zum Ausdruck und was äußert es dann zum Beispiel?*

....

....

2. *Bei welchen Tätigkeiten, bzw. Situationen erlebt Ihr Kind, dass es etwas* **bewirken kann**, *was für sein Selbstwertgefühl und seine Entwicklung förderlich ist?*

....

....

3. *Welche persönlichen Schwierigkeiten / Konflikte / Herausforderungen hat Ihr Kind in letzter Zeit* **bewältigt**? *Was hat ihm dabei geholfen?*
a) bzgl. *eigener Fähigkeiten:* ....

....

b) bzgl. *fremder Hilfe:* ....

....

4. *Gibt es Situationen, bei denen Sie überrascht sind, über welche* **Möglichkeiten** *ihr Kind verfügt, bestimmte* **Probleme und Herausforderungen zu bewältigen?**

....

....

Abb. 4: Fragen zur Ressourcendiagnostik (Teil I).

5. *Wovon ist Ihr Kind augenblicklich wohl **überzeugt**, was es selbst und seine Lebenssituation betrifft? Bitte versuchen Sie die folgenden Satzanfänge zu vervollständigen, und zwar aus der Sicht Ihres Kindes!*
Möglicherweise gibt es auch unterschiedliche Einschätzungen zwischen Ihnen und Ihrem Lebenspartner. Aus diesem Grund liegt diese Seite doppelt vor. Wenn Sie wollen, dann füllen Sie die Sätze unabhängig voneinander aus. Bitte kennzeichnen Sie dann, wer welche Seite ausgefüllt hat.

Wenn ich erwachsen sein werde, ...
Ich bin ....
Für mich ist selbstverständlich, dass ....
Die Welt ist ....
Am meisten leide ich augenblicklich darunter, dass ....
Ich kann bzw. könnte zurecht darauf stolz sein, dass ich ....
Meine Mutter glaubt, dass ich ....
Mein Vater glaubt, dass ich ....
Am Wohlsten fühle ich mich ....
Meine Freunde ....
Am meisten vermisse ich ....
Ich habe keine Angst (da)vor ....
Das Wichtigste, was ich habe, ist ....
An meiner Mutter mag ich am meisten ....
Am meisten ärgere ich mich über sie, wenn ....
Wenn ich etwas mehr Glück hätte ....
Kinder sollten ....
An meinem Vater mag ich am meisten ....
Am meisten ärgere ich mich über ihn, wenn ....
Es ist gut, dass ....
Am meisten wünsche ich mir ....

Diese Seite des Fragebogens ist zweimal enthalten, damit sie ggf. getrennt von Mutter und Vater ausgefüllt werden kann.

Abb. 4: Fragen zur Ressourcendiagnostik (Teil II).

2. „Was des Einen Freud ist des Anderen Leid" – Ressource als kontextabhängige Kategorie

Deskriptive Ressourcenerfassungen berücksichtigen zu wenig den persönlichen wie lebensweltlichen Kontext, in dem entschieden wird, was zum Risiko und was zur Ressource wird. Opp, Fingerle u.a. weisen in ihrem Buch: *Was Kinder stärkt. Erziehung zwischen Risiko und Resilienz* (1999) darauf hin, dass es von den individuellen Bedingungskonstellationen abhängt, was resilienzfördernd ist, also zur Stärkung der psychosozialen Widerstandskraft beiträgt und damit einen Schutzfaktor darstellt, bzw. ob die in einem bestimmten Kontext angemessene Bewältigungsstrategie auch in anderen Lebenssituationen und -phasen ebenso hilfreich ist (Fingerle, a.a.O., S. 96).

Lösel und Bender beschreiben dies am Beispiel des Schutzfaktors „Selbstkonzept":

> „Selbstvertrauen und ein positives Selbstwertgefühl werden in der Regel als protektive Faktoren angesehen, die Voraussetzung für einen konstruktiven Umgang mit Problemen ist. Viele Studien zeigen aber, dass beispielsweise auch gewalttätige Kinder über ein positives Selbstkonzept verfügen. Da ein solches Selbstkonzept dazu führen kann, dass man andere Personen abwertet oder von ihnen mehr Wertschätzung erwartet, als man u. U. erhält, kann ein positives Selbstkonzept im Falle dieser Personen sogar aggressionsstabilisierend wirken. Es ist daher fraglich, ob es in diesem Fall gerechtfertigt ist, von einem protektiven Faktor zu sprechen." (Fingerle, S. 90).

Selbst die Forschungsergebnisse machen somit deutlich, dass die Frage, was ein Schutz- oder Risikofaktor ist, nicht per se zu beantworten ist, ja dass selbst eine Häufung von Risikofaktoren kein Garant für eine fehlschlagende psychosoziale Entwicklung sein muß und umgekehrt. Die folgenden beiden Beispiele sollen diesen Sachverhalt veranschaulichen:

Beispiel 1: Hohe Risiko-Gesamtbelastung und positive Entwicklungsprognose.

Der 10-jährige K. beendet in wenigen Stunden eine gut zwei Jahre stattgefundene Kindertherapie (70/17 Std. TP). Er hat soeben ein ansprechendes Abschlusszeugnis von der Grundschule bekommen und wird auf die Realschule wechseln. Er teilt glaubhaft mit, es gehe ihm gut und er würde die anstehenden Aufgaben bestimmt meistern.

Vorstellungssymptomatik:
Vor zwei Jahren wurde K. vorgestellt, weil er sich immer wieder wie ein Mädchen gekleidet hatte und in der Schule u. a. hierfür verprügelt wurde. Er nässte ein, lutschte am Daumen und hing an der Mutter wie eine Klette (Trennungsängste).

Inzwischen ist er deutlich separiert, hat keine Einschlafängste mehr, nässt nicht mehr ein und lutscht nicht am Daumen. Er verhält sich als Junge altersentsprechend und muss mittlerweile mehr auf seine vorlaute, freche Haltung achten als darauf, immer wieder Opfer zu werden.

Lebensgeschichtliche Hintergründe:
K. lebt allein mit seiner Mutter, die sich von dem Vater getrennt hatte, als K. drei Jahre alt war. Dieser Trennung war ein jahrelanger Medikamentenmissbrauch seitens der Mutter vorangegangen, der auch mit mehreren stationären Behandlungen, und damit mehrmonatigen Abwesenheiten in den frühen Jahren von K. verbunden war. Der Vater sei gewalttätig gewesen, hätte die Mutter geprügelt, den Jungen zwar nicht, aber dieser habe die Gewaltanwendung des Vaters der Mutter gegenüber mehrfach mitbekommen. Die Trennung war zunächst der Beginn einer regelrechten Flucht: ins Frauenhaus, zu mehreren Freundinnen, wieder zurück, wieder ... Hoch verschuldet bezog die Mutter dann eine 45 qm Wohnung zusammen mit K., in der sie noch heute lebt. Sie ist berufstätig und dank mehrerer „Titel" bleibt ihr nur das Nötigste zum materiellen Leben. Der Vater betreibt mehrere große Lederbekleidungsgeschäfte in der Nachbarstadt. Laut Schilderung der Mutter entstand ein Bild des Vaters mit einer recht ausgeprägten narzisstischen Persönlichkeitsstörung.

In diesem Fall des 10jährigen K. finden wir 12 von 23 kategorial aufgelisteten Risikofaktoren. Sameroff et al. (1987; vgl. Petzold, 1996, S. 193) sprechen von „High-risk"-Kindern, wenn 40% der gesicherten Risikofaktoren im Einzellfall zusammentreffen.

An Schutzfaktoren lassen sich bei K. ebenfalls einige finden, wie vor allem:
- Dauerhaft gute Beziehung zu mindestens einer primären Bezugsperson (hier: die Mutter trotz aller Zumutungen, die sie ihrem Sohn beschert hat)
- Soziale Förderung (Vereine, KG, Hort, etc.)
- Internale Kontrollüberzeugungen
- gewinnendes äußeres Erscheinungsbild und lebhaftes „annäherungsorientiertes" Temperament.

K. macht aus seinem biologischen Temperamentsmitgift viel, indem er chronisch familiäre Altlasten auch als Herausforderung wahrzunehmen vermag, z.B. als Ersatzpartner der Mutter. Er findet soziale Nischen, in denen er Anerkennung durch Gleichaltrige erfährt und er ist in der Lage, davon ein „inneres Konto guter Selbstbilder" anzulegen, die durch negativ programmierte Selbstanteile (Skripts/Schemata) letztlich nicht gefährdet werden. Sie bilden die Grundlage dessen, was weiter unten als *Kohärenzsinn* beschrieben wird. In diesem Sinn vermag er auch die therapeutische Beziehung von Beginn an ressourcenaktivierend zu nutzen, d. h. er verfügt über verinnerlichte Bindungserfahrungen und Wahrnehmungsbrillen, in deren Licht die Umwelt als förderlich und entlastend ausphantasiert werden kann. Er ist ein guter Umweltnutzer, ein sog. „good coper" (vgl. Heim, 1996, S. 38).

Der Junge macht zum Abschluss der Therapie einen recht belastbaren und stabilen Eindruck und äußert sich optimistisch bzgl. seiner Zukunft. Und dies, obwohl es kurz vor dem Ende der Therapie einen erneuten Rückfall der Mutter gegeben hat. Sie wurde für 6 Wochen stationär psychiatrisch untergebracht, was zur Folge hatte, dass K. erstmalig ein solch langen Zeitraum beim Vater verbrachte. Bei dieser Gelegenheit habe er ihn „mächtig vom Thron gestoßen". Der Vater hatte sich in der Tat als unzuverlässig, unbeherrscht, ja einige Male auch als gewalttätig erwiesen. Den Wunsch, mit dem Vater zusammen einmal einen Hotelaufenthalt in einem 7-Sterne-Hotel in Dubai machen zu wollen, konnte K. dennoch nicht aufgegeben.

Kai „überlebt" seine „psychische Vaterlosigkeit" ohne dass die Kohärenz seines Selbstbildes zu großen Schaden nimmt. So kann er auch Symptomrückfälle so verarbeiten, dass er sich selbst beruhigt und „die Kirche im Dorf lässt". K. antwortete auf die Frage, was es für ihn bedeutet, dass er unter dem Druck der Ereignisse (kurzfristig) wieder eingenässt hat:

> K.: „Ja soll ich denn jetzt darüber etwa todtraurig sein?"

Das nächste Beispiel zeigt einen Jungen, der inmitten von Wohlstand seelisch verarmt, da er die vorhandenen Ressourcen nicht als protektive Faktoren zur Verfügung hat. Er kann sie weder seelisch noch interaktionell hinreichend nutzen.

Beispiel 2: Vielzahl von Schutzfaktoren und kritische Entwicklungsprognose.

Der 13-jährige D. stammt aus einer wohlhabenden Familie. Beide Elternteile betreiben eine eigene Arztpraxis und leben auf gehobenem sozio-ökonomischen Standard. Neben dem Eigenheim wohnen und leben die Großeltern mütterlicherseits, die erheblich an der Organisation des Alltages mit beteiligt sind und die abwesende Mutter entlasten.
D. ist der Älteste von drei Kindern, die Familie ist bis heute vollständig und Trennungsabsichten sind nicht vorhanden.
Im Alter von sieben Jahren wurde bei D. eine intellektuelle Leistungsfähigkeit mit einem IQ von 129 (HAWIK-R) gemessen. D. verfügt über ein ausgesprochen lebhaftes Temperament, und hat ein attraktives äußeres Erscheinungsbild. Er ist modisch gekleidet, sportlich versiert und hat außerordentliche analytische Fähigkeiten (zur differenzierten Selbst-, Fremd- und Situationswahrnehmung).
Er wird vorgestellt, als feststeht, dass er die 8. Klasse nicht schaffen wird und ein Zeugnis erhalten hat, mit vier Fünfen und einer Sechs. Er sei vorlaut, frech und in seinem Kommunikationsstil äußerst entwertend. Möglicherweise habe er deshalb keine Freunde, geht wochenlang nicht zum Training, wenn er beim Tennis unerwartet verliert. Er hat Einschlafängste („Das ist dann so, als wenn man im Weltraum fliegt.") und kaut massiv an den Fingernägeln, wie sein Vater im übrigen auch. Ständig sucht er in den Stunden meine Hände mit seinem Blick. Sein Selbstbild ist geprägt von größenhafter Kontrollüberzeugung und Unverwundbarkeit.

Listen wir die hier angedeuteten Ressourcen, bzw. Schutzfaktoren einmal auf, so finden wir:
- Hoher sozioökonomischer Status
- Dauerhaft gute Beziehung zu mindestens einer primären Bezugsperson (in diesem Fall der Großvater mütterleicherseits)

- Großfamiliäres Zusammenleben mit kompensatorischen Elternbeziehungen und Entlastung der Mutter
- Überdurchschnittliche Intelligenz
- Soziale Förderung (Vereine, KG, Hort, etc.)
- Internale Kontrollüberzeugungen
- Lebhaftes Temperament und gewinnendes äußeres Erscheinungsbild
- Vollständige Familie mit 2 Geschwistern
- Geringe Risikogesamtbelastung

Man könnte meinen, dass dieser Jugendliche über alles verfügt, was eine hinreichend gute Entwicklung garantieren könnte. Leider verhält er sich wie der „Kafkaeske Hungerkünstler", der droht, vor gedeckten Tischen zu verhungern. Befunde der Bindungsforschung geben einige Hinweise darauf, wie man eine solche „Verwertungsschwäche" erklären kann (vgl. Brisch, et al., 1999). D. macht inmitten von Überfluss eine Fülle entwertender Bindungserfahrungen, entweder als Betroffener oder als Zeuge affektentleerter Paarkommunikation der Eltern. Sozialkontakte werden so zu „gefährlichem Terrain", wo primär Misstrauen angebracht ist. Gute Selbstbilder werden über gute Bindungserfahrungen vermittelt und umgekehrt. Negative Selbstbilder färben meine Umweltwahrnehmung und damit meine Fremdbilder düster ein. Entsprechend gering ist die Fähigkeit, unter Stress soziale Ressourcen nutzen zu können. Wenn nun noch das „kümmerliche" (Real-)Selbstbild durch Flucht in ein überhöhtes Idealselbstbild zu vermeiden versucht wird, ist auch die Möglichkeit verstellt, aus Fehlern Nutzen zu ziehen. Zu groß ist die Fehlschlagängstlichkeit und die Kränkbarkeit.

Die Entwicklungsprognose von D. sieht zum gegenwärtigen Zeitpunkt kritisch aus, da er nach dem Scheitern in der Schule auch noch den sozialen Anschluss an seine Schulklasse verlieren wird (auch wenn es sich hierbei nicht um freundschaftliche Beziehungen gehandelt hat). Eine seiner spontanen Assoziationen beim SET (Satzergänzungstest) lautete:

Freunde ... „die gibt es doch nicht wirklich. Letztlich wollen doch nur alle von einem profitieren."

Fazit:
Deskriptive Ressourcenerfassung erklärt nicht, wie die innerseelischen Prozesse der *Ressourcenentwicklung* und *Ressourcenminderung* ablaufen, die bei der Entwicklung gesunden und pathologischen Verhaltens am Werke sind. Klinisch-therapeutisches Handeln bedarf aber genau solchen Funktionswissens, das in *dynamischen* Modellen der Ressourcenorientierung und -aktivierung beschrieben wird. Letztere basieren auf Modellen der klinische Entwicklungspsychologie (vgl. Oerter, 1999; Petzold, 1996, 1998; Resch, 1996, 1999; u.a.).

3. Dynamische, innerseelische Modelle der Ressourcenorientierung und -aktivierung

Ben Furman (2000) beschreibt in seinem Buch: *„Es ist nie zu spät, eine glückliche Kindheit zu haben"* eine Reihe anschaulicher Beispiele wie Kinder, Jugendliche und Erwachsene zur Lösung eines Problems kommen, von dem sie zuvor nicht wussten, dass sie eben diese Lösung schon kannten (Milton Erikson). Ebenso finden sich in den beiden Büchern von Eckhard Schiffer (1993, 2001) eine Fülle von Anregungen, wie man *„Schatzsuche statt Fehlerfahndung"* betreiben kann und warum *„Huckleberry Finn nicht süchtig wurde"*. In diesen Arbeiten werden kognitive, emotionale und interaktionelle „Werkzeuge" beschrieben, die dabei behilflich sind, gesund zu bleiben. Diese Erzählungen veranschaulichen theoretische Modelle der

empirischen Entwicklungspsychologie sowie das Konzept der *Salutogenese* von Antonowsky (1997). Der gemeinsame Nenner dieser Modelle lässt sich, sehr vereinfacht, wie folgt beschreiben: Ressourcenaktivierend sind alle seelischen und interaktionellen Handlungen, die u.a. die folgenden innerseelischen Regulationsfunktionen ermöglichen:
a. Fähigkeit zur psychovegetativen Spannungsregulation, d.h. Lusterzeugung und Angstbindung,
b. Fähigkeit zur Autonomiesicherung, d.h. zur Abgrenzung, Realitätsprüfung und Durchsetzung,
c. Fähigkeit zur Kohärenzsicherung,
d. Fähigkeit zu kreativer und innovativer Herstellung und Veränderung innerer und äußerer „Wirklichkeiten" (Sinnerzeugung),
e. Bindungsfähigkeit zur Herstellung tragfähiger sozialer Netze,
f. Fähigkeit zur Selbstwertregulation.

Je verlässlicher ein Heranwachsender lernt, diese innerseelischen und interaktionellen Leistungen zu erbringen bzw. über die Handwerkzeuge hierzu verfügt, desto eher entwickelt sich das, was Antonowsky *Kohärenzgefühl* nennt. Er bezeichnet damit eine Grundstimmung oder Grundsicherheit, innerlich zusammengehalten zu werden, nicht zu zerbrechen und gleichzeitig auch in äußeren Anbindungen Unterstützung und Halt zu finden (Schiffer, S. 29) „Das Kohärenzgefühl entscheidet darüber ob wir äußere Belastungen als bedrohlichen Stress oder als Herausforderung ansehen. Ist letzteres gegeben, so glauben wir, Stress „durchstehen oder meistern zu können, ja dass wir Freude aus Verunsicherung zu ziehen vermögen", ohne uns selbst untreu zu werden (Schiffer, 2001, 42 ff.).

Das Kohärenzgefühl resultiert somit aus wiederholten Wirksamkeitserfahrungen, in denen ich erleben kann, dass Herausforderungen zu meistern sind. Petzold (1987) würde das Passungserlebnisse nennen, d.h. die Person erlebt, dass eine situative oder existentielle Problemstellung sozusagen „mit Bordmitteln" lösbar ist. In diesem Fall verwendet die Person eher Coping-, denn Abwehrprozesse (Resch, 1999). Erstere sind flexible, situationsspezifische und kreative Formen der Gefühlsregulierung und Problemlösung. Letztere sind relativ rigide, kontextübergreifende Mechanismen der Erregungsregulierung. Zunehmendes Selbstvertrauen und die Entwicklung eines Kohärenzsinnes als einer Art zentraler Identitätsfunktion (Schiffer, 2001) ist die Folge. Die Tätigkeit des Kohärenzsinnes ermöglicht, dass wir unsere vitalen Lebensaktivitäten als verstehbar, als handhabbar und als sinnvoll erfahren (Antonowsky 1997). Probleme und Konflikte haben darin selbstverständlich ihren Platz, werden aber als grundsätzlich zu meistern bewertet. Seine hinreichende Verlässlichkeit kann als ein Hinweis dafür gelten, dass eine flexible Statik des Selbst entstanden ist, die auf stabilen „Säulen der Identität" ruht (Petzold, 1993).

3.1. „Ich verachte dich, verlass mich nicht".
Machtspiele und ressourcenorientierte Beziehungsgestaltung

Was geschieht nun, wenn diese Passungserlebnisse sehr selten waren oder in der Erinnerung der Person gar nicht vorhanden? Demoralisierte und psychisch mehrfach behinderte Kinder und Jugendliche mit vielfältiger Symptombildung haben vermutlich innere Bewältigungsmodelle entwickelt, bei denen Stressbewältigung immer nur zu mehr Stress führt (sog. „bad coper"), d.h. die o.g. Regulierungsfunktionen werden unzureichend ausgeführt. Die kognitive Verhaltenstherapie geht davon aus, daß diese Kinder unangemessene kognitive Stile der Informationsverarbeitung verwenden, die eine pessimistische Selbst- und Weltsicht ständig fortschreiben. Schaut man durch diese dunklen „Brillen der Seele", so resultieren daraus Muster des Denkens, Fühlens und Verhaltens, die im Sinne einer „sich selbst erfüllenden Prophezeihung" erneutes seelisches und zwischenmenschliches Unglück erzeugen. (Seligman 1999). Was der verhaltenstherapeutische Ansatz wie auch die Theorie der Selbstregulierung nicht ausreichend beantworten, ist die Frage, weshalb bestimmte, stark symptombelastete Kinder und Jugendlichen die therapeutische Hilfe zunächst nicht oder nur spärlich zu nutzen vermögen und wie eine therapeutische Antwort hierauf aussehen könnte. Solche Heranwachsenden nehmen den Helfer, durch die „Brille" ihrer erworbenen Bindungsstile betrachtet, als unberechenbar und wenig verläßlich wahr. Ihr Interaktionsstil ist entsprechend stark auf Kontrolle des Therapeuten bedacht. Für sie ist das Therapiespiel zuallererst ein Machtspiel, das sie spielen müssen, weil hinter ihrer inszenierten Stärke häufig Angst und Einsamkeit liegen. Wie können diese Heranwachsenden für eine Zusammenarbeit gewonnen und eine bestimmte Problemsicht entwickelt werden? Hierfür muß der Therapeut eine Art der Beziehungsgestaltung entwickeln, die Ressourcen- und Defizitorientierung, Unterstützung und Konfrontation in eine innere Balance zu bringen vermag. 2 kasuistische Beispiele sollen das veranschaulichen:

Beispiel 1:

Ein 12-jähriger Junge mit ausgeprägter dissozialer Problematik, ausgestattet mit den Privilegien einer gehobenen Mittelschichtsfamilie -Vater leitender Ingenieur, Mutter Inhaberin einer Zahnarztpraxis - beendet die erste Stunde, die der Therapeut mit ihm alleine verbracht hat, mit einem Blick durch die Räumlichkeiten und dem Kommentar: „Ich nehme an, Sie wohnen hier zur Miete?" Der nonverbale Anteil der Mitteilung kommuniziert dabei in der Wahrnehmung des Therapeuten Geringschätzung und Verachtung.

Auf der inneren Bühne dieses Jungen könnte in diesem Augenblick eine „Stimme" dominieren, die besagt „Achtung verdient nur der, der etwas `hat`". Es könnte sein, dass er soziale Situationen innerseelisch sehr rasch als Machtsituationen ausphantasiert, was seine Fähigkeit, in Alltagssituationen flexibel interaktionelle Ressourcen zu nutzen, einschränkt. Der Therapeut wird in diesem Augenblick subjektiv zu entmachten versucht. In der Wahrnehmung des Therapeuten war diese „Stimme" die ganze Stunde über aktiv, wurde aber von anderen Instanzen daran gehindert, sich so in den Vordergrund zu spielen. Der Therapeut antwortet auf diesen Kommentar:

„Mario, du hast eine ausgezeichnete Beobachtungsgabe. Du hast dir blitzschnell die Räumlichkeiten angesehen und zutreffend gefragt, ob ich hier zur Miete wohne. Eine kleine Korrektur sei erlaubt: Ich arbeite in diesen Räumen und wohne hier nicht!"

Indem der Therapeut auf den Befähigungsanteil des Jungen fokussiert und dessen Wahrnehmung korrigiert, „kreuzt" er zugleich das Machtspiel: Er kommentiert die Situation nicht als Machtspiel und er versucht sich auf der inneren Bühne des Kindes als eigenständige Instanz zu behaupten.

Dieser Klient, wie auch der im folgenden Beispiel beschriebene Junge, wachsen unter materiellen Lebensbedingungen auf, die eine Fülle von (potenziellen) Ressourcen aufweisen. Die Identitätsbildung dieser Jungen, d.h. ihre Selbst- und Fremdbilder und damit ihr Selbstwerterleben wird jedoch einseitig durch das Thema Macht und Ohnmacht, Kontrolle und Unterwerfung bestimmt. Die „Drehbücher", die das Geschehen auf der innerseelischen Bühne „steuern", handeln entsprechend von diesen Themen.

Beispiel 2:

Im Verlauf der Therapie berichtet Michael von der vielfältigen Gewalt, die ihn in Schule und auf der Straße umgibt, bzw. die er zugleich aufgrund eigener Gewaltneigungen aufsucht. So berichtet er bei einem Mal die folgende Szene:
M. (Michael): „Ich finde Ausländer müssten raus aus dem Land."
T. (Therapeut): „Was war los? Hast du zuletzt irgendetwas Konkretes erlebt?"
M.: „Als ich gestern an der S-Bahn-Station gewartet habe, habe ich gesehen, wie drei Türken, vielleicht war auch einer davon Marokkaner, auf einen anderen Jungen zugegangen sind und ihn abgezockt haben."
T.: „Was haben sie gemacht?"
M.: „Sie haben sich einfach vor ihm aufgebaut und ihm gesagt: Entweder kriegen wir jetzt deine Uhr und dein Geld, oder ..."
T.: „Was oder?"
M.: „Das brauchten die nicht sagen. Das ist doch klar."
T.: „Hattest du denn Angst, die könnten auch zu dir kommen?"
M.: „Am Anfang schon."
T.: „Und dann?
M.: „Dann habe ich mir vorgestellt, wie ich jeden einzelnen von denen vierteilen würde. Es folgt dann eine stark emotionalisierte Beschreibung von Folter- und Massakrierungspraktiken.."
T.: „Du liebe Güte, da geht es aber heftig zu in deinen Fantasien. Aber Hut ab, wie du die Situation bewältigt hast."
M.: „Wie bitte?"
T.: „Ja, erstens hast du deine Angst zum Verschwinden gekriegt und zweitens, und das finde ich noch viel wichtiger, hast du zwar Bilder von Rache in deinem Kopf entwickelt, doch konntest du dich mit deinen Fantasien etwas von dem Druck befreien, handeln zu müssen. Das wäre ja möglicherweise auch nicht ungefährlich für dich gewesen."

Bei der Auswertung dieser Stunde blieb aufseiten des Therapeuten ein zwiespältiges Gefühl zurück, wie seine ressourcenorientierte Sicht und der anschließende Kommentar von dem Jungen vermutlich verarbeitet wurden. Die Scene war für ihn ein Beispiel für die Doppelgesichtigkeit der Ressourcenorientierung, weshalb im folgenden 2 mögliche Interpretationen des Geschehens skizziert werden sollen.

Funktionalität der Deutung

Der Therapeut spiegelt dem Jungen zum einen den Versuch sich emotional selbst zu regulieren, d.h. der Junge vermag sich in der Situation zu entängstigen (Angstbindungsfähigkeit) und abzugrenzen und zwar mittels aggressiver Bewältigungsphantasien. Zugleich teilt er ihm sein Erschrecken über die Intensität eben dieser Fantasien mit. Dabei geht er von der Hypothese aus, dass der Junge relativ schwache Ich-Grenzen hat und sich in Alltagsinteraktionen rasch „alarmiert" und im „roten Bereich" erlebt, d.h. sich in seinem Kernselbsterleben bedroht sieht. Die sadistischen Bewältigungsphantasien spiegeln einen zunehmend „imaginären Selbstwurf" (Resch, 1999) wider, auf den der Junge in Situationen der Bedrohung zurückgreift. Die idealisierten und realen Selbstbilder des Jungen driften immer weiter auseinander (Diskrepanz zw. Ideal- und Realselbst), weil er zu wenig Wirksamkeitserfahrungen im Umgang mit zwischenmenschlichem Stress macht. Fehlschlagängstlichkeit und mangelnde Unsicherheitstoleranz verhindern, dass er seine Selbst- und Fremdbilder (seine „Eigenrealität" nach Lempp, 1992) konsequenter einer Realitätsprüfung an der „Hauptrealität" unterzieht. Auf der inneren Bühne des Jungen treten in unübersichtlichen, konflikthaften Alltagssituationen rasch „katastrophisierende innere Stimmen" auf den Plan. Er versucht diese u.a. dadurch zu bewältigen, dass er „Krieg spielt", in dem es nur Sieger oder

Verlierer gibt. Sein Macht- und Kontrollskript dient somit der inneren Angstbindung. Systemisch betrachtet, entwickelt der Junge eine „innere Landkarte", die immer weniger zur Orientierung in der sozialen Landschaft passt, d. h. er sitzt einem epistemologischen Irrtum (Bateson, 1969) auf, weil er die „Landkarte mit dem Gelände verwechselt". Die Antworten des Therapeuten gründen in dem Versuch, diesen „Irrtum" und das dahinter liegende Drehbuch und „Bühnenszenario" langsam zu verändern, u. a. indem er affektive Regulierungskompetenz und Fähigkeiten zur Realitätsprüfung zu entwickeln hilft, zwei basale Ressourcen zur Herstellung von Kohärenzerleben.

Dysfunktionalität der Deutung

Gesetzt den Fall, es handelte sich bei der o.g. Behandlungsepisode um einen Therapieausschnitt aus späteren Phasen der Therapie, so könnte die ressourcenorientierte Antwort auch kontraproduktiv sein. Wenn es sich bei den sadistischen Bewältigungsphantasien um ein eingeschliffenes, sehr wirksames Angstbindungsmuster handelt, dann könnte der Kommentar des Therapeuten eben dieses Muster und das damit verbundene imaginäre Selbstbild eher verstärken, weil das Erschrecken des Therapeuten auch als fasziniert erschrecktes Bewundern verstanden werden könnte. Ein ressourcenorientierter Kommentar könnte in diesem Fall vermerken, dass der Junge eine angemessene Realangst gegenüber den türkischen Jungs zu benennen vermag und dass es Stärke bedeuten kann, sich auch ängstigen zu können und risikoreiche soziale Situationen zu vermeiden. Man könnte dem Jungen verdeutlichen, dass er gelernt habe, Angst damit zu bewältigen, dass er versucht, lieber andere als sich selbst zu ängstigen. Mut und Selbstbehauptung sei für ihn gleichbedeutend mit Angstfreiheit und dem Gefühl der Macht. Angst und Schwäche seien „böse Selbstanteile", weil sie den Verlierer kennzeichnen. Ziel wäre u.a., dass der Junge zu ahnen beginnt, dass er sein Beziehungsdrehbuch umschreiben sollte. In langfristigen, haltgebenden Beziehungen ist die Metapher des Siegers nicht nur kontraproduktiv, sondern höchst januskÖpfig. In zwischenmenschlichen Situationen ist die Macht des Verlierers nämlich prinzipiell größer ist als die des Gewinners, weil es immer der Verlierer ist, der über Sieg und Niederlage entscheidet. Er ist es, der den Sieger zum Sieger macht (Simon, 2001). Für den Jungen wäre es sodann vielleicht interessanter mit der Rolle dessen zu experimentieren, der „auszog, um das Fürchten zu lernen".

Fazit:

In beiden Kasuistiken ist das (tiefenpsychologisch fundierte) Übertragungs- und Interaktionsverstehen des Therapeuten hilfreich, um mit den Klienten eine Beziehungsebene gegenseitiger Achtung herzustellen, obwohl der Klient Achtung vermutlich nur aus der Position des Stärkeren als (Ver-)Achtung kennt. Erst wenn diese (Ver-)Handlungsebene einigermaßen stabil ist, beginnen diese Klienten sich langsam auf ressourcenorientierte Sehweisen des Therapeuten einzulassen. Die tiefenpsychologische Perspektive bringt vor allem die Interaktions-, Übertragungs- und biographische Perspektive in ein schulenübergreifendes Ressourcenkonzept ein. Das oben ausgeführte Selbstregulierungskonzept findet sich auch in den Konzepten zum Selbstmanagment der Verhaltenstherapie. Eine schulenübergreifende Konzeption von Kinder- und Jugendlichentherapie könnte die verschiedenen Ressourcenkonzepte nach Art eines Puzzles zusammendenken. Dabei könnten u.a. die folgenden Elemente bedeutsam sein, die wir zum Abschluss kurz umreißen möchten.

4. Aspekte einer schulenübergreifenden ressourcenorientierten Behandlungspraxis aus tiefenpsychologischer Sicht

Ressourcenorientiertes Handeln mit Kindern und Jugendlichen sollte stets ich-stärkendes Arbeiten sein. Danach wird immer wieder die Fähigkeit zum Selbstmanagement und zur Selbstberuhigung zu aktivieren versucht. Reddemann hat aus den Erfahrungen ihrer traumatherapeutischen Arbeit die Metapher des „weisen Unbewussten" wiederbelebt, wonach jeder Mensch, auch wenn er noch so beschädigt ist, über gesunde Anteile verfügt, auf die man in der Therapie zurückgreifen kann. Von Goethe ist der Satz überliefert „wär nicht das Auge sonnenhaft, die Sonne könnt es nie erblicken" (2000). Damit ist gemeint, dass es zunächst der Fähigkeiten in uns bedarf, ehe wir von außen etwas in Anspruch nehmen können. Diese Wertschätzung der Selbstheilungskräfte sollte aber nicht dahingehend missverstanden werden, dass die Bedeutung der therapeutischen Beziehung für unwichtig gehalten wird. Im Gegenteil: Interpersonelle Sicherheit ist Voraussetzung für intrapersonelle Sicherheit. Ressourcenorientiertes Intervenieren sollte aus tiefenpsychologischer Sicht die folgenden Aspekte berücksichtigen:

Passgenaue Formulierung von ressourcenorientierten Interventionen, d.h. Berücksichtigung der Beziehungsperspektive

Wie der Klient den ressourcenorientierten Helfer wahrnimmt, ist durch seine verinnerlichten Bindungsmodelle bestimmt. Jede Person bringt biographisch erworbene Ressourcenkonzepte mit, die u.a. auf Interaktions- und Bindungserfahrungen beruhen. Tiefenpsychologisches Interaktionsverstehen ermöglicht es, diese unbewussten Ressourcenkonzepte freizulegen und darüber besser zu verstehen, warum gerade Menschen mit ausgeprägten Mangelerfahrungen auf positiv unterstützende und verstärkende Spiegelungen und Rückmeldungen z.B. mit Misstrauen und Argwohn reagieren, ja z.T. das problematische Verhalten noch verstärken.

Von den handlungsorientierten Schulen kann man lernen, dass Beziehung nicht alles ist und dass vor allem nicht alles in die Beziehung bzw. in die Übertragung muss.

Die Lebensgeschichte der Person ernst nehmen

Ressourcen finden sich nicht nur im Hier und Jetzt und ein Gefühl von Kohärenz stellt sich nur ein, wenn ich mich im Lebensganzen zu sehen beginne, mit seinem Gelingen und seinen Brüchen. Als Person hinter der Symptomatik kenntlich zu werden, setzt voraus, dass ich mich erzählen darf. Die o.g. Formulierung von Furman: „Es ist nie zu spät, eine glückliche Kindheit zu haben" dürfte für viele, z.B. traumatisierte Klienten, über einen langen Zeitraum hinweg ein nahezu zynischer Satz sein. Er gewinnt seine Bedeutung erst, wenn der Klient erleben konnte, dass die leidvolle Seite seines Lebens irgendwie und irgendwann auch mitteilbar ist und der Therapeut sie zusammen mit dem Klienten aushält. Die allzu rasche Fokussierung auf die Lösungstrance kann auch Formen der Vermeidung auf Seiten des Therapeuten annehmen.

Therapie als Hilfe zur Selbsthilfe

Ziel ist Hilfe zur Selbsthilfe, d.h. der Kl. wird in seinen selbstakzeptierenden, kreativ problemlösenden und selbstbeobachtenden Ich-Funktionen gefördert und geschult. In der Konsequenz führt dies dazu, dass durch die Verinnerlichung der „therapeutischen Funktion" der Therapeut zunehmend überflüssig werden sollte bzw. sich im Verlauf der Therapie in seiner Rolle verändern sollte, z.B. vom „idealisierten, allwissenden Experten" zum begleitenden, kritisierbaren „Coach". Diese Veränderung in der „Übertragung" und Rollendefinition ist z.T. nur mit Hilfe deutender und dialogischer Beziehungs- und Übertragungsarbeit möglich und nicht allein durch kognitive Erläuterungen des Therapeuten.

Die Anerkennung des Klienten als Experten in eigener Sache
Was diesen Punkt anbelangt, so können die tiefenpsychologisch arbeitenden Kollegen einiges von Verhaltenstherapie und systemischer Familientherapie lernen. Der Klient sollte immer wieder auf altersgemäße Weise darüber informiert werden, wie die TherapeutIn sein Störungsbild sieht und weshalb er die folgende Intervention durchführt. Diese Propädeutik trägt dem Sachverhalt Rechnung, dass Therapie keine Geheimwissenschaft und keine magische Veranstaltung, sondern ein gemeinsamer Lern- und Problemlöseprozess ist. Er hat eine antiregressive Funktion und das ist im Rahmen der Kinder- und Jugendlichentherapie in der Regel auch angezeigt.

Die Relativierung großformatiger Zielvorgaben und Heilungsversprechen
Vor allem in der Arbeit mit multimorbid erkrankten Klienten werden individualisierte, kleinschrittige Zielfestlegung bevorzugt. So können z.B. bei Suchtmittelabhängigen der Umstieg auf weniger toxische Konsummuster zwischenzeitlich ein Ziel sein oder im Falle von Selbstverletzungssyndromen werden zunächst „sanftere" Arten der „Selbstverletzung" und Stimulierung gelernt. Damit wird im z.B. im Bereich der Substanzabhängigkeiten die absolute Dominanz des „Abstinenzparadigmas" relativiert oder im Falle schwerer Persönlichkeitsstörungen das Heilungsparadigma durch ein Bewältigungsparadigma ersetzt (Zaepfel & Metzmacher, 1996c).

Herstellung eines „safe place" und die Erarbeitung guter „innerer Bilder, Beistände, Helfer und Orte"
Am Anfang der Behandlung steht die Erarbeitung eines inneren „safe place" (Katz-Bernstein, 1996). Gelingt dies hinreichend, so stärkt dies auch die Arbeitsbeziehung zum Therapeuten. Sodann geht es darum, sich in der Fantasie jene guten inneren Bilder zu erzeugen, die aufgrund der eigenen Lebensgeschichte entweder kaum vorhanden sind oder in der Krise nicht verfügbar sind. Das ist wie wenn man ein Märchen oder einen Mythos über sich erfindet, d.h. sich mit inneren Figuren ausstattet, die kraftvoll und schutzgebend sind. Wohlgemerkt, diese Bilder dürfen idealtypische Bilder sein, d.h. hier wird dazu aufgefordert, der schlechten innerseelischen Welt eine gute innere Welt gegenüberzustellen.
Mithilfe dieser Figuren und Bilder kann man sich sodann den bedrohlichen Figuren, Bildern und Szenarien nähern, zwischen ihnen hin- und herpendeln oder ein „Drehbuch" entwickeln, wie diese Bedrohung fasslich gemacht und entängstigt werden kann.

Hilfen zum Umgang mit starken negativen Affekten: Erlaubnis zur Verdrängung und Dissoziation

Affekte organisieren innerseelisch eine Art Schwere- oder Gravitationsfeld, das alle Ich-Funktionen des Wahrnehmens, Denkens und Handelns beeinflusst. Diese *Aktualisierung* von Handlungsbereitschaften, Wahrnehmungsstilen und Denkstrategien ist um so intensiver, je stärker der Affekt und dessen Ausbreitungstendenz wird. Im schlimmsten Fall gilt z.B. „Angst essen Seele auf". Zur Gegenregulierung affektiven Geschehens bedarf es der *Desaktualisierung*. Sie macht das Erlebnisfeld wieder frei, indem sie den aktuellen Bewusstseinsinhalten ihre affektive Dringlichkeit nimmt. Mehrfachbelastete Klienten sind dazu nur schwer in der Lage. Analog zur Traumatherapie sollten sie Distanzierung-, Dissoziations- und Verdrängungshilfen bekommen bzw. erlernen, damit letztere z.b. unter Bedingungen der Reizüberflutung als Reizfilter dienen können (vgl. Petzold, 2000; u.a.).

„Teilediagnostik und Teilearbeit" als Technik der Ressourcendiagnostik und -aktivierung

Diese Modelle „innerer Teilearbeit" finden vor allem in der Kindertherapie schulenübergreifend Verwendung (vgl. z.b. Mrochen & Vogt-Hillmann, 1999 sowie Mrochen, 2001; des weiteren Schulz von Thun, 1998; Bilden, 1997, 1998; Petzold, 1987). Mit ihrer Hilfe können wir genauer die ressourcenaktivierenden und -entwertenden Stimmen in der Person präzisieren, d.h. das innere Psychodrama nachzeichnen, das darüber entscheidet, wie die Person sich selbst reguliert. Klassische Modelle der Ressourcenorientierung und Stresserzeugung wie z.b. von Lazarus (1981) übersehen, dass die innere Bewertung einer Problemsituation das Ergebnis komplizierter innerer Aushandlungsprozesse zwischen den verschiedenen Selbstanteilen ist. Auch die o.g. Regulierungsfertigkeiten sind ja nicht generell vorhanden, sondern stark situations- und damit kontextabhängig.

Wenn das Kind in der Spieltherapie eine Teufels- und eine Mädchenpuppe nimmt, dann zeigt es uns möglicherweise im anschließenden Spiel, wie der innere Aushandlungsprozess zwischen verschiedenen „Stimmen" bzw. seelischen Instanzen in ihm abläuft, wie seine inneren „Richterbänke" und „Beistandsbänke" besetzt sind, wie es sich am liebsten sehen würde (Ich-Ideal) und wie es sich tatsächlich sieht (Real-Selbst). Es zeigt sich im Verlauf des Spiels, wie es sich ängstigt oder Mut zuspricht, sich stark „denkt" oder sich schwach redet.

Dieses Psychodrama auf der inneren Bühne, die jeweiligen Akteure, Instanzen bzw. der Chor der Stimmen und ihre Formen der Selbstregulierung können wir den Klienten im freien Spiel, in der Bewegung, mit kreativen Medien in Scene setzen lassen. Zugleich verstehen wir darüber mehr, wie der Klient seine Interaktionen gestaltet, die ihn entweder von den Ressourcen des therapeutischen System abschneiden oder letztere zwecks besserer Selbstregulierung nutzen lassen. Denn: der Therapeut wird ein Mitspieler auf der inneren Bühne des Klienten und in welcher Weise er in das „innere Team" des Klienten eingemeindet wird, zeigt sich in seinen interaktionellen Inszenierungen. Die inneren Kämpfe im Klienten werden z.T. zu interaktionellen Kämpfen mit dem Therapeuten. Machtkämpfe um das therapeutische Arbeitsbündnis stellen eine spezielle Herausforderung für den Therapeuten dar, bei denen es, soll die therapeutische Allianz gelingen, keine Gewinner und Verlierer geben darf.

Abschließende Bemerkungen

Heimito von Doderer (1938) lässt seinen Roman „Ein Mord, den jeder begeht" mit dem folgenden Bild anfangen: „Jeder bekommt seine Kindheit über den Kopf gestülpt wie einen Eimer. Später erst zeigt sich, was darin war. Aber ein ganzes Leben rinnt das an uns herunter, da mag einer die Kleider oder auch die Kostüme wechseln wie wer will": Kindheit als Schicksal oder Kindheit als Möglichkeitsraum wie es in dem o.g. Titel von Furman: „Es ist nie zu spät eine glückliche Kindheit zu haben" – deutlich wird? Beide

Perspektiven sind möglich und nur darum wahr. Beide Sichtweisen sollte man einer Nacherzählung der Kindheit im Rahmen einer therapeutischer Betziehung zugrunde legen. Der Ressourcenbegriff ist nur „wahr", wenn er mehrperspektivisch verwendet wird, d.h. sein Komplement, das Defizit und das Scheitern dazu zu denken. Man kann jedes Phänomen unter Abwehr- und unter Bewältigungs-, unter Chancen-, wie Risikoaspekten betrachten. Die Metapher vom „kompetenten Säugling", ein Bild der Säuglingsforschung, kann Mut machen, Kindern etwas zuzutrauen. Sie kann zugleich dazu führen, Kindern zu früh zuviel zuzutrauen und sie kann dazu verleiten, auf Erziehung weitgehend zu verzichten, und zwar nach dem Motto „es wird sich schon richten". Je nach Perspektive wird ein und dasselbe Kindheitsbild für Kind und Eltern zur Chance oder zum Risiko.

Neben dieser kontextuellen Perspektive benötigt, so unser Resume, der Ressourcenbegriff eine narrative, eine interaktionelle und eine methodische Dimension. Erstere berücksichtigt, dass die individuellen Vorstellungen von dem, was Ressourcen sind, durch die jeweiligen Lebensgeschichten von Klient und Therapeut eingefärbt sind. Die interaktionelle Perspektive meint, dass ressourcenorientiertes Handeln nur dann annähernd „passgenau" wird, wenn ich das, was eine Ressource ist, gegenseitig aushandle, d.h. in Korrespondenz mit dem Anderen definiere. Die methodische Perspektive, wie wir sie im letzten Abschnitt zu skizzieren versucht haben, soll darauf hinweisen, dass es nicht ausreicht nur eine ressourcenorientierte Einstellung zu haben, wie sie z.B. Grawe (1999) fordert, sondern dass es konkrete Handwerkszeuge braucht, um ressourcenorientiert handeln zu können.

Literatur:
Antonovsky, A. (1997). *Salutogenese.* Tübingen: dgvt-Verlag.
Armutsbericht (2001). *Lebenslagen in Deutschland. Der erste Armuts- und Reichtumsbericht der Bundesregierung.* Berlin.
Bateson, G. (1969). *Ökologie des Geistes.* Frankfurt a.M.: Suhrkamp.
Bateson, G. (1994). *Kinderpsychotherapie.* Frankfurt a.M.: Fischer.
Beck-Gernsheim, E. (1998). *Was kommt nach der Familie? Einblicke in neue Lebensformen.* München: Beck.
Bilden, H. (1997). Das Individuum – ein dynamisches System vielfältiger Teil-Selbste. Zur Pluralität in Individuum und Gesellschaft. In: H. Keupp & R. Höfer (Hrsg.), *Identitätsarbeit heute. Klassische und aktuelle Perspektive der Identitätsforschung* (S. 227-250). Frankfurt a.M.: Suhrkamp.
Bilden, H. (1998). Jenseits des Identitätsdenkens. Psychologische Konzepte zum Verständnis „postmoderner" Subjektivitäten. *Verhaltenstherapie und psychosoziale Praxis 30, 1,* 5-31.
Böhme, G. (1994). *Weltweisheit, Lebensform, Wissenschaft. Eine Einführung in die Philosophie.* Frankfurt a.M.: Suhrkamp.
Brisch, K.-H., Buchheim, A. & Kächele, H. (1999). Diagnostik von Bindungsstörungen. *Praxis der Kinderpschologie und -psychiatrie, 6/99,* 438 ff.
DGVT (1996). *„Zauberwort Ressourcen".* Themenheft der Zs. Verhaltenstherapie und psychosoziale Praxis. Tübingen: dgvt-Verlag.
Doderer, H. v. (1938). *Ein Mord, den jeder begeht.* Beck.
Dornes, M. (1993). *Der kompetente Säugling.* Frankfurt a.M.: Fischer.
Egle, U.T & Hoffmann, O. (1997). Pathogene und protektive Entwicklungsfaktoren in Kindheit und Jugend. In: Egle, Hoffmann & Joraschky (Hrsg.), *Sexueller Missbrauch, Misshandlung, Vernachlässigung* (S. 3-22). Stuttgart: Schattauer.
Elschenbroich, D. (2000). Kinder werden unterschätzt. *Literaturen 9/2000,* 34 ff.
Elschenbroich, D. (2001). *Weltwissen der Siebenjährigen. Wie Kinder die Welt entdecken können.* München: Kunstmann.
Fingerle, M. (1999). Resilienz – Vorhersage und Förderung. In: Opp, Fingerle & Freytag (Hrsg.), *Was Kinder stärkt. Erziehung zwischen Risiko und Resilienz* (S. 94-98). München: Reinhardt.
Fraser, N. (2001). *Die halbierte Gerechtigkeit, Schlüsselbegriff des postindustriellen Sozialstaats.* Frankfurt a.M.: Suhrkamp.
Fürstenau, P (2001). *Psychoanalytisch verstehen – Systematisch denken.* München: Pfeiffer.
Furman, B. (2000). *Es ist nie zu spät, eine glückliche Kindheit zu haben.* Dortmund: Borgmann.
Gaschke, S. (2001). *Die Elternkatastrophe. Kinder brauchen starke Eltern.* Stuttgart.

Grawe, K. & Grawe-Gerber, M. (1999). Ressourcenaktivierung. *Psychotherapeut 44,* 63-73.
Hanesch, W. et al. (2000). *Armut und Ungleichheit in Deutschland.* Hamburg: Rowohlt.
Heim, E. (1993). Der Bewältigungsprozess in Krise und Krisenintervention. In: U. Schnyder & J.-D Sauvant, *Krisenintervention in der Psychiatrie* (S. 27 - 44). Bern.
Katz-Bernstein, N. (1996). Das Konzept des „Safe Place" – ein Beitrag zur Praxeologie Integrativer Kinderpsychotherapie. In: B. Metzmacher et al. (Hrsg.), *Therapeutische Zugänge zu den Erfahrungswelten des Kindes von heute* (S. 111-142). Paderborn: Junfermann.
Keupp, H. & Höfer R. (1997). *Identitätsarbeit heute. Klassische und aktuelle Perspektive der Identitätsforschung.* Frankfurt a.M.: Suhrkamp.
Keupp, H. (1999). *Identitätskonstruktionen.* Hamburg: Reinbeck.
König, P. (1993). Wir Voodookinder. In: Kursbuch 113, *Deutsche Jugend* (S. 1-6). Berlin: Rowohlt.
Krappmann, L. & Oswald, H. (1995). *Alltag der Schulkinder. Beobachtung und Analysen von Interaktionen und Sozialbeziehungen.* Weinheim und München: Juventa.
Lempp, R. (1992). *Vom Verlust der Fähigkeit, sich selbst zu betrachten.* Bern: Huber.
Lösel, F. & Bender, D. (1999). Von generellen Schutzfaktoren zu differentiellen Prozessen. Ergebnisse und Probleme der Resilienzforschung. In: Opp, et al.(Hrsg.), *Was Kinder stärkt. Erziehung zwischen Risiko und Resilienz* (S. 37-58. München: Reinhardt.
Martenstein, H. (2001). *Wachsen Ananas auf Bäumen? Wie ich meinem Kind die Welt erkläre.* Hamburg: Hoffman und Campe.
Mende, M. (2000). Ressourcen. In: G. Stumm & A. Pritz (Hrsg.), *Wörterbuch der Psychotherapie* (S. 596). Wien: Springer.
Metzmacher, B. (2001). Fragebogen zur Erfassung von Ressourcen bei Kindern und Jugendlichen. (in Vorb.)
Metzmacher, B., Petzold, H. & Zaepfel, H. (Hrsg.) (1996a). *Therapeutische Zugänge zu den Erfahrungswelten des Kindes von heute.* Paderborn: Junfermann.
Metzmacher, B., Petzold, H. & Zaepfel, H. (Hrsg.) (1996b). *Zur Verbindung von tiefenpsychologischem und sozialen Sinnverstehen in der Integrativen Kindertherapie* (S. 75-130).
Mrochen (2001). Die Arbeit mit dem Kind im Kreis seiner Familie – Überlegungen zu einer hypno-systemischen Kinderpsychotherapie. In: W. Rotthaus (Hrsg.), Systemische Kinder- und Jugendlichenpsychotherapie (S. 91 ff.). Heidelberg: Carl Auer.
Oerter, v. Hagen, Röper & Noam (Hrsg.) (1999). *Klinische Entwicklungspsychologie.* Weinheim: Beltz.
Opp, Fingerle & Freytag (Hrsg.) (1999). *Was Kinder stärkt. Erziehung zwischen Risiko und Resilient.* München: Reinhardt.
Poschardt, U. (2000). *Cool, Rogner & Bernhard.* Hamburg: Zweitausendeins.
Petzold, H. (1978). Das Psychodrama als Methode der klinischen Psychotherapie. In: *Handbuch der Psychologie* (Bd. 8, II, S. 2751-2795). Göttingen: Hogrefe.
Petzold, H. (1992). Zeit, Zeitqualitäten, Identitätsarbeit und biographische Narration. In: ders., *Integrative Therapie.* Ausgewählte Werke (Bd. II, 2: Klinische Theorie). Paderborn: Junfermann.
Petzold, H. (1996). Weggeleit, Schutzschild und ko-kreative Gestaltung von Lebenswelten. In: B. Metzmacher, H. Petzold & H. Zapfel (Hrsg.), *Therapeutische Zugänge zu den Erfahrungswelten des Kindes von heute* (S. 169-280). Paderborn: Junfermann.
Petzold, H. (1997). Das Ressourcenkonzept in der sozialinterventiven Praxeologie und Systemberatung. *Zeitschrift für integrative Therapie,* 435-471.
Petzold, H. (1994). Integrative fokale Kurzzeittherapie und Fokaldiagnostik. In: H. Petzold & J. Sieper (Hrsg.), *Integration und Kreation* (Band I, S. 267-340). Paderborn: Junfermann.
Petzold, H. (2000). Integrative Traumatherapie. *Integrative Therapie, 2-3/2000,* 367-388.
Petzold, H., Goffin, J.J.M. & Oudhof, J. (1993). Protektive Faktoren und Prozesse – Die „positive Perspektive" in der longitudinalen, „klinischen Entwicklungspsychologie" und ihre Umsetzung in die Praxis der Integrativen Therapie. In: H. Petzold & J. Sieper (Hrsg.), *Integration und Kreation* (Band I, S. 173-266). Paderborn: Junfermann.
Rathmayr, B. (1999). Allein im Schlaraffenland? Zur Lebensrealität von Kindern in der Konsumgesellschaft. In: G. Romeike & H. Imelmann (Hrsg.), *Hilfen für Kinder* (S. 19-46). Weinheim, München: Juventa.
Reddemann, L. *Imagination als heilsame Kraft. Zur Behandlung von traumafolgen mit ressourcenorientierten Verfahren.* München: Pfeiffer.
Resch, F. (1996). *Entwicklungspsychopathologie des Kindes und Jugendalters.* Weinheim: Beltz.
Resch, F. (1998). Zur präpsychotherapeutischen Persönlichkeitsentwicklung in der Adoleszenz. *Psychotherapeut, 43,* 111 fff.
Resch, F. (1999). Beitrag der klinischen Entwicklungspsychologie zu einem neuen Verständnis von Normalität und Pathologie. In: Oerter, v. Hagen, Röper & Noam (Hrsg.), *Klinische Entwicklungspsychologie* (S. 606-622). Weinheim: Beltz.

Sameroff, N. & Seifer, R. (1990). Early contributors to develpment risk. In: Rolf et al. (Eds.), S. 52-66.
Schulte-Markwort, M., Diepold, B. & Resch, F. (1998). *Psychische Störungen im Kindes- und Jugendalter.* Stuttgart: Thieme.
Seligmann, M.E.P. (1999). *Kinder brauchen Optimismus.* Hamburg: Rowohlt.
Schiffer, E. (1993). *Warum Huckleberry Finn nicht süchtig wurde.* Weinheim und Berlin: Beltz, Quadriga.
Schiffer, E. (2001). *Wie Gesundheit entsteht. Salutogenese: Schatzsuche statt Fehlersuche.* Weinheim und Basel: Beltz.
Schmid, W. (1998). *Philosophie der Lebenskunst.* Frankfurt a.m.: Suhrkamp.
Schmidtchen, S. (2001). *Allgemeine Psychotherapie für Kinder, Jugendliche und Familien.* Stuttgart: Kohlhammer.
Schulz von Thun, F. (1998/1981). *Miteinander Reden. Psychologie der Kommunikation.* Rohwohl: Hamburg.
Sennett, R. (1998). *Der flexible Mensch. Die Kultur des neuen Kapitalismus.* Berlin: Berlin-Verlag.
Simon, B. (2001). Die Macht des Verlierers. *SZ, Nr. 160,* 1.
Sigusch (1997). Metamorphosen von Leben und Tod. *Psyche 9/10,* 835-874.
SpoKK (Hrsg.) (1997). *Kursbuch Jugendkultur. Stile, Szenen und Identitäten vor der Jahrtausendwende.* Mannheim: Bollmann.
Tertilt, H. (1997). Die Beleidigungsduelle der Turkish Power Boys. *SpoKK,* 157-167.
Vogt-Hillmann, M. & Burr, W. (2000). *Kinderleichte Lösungen. Lösungsorientierte Kreative Kindertherapie.* Dortmund: Borgmann.
Winnicott, D.W. (1973). *Die therapeutische Arbeit mit Kindern.* München: Kindler.
Winnicott, D.W. (1974). *Reifungsprozesse und fördernde Umwelt.* Frankfurt a.m.: Fischer.
Winnicott, D.W. (1976). *Von der Psychoanalyse zur Kinderheilkunde.* München: Kindler.
Winnicott, D.W. (1987). *Vom Spiel zur Kreativität.* Stuttgart: Klett.
Zaepfel, H. & Metzmacher, B. (Hrsg.) (1996a). Integrative Fokal- und Kurzzeittherapie bei Kindern und Jugendlichen. In: B. Metzmacher, H. Petzold & H. Zaepfel (Hrsg.), *Praxis der Integrativen Kindertherapie. Theorie und Praxis* (Band II., S. 17-56). Paderborn: Junfermann.
Zaepfel, H. & Metzmacher, B. (Hrsg.) (1996b). Postmoderne Identitätserhöhung, ein Leben mit riskanten Freiheiten. *Integrative Therapie 4/96,* 451-488.
Zaepfel, H. & Metzmacher, B. (Hrsg.) (1998). Kinder- und Jugendlichentherapie in komplexen Lebenswelten. *Integrative Therapie 3-4/1998,* 314 -335.
Zaepfel, H. & Metzmacher, B. (Hrsg.) (1999). Soziales Sinnverstehen in der Beratung und Therapie von Kindern und Jugendlichen. In: G. Romeike & H. Imelmann (Hrsg.), *Hilfen für Kinder* (S. 61-82). Weinheim, München: Juventa.

Ausblick – Oder was bedeutet „gesellschaftliche Zukunftsfähigkeit für die Psychotherapie mit Jugendlichen"?

Bruno Metzmacher

> „Die Forderung, Unsicherheit zu ertragen, bürstet unsere Natur gegen den Strich; sie verlangt uns ein hohes Maß an Selbstbearbeitung ab und setzt lange Lernprozesse voraus." (Schulze, 1994, S. 127).

Politische Entscheidungen und Einschätzungen werden derzeit gerne mit der Frage ihrer „gesellschaftlichen Zukunftsfähigkeit" versehen. Dies betrifft so unterschiedliche Bereiche, wie: Schule und Universität, Frauen-, Familien- und Rentenpolitik oder Standortfragen in der Wirtschaft. Diesem Trend folgend könnte ein *Ausblick* zum Thema **Identitätsarbeit in der Psychotherapie mit Jugendlichen** – einem Fazit gleichkommend – die folgenden Aspekte und Fragen beinhalten:

1. Was bedeutet „gesellschaftliche Zukunftsfähigkeit" für die Entwicklungsaufgaben Heranwachsender?
2. Was bedeutet „Zukunftsfähigkeit" unter inhaltlichen Gesichtspunkten für die Psychotherapie mit Jugendlichen? Wie hürdenreich ist der Weg zu einer differenziellen Therapie und was sind dies für Hürden?
3. Was bedeutet „gesellschaftliche Zukunftsfähigkeit" für die Psychotherapie als Dienstleistung des Gesundheitswesens, das in der jetzigen Verfassung über kurz oder lang zu kollabieren droht? Welche Bedeutung kann dabei der berufspolitischen Arbeit zukommen?

1. Was bedeutet „gesellschaftliche Zukunftsfähigkeit" für die Entwicklungsaufgaben von Heranwachsenden?

Das Konzept der *Entwicklungsaufgaben* (Havighurst, 1982) fragt nach der Passung zwischen Umweltanforderungen und der „inneren Ausstattung" eines Menschen, also seiner psychosozialen Bewältigungskompetenz. Will man nun unter *prognostischer* Perspektive Aussagen darüber treffen, welche Basiskompetenzen Heranwachsende zukünftig für die Bewältigung zu erwartender Entwicklungsaufgaben benötigen, so brauchen wir einigermaßen verlässliche Koordinaten darüber, was die Zukunft an potenziellen Aufgaben beinhalten wird. Wie schwierig eine solche Prognostik aufgrund der beschleunigten sozialen Veränderungsdynamik geworden ist, beschreiben u.a. Keupp, Resch, Metzmacher und Zaepfel in diesem Buch.

„Das Wesen des flexiblen Wandels soll es sein, sich von der Vergangenheit zu lösen und das Vorausgehende entschieden und unwiderruflich zu verändern", so Sennett in: „Der flexible Mensch – Die Kultur des neuen Kapitalismus" (1998, S. 75). Auf die Planung beruflicher Biographien bezogen, und die ist für Jugendliche von zentraler Bedeutung, prognostiziert Sennett – wie schon in der Einleitung erwähnt –, dass ein junger Amerikaner mit mindestens zweijährigem Studium damit rechnen muss, „in vierzig

Arbeitsjahren wenigstens elfmal die Stelle zu wechseln und dabei seine Kenntnisbasis wenigstens dreimal auszutauschen" (a.a.O., S. 25).

Überträgt man die Werte der neuen politischen Ökonomie, auf den Bereich des Sozialen, dann laute das Motto: „Bleib in Bewegung, geh keine Bindungen ein und bring keine Opfer" (1998, S. 29).

Auch wenn wir diese Aussage als Metapher verstehen (wollen), ist u.a. zu fragen, mit welchen Kompetenzen ein Heranwachsender danach ausgestattet sein sollte, um mit einem solchen impliziten Anforderungsprofil für ein „erfolgreiches Leben" zurecht zu kommen.

Nun erscheinen seit einigen Jahren mehr und mehr Arbeiten in der wissenschaftlichen Literatur, die sich mit Fragen der Kompetenzentwicklung von Kindern beschäftigen, wie z.B.: *Was stärkt Kinder?* (Opp et al., 1999), *Das kompetente Kind* (Juul, 1997), *Kinder brauchen Optimismus* (Seligmann, 1999), *Kinder werden unterschätzt* (Elschenbroich, 2000) und viele andere mehr.

Auf der einen Seite ist es nur zu begrüßen, dass ein wachsendes Interesse daran entstanden ist, wie Kinder die Welt erleben und sie zu meistern versuchen. Der „kompetente Säugling", wie ihn die Entwicklungs- und Bindungsforschung „entdeckt" hat (Dornes, 1993) unterfüttert optimistische Menschenbild- und Entwicklungsannahmen. Zugleich sollte die Metapher nicht überstrapaziert werden, wie es mitunter den Anschein bekommt.

Kinder und Heranwachsende bedürfen haltgebender Umwelten, damit sie solche Bewältigungskompetenzen entwickeln und aufrecht erhalten können. Gerade bei jenen, die zwischen Jugendhilfemaßnahmen und therapeutischen Hilfsangeboten, im stationären wie ambulanten Bereich, hin und her, und manchmal auch im guten Verbund miteinander, pendeln, erleben wir jedoch (mit), dass die strukturellen Netze des Sozialen und Gesellschaftlichen immer weniger halten und ausreichen. Vielen Heranwachsenden wird zu viel zugemutet, was sie kompensieren und bewältigen sollen. Psychopathologische Phänomene des Kindesalters sind, so Resch (1996) „nicht einfacher Ausdruck von Krankheiten, sondern Ausdruck von überforderten Bewältigungskapazitäten" (S. 194).

Als Gegenpol zur überforderungsträchtigen Flexibilisierungsmanie nennt Resch (in diesem Band) sein Plädoyer für die *Psychodynamik*, „im besten Sinne unmodern". Er hebt dabei das Interesse an der „Wirkung von persönlicher Geschichte auf die Gegenwart" hervor, „weil sie die Kontinuität und Tiefe von wichtigen Beziehungen zum Inhalt hat und damit die Bedeutung von emotionalen Wurzeln für die psychische Entwicklung des Kindes hervorhebt".

Fazit:

Das hier angedeutete Spannungsfeld zwischen Unterstützung zur Veränderungsfähigkeit auf der einen Seite und dem Bewahren, Innehalten und einer Selbstvergewisserung auf der anderen Seite, wird Heranwachsenden wie Therapeuten Unsicherheitstoleranz und ein starkes Kohärenzgefühl abverlangen. „Identitätsarbeit" ist dabei nur *ein* theoretisches Konstrukt, dass das Werk beschreiben soll, auf das sich die Sorge konzentriert, die *Kohärenz des Selbst* zu gewährleisten. Wie dies innerhalb von therapeutischen Behandlungen ermöglicht bzw. unterstützt werden kann, wird sich nur im Einzelfall unter Berücksichtigung individueller, kontext- und störungsbildbezogener Besonderheiten beantworten lassen. Schulenspezifische Aspekte sollten dabei eher fallbezogen als von grundsätzlicher Natur diskutiert werden. Die einzelnen Therapieschulen haben in je unterschiedlicher Weise etwas zu dieser differentiellen Therapie beizutragen.

2. Was bedeutet „Zukunftsfähigkeit" unter inhaltlichen Gesichtspunkten für die Psychotherapie mit Jugendlichen? Wie hürdenreich ist der Weg zu einer differenziellen Therapie und was sind dies für Hürden?

„Wenn wir uns auf das Bedürfnis Jugendlicher konzentrieren, ihre *eigenen Werkzeuge* für die „Heilung" zu benutzen, dann könnte uns das helfen zu lernen, wie man einen Patienten *differentiell* behandelt. Der Kampf zwischen den Therapieschulen wird dieses Problem nicht lösen, denn den Anforderungen von Kindern und Jugendlichen an eine entwicklungspsychologisch angemessene Behandlung wird keine Schule zur Gänze gerecht. Erst mit einem entwicklungspsychologischen Verständnis von Vulnerabilitäten und Fähigkeiten können wir eine wirklich differentielle Therapie festlegen."

(Noam & Röper, 1999, S. 491).

Forderungen und Rufe nach schulenübergreifenden Therapieansätzen sind nicht neu, siehe u.a. Grawe (1994, 1998), Petzold (1993, 1999, 2000), Resch (1996), Metzmacher und Zaepfel (1996, 1998), Fürstenau (2001) und zuletzt vor allem Schmidtchen (2001) mit seinem „Vorstoß" zu einer *Allgemeinen Psychotherapie für Kinder, Jugendliche und Familien*. Diese integrativen oder allgemeinen Therapieansätze bestätigen auf konzeptioneller Ebene, was in der Praxis der Kinder- und Jugendlichenpsychotherapie längst Tradition hat, auch wenn es nicht immer explizit so formuliert worden ist.

Integrative Konzepte sind für die Therapie mit Kindern und Jugendlichen konstitutiv, ebenso sind sie differenziell, d.h. abgestimmt auf die jeweiligen Besonderheiten des Falles. Woran es fehlt, ist eine systematische und vor allem fallbezogenen Darstellung in der wissenschaftlichen Öffentlichkeit.

Aufgrund anhaltender Konkurrenz zwischen den, bzw. einigen Schulen, z.B. die Frage der wissenschaftlichen Anerkennung betreffend, u.a.m. wird dieser Austausch interkollegial auf öffentlicher Bühne jedoch ganz eindeutig erschwert. Bei einer solchen Uneinigkeit, so Petzold, kann für „eine übergreifende Disziplin (gemeint ist die Profession Psychotherapie) auch keine übergreifende, starke *'Scientific Community'* entstehen" (1998, S. 342).

Andererseits gibt es seit einigen Jahren eine ganze Reihe von methoden- und schulenübergreifenden Behandlungskonzepten, die eine wissenschaftliche Anerkennung durch Wirksamkeitsnachweise erlangt haben. Beispielhaft seien hier Integrative Konzepte zur Traumatherapie genannt (Resch, 1996; Petzold, 2000; Bürgin & Rost, 1997; Kuntzag, 1998; Reddemann, 2001; u.a.). Die Zeitschrift Psychotherapie im Dialog (2001) hat für die Psychotherapie mit Erwachsenen einen Versuch gestartet, auf der Ebene inhaltlicher Kontroversen einen wissenschaftlichen Diskurs darüber zu ermöglichen, worin sich die Therapieschulen gleichen, unterscheiden und nach gemeinsamen Antworten suchen. An einen solchen Versuch möchten wir uns für die Kinder- und Jugendlichenpsychotherapie anschließen.

Dabei wird es vermutlich eines langen Atems bedürfen, damit inhaltliche, und d.h. behandlungsmethodische Aspekte der Kinder- und Jugendlichenpsychotherapie, die auch als solche ausgewiesen werden dürfen, mit jenen der formalen (Richtlinien-)Kriterien „ins Gespräch kommen" werden. Auch die Fragen von Wirtschaftlichkeit und Effektivität werden zu berücksichtigen sein, wenn sich eben in der Praxis zeigt, dass sich gerade ein nicht-schulenspezifisches therapeutisches Vorgehen als Methode der Wahl herausstellt.

Eine zu eng ausgelegte Gutachterpraxis unterschlägt mitunter auch die Tatsache, dass es de facto keine Alternativen zu der beantragten Therapie in der (un)mittelbaren Umgebung des Patienten gibt.

Die inhaltliche Arbeit an schulenspezifischen Indikationsstellungen hat u.a. unter diesen Gesichtspunkten gerade begonnen. So wird das inhaltliche „Ringen" um Abgrenzung und somit auch um Eigenständigkeit beispielsweise zwischen analytischen und tiefenpsychologischen Verfahren insofern hilfreich sein, als es an eine *inhaltliche* Positionsbestimmung heranführt.

3. Was bedeutet „gesellschaftliche Zukunftsfähigkeit" für die Psychotherapie als Dienstleistung des Gesundheitswesens, das in der jetzigen Verfassung auf kurz oder lang zu kollabieren droht? Welche Bedeutung kann dabei der berufspolitischen Arbeit zukommen?

Solidarität ist in der Geschichte der menschlichen Gesellschaften immer eine knappe Ressource gewesen. Die politische Ökonomie des heutigen *Neoliberalismus* stellt nun einen Zentralangriff auf die noch vorhandenen, aber immer dünner werdenden Netze gesellschaftlicher Solidaritätsverankerungen dar. Das alles dominierende Prinzip *wirtschaftlicher Effektivität* teilt die Gesellschaft in Modernisierungsgewinner und Modernisierungsverlierer. Diese gesellschaftliche Polarisierung lässt sich beispielhaft auch in der Diskussion um die sog. „Zwei-Klassen-Medizin" im Gesundheitswesen wiederfinden.

Es ist hier nicht der Ort um das ganze Für und Wider notwendiger Veränderungen in der Struktur unseres bisherigen Gesundheitssystems zu erörtern. Fest steht, dass die politische Diskussion darüber, ob Psychotherapie in Zukunft weiterhin, und vor allem in der bisherigen Form, in der Leistungspflicht der Krankenkassen bleibt, in vollem Gange ist. Nachdem bereits im stationären, kinder- und jugendpsychiatrischen Bereich drastische Leistungskürzungen zu immer kürzeren Aufenthaltsdauern geführt haben (s. Metzmacher & Zaepfel in diesem Buch), droht nun auch, dass die ambulante Psychotherapie „verschlankt" wird, bzw. deren Finanzierung zu (großen) Teilen den Patienten(-eltern) zugemutet wird? Dies würde gerade für die Kinder- und Jugendlichenpsychotherapie weitreichende Folgen haben.

Die Bedarfsplanungen der Bundeskassenärztlichen Vereinigung, die nicht zwischen Erwachsenen- und Kinder- und Jugendlichen(psychotherapie-)bedarf unterschieden haben, haben in einigen Regionen des Landes ohnehin zu katastrophalen Folgen geführt. So hat die Stadt Bochum bis vor kurzem nur einen KJP`ler in ihrer Liste geführt, weil die Bedarfserrechnung durch die Fülle von Psychologischen Psychotherapeuten, die an der Universität Bochum als Verhaltenstherapeuten ausgebildet wurden, „abgedeckt" war.

„Bloße" Empörung über politische Entwicklungen und Entscheidungen wird nicht viel weiterhelfen. Ohne die politische Bedeutung *berufspolitischer Aktivität* überbewerten zu wollen, wäre doch zu wünschen, dass sich das allenthalben zu vernehmende Engagement, das Kinder- und Jugendlichenpsychotherapeuten „in der Sache" der Kinder und Jugendlichen, wie auch ihrer Bezugssysteme, an den Tag legen, sich noch mehr öffentlich und politisch artikulieren würde.

Angesichts dieser hier nur kurz skizzierten Entwicklungslinien ist mit Sicherheit davon auszugehen, dass auf die Berufs- und Fachverbände der Kinder- und Jugendlichenpsychotherapeuten in der Zukunft einige Arbeit zukommen wird, sich immer wieder auf's Neue laut und wenn nötig, möglichst miteinander abgestimmt, zu Wort zu melden. Der Leitmetapher dieses Buches folgend, käme dies der *Identitätsarbeit* unseres Berufsstandes gleich.

Mit dem hier vorliegenden **1. Band der Wissenschaftlichen Schriftenreihe des bkj** bekommt der gewünschte und notwendige wissenschaftliche Austausch *ein* Forum. *Zukunftsfähig* soll dieses Forum werden, denn es ist an eine Fortsetzung der Wissenschaftlichen Fachtagungen des bkj, wie auch deren wissenschaftliche Veröffentlichung, gedacht.

Die geplante **2. Wissenschaftliche Fachtagung des bkj** wird den Gedanken einer schulenübergreifenden kinder- und jugendlichenpsychotherapeutischen Behandlungspraxis unter einem anderen thematischen Aspekt weiterentwickeln. Wir wollen die Bedeutung des „Dritten" in den Mittelpunkt stellen, und zwar einmal in entwicklungspsychologischer und zum anderen in behandlungsmethodischer Hinsicht, bezogen auf die begleitende Psychotherapie der Bezugspersonen. Letzteres soll störungsbildbezogen diskutiert werden.

Literatur:
Broda, M., Fliegel, S. et al. (Hrsg.) (2001). *Psychotherapie im Dialog*. Stuttgart: Thieme.
Fürstenau, P. (2001). *Psychoanalytisch verstehen – Systemisch denken*. München: Pfeiffer.
Grawe, K. (1994). Psychotherapie ohne Grenzen – Von den Therapieschulen zu einer Allgemeinen Psychotherapie. *Verhaltenstherapie und Psychosoziale Praxis, 26*, 357-370.
Kuntzag, L. (1998). *Psychologische Therapie*. Göttingen: Hogrefe.
Metzmacher, B. & Zaepfel, H. (1996). Kindheit und Identitätsentwicklung im Zeichen (post-)modernen sozialen Welten. In: B. Metzmacher, H. Petzold & H. Zaepfel (Hrsg.), *Therapeutische Zugänge zu den Erfahrungswelten des Kindes* (S. 19-74). Paderborn: Junfermann.
Metzmacher, B. & Zaepfel, H. (1998). Kinder- und Jugendlichentherapie in komplexen Lebenswelten. *Integrative Therapie 3-4*, 314-335.
Noam & Röper (1999). Auf dem Weg zur entwicklungspsychologisch differenziellen Intervention. In: Oerter, von Hagen, Röper & Noam (Hrsg.), *Klinische Entwicklungspsychologie* (S. 478-510). Weinheim: Beltz.
Petzold, H. (1993). Das „neue Integrationsparadigma" in Psychotherapie und klinischer Psychologie und die „Schulen des Integrierens" in einer „pluralen therapeutischen Kultur". In: Ders. (Hrsg.), *Integrative Therapie* (Bd. III, S. 927-1040). Paderborn: Junfermann.
Petzold, H. (1996). Weggeleit, Schutzschild und kokreative Gestaltung von Lebenswelt – Integrative Arbeit mit protektiven Prozessen und sozioökologischen Modellierungen in einer entwicklungsorientierten Kindertherapie. In: Metzmacher et al. (Hrsg.), *Therapeutische Zugänge zu den Erfahrungswelten des Kindes* (S. 169-280). Paderborn: Junfermann.
Petzold, H. (1997). Das Ressourcenkonzept in der sozial-interventiven Praxeologie und Systemberatung. *Integrative Therapie 4/97*, 435-471.
Petzold, H. (1999). Psychotherapie der Zukunft. *Integrative Therapie 4/1999*, 338-393.
Petzold, H. (2000). *Integrative Therapie* (Bde. I-III, 3. Aufl.). Paderborn: Junfermann.
Resch, F. (1996). *Entwicklungspsychopathologie des Kindes- und Jugendalters*. Weinheim: Beltz.
Reddemann, L. (2001). *Imagination als heilsame Kraft. Zur Behandlung von Traumafolgen mit ressourcenorientierten Verfahren*. München: Pfeiffer.
Schmidtchen, S. (2001). *Allgemeine Psychotherapie mit Kindern, Jugendlichen und Familien*. Stuttgart: Kohlhammer.
Schulze, G. (1994). Gehen ohne Grund. In: Kuhlmann, A. (Hrsg.), *Philosophische Ansichten der Kultur der Moderne* (S. 79-130). Frankfurt a.M.: Fischer.
Sennett, R. (1998). *Der flexible Mensch – Die Kultur des neuen Kapitalismus*. Berlin: Berlin-Verlag.